Իմ Կեանքս, Իմ Հաւատքս (Ա.)

«Ես կը սիրեմ զիս սիրողները։ Զիս կանուխ
փնտռողները զիս կը գտնեն»։
(Առակաց 8:17)

Իմ Կեանքս,
Իմ Հաւատքս (Ա.)

Դոկտ. Ճէյրոք Լիի

URIM BOOKS

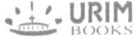

ԻՄ ԿԵԱՆՔՍ, ԻՄ ՀԱՒԱՏՔՍ (Ա.) Դոկտ. Ճէյրոք Լիի կողմէ
Հրատարակուած է Ուրիմի Գիրքերու կողմէ (Ներկայացուցիչ՝ Սէոնկքէոն Վին)
361-66, Շինտայպանկ Տօնկ, Տօնկճաք Կույի, Սէուլ, Քորէա
www.urimbooks.com

Խմբագրուած է Էյունմի Լիի կողմէ
Ուրուագծուած է՝ Ուրիմի Գիրքերու Խմբագրական Գրասենեակին կողմէ

Խորունկ Հոգեւոր Անուշահոտ Բոյր

Ըսուած է, թէ մենք կրնանք վարդին ամենէն անուշահոտ բոյրը Պալքանեան լեռներու վարդերէն ստանալ: Սակայն եւ այնպէս, մենք չենք կրնար զայն ստանալ որեւէ ցանկացած Պալքանեան վարդէ: Ստանալու համար ամենաբարձր յատկանիշներով գնահատուած անուշահոտը, ստիպուած ենք արդիւնահանել էութիւնը այն վարդին, որ կը քաղուի առաւօտ շատ կանուխ ժամը երկուքին, որը օրուայ ամենացուրտ եւ ամենամութ ժամն է:

«Իմ Կեանքս, Իմ Հաւատքս» գիրքը, Արժանապատիւ Դոկտ. Ճէյրոք Լիի ինքնակենսագրութիւնն է: Նաեւ անիկա ամենահոտաւէտ անուշահոտ բոյրը կը յայթայթէ իր ընթերցողներուն: Պատճառը այն է, որ Դոկտ. Ճէյրոք Լիի կեանքը քաղուած է Աստուծոյ սէրէն, վերապրած ըլլալով մութ ալիքները, ցուրտ լուծը եւ ամենախոր յուսահատութիւնը:

Ինչո՞ւ համար Արժ. Դոկտ. Ճէյրոք Լի պիտի չկրնար

ժամանակ գտնել երազելու փայլուն կեանքի մը մասին, ճիշդ ուրիշ երիտասարդներու նման: Ժամանակ մը կար իր կեանքին մէջ, երբ ան կը պայքարէր որ օր մը կարենար լաւ համալսարանէ մը շրջանաւարտ դառնալ, երկրէն դուրս ուսանիլ եւ ըլլալ բազմավաստակ եւ մեծ մարդ մը: Սակայն, իր երազին հակառակ, իր կեանքը սկսաւ դառնալ վայրէջք մը դէպի յուսահատութեան անդունդը: Իր մարմինը ծածկուեցաւ հիւանդութեան վէրքերով: Հռչակ շահելու փոխարէն, անիկա նոյնիսկ իր ամենամօտիկ հարազատներէն անտեսուեցաւ եւ արհամարուեցաւ: Ճէյրոք Լի խորապէս եւ ամբողջովին անդրադարձաւ որ անիմաստ է այս աշխարհի սէրը: Ան գիտակցեցաւ թէ ինչ կը նշանակէ աղքատութիւնը եւ թէ որքան ցաւալի է անզօր ու անկարող ըլլալ որպէս ընտանիքին գլուխը: Անիկա նոյնիսկ փորձեց երկու անգամ անձնասպան ըլլալ:

Երբ ինք յուսահատութեան ձորին մէջ էր, ուր չէր կրնար նոյնիսկ շնչել, Ճէյրոք Լի հանդիպեցաւ Աստուծոյ: Մինչեւ այն ատեն, անիկա առանձինն կը պայքարէր իր յոգնեցուցիչ կեանքին մէջ: Բայց Ամենակարող Աստուած, որ լեցուն է սիրով, եկաւ իր մօտ, հանդիպեցաւ իրեն եւ սկսաւ քալել իր հետ: Աստուած ազատեց զինքը յուսահատութենէ եւ իր ինքնութիւնը լեցուց երկնային թագաւորութեան յոյսով: «Ինչպէ՞ս կրնամ հատուցանել Աստուծոյ Իր այս աննման շնորհքին համար»: Այս եղաւ

Արժ. Դոկտ. Ճէյրոք Լիի կեանքին ամբողջ նպատակը: Անիկա կատարեց Աստուծոյ պատուիրանքը որ կ'ըսէ, «Ըրէ՛»: Ան չըրաւ այն ինչ որ Աստուած արգիլեց: Ան գնաց երբ Աստուած իրեն ըսաւ, «Գնա՛»: Ան գերի դարձաւ Աստուծոյ բարձր եւ մեծ սիրոյն, եւ իր կեանքին բարձրագոյն նպատակը եղաւ զԱստուած հաճեցնել:

Պօղոս Առաքեալի խորունկ սիրոյն խոստովանութիւնը, նոյնպէս Արժ. Դոկտ. Ճէյրոք Լիի խոստովանութիւնն է: *«Ուրեմն ո՞վ պիտի զատէ մեզ Քրիստոսի սէրէն, սո՞վը, կամ մերկութի՞ւնը, կամ վտա՞նգը, կամ սո՞ւրը: (Ինչպէս գրուած է «Ամէն օր քեզի համար կը սպաննուինք. մորթուելու ոչխարի պէս կը սեպուինք»): Հապա այս ամէն բաներուն մէջ ա՛լ աւելի յաղթող կ'ըլլանք անո՛վ, որ մեզ սիրեց: Վասնզի ես հաստատ գիտեմ որ ո՛չ մահը, ո՛չ կեանքը, ո՛չ հրեշտակները, ո՛չ իշխանութիւնները, ո՛չ զօրութիւնները, ո՛չ ներկայ բաները, ո՛չ գալու բաները, ո՛չ բարձրութիւնները, ո՛չ խորունկութիւնը եւ ո՛չ ալ ուրիշ Արարած մը կրնայ մեզ զատել Աստուծոյ սէրէն՝ որ Քրիստոս Յիսուսով մեր Տէրոջմով է»* (Հռովմ. 8.35-39):

Ինչպէս ըսուած է Առակաց 8.17-ին մէջ. *«Ես կը սիրեմ զիս սիրողները: Զիս կանուխ փնտռողները զիս կը գտնեն»:* Որեւէ պարագայի մէջ, երբ Աստուծոյ կամքն էր անիկա, Արժ. Դոկտ. Ճէյրոք Լի կ'արձագանգէր միայն «Այո» եւ «Ամէն» ըսելով իր ամբողջ սրտովը: Անոր համար Աստուած ծածկեց զայն Իր զօրութեամբը եւ զինքը հաստատեց աշխարհէն աւելի բարձր դիրքի վրայ: Իր եկեղեցին՝ Manmin (Բոլոր Ստեղծուածներ) Central (Կեդրոնական) Եկեղեցի, կ'աղօթէ բոլոր ազգերու ժողովուրդներու համար, ինչպէս «Մէնմին» անունը կը նշանակէ: Ան կը կատարելագործէ Աստուծմէ տրուած տեսիլքները, մէկ-առ-մէկ, եւ այդ եկեղեցին Սուրբ Հոգիին կրակէ գործերուն յայտնութեան կեդրոնական տեղը եղած է:

Որովհետեւ Ճէյրոք Լի անձնապէս չարչարուած է զանազան տեսակի հիւանդութիւններէ, ան կը հասկնայ հիւանդ եղողներուն ցաւը: Որովհետեւ անիկա անձնապէս անարգուած եւ ծաղրանքի առարկայ դարձած է, ան կը հասկնայ վիշտը անոնց՝ որոնց սիրտը կոտրուած է: Որովհետեւ անիկա սոսկալի աղքատութիւն քաշած է, ան կը հասկնայ աղքատութեան ծանր լուծով տառապողներու սիրտը: Ճիշդ ասոր համար է որ իր եկեղեցւոյ անդամներէն հազարաւոր մարդիկ իր շուրջը կը հաւաքուին, որպէսզի կարենան միայն տեսնել զայն դէմ առ դէմ:

Արժ. Դոկտ. Ճէյրոք Լիի կեանքը այն ամենէն տրամադիր պարագաներէն մէկն է, ուր մէկու մը կեանքը կրնայ այդքան յայտնի կերպով բարեփոխուիլ, զԱստուած ճանչնալէն առաջ եւ վերջը: Իր կեանքը մեզի ցոյց կու տայ թէ ինչպէս Աստուծոյ հետ կատարեալ հնազանդութեամբ եւ նուիրումով ապրուած կեանք մը կրնայ այդքան առատ պտուղ տալ թէ՛ հոգեւորապէս եւ թէ՛ նիւթապէս:

Ճէյրոք Լիի կեանքին քայլերը մեզի յայտնապէս ցոյց կու տան թէ բոլոր այս օրհնութիւններուն գաղտնիքը կը կայանայ ինքզինք սրբացնելու եւ մաքրելու բիւրեղի պէս, ճիշդ ինչպէս որ մեր երկնաւոր Հայրը Սուրբ է, երբեմն մռնչող առիւծի նման, եւ ուրիշ ատեններ մօր մը փափուկ եւ քաղցր ձեռքերուն նման:

Ճիշդ ինչպէս որ Արժ. Դոկտ. Ճէյրոք Լիի կեանքը մեզի կու տայ խորունկ անուշահոտ բոյր մը, կը յուսամ որ բոլոր այս գիրքը ընթերցողները նոյնպէս պիտի կարենան այնպիսի հաճելի բուրմունք մը արտահանել, որը շատ աւելի խորունկ է քան Պալքանեան Լեռներու վարդերուն անուշահոտ բոյրը:

Դեկտեմբեր 10, 2006

Գրեց՝ Երէց Սարկաւագուհի՝ Դոկտ. Եսթեր Գույանկ Չանկ
Մէուլի Տիկնանց Համալսարանի նախկին նախագահուհի

Կրակէ Փորձութիւն եւ Զօրութիւն

«Իմ Կեանքս, Իմ Հաւատքս» գիրքը յստակօրէն կը պատասխանէ այն հարցումին թէ, «Ինչպէ՞ս պէտք է Քրիստոնէական կեանք մը ապրելու օրինակ ըլլանք»: Ուրեմն, այս գիրքը կը պատկանի բոլոր անոնց, որոնք ընդունած են Յիսուս Քրիստոսը եւ կը հաւատան խաչափայտին վրայ թափած Անոր արեան:

Անկեղծօրէն խօսելով, Դոկտ. Ճէյրոք Լի, երէց հովիւ Մէնմին Կեդրոնական Եկեղեցիի, անձ մըն է որուն ես լաւ չէի ճանչնար: Օր մը, իմ աշխատակիցներէս մէկը ինծի տուաւ անոր գիրքը *«Իմ Կեանքս, Իմ Հաւատքս»*, եւ երբ ես կը կարդայի այս գիրքը, չկրցայ ինքզինքս զսպել այլ սկսայ լալով փղձկիլ: Ամէն անգամ որ գիշերը քունս կը փախէր, այս գիրքը կը բանայի եւ անիկա ամբողջովին կը գրաւէր զիս:

Չէի կրնար առանց արցունքներ թափելու կարդալ իր քաշած բոլոր տառապանքներուն մասին, այսինքն՝

տեսակ-տեսակ հիւանդութիւններէ, աղքատութենէ եւ ընտանեկան դժուարութիւններէ, որոնք կարելի է բաղդատել Յոբի քաշած չարչարանքներուն հետ: Անիկա նաեւ տեսակ մը իւրայատուկ եւ Քորէական վիշտի զգացում մըն էր: Իր հիւանդութիւնները այնքան ծանր ու սոսկալի էին, որ անիկա նոյնիսկ մարդկային մարմնի կղկղանքին հիւթը խմելու դիմեց, եւ փորձեց երկու տարբեր պարազաներու մէջ անձնասպան ըլլալ: Ես ալ շատ տառապած եմ կեանքիս մէջ, բայց իր չափազանց ցաւատանջ կեանքին մասին կարդալով, անկարելի էր զսպել ինքզինքս արցունքներ թափելէ:

Շատ մը Քորէացիներ, որոնք 50-ական եւ 60-ական թուականներու խստութիւններէն անցան, շատ չարչարանքներ կրեցին: Նոյնիսկ այսօր, մարդիկ կան որոնք չեն կրնար ձմեռը տաքութիւն ապահովել իրենց բնակարաններուն մէջ եւ կամ օրական երեք անգամ ուտել: Կան նաեւ շատեր որոնք զանազան հիւանդութիւններէ կը տառապին, եւ սակայն չեն կրնար դրամ հայթայթել հիւանդանոցային դարմանումներ ստանալու համար: Շատեր կան որոնք կը տառապին ժամանակաւոր կացարաններու մէջ, ջրհեղեղներու եւ ուրիշ բնական աղէտներու հետեւանքով: Մենք՝ Քորէացիներս, տակաւին բոլորովին ազատագրուած չենք աղքատութենէ եւ տառապանքէ:

Արժ. Դոկտ. Ճէյրոք Լի, յաղթահարելէ ետք բոլոր այս տառապանքները եւ ցաւերը, սկսաւ բոլորովին տարբեր կեանք մը ապրիլ: Այս գիրքը կը պատկերացնէ իր ամէն մէկ քայլը այդ ուղղութեամբ: Բայց ասիկա չի նշանակեր որ այս գիրքը երեւակայական եւ ծաղկաւոր բառերով գրուած գրական բոյր մըն է: Սակայն աւելի իր անկեղծ եւ պարզ նախադասութիւններն էին որոնք դպան իմ սրտիս:

Կրնա՞մ ըսել «Ուղղամտութեան Բոյրը»: Իր խոստովանութիւնը որ կ'ընդգրկէ Աստուծոյ փրկութեան ճշմարտութիւնը, եւ փառքը տալու մի միայն Յիսուս Քրիստոսի, բոլոր այս գիրքը ընթերցողներուն կը մղէ որ զգան նոյն Աստուածային շնորհքը:

«Իսկապէս լաւ գիրքերու» չէի հանդիպած: Ամէն պարագայի, պատճառը՝ որ այս գիրքը այդքան շատ ազդեցութիւն ունեցաւ իմ վրաս, այն է, որ ինքը զղջաց իր մեղքերուն համար Յիսուս Քրիստոսի հանդիպելէն ետք, հնազանդեցաւ Աստուծոյ կանչին ու գնաց հոգեւոր դպրոց մը՝ հովիւ ըլլալու եւ փորձեց փրկել «նոյնիսկ մէկ փայտածուխի ածխաքար մը»: Ասիկա տեսակ մը խորհրդանիշ էր՝ իմ կեանքիս, դրացիներուս կեանքին, երեխաներու, եւ ընտանիքներու մեծերու կեանքերուն մէջ, նաեւ բոլոր անոնց՝ որոնք կը պայքարին իրենց մարմիններու անկարողութիւններուն դէմ: Այս գիրքը կարդալէս ետք, ես պէտք էր որ մեծապէս փոխէի իմ Քրիստոնէական կեանքիս ուղղութիւնը:

Ես կը հաւատամ որ Արժ. Դոկտ. Ճէյրոք Լիի կեանքը կրնայ դասագիրքի օրինակ մը ըլլալ մեր Քրիստոնէական կեանքին համար: Մենք կը հաւատանք որ կը սրբացուինք երբ կը լսենք եկեղեցիին մէջ տրուած քարոզները, բայց երբ մենք կը վերադառնանք աշխարհ, փոխ-զիջում կ'ընենք եւ դարձեալ կը շարունակենք մեղանչել: Այս է մեր հաւատքի կեանքին անառակ եւ անկատար շրջագիծն է:

Ուստի, «Իմ Կեանքս, Իմ Հաւատքս» գիրքը յստակ պատասխանը կու տայ այն հարցումին թէ, «Ինչպէ՞ս պէտք է մեր Քրիստոնէական կեանքը ապրինք»: Արժ. Դոկտ. Ճէյրոք Լի այս գիրքով մեզ կը մղէ աղօթքով աղաղակելու Աստուծոյ: «Աղօթեցէ՛ք, որպէսզի սրբագործուիք եւ Աստուծոյ նպատակին համար կարենաք գործածուիլ», «Աղօթեցէ՛ք որպէսզի Տէրոջը զօրութիւնը ստանաք», «Աղօթեցէ՛ք որպէսզի Սուրբ Հոգիին զանազան պարգեւները ստանաք», «Աղօթեցէ՛ք ձեր եկեղեցիին, ձեր հովիւին, եւ Աստուծոյ ուրիշ ծառաներուն համար», «Աղօթեցէ՛ք Աստուծոյ թագաւորութեան եւ արդարութեան համար», եւ «Աղօթեցէ՛ք Հոգեւոր սէր ունենալու համար: Դոկտ. Ճէյրոք Լիի հաւատքի խոստովանութիւնը, որ ի յայտ կու գայ իր փորձառութիւններէն, իսկապէս կը դպչի մեր կեանքերուն:

Այն հրաշքները, որոնք կը պատահէին իր եկեղեցին սկսելէն անմիջապէս ետքը, ներառեալ տեսակաւոր բժշկութիւններու հրաշքները, մեռնողներու վերակենդանացումը եւ նոյնիսկ նախապէս մեռածներու վերակենդանացումը, կրնային պատճառ դառնալ որ ուրիշ հովիւներ նախանձէին իրեն: Ինքը ուղղափառ վարդապետութեան դպրեվանքին մէջ ուսանեցաւ եւ անոնց կողմէ ձեռնադրուեցաւ: Սակայն ինչո՞ւ այդ յարանուանութիւնը արտաքսեց զինքը: Այս յարանուանութեան անարդար վերաբերմունքը նոյնպէս բացատրուած է մանրամասնութեամբ:

Մենք իսկական էութիւնը կը տեսնենք երբ կը դիտենք արտադրուած պտուղը: Այսօր, Սուրբ Հոգիին կրակը ամէն շաբաթ կը բոցավառի Մէնմին Կեդր. Եկեղեցիին մէջ, եւ շատ հիւանդներ, անբուժելի հիւանդութիւններէ բռնուած, բժշկութիւններ կը ստանան: Մեծ Քրիստոնէական արշաւներ տեղի ունեցան Միացեալ Նահանգներու, Ռուսիոյ, Ափրիկէի, Միջին Արեւելքի, Եւրոպայի եւ Լատին Ամերիկայի մէջ, եւ նոյնիսկ շատ ժողովուրդներ, աշխարհի բոլոր կողմերէն, կը դիտէին այն նշանները եւ այն սքանչելի հրաշքները որոնք տեղի կ'ունենային: Հիմա Քորէա աշխարհի «Միսիոնանարական Կեդրոնը» սկսած է դառնալ:

Մէնմին Կեդրոնական Եկեղեցին հաստատելէն ետքը նոյնիսկ, Արժ. Դոկտ. Ճէյրոք Լի տակաւին կ'ապրի աղօթքով եւ ծոմապահութեամբ: Նոյնիսկ երբ իր աղջիկները կեանքի դէմ սպառնացող վտանգներու մէջ էին, եւ նոյնիսկ երբ ինք մահուան դուռը հասաւ, չափազանց լարուածութենէ յառաջ եկած արիւնահոսութեան հետեւանքով, անիկա այս բոլոր փորձութիւնները յաղթահարեց միմիայն հաւատքով: Տակաւին, ան բնաւ չիպրտանար ինքզինքով այս բաներէն որեւէ մէկուն մէջ: Միայն իր հաւատքն է որուն մենք պէտք է հետեւինք:

Ինքնին առեղծուած մըն է այն դէպքը երբ Յիսուս ջուրը գինիի վերածեց՝ հարսանեկան խնճոյքի մը ընթացքին, երբ Ան բժշկեց բորոտները, արիւնահոսութիւն ունեցողները, եւ վերակենդանացուց մեռած Ղազարոսը: Այն ատեն ինչո՞ւ համար կարգ մը մարդիկ կը քննադատեն Արժ. Դոկտ. Ճէյրոք Լիի միջոցաւ ի յայտ եկած բժշկութիւնները, որոնք միայն Աստուծոյ ոյժով կը կատարուին: Կրնա՞նք խօսիլ արդեօք Քորէայի 100 տարուայ Քրիստոնէական կեանքին մասին, առանց խօսելու այդ շրջանին պատահած բժշկութիւններուն մասին:

Աշխարհի մէջ ամենէն շատ եկեղեցական խաչեր ունեցող երկիրը Քորէան է: Անիկա այնպիսի երկիր մըն է, ուր կը տեսնենք մարդիկ որոնք բարձրաձայն կ'աղօթեն միասին, իրենց մարմինները կը ցնցուին եւ նոյնիսկ կը պարեն երբ անոնք զԱստուած կը փառաբանեն: Քաղցկեղներ կ'անհետանան «Լերան Աղօթքի» նստաշրջաններու ընթացքին եւ մեռած մարդիկ կը վերակենդանան: Այսօր, Քորէան մեծ թիւով միսիոնարներ յանձնարարած է: Արժ. Դոկտ. Լիի կեանքը կարդալով դարձեալ կը զգամ որ Քորէան որքան օրհնուած երկիր մըն է:

Այս օրերուն, Արժ. Դոկտ. Ճէյրոք Լի երկինքի մասին կը քարոզէ, եւ չենք գիտեր թէ երբ պիտի վերջացնէ: Եթէ որեւէ մէկը այս նիւթին մասին խօսելու ըլլայ, ան չի կրնար ուրիշ ըսելիքներ ունենալ երկինքի մասին, երբ երկու շաբաթ շարունակ խօսած է այդ մասին: Սակայն Արժ. Դոկտ. Ճէյրոք Լի, օրէ օր աւելի բացայայտօրէն եւ աւելի մանրամասն կը խօսի այդ նիւթին շուրջ: Ես կը խորհիմ թէ ասոր պատճառը այն է որ ինքը մարգարէութեան պարգեւը ստացած է, եւ նաեւ ուրիշ շատ պարգեւներ: Ուստի այս պատգամները շարունակաբար դուրս կու գան ճիշդ այնպէս ինչպէս մետաքսը դուրս կու գայ մետաքսի բժոժներէն:

Ինչպէս Սողոմոն Թագաւորը փոխաբերաբար կը խօսի Առակացի մէջ, Արժ. Դոկտ. Ճէյրոք Լիի պատգամները հանդարտութեամբ կը խօսուին եւ դիւրութեամբ կը հասկցուին: Անիկա Տէրոջը խօսքը կը մարգարէանայ ոսկիէ խնձորներու նման, որոնք դրուած են արծաթեայ զարդերու մէջ (Առ 25.11)։ Ան հրաշքներու ոյժը կը յայտնաբերէ, կրակէ փորձութիւններու մէջէն անցնելէն եւ անոնց յաղթահարելէն ետքը։

Փետրուար 2007

Եուրիմ Հան (Հեռատեսիլի գրող մը)

Բովանդակություն

Գովեստ. Խորունկ Հոգեւոր Բուրմունք

Գիրքի Վերաբար. Կրակէ Փորձություն եւ Զորություն

3
Իմ Կոչումս

4
Աստուծոյ Կանչը

5
Եկեղեցւոյ Սկզբնաւորութիւն

6
Եկեղեցւոյ Աճումը եւ Փորձութիւններ

7
Աստուած Ընդարձակեց Ծառայութեան Սահմանագիծը

1

Խորհելով Որ Համր
Մանուկ Մը Ծնած Է

Ծնողքս ինծի Բարութիւն եւ Ուղղամտութիւն Սորվեցուցին

«Ցք, ցք... համր մանկիկ մը ծնած է: Ինչո՞ւ չկրնար լալ»: Որովհետեւ ծնանելէս ետք ես չլացի, ծնողներս մտահոգուած էին եւ զարկին ինծի: Նոյնիսկ անկէ ետք, տակաւին ես չկրցայ լալ, այլ ընդհակառակը՝ ժպտացի: Իմ ընտանիքի անդամներս շատ տխրեցան, խորհելով որ ես համր էի:

Տէրոջը շնորհքը վայելելէս ետք, օր մը մտածեցի զարմացած թէ ինչո՞ւ չէի լացած որպէս մանկիկ: Թերեւս պատճառը այն էր, որ իմ հոգիս գիտէր թէ որպէս Աստուծոյ ծառան, օրհնեալ կեանք մը պիտի ունենայի, բիւրաւոր հոգիներ առաջնորդելով փրկութեան: 1943, Ապրիլ 20-ին (Լուսնային Օրացոյցի համաձայն), ես վերջին մանչ ծնած զաւակն էի (երեք տղոց եւ երեք աղջիկներու) իմ հօրս՝ Չապիօմ Լիի, եւ իմ մօրս՝ Կամճանկ Չօյի: Իմ ծննդավայրս փոքրիկ գիւղ մըն է

Հայէճէ Միոն, Մուան Կուն, Չօյէննամ նահանգին մէջ: Հայրս Չինական դասականութեան ուսանող մըն էր եւ ան կը սիրէր վայելչութիւնն ու երաժշտութիւնը: Քորէայի վրայ Ճաբոնական իշխանութեան ժամանակ, հայրս շատ անգամներ Ճաբոն այցելած էր առեւտուրի համար, բայց երբ Քորէա անկախութիւն ստացաւ, հայրս կեցուց իր առեւտուրը եւ հանդարտ տեղ մը փնտռեց բնակելու համար: Երբ ես երեք տարեկան էի, ընտանիքս Չանկսանկ փոխադրուեցաւ, որ Պուն-Հիանկ Րիի ծայրը գտնուող գիւղ մըն է, Նամ Միոն, Չանկսանկ Կունի մէջ: Անիկա բացառիկ գիւղ մըն էր: Մարդիկ կ'ըսէին որ միայն «Չուն» ընտանիքը կրնար հոն հաստատուիլ, սակայն իմ ընտանիքս ձեւով մը կարողացաւ բաւական դիւրութեամբ հաստատուիլ այդ տեղը:

Հայրս, ինչպէս որ զինք կը յիշեմ մանկութենէս, անձ մըն էր որ իր բոլոր կապերը կորսնցուցած էր աշխարհի հետ եւ տունը շատ գիրքեր կը կարդար: Նոյնիսկ այն ատեն, կը յիշեմ որ բաւական հիւրեր կ'ունենայինք մեր տան մէջ: Երբ հայրս այցելուներ ընդունէր, անիկա կը խմէր անոնց հետ եւ հին բանաստեղծութիւններ կ'արտասանէր, եւ կամ ալ կը մրցէր իրենց Չինական դասականութեան հետ:

Հայրս միշտ ցանկացած էր որ ես մեծ մարդ մը դառնայի

Ուստի միշտ ինծի կ'ըսէր. «Մարդ մը պէտք է հաւատարմութիւն ունենայ: Օր մը, դուն պէտք է որ մեծ մարդ մը դառնաս այս աշխարհին մէջ:» Անշուշտ բոլոր ծնողները հաւանաբար կ'ուզեն որ իրենց զաւակները ուղղամիտ մեծնան եւ յաջողին իրենց բոլոր ընելիք գործերուն մէջ: Բայց կը յիշեմ, երբ կը մեծնայի, հայրս շատ կը փորձէր, մասնաւորաբար իմ մէջս սերմանել արժէքներու առողջ դատողութիւն մը, եւ մայրս միշտ կը ծառայէր ու կը զոհուէր իր ընտանիքին համար:

Հայրս սկսաւ ինծի սորվեցնել «Չինական Հազար Բնութագրերը» երբ ես տակաւին միայն հինգ տարեկան էի: Նաեւ ան ինծի կը պատմէր շատ պատմութիւններ՝ հռչակաւոր հերոսներու մասին: Երբ լսեցի «Երեք Թագաւորութիւններու» պատմութիւններէն Կուան Յույի, Ջանկ Ֆէի, եւ Ջաօ Յունի մասին, որոնք իրենց կեանքերը վտանգեցին պատերազմի մը մէջ, իրենց տիրոջը՝ Լուի Պէյին պաշտպանելու համար, կամ Ջիու Կը Լիանի պատմութիւնը, որ հովը փչել տուաւ, ես այնքան յուզուեցայ որ իմ ձեռքերս սկսան քրտնիլ: Հայրս ինծի կը պատմէր իմաստուն մարդոց ուսուցմունքները, ինչպէս՝ Քոնֆուշյըսի եւ Մէնսյըսի, կամ մեծ մարդոց պարկեշտութիւնը: Մոնկճու Ճանկի պատմութիւնը, հակառակ որ ճակատագրուած էր բնաջինջ ըլլալու, անիկա Քորյօ Արքայական ցեղին ծառայեց մինչեւ վերջը, գիտնալով որ ինքը պիտի սպաննուէր: Նոյնպէս Ծովակալ Սուն-շին Լիի պատմութիւնը, որ իր երկիրը ազատեց երբ անիկա սկսած էր կործանիլ: Ասոնք այնպիսի պատմութիւններ էին, որոնք միշտ իմ սիրտս կը շարժէին, ամէն անգամ որ անոնց մասին կը լսէի: Մեծ մարդոց պատմութիւնները, որոնք պահեցին իրենց դիրքերը եւ հաւատարմութիւնը, նոյնիսկ իրենց կեանքին դէմ սպառնացող պարագաներու մէջ, քանդակուած էին այս փոքրիկ տղուն սրտին մէջ: Այս պատմութիւնները լսելով, միտքս կը դնէի որ ես միշտ պէտք էր յարգէի իմ ծնողքս, շիտակ ճամբուն մէջ քալէի, եւ երախտապարտ ըլլայի փոխարինելու որեւէ շնորհք որ ստանայի կեանքիս մնացեալ օրերուն մէջ, առանց փոխելու իմ դիրքս կէս ճամբուն մէջ:

Կ'երազէի Ծերակոյտի Անդամ մը ըլլալ

Ես նախակրթարան մտայ այն երազով որ Ծերակոյտի անդամ մը պիտի ըլլայի ապագային, եւ հայրս զիս ընտրական պայքարի շատ դասախօսութիւններու կը տանէր: Մենք յաճախ 10 կամ 15 քիլոմեթր ճամբայ կը քալէինք, որպէսզի հասնէինք ընտրական պայքարի վայր մը: Հայրս զիս տարած է տեսնելու գաւառական հաւաքական ընտրութիւններ, ընդհանուր ընտրութիւններ եւ նախագահական ընտրութիւններ: Ան կ'ուզէր որ քաղաքական անձնաւորութիւն մը ըլլայի, որպէսզի մեծ գործ մը կատարէի երկրին համար:

Այդ ժամանակ, Ազատական Կուսակցութիւնը ոյժի մէջ էր, եւ շատ մարդիկ այդ ելոյթներուն կ'երթային: Ինծի համար այդ ճառախօսները շատ հրաշալի մարդիկ էին եւ անոնք «մեծ մարդիկ» կը թուէին ըլլալ: Ես այսպէս կը խորհէի. «Երբ մեծնամ, ես ալ անոնցմէ մէկուն պէս պիտի ըլլամ...»: Թեկնածուներուն ճառերը մտիկ ընելով, ես ամէն օր կ'երազէի ծերակոյտի անդամ մը ըլլալ: Ես շարունակեցի այս երազը ունենալ մինչեւ միջնակարգ եւ բարձրագոյն դպրոց մտնելս: Այն ատեն ես առանձինս կ'երթայի մտիկ ընելու թեկնածուներուն:

Նախքան նախակրթարան մտնելս, ես արդէն իմ

եղբայրներէս եւ քոյրերէս սորված էի բազմապատկութեան աղիւսակը եւ Հանկուլը (Քորէական ձեռագիրը), ուստի դպրոցը ինծի համար շատ հետաքրքրական չէր: Ես աւելի կը սիրէի ընկերներուս հետ խաղալ դպրոցէն ետք: Ես յարաբերաբար վայրի խաղեր կը սիրէի, ինչպէս՝ զինուորական խաղեր, ըմբշտամարտութիւն եւ կից խաղալ: Բաղդատաբար, ես աւելի զօրաւոր էի քան իմ տարիքի ընկերներս, եւ միշտ կ'ուզէի յաղթել բոլոր խաղերուն մէջ: Բաւական յամառ էի եւ շատ հպարտութիւն ունէի: Պէտք էր միշտ շարունակէի խաղը մինչեւ որ յաղթէի: Ես առողջ էի: Հակառակ դրամական դժուարութիւններու, մայրս տակաւին ինծի կազդուրիչ դեղաբոյս մը կու տար, որ բաւական սուղ էր: Այդ ժամանակ, մեր երկրամասին մէջ, շատ անսովոր էր այդպիսի դեղ առնել: Իմ մօրս սէրը իր կրտսեր տղուն նկատմամբ՝ շատ մեծ էր: Երբ մօրս ձեռքէն բռնած տունէն դուրս կ'ելլէի, գիւղին տարիքոտ մարդիկը այսպիսի բաներ կ'ըսէին. «Այս տղան շատ խելացի կ'երեւի... Անիկա ապագային կարեւոր մէկը պիտի ըլլայ...Անոր դէմքին նայելով կրնամ ըսել որ մեծ մարդ մը պիտի ըլլայ ապագային...Լաւ հոգ տար իրեն»: Երբ մայրս այս տեսակի դիտողութիւններ կը լսէր, կը տեսնէի որ շատ կ'ուրախանար: Կը նկատէի որ մայրս ատեն-ատեն Պուտտայական տաճար մը կ'այցելէր, բրինձի նուիրատուութիւններ կ'ընէր եւ կ'աղօթէր ընտանիքին՝ օրհնութիւններու համար:

Մայրս Ամբողջ Սրտով Աղօթեց

Գիշերները մայրս արագ լոգանք մը կ'առնէր, իր

Հանպօքը (Քորէական աւանդական զգեստը) կը հագնէր, դուրս կ՚ելլէր, դաս մը մաքուր ջուր կը դնէր ջրամանին մէջ եւ կ՚աղօթէր աստղերուն: Տան ամենէն կրտսերը ըլլալուս, ես կը փորձէի արթուն մնալ մինչեւ մօրս վերադարձը: Կարգ մը գիշերներ, երբ մայրս սովորականէն աւելի ուշանար, կը դիտէի զինքը մեր թուղթէ պատուհանէն, փոքրիկ ծակի մը մէջէն, մինչեւ որ քունի մտնէի:

Օր մը հարցուցի իրեն. «Մամա՛, ինչո՞ւ համար կը խոնարհիս եւ այդքան շատ կ՚աղօթես», եւ ան պատասխանեց. «Որովհետեւ երբ ես աղօթեցի Մեծ Տիբբըրին, քու մեծ եղբայրդ ապահով վերադարձաւ Քորէական պատերազմէն եւ իմ սաստիկ աղօթքներուս պատճառաւ է որ դուք, իմ պզտիկներս, շատ առողջ էք եւ լաւ կը մեծնաք»: Սակայն ետքը իմ կեանքիս մէջ, երբ ես հիւանդացայ եւ տարիներով անկողինի ծառայեցի, մայրս աղօթեց աստղերուն իմ առողջութեանս համար, բայց իր աղօթքները արդիւնք չտուին այլեւս: Բայց անմիջապէս որ լսեց թէ ես բոլորովին բժշկուած էի Աստուծոյ ոյժով, մայրս սկսաւ ինքնիրեն եկեղեցի երթալ: «Ես շատ աղօթքներ ըրի աստղերուն եւ Պուտտային երկար ժամանակ, բայց Պուտտան եւ Մեծ Տիբբըրը չկրցան բժշկել իմ տղաս: Սակայն քանի որ իմ տղաս եկեղեցիի մը մէջ բժշկուեցաւ, ես այլեւս եկեղեցի պիտի երթամ»: Այս խօսքը ըսելէն ետքը, անիկա նետեց իր բոլոր կուռքերը եւ հաւատարիմ հաւատացեալ մը եղաւ, ծառայելով միայն Աստուծոյ:

Ծնողքիս Խիստ Կեդրոնացումը Ուսումի Վրայ

Ընտանիքին ամենափոքրը ըլլալուս, կը ձգտէի հնազանդ ըլլալ, ուստի իւրայատուկ կերպով սիրուած էի ծնողքիս կողմէ: Իմ ծնողներս շատ խստապահանջ էին ուսման եւ կրթութեան տեսակէտով՝ կեանքի բոլոր մարզերուն մէջ: Անոնք ինծի եւ իմ եղբայրներուս ոչ միայն մարդկային յարաբերութիւններու հիմնական սկզբունքները սորվեցուցին, այլ նաեւ սորվեցուցին սովորական կարգուձեւ եւ քաղաքավարութիւն՝ քալելու, խօսելու, հագուելու, սեղանի վրայ ուտելու, դգալը բռնելու, քնանալու եւ արթննալու յատուկ եւ վայելուչ ձեւերը: Նոյնպէս, անոնք կը շեշտէին որ երբ մենք խօսէինք, պէտք չէ որ ձայներնիս բարձրացնէինք, պէտք չէ խօսէինք մինչեւ որ դիմացի անձը վերջացնէր իր խօսելիքը, պէտք չէ մեզմէ մեծերուն աչքերուն ուղղակիօրէն նայէինք երբ անոնք մեզի հետ խօսէին, պէտք չէ որ մեր դրացիները ընդհատէինք այցելութեան ժամանակ, եւ որքան ալ աղքատ ըլլայինք, պէտք չէ որ մուրացկանը պարապ ձեռքով ճամբէինք երբ ան մեզ կ'այցելէր, եւայլն: Անոնք նոյնպէս մեզի սորվեցուցին լաւութեամբ եւ համբերութեամբ աշխատիլ: Կը խորհիմ թէ, քանի որ ծնողներս այս ձեւով դաստիարակած էին ինծի, նոյնիսկ Աստուած ճանչնալէս առաջ, այս էր պատճառը որ ետքը ես կրցայ իմ խղճիս համեմատ առաջնորդուիլ եւ մարդիկ ինծի կ'ակնարկէին ըսելով. «այն մարդը որ օրէնքի պէտք չունի»: Տէրը ընդունելէս ետք, կը խորհիմ որ ծնողքիս խստապահանջ դաստիարակութեան շնորհիւ էր որ ես կրնայի դիւրութեամբ «Ամէն» ըսել եւ կատարել որեւէ հրաման մը որ կու գար Աստուծոյ խօսքէն:

Որպէս Չինական դասականութեան դպրագէտ, հայրս դիմագիծի կերպարանքի գիտութիւնը սորվեցաւ, որով կարելի կ'ըլլար մէկու մը նկարագիրը դատել իր դիմագիծի երեւոյթէն, նաեւ ափին մէջի գիծերը կարդալով: Անիկա շիտակ ձեւով կը գուշակէր երկրին մէջ կատարուելիք կարեւոր դէպքերու մասին եւ շատ բաներ որոնք պիտի պատահէին գիւղին մէջ: Հայրս ինծի կ'ըսէր. «Ճէյրոք, դուն մեծ մարդ մը պիտի ըլլաս: Ամէն բան լաւ կ'երեւնայ, բայց քու կեանքի գիծդ քիչ մը կարճ է եւ մէջտեղէն անջատուած, ուստի դուն կանուխ մեռնելու ճակատագրուած ես: Սակայն, մաքուր եւ բարակ գիծ մը կայ որ կապուած է քու կեանքի գիծիդ, ուրեմն եթէ դուն կարենաս 30 տարեկանը անցընել, դուն մեծ օրհնութիւն պիտի ըլլաս շատ մարդոց համար:»

Հայրս շատ ուրախ էր իմ դիմագիծս եւ ափս կարդալէն ետքը: Ան ըսաւ որ ես կրնայի կանուխ մեռնիլ, բայց եթէ կարենայի 30-ը անցընել, ես աշխարհի բոլոր կողմերը պիտի ճամբորդէի եւ շատ ժողովուրդներու յարգանքը պիտի վայելէի: Երբ 30 տարեկան եղայ, ես հիւանդութեան մէջ ընկղմեցայ: Շատ պարագաներու մէջ մահուան դրան մուտքին գտայ ինքզինքս: Շատ անգամներ, նոյնիսկ չէի գիտեր եթէ մինչեւ յաջորդ օրը ողջ պիտի մնայի կամ ոչ: Այս վիճակին մէջ ապրելով, նոյնիսկ չէի կրնար երազել թէ օր մը կրնայի մեծ մարդ մը դառնալ: Հայրս կը խղճար իմ վրաս, որովհետեւ ան կը խորհէր որ ես կրնայի կանուխ մեռնիլ, ուստի անիկա իր լաւագոյնը կ'ընէր ինծի սորվեցնելու եւ լաւ բաներ հայթայթելու: Մայրս ալ շատ ժրաջան եւ հաւատարիմ կեանք մը կ'ապրէր մեր ամբողջ ընտանիքին ծառայելով:

Արկած մը Նախակրթարանին մէջ

Երբ փոքր էի, ես շատ առողջ էի: Որովհետեւ ես վերջին զաւակն էի, մայրս զիս շատ կը սիրէր եւ զիս մեղրով եւ ամէն տեսակի բնական բոյսերու յաւելուածներով ու քաղուածքներով կը կերակրէր: Ուստի, ես ընդհանրապէս իմ տարիքի ընկերներէս աւելի զօրաւոր էի: Հակառակ որ փոքր էի, Քորէական զօտեմարտութեան շքանշանները միշտ ես կը շահէի եւ մարդիկ ինծի կը կանչէին ըսելով. «Զօրաւոր մարդ»: Շատ մը երեխաներ ինծի կը հետեւէին եւ կը խորհէին որ ես իրենց առաջնորդն էի:

Որպէս Քորէացի երեխաներ՝ ազդուած ըլլալով Քորէական պատերազմէն, ես եւ իմ ընկերներս համեմատաբար բուռն եւ վայրի խաղեր կը խաղայինք: Մենք կը զուարճանայինք պատերազմական խաղեր խաղալով, կից զարնելով, ըմբշտամարտելով եւ «Սահպի» անունով խաղ մը խաղալով, որուն մէջ կը փորձենք հակառակորդը խեղդել մինչեւ որ ենթարկուի: Ըմբշտամարտութեան մէջ, երբ երեխաները իրարու դէմ կը զօտեմարտին, անոնք իրենց ձեռքերը կը բարձրացնեն անէն անգամ որ խեղդուելու աստիճանին հասնին, ցոյց տալու համար թէ յանձնուած են: Օր մը ես մարեցայ այդ վիճակին մէջ, քանի որ մերժեցի անձնատուր ըլլալ: Ինչ տեսակի մրցում ալ որ ըլլար, ես շարունակ կը մրցէի մինչեւ որ յաղթէի, քանի որ հպարտ էի եւ շատ յամառ: Օր մը, 4-րդ դասարանիս, ես կը խաղայի միջնակարգ դպրոցի ընկերոջ մը հետ եւ իմ կուրծքի ոսկորներէս մէկը վիրաւորուեցաւ: Այն ատեն մենք չէինք կրնար հիւանդանոց երթալու ծախսը հայթայթել, ուստի ծնողքս ինծի բուսական դեղ տուին եւ սպասեցին որ վէրքը բժշկուի: Սակայն ամէն ամառ, վէրքին տեղը կը շարունակուէր ցաւիլ: Ես շատ զօրաւոր ցաւ կը զգայի կողիս մէջ եւ դժուարութիւն կ'ունենայի շնչելու, ու չէի կրնար վազել: Որովհետեւ յատուկ դարման մը չկար, հայրս երկու թունաւոր օձեր դրաւ «Սոճու» կոչուած ըմպելիի մը մէջ եւ ստիպեց որ ամէն օր խմեմ այդ խմիչքէն առտու եւ իրիկուն: Այսպէս էր որ ես փոքր տարիքիս սորվեցայ խմիչք գործածել:

Ուրիշ անգամ մը, դարձեալ 4-րդ դասարան եղած ժամանակս, ուսուցիչ մը ունէինք, որուն ծաղրանուն տուած էինք «Խենթ Ուսուցիչը» ըսելով: Ես իմ ընկերներուս հետ այս «Սահպի» կոչուած ըմբշտամարտութեան խաղը կը խաղայի դպրոցին բակին մէջ եւ այս ուսուցիչը խորհեցաւ որ մենք իրարու հետ կը կռուէինք: Անիկա մեզ բոլորս ուսուցչարան կանչեց ու սկսաւ յանդիմանել եւ ապտակել մեզի: Յետոյ, ան մեզ ստիպեց որ ամէն մէկս իրարու ապտակենք քանի անգամ: Ես ոչ թէ միայն այդ ուսուցիչէն ապտակ ստացայ, այլ նաեւ իմ ընկերոջմէս: Ասոր որպէս հետեւանք, երեսս ուռեցաւ եւ ականջի թմբուկներէս մէկը ճեղքուեցաւ: Ականջէս սկսաւ հեղուկ հոսիլ եւ ետքը ասիկա բարդացաւ ու լսողութիւնս խանգարուեցաւ: Յետոյ այդ ուսուցիչը վռնտուեցաւ դպրոցէն, բայց ես տակաւին կը շարունակէի տառապիլ այդ արկածին հետեւանքով:

Իմ Պատանեկութիւնս

Ես ներքնամուտ էի եւ ամչկոտ: 1959-ին Քուանկճու քաղաքին միջնակարգ դպրոցը աւարտելէ ետք, Սէուլ գացի բարձրագոյն դպրոցի համար: Ես կը մնայի իմ մեծ քրոջս քով, Շինտանկ Տօնկի մէջ, Սէօնկտօնկ Կու, Սէուլ, Քորէա: Ժամանակ մը, իմ վերջին տարուայ դասընթացքի շրջանիս, ես 40 օրերէ աւելի բացակայեցայ դպրոցէն, որովհետեւ հիւանդ էի: Երբ հիւանդ պառկած էի անկողինիս մէջ, մէկը եկաւ, որուն երբեք չէի տեսած անկէ առաջ, եւ Աւետարանը քարոզեց ինծի ու մղեց որ Յիսուս Քրիստոսը ընդունիմ: Ես խորհեցայ, «Ա՛յս ինչ ապուշ մարդ է, ո՞ւր է այն Աստուածը որուն մասին ինք կը խօսի: Ամէն պարագայի, ես պիտի չհաւատամ Յիսուսի, բայց եթէ պատահի որ հաւատամ, ես ինչպէ՞ս պիտի կարենամ այդպէս շրջելով Աւետարանը քարոզել աղին-անդին: Ես շատ պիտի ամչնամ այդ ընելու»:

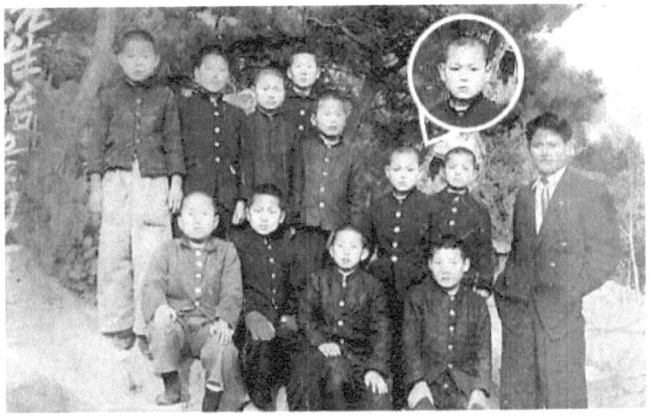

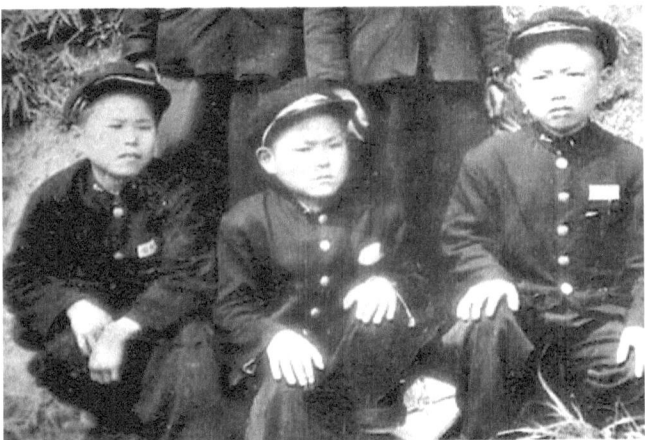

Բարձրագոյն Վարժարանի Մէջ

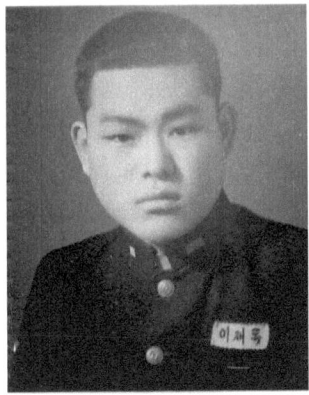

Միջնակարգ Վարժարաի Մէջ

Ես կը խղճայի բոլոր այն մարդոց վրայ որոնք կը շրջէին ժողովուրդին պատմելու համար Յիսուսի մասին: Անաստուած մը ըլլալուս, եւ բնաւորութեամբ երկչոտ ու ներքնամէտ, ես կը խորհէի. «Հիմա ուրիշ պատճառ մը կայ Աստուծոյ հաւատալ չուզելուս համար, որովհետեւ ես այդպէս շրջելով պիտի չուզէի Աւետարանը քարոզել»: Հայրս, որ Չինական դասականութեան դպրագէտ էր, ինծի ըսած էր. «Դուն այնպիսի բնութեամբ մը ծնած ես, որ նոյնիսկ ունկի մը աղ չես կրնար փոխ առնել:» Հակառակ որ մարդիկ այդ ժամանակ աղքատ էին այդ երկրամասին մէջ, աղը տակաւին բաւական սովորական բան մըն էր: Ինչ որ հայրս կը փորձէր ինծի ըսել, այն էր, որ ես այնպիսի անհատականութիւն մը ունէի, որ երբէք չէի ուզեր մէկու մը վրայ բեռ ըլլալ եւ կամ նեղութիւն պատճառել ուրիշներուն:

Նախակրթարանին մէջ երբ դպրոցի կրթաթոշակի վճարման ազդարարագիրը կը ստանայի, չէի ուզեր զայն իմ ծնողքիս ցոյց տալ: Ես միշտ վճարման ժամկէտի թուականը կը փախցնէի եւ անոր համար ուսուցիչները միշտ կը յանդիմանէին զիս խստօրէն, եւ կ'ըսէին որ ծնողքս կանչէի դպրոց. միայն այն ատեն էր որ տրուած ազդարարագիրը կը ցուցնէի մօրս: Այդ ազդարարագիրը տեսնելով, մայրս շուտով կրթաթոշակի գումարը կու տար ինծի: Ես գիտէի որ ան պիտի տար ինծի այդ գումարը, սակայն ինծի համար շատ դժուար էր իրմէ դրամ խնդրել: Այսպէս ես ներքնամուտ եւ ամչկոտ էի: Իմ այս նկարագիրս ետքը իմ հոգեւոր ծառայութեանս վրայ ալ ազդեց:

Անձնապանութեան փորձ՝ յիշողութիւնս կորսցնելէ ետք

Ես չկրցայ շատ լաւ սորվիլ բարձրագոյն դպրոցի մէջ, քանի որ վատ առողջութեանս պատճառաւ շատ օրեր բացակայած էի դպրոցէն: Ես նպատակ ունէի գոլէճի մուտքի քննութիւնները անցընելու, որպէսզի կարենայի Սէուլի Ազգային Համալսարանի ճարտարագիտութեան դպրոցը ընդունուիլ: Ես ամէն օր գրգռիչ դեղահատեր կ՚առնէի որպէսզի արթուն մնայի եւ աւելի շատ սորվէի: Սակայն երբ բաւական ժամանակ անցաւ, մարմինս վարժուեցաւ այդ դեղահատերուն եւ ուրեմն պէտք էր աւելցնէի դեղահատերուն թիւը: Յետոյ սկսայ մոլի դառնալ այդ դեղերուն եւ պէտք էր որ շարունակաբար առնէի զանոնք: Առանց այդ դեղահատերուն ես գինովի պէս կ՚ըլլայի եւ չէի կրնար կեդրոնանալ: Օրական միայն չորս ժամ կը քնանայի եւ ամէն օր կը սորվէի Ազգային Գրադարանին մէջ ուր որ ներկայիս Լօղդ մթերանոցը կը գտնուի: Այսպէս մէկ տարի շարունակ սորվելով, ես վստահ էի թէ պիտի կարենայի Սէուլի Ազգային Համալսարանի Ճարտարագիտութեան դպրոցի քննութիւններուն մէջ յաջողիլ:

1962-ի Նոյեմբերին, քննութիւնները մօտեցած էին, սակայն նկատեցի որ յիշողութիւնս կորսնցուցած էի: Օր մը, դադարի ժամանակ, երբ թերթ կը կարդայի, յանկարծ չկրցայ Քորէայի նախագահին անունը յիշել, Դոկտ. Սինկմէն Լի. այդ ժամանակ: Անկէ զատ, չկրցայ յիշել այն Անգլերէն բառերէն որեւէ մէկը եւ մաթեմատիկի բանաձեւերը որոնք զոց սորվելու համար այնքան շատ աշխատանք թափած էի: Ես բան մը չէի կրնար յիշել:

Ասիկա ժամանակաւոր բան մը չէր: Փորձեցի յիշել բոլոր սորվածներս, որոնց վրայ այդքան ջանք թափած էի, բայց չէի կրնար նոյնիսկ հիմնական բաները յիշել: Վայրկեան մը խորհեցայ որ անյատակ անդունդը կ'իյնայի: Ապագայի հանդէպ ալ յոյս չունէի եւ ես յուսահատութեան ծայրը հասած էի: Այս տեսակ ներքնամուտ եւ ամչկոտ անհատականութեամբ, ես աւելորդ տարի մը եւս մի-միայն սորվելով անցուցած էի մուտքի քննութիւններուն յաջողելու համար, եւ հիմա յանկարծ ինքզինքս կը գտնէի՝ յիշողութիւնս կորսնցուցած:

Ինչպէ՞ս կրնայի ծնողքիս դիմացը ելլել, այն բոլոր դժուարութիւններէն ետք որոնք անցուցած էին ինծի նեցուկ կանգնելու համար: Ես շատ ամօթ կը զգայի կեանքս այս ձեւով շարունակելու: Միտքս դրի անձնասպան ըլլալ եւ սկսայ Ամերիկեան քունի դեղահատեր հաւաքել շատ մը դեղարաններէ: Մարդիկ կ'ըսէին որ այդ դեղահատերը ամենէն զօրաւոր եւ ամենէն ազդեցիկներն են: Այդ ժամանակ ես իմ քրոջս տան մօտ սենեակ մը վարձած էի սորվելու համար եւ քրոջս տունը կը ճաշէի:

Օր մը ըսի քրոջս, «Քոյրս, ես այս իրիկուն ընկերոջս տունը պիտի երթամ դաս սորվելու: Ուրեմն հոս պիտի չընթրեմ այսօր: Հաճիս մի սպասեր ինծի:»

Քոյրս տեղեակ չէր թէ ես ինչ կը ծրագրէի եւ ուրեմն համաձայնեցաւ: Ինծի պատկանող գոյքերս հաւաքելէ ետք, նաեւ վերջին նամակս՝ ծնողքիս, քոյրերուս եւ եղբայրներուս գրելէս ետքը, ներսէն կղպեցի սենեակիս դուռը, ծածկոց մը դրի սենեակին մէջ, լեցուն դեղահատեր առի եւ երկնցայ։ Որոշ ատեն մը բոլորովին արթուն էի, սակայն երկվայրկեանի մը մէջ գիտակցութիւնս կորսնցուցի։ Ասացուածք մը կայ որ կ'ըսէ. «Այս աշխարհի մէջ մահը պարզապէս յաջորդ կեանքին սկզբնաւորութիւնն է»։

Եղբայրս եւ քեռայրս Տօնկ-տայմուն շուկային մէջ կտաւի խանութ մը կը դարձնէին։ Սովորաբար անոնք գիշերը ժամը 10-ին կը գոցէին խանութը, կարգ մը ուրիշ գործերով կը զբաղէին եւ կէս գիշերին տուն կը վերադառնային։ Տարօրինակօրէն եղբայրս եւ քեռայրս այդ օրը ուզեր են սովորականէն շուտ տուն վերադառնալ։

Եղբայրս քեռայրիս ըսեր է, «Եղբայր, կը խորհիմ որ այսօր խանութը կանուխ պէտք է գոցենք եւ շուտ տուն վերադառնանք այս իրիկուն»։

«Իրա՞ւ, ես ալ կ'ուզէի կանուխ տուն երթալ», պատասխաներ է քեռայրս։

Այդ օրը եղբայրս խանութը կանուխ գոցեր է։ Սովորաբար, երբ ան քրոջս տունը հասնէր, երբեք չէր այցելեր ինծի սենեակիս մէջ, որպէսզի չխանգարէր զիս դաս սորված ատենս։ Սակայն այդ օրը ան յատկապէս ուզեր է զիս տեսնել որոշ պատճառով մը։

«Ո՞ւր է ճէյրոքը, հարցուցեր է եղբայրս։ «Ան ըսաւ որ իր ընկերոջը տունը պիտի երթար դաս սորվելու», պատասխաներ է քոյրս։ Հակառակ ասոր, եղբայրս սենեակս մտեր է։ Ան տեսեր է որ դուռը ներսէն կղպուած է եւ զգացեր է որ գէշ բան մը կը պատահի։ Ուստի ան սենեակիս դուռը կտրելով ներս մտեր է եւ զիս գտեր է սառած՝ դիակի մը նման: Եղբայրս քեռայրիս ըսեր է. «Ան կրնայ ապրիլ եթէ հիւանդանոց տանինք եւ ստամոքսը մաքրել տանք»: Ուստի անոնք զիս հիւանդանոց փոխադրեր են, բայց քանի որ ես շատ դեղահատեր կլլեր էի, բժիշկը ըսեր է որ շատ քիչ յոյս կայ վերապրելու: Սակայն որոշ օրերէ ետք ես վերագտայ իմ գիտակցութիւնս: Բայց անձնասպանութեան փորձին որպէս արդիւնք, ես բոլորովին կորսնցուցի իմ յիշողութիւնս, այն շատ քիչ յիշողութեան ոյժն իսկ՝ որ մնացած էր: Նոյնիսկ մէկ տարի ետք, ես չկրցայ յիշողութիւնս ամբողջովին վերագտնել: Հակառակ ասոր, մէկ անգամ եւս շատ ծանր աշխատելով սորվելէ ետք, յաջողեցայ մուտքի քննութիւններուն մէջ եւ 1964-ի Մարտին, ես ընդունուեցայ ճարտարագիտութեան դպրոցը՝ Հանյանկ Համալսարանին մէջ:

Իմ Ամուսնութիւնս եւ Իմ Ճակատագիրս

Երբ ես տակաւին համալսարանն էի, զինուորագրուեցայ եւ 1964, Հոկտեմբեր 29-ին, բանակ մտայ: Ծառայութեանս վերջաւորութեան, ազգականներէս մէկը ինծի ծանօթացուց ընկերուհիի մը, որ վերջը իմ տիկինս պիտի ըլլար:

Ես Կորսնցուցի Բոլոր Ժառանգած Դրամս

1967-ի Մայիսին, զինուորական ծառայութիւնս աւարտեցի եւ արձակուեցայ բանակէն: Բանակին միանալէս առաջ, երկրորդ կիսամեակի կրթաթոշակի գումարը արդէն ստացած էի ծնողքէս: Այս գումարը ազգականներէս մէկուն փոխ տուի, այն խոստումով որ անիկա ինծի պիտի վերադարձնէր զայն, տոկոսով միասին, անմիջապէս որ զինուորական ծառայութիւնս վերջացնէի։ Մակայն այս ազգականիս ընտանիքը հարցեր ունեցան եւ չկրցան նոյնիսկ մայր գումարը վերադարձնել ինծի։ Եղբայրս եւ քեռայրս երբ լսեցին այս եղելութիւնը, իրենք տուին ինծի կրթաթոշակի գումարը։ Զինուորական պարտականութենէս ետք, ես հանդիպեցայ իմ ընկերուհիիս, որ հիմա իմ տիկինիս է, եւ ես ճշմարտապէս սիրահարուեցայ իրեն։ Մենք իրարու խօսք տուինք, որ պիտի ամուսնանանք։

Ընկերուհիս լիճի նման մեծ եւ փայլուն աչքերով օրիորդ մըն էր։ Անիկա իմացաւ որ ես կրթաթոշակի գումարը ստացեր էի, ուստի ինձմէ խնդրեց որ զայն իրեն փոխ տամ կարճ ժամանակի մը համար։ Ուրեմն ան փոխ առաւ այդ գումարը եւ սակայն չկրցաւ զայն վերադարձնել ինչպէս որ խոստացեր էր։ Այս պատճառով ես չկրցայ երկրորդ կիսամեակի դասաւանդութիւններուն համար արձանագրուիլ եւ պէտք էր որ քանի մը ամիսներ սպասէի։ Ասոր վրայ, վերջապէս որոշեցի ետ իմ ծննդավայրս դառնալ։ Ես ծնողքիս այսպէս ըսի. «Մամա՛, պապա՛, ես շուտով պիտի ամուսնանամ, ուրեմն հաճեցէք իմ ժառանգութեանս մէջ ինծի ինկած բաժինը սկիզբէն տալ։ Ես այս դրամէն մաս մը իմ ամուսնութեանս համար պիտի ծախսեմ եւ քանի որ իմ նշանածս վարսայարդար է, մենք գեղեցկագիտական սրահ մը պիտի բանանք, որպէսզի մեր ապրուստը ապահովենք։ Ես դրամին մնացածը դրամատուն պիտի դնեմ որպէսզի անոր տոկոսէն օգտուիմ։ Իսկ ուսումս պիտի ստանամ կրթանպաստներով։ Նաեւ, երբ աւարտեմ, Միացեալ Նահանգներ պիտի երթամ եւ իմ Դոկտորի տիտղոսս այնտեղէն պիտի ստանամ։» Ես իմ ապագայի ծրագիրներս բացատրեցի, կարծէք յատակագիծ մը կը ցուցադրէի, եւ այսպիսով համոզեցի ծնողքս: Անոնք ուրիշ բան չէին կրնար ընել բայց միայն մտիկ ըրին իրենց զաւկին եւ քիչ մը դժկամակութեամբ իմ ժառանգութեանս բաժնին մէջ ինկող դրամը տուին ինծի: Ես Մէուլ վերադարձայ վարդագոյն ապագայի մը երազներով, եւ իմ ժառանգութեանս հսկայ գումարը հետս տանելով: Սակայն եւ այնպէս, ամէն ինչ սկսաւ սխալ ընթանալ: Նշանածիս հետ միասին Մէուլի կայարանը պիտի հանդիպէինք, սակայն ան չերեւցաւ եւ ես չկրցայ իրեն հետ կապի մէջ մտնել ամբողջ լման շաբաթ մը:

Մինչ այդ շ քոյրս հեռաձայնեց ինծի, ըսելով. «Եղբայր, լսեցի որ քու ժառանգութեանդ բաժինը ստացեր ես. լաւ, որչա՞փ տոկոս պիտի ստանաս դրամատունէն: Իմ լաւագոյն ընկերուհիներէս մէկը առեւտուրի ընկերութիւն մը հիմնած է եւ եթէ դրամդ իր ընկերութեան մէջ ներդնես, դուն փոխարէնը շատ աւելի դրամ կը ստանաս: Նաեւ ես քեզի կը վստահեցնեմ եւ կ'ապահովեմ քեզի, ուստի երբէք մտահոգուելու պէտք չունիս այդ մասին:» Ես միամիտ ըլլալով, մտիկ ըրի քրոջս եւ քանի որ տակաւին նշանածէս լուր չէի ստացած, տուն մը վարձեցի եւ մնացած գումարը քրոջս տուի:

Քանի մը օրեր ետք, նշանածս երեւցաւ: Իր ընտանիքի անդամները չէին համաձայնած որ ինքը ինծի հետ ամուսնանար, եւ ուրեմն այս ամբողջ ժամանակը անիկա փորձած էր համոզել զիրենք: Վերջաւորութեան, ան փորձած էր անձնասպան ըլլալ քունի դեղահատերով: Յետոյ հիւանդանոց փոխադրուած էր եւ հազիւ կրցած էին զինքը ապրեցնել: Երբ ինծի հանդիպեցաւ, տակաւին նոր դուրս արձակուած էր հիւանդանոցէն:

Յետոյ, քոյրս երկու ամսուայ տոկոս տուաւ ինծի այն գումարէն որ ես իրեն տուած էի եւ ետքը իրմէ լուր չելաւ: Ես հեռաձայնեցի իրեն եւ ըսի. «Քոյրս, ես պէտք է որ նոր կիսամեակի կրթաթոշակը վճարեմ, ուստի հաճիս դրամս վերադարձուր ինծի:» Ան չպատասխանեց: Նոր Տարիէն ետք, քրոջս քով գացի եւ դրամս ուզեցի որպէսզի

Որպէս թերթի լրագրող աշխատած ժամանակ

շարունակէի ուսումս: Զգացի որ անիկա անհանգիստ կ'ըլլար: Վերջապէս ըսաւ, «Եղբա՛յր, ես կը խորհէի որ իմ ընկերուհիս առեւտուրի ընկերութիւն մը կը դարձնէր, սակայն մէջտեղ ելաւ որ անիկա մաքսանենգութիւն կ'ընէ: Հիմա ան բռնուած եւ բանտը դրուած, ուստի չեմ կրնար դրամը ետ առնել:» Ես բոլորովին փիատեցայ: Ես ինծի մտածեցի, «Ի՜նչ սոսկալի է. եւ ես տակաւին համալսարանը աւարտած չեմ: Այս ինչ տեսակ փորձանք է: Քանի որ քոյրս չէր կրնար այդ գումարը վերադարձնել ինծի, ես իմ բոլոր ժառանգութիւնս կորսցուցի այդպէս, մէկ վայրկեանի մէջ : Յետոյ որոշեցի գործ մը գտնել որպէսզի դրամ շահէի եւ իրիկնային դասընթացքներու հետեւէի: Գործ մը գտայ որպէս թերթի մը թղթակից, եւ 1968-ի Յունուարին ես եւ իմ սիրելի նշանածս՝ ամուսնացանք:

Ես ինքնավստահ էի խմիչք գործածելու մասին

Ամուսնանալէս ետք, 1968-ի Մարտին, Կիրակի օր մը, մենք շատ տաքուկ խնճոյք մը սարքեցինք մեր տան մէջ: Խնճոյքին պատրաստուելու համար, 40 շիշ ուիսքի գնեցինք Տօնկտայմունէն եւ ընկերներս ալ իրենց հետ խմիչքներ բերին: Առտուայ դէմ, ես իմ գործընկերներուս հանդիպեցայ եւ կէսօրէ ետք իմ Սէուլի ընկերներուս հետ տեսնուեցայ, իսկ իրիկունը՝ իմ ծննդավայրի ընկերներուս հանդիպեցայ: Ես խնճոյքով զուարճացայ մինչեւ ուշ գիշեր: Ես վստահ էի որ ալքոլի հանդէպ զօրաւոր դիմադրողականութիւն ունէի, ուստի չմերժեցի ընկերներուս հրամցուած խմիչքներէն որեւէ մէկը, նոյնիսկ առտուայ շատ կանուխ ժամերուն: Ես ամենաքիչը եօթը շիշ ուիսքի խմած էի, եւ այդ բոլորը՝ առանձինս: Քանի որ այդքան զօրաւոր ալքոլ գործածած էի, սկսայ ստամոքսի լուրջ հարցեր ունենալ: Ուշ գիշերին, հիւրերս ճամբելէ ետք, ես անկողին մտայ այն հանգիստ զգացումով որ յաջող խնճոյք մը սարքած էի:

Յանկարծ սենեակին առաստաղը սկսաւ գլխուս վրայ դառնալ: Ելեկտրական լամպերը սկսան պտըտիլ շուրջս: Յետոյ սկսայ դուրս տալ: Ես այնքան շատ փսխեցի որ այնպէս կը զգայի թէ աղիքներս կոկորդս կը հասնէին: Տիկինս գնաց դեղ բերաւ դեղարանէն, բայց այդ դեղահատերը կլլելէս առաջ արդէն զանոնք բոլորը դուրս տուի: Նոյնիսկ չէի կրնար ջուր խմել: Ես շատ ցաւերու մէջ էի: Այդ օրուընէ սկսեալ չէի կրնար օրինաւոր կերպով բան մը ուտել: Ստամոքսի անհանգստութեանս պատճառաւ, չէի կրնար ուտելիքը մարսել: Ամէն ինչ փորձեցի, բուսական դեղերով միասին, բայց բան մը չօգնեց ինծի: Տիկինս եւ ես խորհեցանք որ ամէն բան լաւ կ'ըլլար եթէ քիչ մը ժամանակ անցնէր, բայց որքան ժամանակը կ'անցնէր, այդքան աւելի կը վատթարանար վիճակս, եւ մարմինս սկսած էր հսկողութենէ դուրս ելլել:

Լաւ ըլլալ կը փորձէի

Ես պէտք էր որ գործս ձգէի: Ամէն տեսակի դեղեր առի եւ շատ մը հիւանդանոցներ գացի որպէսզի յստակ ախտաճանաչում ստանայի: Սակայն ստամոքսային խոցէն զատ ուրիշ յատուկ հիւանդութիւն մը չկար: Բայց եւ այնպէս կշիռքս երթալէն կը կորսնցնէի եւ շատ մը ուրիշ բարդութիւններ ունէի: Երեք կամ չորս տարիներ ետք, դժուար թէ իմ մարմնիս անդամներէն որեւէ մէկը առողջ ըլլար: Ես «հիւանդութիւններու քալող պահեստարան»ի մը կը նմանէի: Փորձեցի բոլոր այն դեղերը որոնց համար կ'ըսէին թէ լաւ դեղեր են: Ամառը՝ մարզիկի մը ոտքի քեռուըտուքէ կը տառապէի, իսկ ձմեռը կը տառապէի սառնահարութենէ: Մարմինս ամբողջովին մալաքորով ծածկուած էր եւ ամէն առտու բոլոր բորբոքումները կը թարախոտէին ու միզելու դժուարութիւն կ'ունենայի: Քիթս շարունակ գոց էր եւ յիշողութիւնս երթալէն կը տկարանար:

Նաեւ ես աւշային հարց մըն ալ ունէի: Սկիզբը անիկա

շատ մանր գնդակի պէս էր վզիս վրայ, բայց երթալէն անիկա մեծցաւ եւ խաղողի չափ եղաւ: Այս աւշային բորբոքումին պատճառով, չէի կրնար վիզս օրինաւոր կերպով դարձնել: Արեւելեան դեղերու բժիշկը ըսաւ որ ինք չէր կրնար անջատ ուրիշ դեղ մը յանձնարարել ինծի աւշային բորբոքումին համար, քանի որ արդէն ուրիշ շատ տեսակի դեղեր կ'առնէի: Ոչ միայն աւշային բորբոքումէ կը տառապէի, բայց նաեւ կը տառապէի ջղային խանգարումէ, անքնութենէ, մալաքորէ, արեան տկարութենէ, միջին ականջի վարակումէ, եւ իմ ներքին օրկաններս՝ ստամոքսիս, փոքր աղիքներուս, եւ մեծ աղիքիս հետ միասին, բոլորն ալ իրենց աշխատանքին մէջ թերացած էին:

Նոյնիսկ փորձեցի Անունս Փոխել

Տիկինս ամէն տեսակի դարմանումներ կը բերէր, որպէսզի դարմանէր իմ հիւանդութիւններս, նաեւ՝ ժողովրդային դեղեր: Սակայն երբ իր բոլոր ջանքերը ապարդիւն եղան, ան սկսաւ նախապաշարումներու հետեւիլ: Կարգ մը մարդիկ իրեն ըսին. «Ան կրնայ բուժուիլ: Պէտք է որ չար ոգիները հանող մէկը հրաւիրես եւ այդ ալ փորձես»: Ուրիշներ կ'ըսէին իրեն. «Եթէ Պուտտայական աբեղայ մը հրաւիրես որպէսզի այդ չար ոգին դուրս հանէ, պիտի յաջողիս»: Տիկինս նշանաւոր վանականներու քով գնաց եւ այդ աբեղաներուն տուած ուղղութիւններով փորձեց չար ոգիները հանել, բայց չյաջողեցաւ: Վերջաւորութեան, մենք նոյնիսկ մեր անունները փոխեցինք:

Կարգ մը մարդիկ մեզի ըսին որ եթէ մեր անունները փոխենք, մեր ճակատագիրը կրնայ փոխուիլ: Խորհեցանք որ ասիկա իմաստալից խօսք մըն էր: Այդ ժամանակ, կառավարական կեդրոնական միաւորին կից, շատ մը անուն շինող գրասենեակներ կային: Առտու կանուխ, մենք «Պոնկսու Քիմ Անուանակոչութեան Գրասենեակ»ը գացինք: Մենք առտուընէ մինչեւ կէսօր սպասեցինք որպէսզի հանդիպէինք պատասխանատու անձին: «Ձեր անունները գէշ են: Ինչո՞ւ համար դուք չէք փոխեր ձեր անունները»: Այդ օրուընէ սկսեալ մենք իր տուած անունները կը գործածէինք, եւ սակայն ապարդիւն:

Ցիւանդ Ցօր մը Տառապանքը

Շատ ներքնամուտ անձ մը ըլլալուս, ես փորձեցի ծածկել իմ հետզհետէ վատթարացող մարմնաւոր վիճակս նոյնիսկ իմ կնոջմէս: Եւ երբ ընտանիքս երթալով աւելի կ'ընկղմէր պարտքերու մէջ, ես չէի կրնար այդպէս նստիլ եւ դիտել: Ուրեմն սկսայ տեղէ-տեղ թափառիլ, գործ փնտռելու համար: Սակայն քանի որ ականջի հարց ունէի, չէի կրնար լսել եւ ուրեմն չկրցայ գործ գտնել: Իմ լսողութիւնս այնքան ծանրացաւ որ չէի կրնար հեռախօս գործածել, որով շատ դժուար եղաւ ինծի աշխատիլ: Ես պէտք էր որ աւելի անկախ գործ մը գտնէի: Ուրեմն սկսայ փոքր սեղաններ ծախել: Ես փողոցները կ'իջնէի սեղան ծախելու, բայց քանի որ բնաւորութեամբ ամչկոտ էի, չէի կրնար բարձրաձայն պոռալ ըսելով. «Սեղաններ, ծախու սեղաններ»: Քանի մը օր անյաջող կերպով աշխատելէ ետք, կամաց-կամաց սկսայ ինքնավստահութիւն ունենալ եւ սկսայ ծախել սեղանները:

Օր մը 1972-ին, ես կ'երթայի սեղան ծախելու, յանկարծ զգացի որ ոտքերս կը սկսէին անդամալուծուիլ եւ քալելը չափազանց սոսկալի ցաւ կը պատճառէր ինծի: Ես սեղաններս մօտակայ տեղ մը ձգեցի եւ օթոպիւսով տուն վերադարձայ: Այդ վայրկեանէն սկսեալ, այլեւս անկողինի կը ծառայէի: Յայտնի եղաւ որ յօդացաւի զօրաւոր բորբոքում ունէի: Ամէն անգամ որ քալէի, խիստ զօրաւոր ցաւ կը զգայի եւ շուտով պէտք էր որ եղէգի վրայ յենէի: Այնուամենայնիւ, մտային տագնապս աւելի խորունկ էր քան մարմնաւոր ցաւը: Ես շատ տրտմած էի այն իրողութեան համար որ չէի կրնար լսել: Ականջի թմբուկս պատռուած էր արդէն ականջներէս մէկուն մէջ, նախակրթարանին մէջ պատահած արկածին հետեւանքով, որուն մասին արդէն յիշած եմ: Սակայն 5-6 տարիէ ի վեր ստացած զօրաւոր դարմանումներուս պատճառաւ, իմ միւս ականջս ալ սկսած էր վատանալ: Որքան ալ փորձէի մարդոց շրթունքները կարդալ, եթէ աղմկոտ միջավայր ըլլար, չէի կրնար հասկնալ թէ ինչ կ'ըսէին: Նոյնիսկ չէի համարձակէր ընտանիքի անդամներուս ըսել թէ կը խուլնայի: Կը վախնայի որ ինծի «Հաշմանդամ» կոչէին: Երբ ուրիշներ հետս խօսէին, ես իրենց սխալ պատասխան կու տայի, քանի որ չէի կրնար լսել իրենց ըսածը, կամ ալ բոլորովին չէի պատասխաներ եւ դէմքս կը սկսէր կարմրիլ ամօթի զգացումէ եւ ստորակայութեան բարդոյթէ:

Տիկինս շատ դժուար ժամանակ անցուց ինծի հոգ տանելով եւ մեր պարտքերուն միայն տոկոսը փորձել վճարելով: Քանի որ ամենաաժան տեղերը վարձեցինք ապրելու համար, մենք շարունակ տեղափոխութեան մէջ էինք: Աh-Հիօնկ Տոնկէն Քիմբօ, Սանկտօ Տօնկ, Չօնկնօ,

Տուրքըմ, եւ այսպէս շարունակ կը փոխադրուէինք: Երբեմն երբ շատ ստիպուած ըլլայինք, տիկնոջս ծնողքին տունը կը մնայինք եւ կամ իր քրոջը տունը: Վերջապէս, այդքան շատ փոխադրուելէ ետք, լեռնային գիւղի մը մէջ հաստատուեցանք, Քէօմհօ Տօնկի մէջ: Մեր տունը կղմինտրներով շինուած էր եւ կաղապարի կը նմանէր: Երբ մուտքի դրնէն դուրս կ'ելլէինք, հեռուէն կը տեսնէինք Հէն Գէտը:

Զոքանչս հիմա մահացած է, բայց անիկա շատ լացած է ինծի համար: Ան ինծի հիւանդանոց կը տանէր, նաեւ բուսաբոյժի, որպէսզի ասեղնաբուժում ստանայի կամ ալ բոյսերով դարմանուիմ: Բայց քանի որ չէի կրնար քալել, իմ ընկերներս իրենց կռնակին վրայ կը շալկէին զիս լեռնէն դէպի վար, որպէսզի վարձու ինքնաշարժ մը առնէի եւ զոքանչիս հետ հիւանդանոց երթայի: Հիւանդանոցէն վերադարձին, զոքանչս ինծի բրինձով շինուած ոգելից ըմպելի մը կը գնէր. թերեւս որովհետեւ ան կը խղճար իմ վրաս: «Տղաս, գիտեմ որ ցաւերու մէջ ես, բայց ումպ մը խմէ եւ զուարթացիր...»:

Տիկինս Ցուսահատական Վիճակի Մէջ Էր

Տիկինս աջին-ձախին կ'երթար իմ դարմանումիս համար դրամ փոխ առնելու: Մինչ այդ, մեր պարտքերը ձիւնի պէս կը դիզուէին: Երբ շատ ստիպողական դրամի պէտք ունենայինք, տիկինս իր ծնողքին, քրոջը կամ եղբօրը քով կ'երթար դրամ փոխ առնելու: Ետքը ան մեր պարտքերուն վրայ աւելցած տոկոսը կը վճարէր, եւ մնացած դրամը կը գործածէր իմ դեղերս գնելու: Շուտով ես իմ տիկնոջս ընտանիքին համար գէշ անձ մը որակուեցայ: Իրենց դիտանկիւնէն, քանի որ ես իմ ընտանիքիս պէտքերը չէի հոգար որպէս լաւ ամուսին մը, ես իրենց տան ամենակրտսեր եւ ամենէն շատ սիրուած աղջիկը տաժանակիր աշխատանքի մէջ մտցուցած էի: Որովհետեւ մեր ամուսնութենէն անմիջապէս ետքը ես հիւանդացայ, անոր համար մենք չկրցանք նոր ամուսնացածներու նման վայելել նոյնիսկ մեր ամուսնութեան առաջին տարիները: Տիկինս ստիպուած մղուեցաւ մեր երկու դերերն ալ ինքը առանձինը կատարելու, թէ ապրուստը շահելու ետեւէ ըլլալով եւ թէ ալ ընտանիքին հոգ տանելով: Ան մեր երկու աղջիկները պիտի խնամէր եւ միաժամանակ պիտի պայքարէր մեր ապրուսը ճարելու համար: Ան արդէն սպառած էր, եւ իր երբեմնի ազնիւ ու փափուկ բնաւորութիւնը սկսած էր կարծրանալ, որովհետեւ անիկա դառնացած էր կեանքի պարտաւորութիւններու ճնշման տակ, որոնք իր վրայ պարտադրուած էին:

Այդ ժամանակ տիկինս ինծի 5-6 տարի շարունակ հոգ տարած էր այն միակ յոյսով որ օր մը ես իմ առողջութիւնս պիտի վերագտնէի: Սակայն տեսնելով որ վիճակս երթալով աւելի կը վատթարանար, ան ստիպուած յուսահատութեան մատնուեցաւ: Քիչ մը շուտ բորբոքող բնաւորութիւն ունենալուն համար, ամէն անգամ որ բանէ մը յուսախաբ ըլլար, անիկա իր ապրանքները կը հաւաքէր եւ իր ծնողքին տունը կ'երթար...

«Ես սիրոյ պէտք չունիմ, հապա ճիշդ հիմա ես դրամի պէտք ունիմ: Գնա՛ դրամ շահիր»: Տիկինս պէտք էր որ մեր պարտքերը, որոնք անձնական փոխ տուողներէ առած էր, շատ մեծ տոկոսով վերադարձնէր անոնց: Ուրեմն ամէն անգամ որ ճնշումի կ'ենթարկուէր վճարելու համար, ան չէր կրնար դիմանալ եւ տունը ձգելով կ'երթար, ըսելով որ այլեւս չէր կրնար այս ամուսնութիւնը կառավարել: Սակայն քանի մը օր ետք, անիկա անպայման տուն կը վերադառնար:

Օր մը, իր մեծ քրոջը օգնութեամբ, տիկինս խմիչքի եւ թեթեւ ուտելիքի փոքր ըմպելարան մը բացաւ Քուէմիօ

Տօնկ շուկային մէջ: Ան լաւ խոհարարուհի մըն էր, ուստի շատ յաճախորդներ ունեցաւ: Անիկա առտու կանուխ շուկայ կ՚երթար եւ ուշ գիշերին տուն կը վերադառնար: Գիշերուայ ժամը 12-ին ան տուն կը վերադառնար՝ յոգնած եւ սպառած: Ան ինքզինքը շատ յառաջ կը մղէր որպէսզի կարենար կարելի եղածին չափ մեր պարտքերը վճարել: Բայց երբ տուն վերադառնար եւ զիս տեսնէր հիւանդ պառկած, դարձեալ կը յուսահատէր եւ նոյնիսկ ամենափոքր բաներէն կը զայրանար եւ կը բորբոքէր: Մեր երկու աղջիկները արդէն ընկերութեան մէջ մերժուած երեխաներ էին: Տիկինս վարսայարդարման սրահը բանալէն ի վեր, ես կը պայքարէի իմ մեծ աղջկանս՝ Միյանկին հոգ տանելու համար, իսկ Միքյանկը, մեր միջնեկ աղջիկը՝ մօրս հետ միասին, եղբօրս տունը կը մնար:

‚Ինչպէ՞ս այդքան շատ ան իր հօրը կը նմանի:

Արդեօք իր հօրը շատ նմանելուն համա՞ր էր: Մեր վիճակին պատճառով Միքյանկը մեր կողմէն շատ սիրուելու բաղդը նոյնիսկ չունեցաւ: Երբեմն երբ եղբօրս տունը կ՚երթայի եւ կը տեսնէի Միքյանկը որ քուրջի կտոր մը բերին՝ կը խաղար, իմ սիրտս կը կոտրուէր: Բայց քանի որ վիճակս լաւ չէր, չէի կրնար զայն իմ քովս տուն բերել, իրեն հոգ տանելու համար: Ուստի խոր կսկիծով կը լեցուէի: Այդ ժամանակ ջղագրգռութենէ կը տառապէի, ուստի նոյնիսկ ամենաչնչին բաներէն կը զգացուէի: Եթէ տիկինս որեւէ ակնարկ մը ընէր որ իմ հպարտութիւնս վիրաւորէր, անմիջապէս վիճաբանութիւն մը կը ծագէր եւ յետոյ տիկինս կ՚ըսէր որ պիտի ամուսնալուծուէր ինձմէ եւ դարձեալ իր ապրանքները հաւաքելով կը վազէր իր ծնողքին տունը:

«Ինչպէ՞ս կրնաս այս ձեւով շարունակել: Կը խորհիմ որ աւելի լաւ կ'ըլլայ որ դուք ամուսնալուծուիք, ձեր երկուքին լաւութեան համար»:

Տիկնոջս ընտանիքի անդամները քովս եկան եւ իրենց անհամաձայնութիւնը յայտնեցին ինծի, բարձրաձայն յանդիմանելով զիս, այն աստիճան որ բոլոր դրացիները լսէին մեզի: Իմ երեսս սկսաւ կարմրիլ բարկութենէս եւ շփոթութենէս: Տիկինս՝ որ տունը ձգած գացած էր, ետ եկաւ եւ ըսաւ. «Ես քեզի տեսնելու չեկայ, հապա միայն աղջիկս տեսնելու: Եթէ երբէք պատահի որ առողջանաս, ես քեզմէ պիտի ամուսնալուծուիմ: Ես կ'ուզէի հիմա բաժնուիլ քեզմէ, բայց եթէ այդպէս ընեմ մարդիկ ինծի պիտի մատնանշեն ըսելով որ ես հիւանդ ամուսին մը լքեր եմ: Ուստի, հիմա չէ ժամանակը»:

Մարմնաւոր սէրը փոփոխական է

1972-ին, ես ինքզինքս քննեցի, եւ տեսայ որ մարմինս ամէն տեսակ անբուժելի հիւանդութիւններով լեցուած էր: Քանի որ այնքան շատ զօրաւոր դարմանումներ ստացած էի, այլեւս որեւէ դեղ կամ ներարկում օգուտ չէին ունենար: Ծնողքս, եղբայրներս, քոյրերս եւ ազգականներս սկսան մատնանիշ ընել ինծի եւ հեռացան ինձմէ: Տիկինս կը խուսափէր ինձմէ: Նոյնիսկ մայրս լքեց զիս: Մայրս, որ այդ ժամանակ 70 տարեկան էր, օր մը եկաւ ինծի այցելելու: Տեսնելով որ իր տղան անկողինի կը ծառայէր, ան սկսաւ դառնապէս լալ: Անիկա խորհեցաւ որ ես բոլորովին յուսահատական պարագայ մըն էի:

«Օհ, օհ, քեզի համար աւելի լաւ է շուտով մեռնիլ: Միայն այդ ձեւով կրնաս պատուել զիս»:

Որքան սոսկալի էր վիճակս, որ նոյնիսկ իմ հարազատ մայրս, որ ինծի ամենէն աւելի շատ կը սիրէր, կը նախընտրէր որ ես մեռնէի, որպէսզի զինքը պատուած ըլլայի... Ես կը խորհէի որ մայրս զիս երբեք պիտի չլքէր, նոյնիսկ եթէ ամբողջ աշխարհը ինծի դէմ ելլէր: Այդ վայրկեանին, անդրադարձայ որ մարդկային սէրը շատ փոփոխական է: Եթէ պայմանները լաւ չըլլան, այդ սէրը կրնայ փոխուիլ:

Եթէ իմ հարազատ մայրս չէր կրնար հասկնալ իմ քաշած տառապանքս, ինչպէ՞ս հապա եղբայրս պիտի կրնար հասկնալ: Օր մը եղբայրս եկաւ ինծի այցելելու՝ խմած վիճակի մէջ, ըսելով որ եկած էր զիս մխիթարելու: Սակայն եւ այնպէս փոխանակ մխիթարելու, ան իր խօսքերովը աւելի եւս տազնապեցուց զիս:

Անձնասպանութեան Երկրորդ Անյաջող Փորձ մը

Ես կը նմանէի փոքրիկ թռչունի մը որ թեւերը անյուսօրէն կը բաբախէր, վերապրելու համար պայքարելով, սակայն ապարդիւն: Առաջին անգամ, երբ տիկինս ապրանքները հաւաքելով իր ծնողքին տունը գնաց, ես իր ետեւէն գացի եւ զինքը ետ տուն բերի: Սակայն երբ անիկա դարձեալ ձգեց եւ գնաց, ես չկրցայ նորէն երթալ զայն տուն վերադարձնելու, քանի որ չէի ուզեր իր ընտանիքի անդամներուն արհամարհանքը եւ անարգանքը դիմագրաւել: Ամէն անգամ որ իմ փոքրիկ աղջիկներուս ապագային մասին կը մտածէի, յանկարծ զօրաւոր կամք մը կ'արթննար իմ մէջս վերապրելու, ճիշդ ջուրի աղբիւրի մը նման: Սակայն երբ ահարկու իրականութեան պատնէշին դիմաց կը կենայի, ես բոլորովին անզօր կը զգայի ինքզինքս: Խորհելով որ մահուան շուքէն ազատելու ոչ մէկ միջոց կար առջեւս, ես դարձեալ քունի դեղահատերը հաւաքեցի, իմ խղճալի կեանքիս անմիջապէս վերջ մը դնելու համար: Արդէն բաւական գէշ իրողութիւն մըն էր որ ես այդքան շատ կը տառապէի հիւանդութիւններէս, սակայն աւելի ծանր էր այն իրողութիւնը որ նոյնիսկ իմ հարազատ կինս քաղցր չէր ինծի հանդէպ, բայց մանաւանդ՝ կը վիրաւորէր զիս: Ես բոլորովին կորսնցուցած էի ապրելու փափաքը: Խորհեցայ, փոխանակ կինս ետ բերելու իր ծնողքին տունէն, թերեւս աւելի լաւ կ'ըլլար որ մեռնէի: Ուստի այդ 20 դեղահատերը, որոնք հաւաքեր էի՝ բոլորն ալ կլլեցի:

Այն օրը որ ես այդ դեղահատերը առի, տիկինս իր ծնողքին տունն էր: Ան չէր կրցած քնանալ եւ շատ ջղային էր: Ըսաւ որ չէր կրցած մտքէն հանել այն խորհուրդը որ շատ գէշ բան մը կը պատահէր մեր տան մէջ: Աւելի անհանգիստ ըլլալով, ան ինքնաշարժ մը վարձած էր եւ վազելով տուն եկեր էր, զիս մեռնելու վրայ գտնելով: Ան շուտով հիւանդանոց տարաւ զիս ուր դարմանուեցայ եւ դարձեալ վերակենդանացայ: «Ես նոյնիսկ չեմ կրնար կեանքս իմ ուզածիս պէս վերջացնել: Աւելի լաւ է որ ալ անձնասպան ըլլալ չփորձեմ»: Երբ հիւանդանոցին մէջ ինքզինքս գտայ, վերյիշելով իմ երկու անձնասպանական փորձերս, զգացի որ աւելի բարձր ոյժ մը կար որ իմ կեանքիս մէջ կը միջամտէր: Ուստի որոշեցի որ այլեւս երբէք անձնասպանութեան փորձ պիտի չընէի:

Կատուները Լաւ կը Սեպուին Յօդացաւային Հիւանդութեան դէմ

Երբեմն, երբ մարմինս քիչ մը լաւ զգար, եղէգով կը քալէի: Բայց ուրիշ ատեններ երբ վիճակս վատանար, անկողինը կը քամուէի եւ չէի կրնար նոյնիսկ մկան մը շարժել: Մէկը պէտք էր որ իմ մէզս եւ կղկղանքս հաւաքէր: Տիկինս լսեց որ կատուները լաւ դարման էին յօդացաւերու համար, ուստի անիկա կատուներ գնեց ոչ միայն Սունկտօնք Քու շրջանէն, բայց նաեւ ուրիշ շուկաներէ, ինչպէս՝ Տօնկտամուն եւ Ճունկիու շուկաներէն: Ան եփեց կատուները որպէսզի ուտէի: Սակայն երբեմն, երբ անոնք լաւ ձեւով չէին եփուեր, այնքան գէշ կը հոտէին, որ կը փափաքէի մեռնիլ, քան թէ ուտել զանոնք:

Մայրս եւ տիկինս, որեւէ բան որ մարդիկ կ'ըսէին թէ լաւ էր, կը բերէին ինծի: Անոնք ինծի համար կ'եփէին 100 ոտքով թունաւոր սողուններ, մրմրուկ եւ ջնարակ ծառի կեղեւ: Անոնք նոյնպէս ինծի կերցուցին շուներու եւ արջերու միզապարկերը: Ես նոյնիսկ օձէ պատրաստուած խմիչք փորձեցի: Այս հիւանդութիւններուն դէմ պայքարս տակաւին կը շարունակուէր: Ըսուած էր որ բորոտութեան դէմ շինուած Գերմանական դեղահատեր կային, որոնք տեսակ մը թոյն էին այդ հիւանդութիւնը դարմանելու համար: Քանի որ մորթային հիւանդութենէ կը տառապէի, որով իմ ամբողջ մարմինս ազդուած էր, ես այդ դեղահատերը առի այն յոյսով որ պիտի բժշկուէի, եւ սակայն արդիւնքը շատ խղճալի էր։

Ես 15 օր Կղկղանքի Հիւթ Խմեցի

Ամէն տեսակ դեղեր փորձեցի՝ բժշկական դարմանումներ, ժողովրդային դեղեր, բուսական դեղեր, եւ նոյնիսկ նախապաշարումներ եւ դիւահանութիւն, բայց այնպէս կը թուէր որ իմ առողջական վիճակս երթալով աւելի կը վատթարանար եւ աւելի դժոխային կ՚ըլլար։

«Ճէյրոք, շատ հռչակաւոր բժիշկ մը եկած է քաղաքը։ Ինչպէ՞ս կ՚ըլլայ եթէ երթաս եւ քննուիս իր քովը»։

«Այո, ինչո՞ւ չէ, բան մը չունիմ կորսցնելիք»։ Ուստի ընկերներուս խորհուրդը առնելով Քուէմհօ Տօնկ գացի այդ բժիշկը տեսնելու։ Անիկա քննեց զիս եւ իմ բազկերակներս ալ քննելէ ետք ըսաւ, «Հրաշք է որ դուն տակաւին կ՚ապրիս։ Քու բազկերակներդ կը թուին թէ կը տրոփեն, բայց իրականութեան մէջ չեն բաբախեր։ Զարմանալի է որ դուն ողջ ես։ Միայն մէկ ձեւ կայ քու հիւանդութիւններդ դարմանելու։ Դուն փոքր եղած ատենդ շատ զօրաւոր մարմնամարզութիւն ըրած ես, այնպէս չէ՞։ Արդեօք շա՞տ զարնուած ես այդ գործունէութիւններու ժամանակ։ Դուն ամբողջ մարմնիդ վրայ բիծեր ունիս, արեան մեռած բջիջներով լեցուն։ Արեան խցուած բջիջներ պատած են ամբողջ մարմինդ։ Այս է պատճառը որ քու առողջութիւնդ այս վիճակին հասած է։

«Օհ, իրա՞ւ։ Ի՞նչ է ուրեմն դեղագիրը, ի՞նչ կը յանձնարարէք»։

«Գիւղին ծայրը գտնուող երկաթուղագիծի կայարանի մը մէջ, հանրային պէտքարաններ կան: Այս պէտքարաններուն խորունկը գտնուող կղկղանքին հիւթը տասը տարիէ ի վեր փճացած է: Ասիկա խոշոր շերեփով դուրս հանէ եւ գարեջուրի գաւաթով օրական երեք անգամ, 15 օր շարունակ խմէ զայն: Պիտի տեսնես որ արեան այդ մեռած կտորները պիտի անհետանան մարմնիդ վրայէն եւ դուն դարձեալ առողջ պիտի ըլլաս»:

Բժիշկը մանրամասն ուղղութիւններ տուաւ թէ ինչպէ՞ս կրնայի այդ աղտոտ կղկղանքի հիւթը դուրս հանել: Պէտք էր որ կուժի մը բերանը սոճիի տերեւներ կապէի որպէս քամոց, յետոյ քար մը կապէի կուժին եւ ետքը այդ կուժը դնէի պէտքարանին մէջ: Այս ձեւով կղկղանքին զտուած հիւթը պիտի հաւաքուէր կուժին մէջ: Եթէ այս հիւթը խմելով բժշկուէի, ես բժիշկին խոստացեր էի մեծ գումար մը վճարել: Տիկինս եւ ես այնքան ուրախ էինք խորհելով որ ասիկա վերջնական դարմանն էր, եւ մենք ուրեմն աճապարեցինք երթալու գիւղին ծայրը գտնուող երկաթուղիի կայարանը, մեր ուրախութենէն ցնծութեամբ պարելով: Մայրս լսեց իմ բացատրութիւնս թէ ինչպէս պէտք էր այդ դարմանը ստանայի, ուստի անիկա ամբողջ գիշերը անցուց այդ կղկղանքի հիւթը գեղեցիկ ամանի մը մէջ փոխադրելով եւ զայն ինծի բերաւ մեծ հոգատարութեամբ:

Ուրեմն, 15 օր շարունակ, ես այդ կղկղանքին հիւթը խմեցի առանց նոյնիսկ մէկ անգամ փախցնելու: Անոր սոսկալի հոտը առնելով, շատ դժուար էր ինծի նոյնիսկ մէկ անգամ իսկ կլլել զայն, բայց հիւանդութիւններս դարմանելու զօրաւոր փափաքէն մղուած՝ յարդի կտորով մը, ես այդ հիւթը խմեցի: Յետոյ ակռաներս վրձինեցի եւ փոքրիկ քաղցրեղէն մը, զոր մայրս ինծի տուաւ, դրի բերանս: Սակայն այդ անտանելի հոտը չգնաց: 15 օրերը լմննալէն ետք, տեսայ որ այս ալ չէր յաջողած զիս բուժելու:

«Մամա՛, եթէ մեռնիմ, ես ետ իմ Սէուլի տունս պիտի երթամ եւ հոն պիտի մեռնիմ»:

2

Աստուած Իսկապես Կենդանի Է

Երբ Ծաղիկին Վերջին Թերթիկը Իյնայ, Իմ Կեանքս ալ Պիտի Իյնայ

Ինչպէս Իմ Երկրորդ Քոյրս Աւետարանեց Ինծի

Երբ մեր վերջին յոյսը, կղկղանքի հիւթը խմելը, օգուտ մը չտուաւ, տիկինս եւ ես Մէուլ վերադարձանք, աւելի մեծ յուսահատութեան մատնուած: Հիմա իմ միակ փափաքս էր՝ շուտով մեռնիլ: Ուստի անկողինին մէջ պառկած՝ կը դիտէի ինչպէս ժամանակը կ'անցնէր: Իմ առօրեայ սովորութիւնս եղաւ վէպեր կարդալ եւ կամ Քորէական բրինձի ոգելից ըմպելի խմել, մեր մասամբ մոխրացած եւ արգելափակուած տան մէջ: Այդ փոքր, մէկ-սենեակնոց տան մէջ, բրնձի խմիչքի պահեստարան մը եւ դեղի շիշեր կային, ինչպէս նաեւ փոխ առնուած գիրքեր՝ հոս-հոն տարածուած:

Ընտանիքիս մէջ, իմ երկրորդ քոյրս, միակ հաւատացեալն էր մեր մէջ: Ան իր մանկութեան ժամանակ, մարմնի բարձր ջերմի պատճառաւ, իր մէկ աչքին տեսողութիւնը կորսնցուցեր էր: Ան մեր դրացի գիւղէն երիտասարդի մը հետ ամուսնացած էր եւ երեք տղայ ու երկու աղջիկ մեծցուցած էր: Անիկա հաւատարիմ կեանք մը ապրեցաւ: Օր մը, մէկը Աւետարանին բարի լուրը բաժնեկցած էր իրեն հետ եւ անկէ ետք ան սկսած էր եկեղեցի երթալ: Մայրս եւ եղբայրներս կը խորհէին որ անիկա ծայրայեղ հաւատացեալ մըն էր եւ չէին ուզեր որ ան եկեղեցի յաճախէր: «Դուն այդքան շատ կ՚աշխատիս հողը մշակելով եւ յետոյ ամէն բան եկեղեցիին կու տաս: Դուն նոյնիսկ Կիրակի օրերը չես աշխատիր որպէսզի եկեղեցի երթաս: Դուն երբեք պիտի չկարենաս աղքատութենէ ազատիլ: Ե՞րբ կը յուսաս օր մը հարստանալ»:

Նոյնիսկ երբ մայրս իր քով այցելութեան կ՚երթար, ան միայն կը ժպտէր եւ կ՚ըսէր, «Մամա՛, ինչ մեծ ուրախութիւն է Յիսուսի հաւատալ: Ինչո՞ւ համար դուն ալ եկեղեցի չես երթար:» Կիրակի օրերը, քոյրս առտու կանուխ կ՚ելլէր, իր տան գործերը կը վերջացնէր եւ յետոյ եկեղեցի կ՚երթար: Անիկա ամպիոնը կը սրբէր եւ կը ծառայէր եկեղեցիին մէջ: Եթէ որեւէ արժէքաւոր բան մը ունենար, եւ կամ իր պտուղին առաջին բերքը, անիկա գաղտնաբար հովիւին տունը կը ձգէր զայն եւ կը փախչէր: Ան կը սիրէր Աստուծոյ մարդուն ծառայելը այս ձեւով:

Իմ այս երկրորդ քոյրս ժրաջանութեամբ արթնութեան ժողովներու կ՚երթար եւ ջերմեռանդութեամբ կը փնտռէր Աստուծոյ շնորհքը: Անիկա նոյնիսկ իր ոսկի մատանին, որ շատ յարգի կը սեպուէր այդ ժամանակ, տուաւ որպէս նուիրատուութիւն:

«Տէ՛ր Աստուած, ինծի ոսկիի նման թանկարժէք հաւատք շնորհէ: Ինծի ոսկիի նման հաւատք տուր որ բնաւ չփոխուիր, նոյնիսկ եթէ ժամանակ անցնի անոր վրայէն»:

Մանկութենէս ի վեր, երկրորդ քոյրս իմ նախասիրած քոյրս էր: Երբ ես Սէուլի մէջ կ'ուսանէի, ամէն անգամ որ արձակուրդ ունենայի, ես այս քրոջս տունը կը մնայի: Ան կը փորձէր Աւետարանը բաժնեկցիլ ինծի հետ, ամէն անգամ որ առիթ ունենար: Նոյնիսկ հիւանդանալէս ետք, ան շատ կը ցաւէր ինծի համար: Ան շարունակ զիս կը մղէր որ եկեղեցի երթայի, ըսելով, «Եղբա՛յր, եթէ եկեղեցի երթաս, Աստուած քեզ պիտի բժշկէ: Դուն նորէն առողջ պիտի ըլլաս»:

«Քոյրս, հաճիս ծիծաղելի մի՛ ըլլար: Մենք այնպիսի դարու մը մէջ կ'ապրինք, երբ մարդիկ տիեզերանաւեր կը ղրկեն դէպի լուսին: Ո՞ւր է Աստուած աշխարհի մէջ: Եթէ Ան կ'ապրի, ցոյց տուր ինծի»:

Քոյրս շատ անգամներ կը ստիպէր ինծի որ Աստուծոյ հաւատայի, բայց քանի որ յամառ էի, ես կը պնդէի որ եթէ իրապէս Աստուած գոյութիւն ունէր, քոյրս պէտք էր որ ցուցնէր զԱյն ինծի:

Եթէ Ծաղիկին Վերջին Թերթիկը Իյնայ, Իմ Կեանքս Ալ Պիտի Իյնայ

Ես նշանաւոր վէպի մը մէջի հերոսին պէս կը զգայի ինքզինքս: Այդ վէպին մէջ, հերոսը շարունակական յուսահատութեան մէջ կ'ապրէր, առանց յոյսի՝ ապագայի նկատմամբ: Ան կը հաւատար որ եթէ պատին վրայ գտնուող որոշ բոյսի մը վերջին տերեւը օր մը իյնար, փոթորկոտ հովին պատճառաւ, իր կեանքն ալ նոյնպէս պիտի վերջանար: Ես ալ նոյն ձեւով շարունակական յուսահատութեան մէջ կ'ապրէի, ապագայի նկատմամբ ոչ մէկ յոյս ունենալով:

1974-ի Ապրիլին, վարդագոյն եւ դեղին-ոսկեգոյն ծաղիկներ զարդարեցին ամբողջ երկրամասի դաշտերը: Անոնք իրենց անոյշ բոյրը կու տային ամենուրեք: Սակայն իմ կեանքս կը թառամէր եւ ամէն մէկ շունչ որ կ'առնէի, կը թուէր թէ աւելի կը մօտեցնէր ինձ մահուան:

«Տարուան այս եղանակին, ստեղծագործութեան մէջ գտնուող ամէն բան այնքան կեանքով լի՝ կը շարժէր: Բայց իմ կեանքս, որ ճիշդ այդ վերջին տերեւին նման կախուած էր, արդեօք ե՞րբ պիտի վերջանար»:

Ոչ մէկը ուրախ էր զիս տեսնելով: Ես չէի կրնար բրինձ կամ միս ուտել, բայց կրնայի ոգելից ըմպելի խմել: Ալքոլը (խմիչքը) իմ միակ բարեկամս էր: Ճիշդ այդ ատենն էր, մինչ հազիւ թէ օրը օրին կը քաշքշուէի, երբ ես սկսայ խմիչքին վստահիլ: Ծնողքս, եղբայրներս եւ քոյրերս, սկսան երթալով աւելի քիչ այցելել ինծի: Շուտով, ես որեւէ մէկուն այցելութիւնը չէի ակնկալեր: Սակայն օր մը յանկարծ մէկը դուռս զարկաւ: Ան իմ երկրորդ քոյրս էր, այն քոյրս որուն ես շատ կը սիրէի:

«Քոյրս, ինչպէ՞ս եղաւ որ դուն հոս Սէուլ եկար: Նե՛րս եկուր»:

«Ես կարեւոր գործ մը ունէի ընելիք Սէուլի մէջ»:

Այդ ժամանակ, հողամշակութեան ամենէն զբաղ ատենն էր: Այդ պատճառաւ ես թէպէտ ուրախ՝ բայց շատ զարմացած էի քոյրս տեսնելով:

Ինծմէ Խնդրեց Առաջնորդել Զինք

«Եղբա՛յրս, շնորհք ըրէ ինծի: Քու օգնութիւնդ կը խնդրեմ բանի մը մէջ: Երկար ատենէ ի վեր տեղ մը կայ զոր կ'ուզեմ այցելել: Հաճիս ինծի հոն տար»:

«Ի՞նչ: Ի՞նչ ըսել կ'ուզես: Դուն գիտես որ ես լաւ չեմ կրնար քալել»:

«Գիտեմ, գիտեմ: Բայց այնքան շատ կը փափաքիմ այդ տեղը երթալ, որ քու օգնութիւնդ կը խնդրեմ»:

Սկիզբը մերժեցի, ըսելով որ իմ հիւանդ մարմինովս ես չէի կրնար զինքը առաջնորդել: Բայց անիկա այնքան սրտանց կ'աղաչէր ինծի, որ գէշ զգացի, եւ վերջապէս չկրցայ այլեւս մերժել զինքը առաջնորդելու»:

Այն տեղը որ քոյրս կ'ուզէր այցելել, բժշկութեան արշաւներէն մէկն էր, առաջնորդուած՝ Աւագ Երիցուհի Շին-այ Հյունի կողմէ: Անիկա լաւ ճանչցուած էր իր բժշկական պարգեւով որ իրեն տրուած էր Աստուծոյ կողմէ: Որովհետեւ քոյրս շարունակ կ'աղօթէր ինծի համար եւ կ'ուզէր միջոց մը գտնել ինծի եկեղեցի տանելու համար, այդ պատճառաւ ես ետքը ծանօթացայ Աւագ

Երիցուհի Շին-այ Հյունի հետ: Քոյրս լաւ գիտէր որ եթէ
ինքը ինծի ստիպէր եկեղեցիին մէջ բժշկութիւն ընդունելու,
ես պիտի մերժէի երթալ: Մինչ ան կ՚աղօթէր այս նիւթին
համար, Աստուծմէ իմաստութիւն ստացեր էր եւ ուրեմն
ինծի եկեղեցի տանելու համար, խնդրեց որ ես զինքը
առաջնորդեմ:

Աստուծոյ Հաւատալէն Առաջ

Քանի որ դպրոցին մէջ Տարուինի տեսութիւնը սորված
էի, ես անաստուած էի: Ես համարձակութեամբ կ՚ըսէի
թէ ոգիներ գոյութիւն չունէին: Սակայն իրականին մէջ,
իմ սրտիս շատ խորը, ես չէի կրնար ուրանալ Աստուծոյ
գոյութիւնը: Շատ բաներ նկատի ունենալով, ես չէի
կրնար մտքէս ջնջել այն խորհուրդը որ մահէն ետք կեանք
գոյութիւն ունէր: Իմ սրտիս խորը, իրականութեան մէջ,
ես կ՚ընդունէի Աստուծոյ, Ստեղծագործին գոյութիւնը:
Ես կը խորհէի, «Եթէ իրապէս Աստուած կայ, այն ատեն
շատ հաւանաբար դժոխքն ալ գոյութիւն ունի, ճիշդ այն
դժոխքին պէս զոր տեսած էի պատկերասփիւռէն: Այն
ատեն ի՞նչ պիտի ըլլայ իմ կեանքս մահուընէ ետք»:

Քանի որ խորքին մէջ չէի կրնար Աստուծոյ գոյութիւնը
ուրանալ, ես պէտք էր որ ընդունէի կեանքի գոյութիւնը՝
մահուընէ ետք: Իմ սրտիս մէկ անկիւնին մէջ, նաեւ ես
դժոխքի վախը ունէի: Ճիշդ ասոր համար է որ նոյնիսկ
Աստուծոյ հաւատալէս առաջ, ես կը փորձէի արդար
կեանք մը ապրիլ:

Ամէն պարագայի, քանի որ քոյրս ինձմէ չէր խնդրեր

եկեղեցի երթալ բժշկութիւն գտնելու, հապա միայն կը խնդրէր ինձմէ որ իրեն ընկերակցէի Քրիստոնէական հաւաքին երթալու, ես ուրեմն ընդունեցի իր առաջարկը: 1974 Ապրիլ 17-ին, քոյրս առաւօտ կանուխ ելաւ եւ պատրաստուեցաւ, ըսելով որ կանուխ պէտք էր երթար որպէսզի առջեւի շարքերը կարենար նստիլ: Երկար ատենէ ի վեր, ասիկա առաջին անգամն էր, որ տունէն դուրս կ'ելլէի: Ինծի համար շատ դժուար էր Քէյում-Հօ Տօնկ բլրային քաղաքէն վար իջնել, ուստի երկար ժամանակ առաւ: Մենք օթոպիւս մը առինք դէպի Սէօտայում եւ հասանք Աւագ Երիցուհի Շին-այ Հյունի եկեղեցին:

Ամէն Մարդ Խե՞նթ է Հոս

Հակառակ որ այդ ժամանակ իմ երկու ականջներուս թմբուկները պատռուած էին, ես կրնայի ձայն լսել, բայց շատ թեթեւ: Երկրորդ յարկը արդէն լեցուն էր մարդոցմով, ուստի մենք երրորդ յարկը ելանք: Աստիճանները սիրուն զառիվայրով մը շինուած էին, որպէսզի հաշմանդամներուն անցքը դիւրութեամբ կատարուէր: Բայց եղէգով քալելու ստիպուած ըլլալով, դժուար եղաւ ինծի քրոջս քայլերուն հետ համընթաց քալել:

Հաւանաբար խմբային աղօթքի ժամն էր: Շուրջս եղող մարդիկը իրենց ձեռքերը կը բարձրացնէին եւ բարձրաձայն կ'աղաղակէին: Ես այսպիսի բան մը երբեք չէի տեսած անկէ առաջ, եւ ուրեմն չէի գիտեր թէ ինչ պէտք էր ընէի, հապա միայն շուրջս կը դիտէի: Նկատեցի որ քոյրս ալ ծունկի եկած կ'աղօթէր՝ վեր բարձրացուցած իր ձեռքերը, որոնք կը ցնցուէին:

Ամէն մարդ ինծի համար կը թուէր խենթ ըլլալ, քոյրս ալ մէջը ըլլալով: Ես զգացի որ պիտի պոռթկամ եւ դէմքս սկսաւ կարմրեցաւ: Կ'ուզէի միայն այդտեղէն դուրս ելլել: Բայց երթալէն աւելի շատ մարդիկ կը մտնէին ներս եւ ետեւս կը նստէին, ուստի չկրցայ դուրս ելլել: Ես ճիշդ հիմա կ'ուզեմ այստեղէն դուրս ելլել: Բայց ի՞նչ կրնայի ընել: Չէի կրնար քոյրս հոն ձգելով առանձին տուն երթալ: Քանի որ երբեք չէի տեսած մէկու մը այդպէս աղօթելը եւ մանաւանդ խումբով աղօթել այդ կերպով, ես շփոթեցայ՝ տեսնելով այդ ժողովուրդը որոնք ձեռքերնին շարժելով բարձրաձայն կ'աղաղակէին աղօթքի մէջ: Սակայն քանի որ չէի կրնար առանձինս տուն վերադառնալ, ուրեմն ստիպուեցայ հոն կենալ: Խորհեցայ որ ես ալ թերեւս պէտք էր ծունկի գայի: Ծունկի եկայ եւ աչքերս գոցեցի: Յանկարծ կռնակս սկսաւ քրտնիլ եւ քրտինքը սկսաւ վազել կռնակէս վար: Գարնանային օր մըն էր այդ օրը, բայց տաք չէր: Ես շատ նիհար անձ մըն էի, հազիւ մարմին մը եւ ոսկորներ, ուստի անկարելի էր որ այդպէս քրտնէի: Խորհեցայ որ ասիկա շատ տարօրինակ բան մըն էր, «Ես շատ տագնապած եւ շփոթած կը զգամ հոս ըլլալուս համար: Թերեւս, շատ հաւանաբար, այս է պատճառը որ ես այսքան շատ կը քրտնիմ»:

Միայն որոշ ժամանակ մը ետք էր որ անդրադարձայ թէ՝ անմիջապէս որ այդ օրը ես ծունկի եկայ, Աստուած իմ բոլոր հիւանդութիւններս այրած էր Սուրբ Հոգիին Կրակովը: Բեմին վրայ, որը բաւական հեռու էր, Աւագ Երիցուհի Շին-այ Հյուն, լման ճերմակ հագած, եռանդով կը քարոզէր: Բարձրախօսէրէն ելած ձայնը շատ բարձր էր, բայց ես բնաւ չէի կրնար զայն լաւ լսել: Միայն քանի մը բառեր կը լսէի այստեղէն-այնտեղէն: «Ինչ լաւ պիտի ըլլար եթէ յստակօրէն կարենայի լսել թէ այդ տիկինը ինչ կ'ըսէ», խորհեցայ:

Մրտիս մէջ փոփոխութիւն մը եղած էր, այդքան շատ քրտնելէս ետքը (իրականութեան մէջ Սուրբ Հոգին ինծի դպած էր): Ես կ'ուզէի Աւագ Երիցուհի Շին-այ Հյունի պատգամը լսել: Քոյրս ըսաւ, «Եղբա՛յր, ինչո՞ւ աղօթք չես ընդունիր այս միւս մարդոց նման որոնք հոս եկած են»:

Պատգամէն ետք, քրոջս դէմքը կը փայլէր, մինչ անիկա կը մղէր զիս աղօթք ընդունելու: Քրոջս առաջնորդութեամբ, ես յառաջ գացի, ճնշուելով կարգ մը ուրիշ մարդոց միջեւ, դէպի այն տեղը ուր աւագ երիցուհին նստած էր:

Բարձրախօսներուն մէջէն կը շարունակուէր քիչ մը ձայն ելլել: Ասիկա բժշկուողներու վկայութիւններուն ձայնն էր, որոնք աղօթքներով բժշկուած էին: Ես կրնայի կտրտուած ձեւով լսել այդ վկայութիւններուն բովանդակութիւնը: Մէկը կ'ըսէր թէ ինքը «Սուրբ Հոգիին Կրակը» ընդունած էր եւ բժշկուած էր երբ Աւագ Երիցուհի Շին-այ Հյուն ձեռքը դրած էր իր վրայ:

«Անոնք աղօթքի միջոցաւ բժշկուած պէտք է ըլլան: Բայց ես տակաւին չեմ կրնար հաւատալ այդ»:

Աւագ Երիցուհի Շին-այ Հյուն իր ձեռքովը մեղմօրէն կը զարնէր ամէն մէկ անձի գլխուն եւ ապա կռնակին, եւ անոնք յառաջ կը մղէր, մինչ անոնք կ'անցնէին իր առջեւէն: Այս էր բոլոր եղածը: Ան մեղմօրէն զարկաւ գլխուս եւ կռնակիս, եւ զիս առջեւ հրեց, ճիշդ միւս մարդոց նման: Ես այսպէս խորհեցայ, «Անիկա ժողովուրդին հետ ճամբորդական պայուսակի պէս կը վարուի: Կը խորհիմ որ անիկա կը շորթէ ժողովուրդը»: Ժողովուրդին հսկայ թիւին համար ան չէր կրնար ամէն մէկուն վրայ աղօթել, հապա թեթեւօրէն զարնելով կը հրէր զանոնք, եւ այս պատճառով ես վշտացած էի:

Այդ վայրկեանին, ես իմ նախակրթարանի օրերէս պատահած դէպք մը յիշեցի: Ճանկ-յուբ շրջանէն կին մը ճանչցուած էր իր բժշկութեան պարգեւով: Երբ իր ժողովին մասին հրապարակուեցաւ տեղական թերթի մը մէջ, շատ ժողովուրդ հաւաքուեցաւ Ճանկ-յուբի մէջ: Իմ քրոջս տղան ալ յաճախեց այդ ժողովներէն մէկը, քանի որ անիկա հոսում կ'ունենար իր ականջէն: Տասնըհինգ օր ետք երեւան ելաւ որ անիկա դրամաշորթ մըն էր: Այդ կինը ձերբակալուեցաւ: Կարգ մը տեղական թերթեր նկարագրական պատմութիւններ շինեցին այս լուրէն: Կը խորհէի որ արդեօք այս կի՞նն ալ կը խաբէր ժողովուրդը, ճիշդ Ճանկ-յուբ շրջանի կնոջ պէս: Խոր մտածումներու մէջ, ես արդէն ինքզինքս վարի յարկը գտայ:

«Աւիկա տարօրինակ է: Ես առանց ցաւի կամ դժուարութեան վար իջեր եմ»:

Ես Կրնա՛մ Լսել. Ես Կրնա՛մ Լսել

Իմ քոյրս այնքան ուրախ էր, որ կարծէք իր սրտին փափաքը իրականացեր էր: Մենք օթոպիւս մտանք: Յանկարծ շատ բարձր ձայներ լսեցի, որոտումի ձայնին պէս: Ես խորհեցայ, «Ինչ տարօրինակ: Ինչո՞ւ համար այսքան բարձր ձայներ կը լսեմ ականջներուս մէջ»:

Որոտումի նմանող ձայնը դադրեցաւ երբ օթոպիւսէն դուրս ելայ Քէօմիօ շուկային առջեւ: Ես հրաժեշտ տուի քրոջս եւ գացի շուկային մէջ գտնուող սանտուիչի խանութը որ տիկինս կը դարձնէր: Ամէն տեսակի ուտելիքներ կային դարակին մէջ, ինչպէս նաեւ միս: Ըմպելարանին մէջ կը լսէի յաճախորդներուն խօսակցութիւնները՝ մինչ անոնք կ'ուտէին եւ կը խմէին: Ես այնքան ուրախ էի որ իմ բռունցքովս սեղանին կը զարնէի:

«Ես Կրնա՛մ Լսել: Ես Կրնա՛մ Լսել»:

Իմ զարմացած տիկինս հարցուց ինծի «Ի՞նչ, դուն կը լսե՞ս: Ի՞նչ կը լսես եւ ինչո՞ւ հիմա դուն կը լսես»:

«Ես յստակօրէն կը լսեմ այդ յաճախորդներուն խօսակցութիւնները: Միրելիս, ես հիմա անօթի եմ, կ'ուզեմ բան մը ուտել: Կրնա՞ս ինծի քիչ մը բրինձ եւ միս տալ»:

«Ի՞նչ: Դուն անմարսողութիւն պիտի ունենաս եւ մարմինդ ամբողջ դուրս պիտի տայ»:

«Ես լաւ եմ: Ես կը զգամ որ բոլորը մարսած եմ արդէն: Մի մտահոգուիր եւ միայն ինծի քիչ մը ուտելիք տուր»:

Ես շուտով վերջացուցի բրինձը եւ միսը, անմիջապէս որ տիկինս բերաւ զանոնք: Սովորաբար, ես միայն քիչ մը բրինձ կ'ուտէի, ուստի ասիկա հրաշալի փոփոխութիւն մըն էր: Կը զգայի որ շատ լաւ կը մարսէի կերածս: Իրականութեան մէջ, ես որեւէ հարց չունէի այլեւս:

Անկասկա՛ծ Հրաշք էր

Յաջորդ օրը, անմիջապէս որ առտու կանուխ արթնցայ, սովորականին պէս բաղնիք մտայ: Առտուայ իմ առաջին գործս կ'ըլլար բաղնիք երթալ, լուցկիի ցպիկի մը վրայ բամպակ անցընել եւ ականջներէս ելած հոսող հիւթը մաքրել: Ես ասիկա կ'ընէի որովհետեւ չէի ուզեր որ տիկինս մտահոգուէր զայն տեսնելով: Սովորականին պէս, ես փորձեցի մաքրել ականջս, բայց բան մը չէր հոսեր: Անիկա մաքուր էր: Աւելի տարօրինակօրէն, երբ ես կ'արթննայի, արեան տկարութիւն ունենալուս համար, պէտք էր ինքզինքս վայրկեան մը զօրացնէի եւ ետքը երթայի բաղնիք: Սակայն այդ օրը, անդրադարձայ որ արթննալուս պէս ես կրցայ շուտով բաղնիք երթալ: Ոչ միայն այսքան: Զօրաւոր յօդացաւերու պատճառաւ, ձեռքիս ետեւը, արմունկիս, ծունկերուս, բումբերուս եւ ուրիշ յօդերու վրայ թարախ կ'ունենայի: Սակայն այդ օրը, ճերմակ թարախը վերածուած էր սեւ սպիի:

«Ես Չեմ Կրնար Հասկնալ Անիկա: Ի՛նչ Տարօրինակ»:

Յանկարծ սիրտս սկսաւ արագ-արագ զարնել: Տկաւին ուրախութենէս գրգռուած, դարձեալ սենեակ գացի: Հանեցի հագուստներս եւ ուշադրութեամբ մարմինս քննեցի: Երբ քնանայի, սովորաբար չէի կրնար վիզս ազատօրէն շարժել եւ պէտք էր որ միշտ մէկ կողմով պառկէի, աւշային բորբոքումին պատճառաւ: Սակայն խաղողի չափով ուռեցքը իմ աւշային գեղձիս վրայ բոլորովին անհետացած էր: Անկէ զատ, բան մը յիշեցի որ անկէ առաջ պատահեր էր, երբ տակաւին հիւանդ էի: Ձմեռուայ մէջ էր եւ մենք միշտ խոհանոցին մէջ տաք ջուր կ'ունենայինք պտուկի մը մէջ: Սովորականին պէս, առտու կանուխ ծռեցայ որ այդ պտուկէն քիչ մը տաք ջուր առնեմ: Պտուկը միայն կէս լեցուն էր եւ օդուղին բաց էր եւ ուրեմն փայտածուխի ածխաքարին մեծ քանակութեամբ թթուածին կ'երթար: Ջուրը ամբողջովին գոռալով կ'երար:

Երբ ըմպանակի մղումով ջուրը առի, տաք շոգին ծածկեց երեսս: Երբ ս փորձեցի շոգիէն խուսափիլ, տաք ջուրը թափեցաւ մարմնիս վրայ: Թեւերս եւ կուրծքս այրեցան: Այս այրուածքը տգեղ սպիներ ձգած էր մարմնիս վրայ եւ անոր համար ես սովորաբար շապիկս չէի հաներ:

Բայց նոյնիսկ այս սպիները անհետացած էին: Ասիկա բոլորովին անհաւատալի իրաշք մըն էր: Այլեւս, ոչ մէկ սխալ բան կար մարմնիս վրայ:

Այդ վայրկեանին, յիշեցի թէ ինչ պատահած էր նախորդ օրը: Ես առանց դժուարութեան վար իջած էի: Տուն վերադարձի ճամբուն վրայ, որոտումի պէս ձայն լսեցի: Տիկնոջս խանութին մէջ ես կրնայի լսել յաճախորդներուն խօսակցութիւնները: Այդ օրուընէ սկսեալ արիւնս տկար չէր այլեւս : Ոչ մէկ հոսում չունէի այլեւս եւ ալ ցաւ չէի զգար ծունկերս ծռելով:

«Աստուած Իսկապէս Բժշկա՞ծ էր Զիս»

Այնպիսի իրականութեան մը դիմաց ելլելով որ նոյնիսկ ես ինքս չէի կրնար հաւատալ, ես շատ զարմացած էի: Ես որեւէ դեղ չառի եւ որեւէ գործողութիւն չունեցայ, ո՛չ մէկ: Սակայն բոլոր հիւանդութիւններս բուժուած էին: Տասը տեսակէ աւելի հիւանդութիւններ որ չէի կրցած դարմանել ամէն տեսակի բժշկական դարմանումներով, անմիջապէ՛ս բժշկուած էին:

Իսկապէս Աստուած Կենդանի է:

Ես յիմար մարդ մըն էի, սակայն ինչպէ՞ս կրնայի այլեւս կասկածիլ: Ծունկի եկայ եւ ձեռքերս դէպի երկինք բարձրացուցի:

«Օh, Տէ՛ր Աստուած: Դուն իսկապէս կենդանի ես: Ինչպէ՞ս կրցար ինծի այսպէս շուտով բժշկել: Հաճիս ներէ այս յիմար մարդը: Ես անտեսեցի բոլոր քարոզիչները որոնք ինծի կը մղէին Աստուծոյ հաւատալու: Բայց դուն իսկապէս կենդանի ես եւ Դուն զիս ամբողջովի՛ն բժշկած ես»:

Ես կը փորձէի կասկածիլ խորհելով որ ասիկա զուգադիպութիւն մըն էր, բայց չէի կրնար կասկածիլ: Կը զգայի որ պիտի թռչիմ: Տակաւին, չէի կրնար այս բոլոր եղածին իրականութեանը հաւատալ: Տիկինս, որ դուրսն էր, լսեց իմ աղօթքս եւ շատ զարմացած սենեակ մտաւ:

«Սիրելիս, եկուր եւ նայիր մարմինս: Աստուած բժշկեց զիս»:

Զարմացած, տիկինս լման մարմինս քննեց եւ ինքն ալ պէտք էր հաւատար որ Աստուած բժշկած էր զիս: Անիկա այնքան ուրախ էր որ փաթթուեցաւ ինծի եւ սկսաւ բարձրաձայն լալ: Մենք երկուքս լացինք երկար ժամանակ: Բոլոր մեր վիշտերը եւ ցաւերը անհետացած էին եւ մենք ցնծութեամբ եւ շնորհակալութեամբ լեցուեցանք:

Այն Մէկը Որ Բժշկեց Զիս

Այն վայրկեանին որ ես եկեղեցիին մէջ ծունկի եկայ, Աստուած ամբողջովին բժշկեց իմ բոլոր հիւանդութիւններս Սուրբ Հոգիին Կրակովը: Նոյնիսկ Աւագ Երիցուհի Շին-այ Հյունի իմ վրաս աղօթելէն առաջ, արդէն Աստուած ինծի բժշկած էր զիս Իր Սուրբ Հոգիին Կրակովը:

Ես անաստուած էի եւ ոչ մէկ հաւատք ունէի Աստուծոյ վրայ: Ես նոյնիսկ չխնդրեցի Աստուծմէ որ զիս բժշկէ, ուրեմն ինչո՞ւ համար Ան բժշկեց զիս: Ես կը խորհիմ որ ասիկա քրոջս աղօթքներուն պատասխանն էր որ Աստուած բժշկած էր զիս: Քոյրս երկար ժամանակ ծոմապահութեամբ աղօթած էր իմ փրկութեանս համար: Նաեւ հաւանաբար Աստուած գիտէր որ եթէ ես ճանչնայի կենդանի Աստուածը, այլեւս երբեք աշխարհի պիտի չերթայի եւ պիտի չդաւաճանէի զԻնքը, այլ միայն Իր խօսքովը պիտի ապրէի, զԻնք սիրելով մինչեւ ի մահ:

Ամուսնալուծում եւ Տիկնոջս Վերադարձը

Ուրախութիւն՝ Երեք Ամսուայ Համար

Ճիշդ «Ուրախութեան Կապոյտ Թռչուն» պատմութեան պէս, ես կը զգայի որ ուրախութեան կապոյտ թռչուն մը եկած էր իմ ընտանիքիս մէջ: Ամենէն յատկանշական փոփոխութիւնը որ տեղի ունեցաւ իմ ընտանիքիս մէջ այն էր, որ մենք սկսանք ամէն Կիրակի մօտակայ եկեղեցիի մը պաշտամունքի արարողութիւնները յաճախել: Մենք ասիկա կ'ընէինք, որովհետեւ կենդանի Աստուծոյ շնորհիքով ես բժշկուած էի եւ մենք կը զգայինք որ այդ շնորհիքը պէտք էր փոխարինէինք:

Սակայն այդ մեծ դրամական պարտքը որ մենք ունէինք, նաեւ ուրիշ պարագաներ, չէին փոխուած տակաւին: Հակառակ ասոր, մենք շատ ուրախ եւ զուարթ էինք: Ես միայն շնորհակալ էի որ ազատագրուած էի իմ ցաւերէս եւ հիւանդութիւններէս: Պատճառը այն էր որ յոյս եւ երազ ունէի որ վերջապէս պիտի կարենայի տքնաջան աշխատիլ եւ իմ անձնական կարողութեամբս պիտի կարենայի մեր ապրուստը ապահովել:

Ես մեր ապագայի նիւթերը քննարկեցի տիկնոջս հետ միասին: Քանի որ բոլոր հիւանդութիւններս անհետացած էին, ես մէկ-երկու ամիսէն պիտի կարենայի դարձեալ գործի սկսիլ: Յետոյ, մենք մեր պարտքերը պիտի վճարէինք եւ մեր խանութը պիտի ընդարձակէինք: Մենք միասին ծանր աշխատանք պիտի թափէինք, շատ դրամ պիտի շահէինք եւ մեծ ճաշարան մը պիտի դարձնէինք: Այդ ժամանակ, մէկը կար որ սուզուելու հագուստներ շինելու մէջ ճարտար էր: Ուրեմն, ես անոր քով աշխատեցայ որպէս օգնական, խորհելով որ իմ մարմնաւոր վիճակս ալ կը բարելաւուի: Սկիզբը շատ կը յոգնէի նոյնիսկ քիչ մը աշխատելով, բայց շուտով սկսայ ոյժովնալ: Ես սկսայ դրամ շահիլ եւ ապագայի ծրագիրներ մշակել: Յետոյ, իմ հօրս տարեդարձի խնճոյքը տեղի ունեցաւ: Ասիկա իմ բժշկութենէս 90 օր ետքն էր:

Քու Տղադ Իմ Պատճառո՞վս Հիւանդացաւ

1974 Յուլիս 10-ին, ճիշդ իմ հօրս տարեդարձին օրը, մեր բոլոր ընտանիքի անդամները հաւաքուեցան ծննդավայրիս տան մէջ: Քանի մը օր առաջ հոն գացի, իսկ տիկինս՝ խանութին մէջ զբաղ ըլլալուն, հօրս տարեդարձէն մէկ գիշեր առաջ եկաւ:

Հակառակ որ ասիկա յաղթական վերադարձ մը չէր, ես

շատ ուրախ էի: Երբ հիւանդ եղած ատենս ծննդավայրս երթայի, սեննակէս գրեթէ բնաւ դուրս չէի ելլեր, որպէսզի փախուստ տայի ժողովուրդին աչքերէն: Ես միայն դեղ կ'առնէի եւ դարձեալ Սէուլ կը վերադառնայի: Կը վախնայի որ դրացիներս ինծի պիտի ակնարկէին որպէս հաշմանդամ անձ մը: Հիմա ես որքա՜ն ուրախ էի որ ամբողջովի՜ն առողջ մարդ մըն էի:

Ես վկայեցի Աստուծոյ մասին, ըսելով. «Ես միայն կը սպասէի մահուան, շատ մը անբուժելի հիւանդութիւններու պատճառաւ: Բայց իմ մեծ քրոջս հետ Շին-ալ Հյունի Խորանը գացի եւ այս տեսակ բժշկութիւն ստացայ»: Ես վկայեցի որ Աստուած է բժշկողը եւ թէ ինչպէս Ան հանդիպեցաւ ինծի եւ բժշկեց զիս: Ես շատ քիչ տեղեակ էի Աստուծոյ խօսքէն որ Աստուածաշունչին մէջ կը գտնուէր, սակայն վկայեցի որ Աստուած իսկապէս կենդանի է եւ այս ուրախութիւնը բաժնեկցեցայ ծնողքիս եւ եղբայրներուս հետ»:

Ճաշելէ ետք՝ հօրս տարեդարձին օրը, տիկինս հաւաքուեցաւ որպէսզի դարձեալ Սէուլ երթար: Ես իմ եղբայրներուս հետ միասին կը խմէի, երթալէս առաջ: Մինչ այդ, դուրսը աղմուկ մը կար: Լսեցի որ դուռ մը ուժգին կերպով կը գոցուէր: Դուրս նայեցայ, եւ տեսայ որ տիկինս իր ճամբու պայուսակը առած՝ կը վազէր, ըսելով թէ պիտի ամուսնալուծուէր: Քոյրս եւ եղբօրս կինը իր ետեւէն կ'երթային բռնելու համար զինքը: Բոլոր պատահածը հետեւեալն էր.-

«Աղջիկս, տղաս քու հետդ ամուսնանալէն անմիջապէս ետք հիւանդացաւ եւ դուն շատ չարչարուեցար: Սակայն հիմա լաւ օրեր պիտի գան եթէ դուն ասկէ ետք լուրջ աշխատանք տանիս»: Իմ մայրս այնքան ուրախ էր որ իր կրտսեր տղան, զոր կը խորհէր թէ որեւէ ժամանակ պիտի մեռնէր, վերագտած էր իր առողջութիւնը: Ուստի, անիկա այդ ձեւով խորհուրդ կու տար իր հարսին: Բայց տիկինս այնպէս մը հասկցած էր թէ ես իր պատճառաւ հիւանդացած էի եւ տառապած, եւ ուրեմն իր դէմքը գունատած էր:

«Ըսել կ'ուզես որ քու տղադ ի՞մ պատճառովս հիւանդացաւ: Լա՛ւ: Ես հիմա պիտի ձգեմ այս ընտանիքը եւ ամուսնալուծման թուղթ պիտի բերեմ: Այո, ես պիտի ընե՛մ ասիկա»:

«Քոյրս, հոս անհասկացողութիւն մը կայ: Դուն գիտես, որ մաման այդպէս ըսել չուզեր ինչպէս որ դուն հասկցեր ես»:

Տիկինս անմիջապէս Սէուլ վերադարձաւ: Քանի որ տիկինս մեր տունը այդ ձեւով ձգեց, խնճոյքին մէջ տիրող տրամադրութիւնը փոխուեցաւ եւ դարձաւ յուղարկաւորութեան ատենի տրամադրութեան նման: Մայրս շատ զայրացած էր: Անիկա ըսաւ, «Դուն երկար ատեն չկրցար բժշկուիլ քանի որ այս տեսակի կնոջ հետ ամուսնացար: Ճէյրոք, ամէն բան մոռցիր: Մենք լաւ ընթրիք մը ունինք պատրաստուած: Եկէ՛ք վայելենք մեր ճաշը»:

«Մոռնա՞լ զայն» ես ըսի, «Ինչպէ՞ս կրնաս այդպիսի բան մը ըսել: Ինչպէ՞ս կրնամ այս եղածը այդպէս մոռնալ»:

Եղբայրներս եւ քոյրերս քանի մը բաներ ըսին ինծի՝ զիս մխիթարելու համար, բայց անոնք իրենց խօսքերով աւելի անհանգիստ ըրին զիս: Ես այնքան ջղայնացած էի եղբայրներուս խօսած խօսքերէն որ անմիջապէս խոհանոց գացի եւ մէկ լման շիշ մը Սոճու առնելով անմիջապէս այդ բոլորը խմեցի:

Հայրս դարձեալ ցնցուեցաւ որ ես այդքան շատ աղմուկ հաներ էի: Հայրս լաւ տեսողութիւն ունէր եւ անոր առողջական վիճակը լաւ էր երբ 70 տարեկան դարձաւ: Անիկա տակաւին կրնար Չինական գիրքեր եւ թերթեր կարդալ այդ տարիքին: Բայց այս եղածէն սաստիկ ցնցուելով, անիկա իր տեսողութիւնը կորսնցուց: Մինչեւ իր մահը, հայրս չէր կրնար բան մը տեսնել: Այս վիճակին մէջ իմ ցուցաբերած անբնական վերաբերմունքս շատ անարգական թուեցաւ հօրս: Այս պարագան շատ խոր ցաւ պատճառած է ինծի եւ այդպէս ալ պիտի մնայ մինչեւ կեանքիս վերջը:

Կնոջս դիտանկիւնէն՝ ան զէշ կը զգար որ ինքը եօթը տարի շարունակ չարչարուած եւ այդքան շատ նեղութիւններ անցուցեր էր իր հիւանդ ամուսինին հոգալով եւ իր ընտանիքին ապրուստին ետեւէն իյնալով: Ան խորհեցաւ որ իր կեսուրը իրեն կ՛ըսէր թէ իր պատճառաւ էր որ այդ բոլորը պատահեր էին: Կինս շատ յուսահատած էր այդ պատճառաւ: Յիշելով այն վիշտը, որ ինք եօթը տարի շարունակ՝ յուսահատ եւ յոգնութենէ սպառած կեանք մը ապրած էր այս բոլորը դիմագրաւելու համար, նաեւ այն իրողութիւնը որ մէկը չկար որուն հետ կարենար ազատութեամբ խօսիլ, իր մէջը մեծապէս կ՛եռար: Իրեն համար շատ դժուար էր զսպել այդ զգացումը:

Չորս Ամիս Յաւելէ Ետք

Յաջորդ օրը, ես իմ մեծ աղջկանս, Միյանկի հետ, դարձեալ Սէուլ գացի: Տիկնոջս փնտռեցի, բայց անիկա տունը չէր, ոչ ալ խանութը: Յաջորդ օրը, անիկա տուն եկաւ, բայց բոլորովին տարբեր անձ մը եղած էր:

Ան ըսաւ. «Ես հիմա քեզմէ պիտի ամուսնալուծուիմ: Պէտք է որ մեր ծննդավայրը երթանք որպէսզի ամուսնալուծման դատավարութիւններուն հետեւինք: Հետս եկուր եւ փաստաթուղթերը ստորագրէ»: Ես փորձեցի փոխել իր միտքը, բայց ապարդիւն: Իր խնդրանքով, ես մեր ծննդավայրը գացի եւ ստորագրեցի փաստաթուղթերը:

Քանի որ փոքրիկ քաղաք մըն էր, այս լուրը շուտով տարածայնուեցաւ: Ես շատ ցաւ կը զգայի ծնողքիս համար եւ շատ կը տագնապէի դրացիներս տեսնելու: Ես շուտով Սէուլ վերադարձայ՝ կարծէք փախուստ կու տայի: Երբեք չէի խորհեր որ տիկինս իսկապէս կ՚ամուսնալուծուէր ինձմէ: Ես տակաւին կը սպասէի որ անիկա տուն վերադառնար եւ քանի մը օրեր ետք, տիկինս իր ընտանիքի անդամներուն հետ միասին եկաւ:

Ես լսեցի, «Հիմա որ դուք երկուքդ ամուսնալուծուած էք, մենք ետ կ՚ուզենք առնել ամուսնութեան նուէրները: Նոյնպէս մենք ետ պիտի առնենք շուկային մէջի խանութին ապահովական կանխավճարը:

Որովհետեւ իմ հիւանդութեան ատենս մենք 17 անգամ փոխադրուեր էինք, մենք բնականոն ապրանքներ չունէինք մեր տան մէջ: Տակաւին, տիկինս եւ իր ընտանիքի անդամները իրենց բոլոր բերածները հաւաքեցին եւ տարին: Ես սարսափելի արհամարհանք կը զգայի անոնց բոլորին հանդէպ: Տունին մէջի ապրանքները հաւաքելէն ետքը, ես Քէօմ-Հօ Տօնկ շուկան գացի որպէսզի խանութին կանխավճարը առնէի:

Շուկան լեցուն էր ժողովուրդով: Այդ ժամանակ, հինգ տարեկան Միյանկը կը հասկնար այս բոլոր եղածը: Անիկա իր մօրը փէշէն բռնած կ'ըսէր, «Մամա, մի՛ երթար: Իմ քո՛վս կեցիր: Մի՛ ձգեր զիս: Կը մեռնի՛մ եթէ դուն երթաս: Միյանկը կու լար եւ իր մօրը կը հետեւէր: Անոր կօշիկները ոտքէն դուրս ելած էին: Սակայն տիկինս պաղարիւնութեամբ մէկդի հրեց զանիկա»:

«Պապա՛, անիկա այլեւս իմ մամաս չէ: Ես զինքը մամա պիտի չկանչեմ այլեւս: Բնաւ մի ձգեր որ անիկա ետ տուն գայ»: Իր վիրաւոր սրտին պատճառաւ, բառերը սառոյցի պաղ ասեղներու նման կը բխէին իմ փոքրիկ աղջկանս բերնէն:

Այդ ժամանակ, ընկերներուս հետեւելով, ես կը սորվէի շինարարական վայրերու մէջ աշխատիլ: Հակառակ որ կնոջս հետ չէի մնար, ես երբեք չէի փախցներ Կիրակի օրուայ պաշտամունքի արարողութիւնները: Քանի որ Կիրակի առտու եկեղեցի պիտի յաճախէի, Շաբաթ գիշերուընէ սկսեալ չէի ծխեր եւ չէի խմեր, վախնալով որ իմ շունչս գէշ հոտէր Կիրակի առտու եկեղեցիին մէջ: Միայն երբ առտուայ եւ իրիկուայ եկեղեցական արարողութիւնները վերջանային, տուն վերադառնալով վերջապէս կը ծխէի եւ կը խմէի, որոնցմէ փորձեր էի հեռու կենալ ամբողջ օրը:

Ես նոյնիսկ չէի գիտեր թէ ինչպէս պիտի աղօթէի, սակայն ծունկի եկայ եւ բարձրաձայն աղօթեցի, «Տէր Աստուած, դուն գիտես այնպէս չէ՞: Ես առողջացայ եւ հիմա կրնամ ապրուստս հոգալ, բայց հարցերը ուրիշ ձեւով ընթացան: Հաճիս տիկինս ետ դրկէ ինծի: Ես կրնամ զինքը ուրախացնել եւ չձգել որ անիկա դարձեալ չարչարուի: Հաճիս ձգէ որ ան ետ դառնայ շուտով եւ մենք ուրախ ընտանիք մը ունենանք»:

Առտու նախաճաշս կ'ընէի, Միյանկը մեծ եղբօրս տունը կը ձգէի եւ գործի կ'երթայի: Գիշերը գործէս վերադարձիս, ետ կ'առնէի Միյանկը եւ տուն կը բերէի զայն: Ամէն օր նոյն ձեւով կ'ընթանար: Յետոյ, զինքը իր մեծ մօրը տունը դրկեցի մեր ծննդավայրին մէջ: Բայց անմիջապէս որ զինքը իմ ծնողքիս տունը դրկեցի, մայրս հեռաձայնեց ինծի: Միյանկը խոցաւոր վէրքեր ունէր գլուխէն մինչեւ ոտքին բթամատը եւ ասիկա այնքան լուրջ բան մըն էր որ դեղը օգուտ չէր տար: Այս վէրքերը այնքան լուրջ էին, որ միշտ կ'արիւնէին եւ որդեր կային իր գանկի մաշկին մէջ: Անոնք հիւանդանոց տարին զինքը, բայց կը թուէր որ անիկա պիտի չապրէր:

Նոյնիսկ անգիտակից վիճակի մէջ, անիկա իր մայրը կը փնտռէր եւ կը կանչէր: Անոնք ինձմէ խնդրեցին որ թոյլ տայի որ գոնէ մէկ անգամ մայրը տեսնէր ան՝ մեռնելէ առաջ: Ես բոլորովին մոռցայ այն իրողութիւնը որ մենք օրինական ձեւով բաժնուած էինք, եւ ես իմ տիկնոջս մեծ եղբօրը տունը գացի Քէսմ-Հօ Տօնկի մէջ: Բարեբախտաբար իմ զոքանչս հոն էր, ուստի ես պատմեցի իրեն եղելութիւնը եւ իրմէ արտօնութիւն խնդրեցի տիկնոջս հանդիպելու: Սակայն իրենց արտայայտութիւնը պաղ էր: «Եթէ աղջիկդ մեռնի, քեզի համար աւելի լաւ կ'ըլլայ որ նորէն ամուսնանաս: Միայն ձգէ զինքը»: Հետեւաբար, Միյանկը չկրցաւ տեսնել իր մայրը, բայց հազիւ թէ ազատեցաւ մահուընէ եւ կրցաւ վերապրիլ:

Ամուսնութեան Ժողով Մը

Ես ինքզինքս ծխելու եւ խմելու մէջ մխրճեցի որպէսզի կեանքիս մութ իրականութիւնը մոռնայի: Ես շատ յուսախաբուած էի կնոջմէս որ տունը ձգած գացած էր՝ մօրմէս մէկ բառ լսելուն համար: Սակայն ես կնոջս ընտանիքի անդամները աւելիով կ'ատէի քանի որ անոնք կը ստիպէին զինքը որ ամուսնալուծումի թուղթ առնէր: Որպէսզի մոռնայի զանոնք որ կ'ատէի, ես պէտք էր խմէի: Ես ժամանակ մը դրամս քրոջս քով ներդրած էի եւ այդ բոլորը կորսնցուցեր էի քրոջս սխալին պատճառաւ, ուստի իր քովը գացի եւ իրմէ խնդրեցի որ ինծի քիչ մը դրամ տար որպէսզի կարենայի առեւտուր ընել: Սակայն ես իմ օրերս ըմպելարանի մը մէջ անցուցի, մինչեւ որ այդ դրամը վերջացաւ: Ես ոչ ոյժ ունէի, ոչ ալ կամք ունէի կեանքս շարունակելու:

Իմ ընտանիքի անդամներս կը փորձէին ձեւ մը գտնել ազատելու համար զիս: Քոյրս ըսաւ, «Մամա՛, աւելի լաւ կ'ըլլայ եթէ մենք զինքը դարձեալ ամուսնացնենք: Եթէ դուն զինքը այդպէս ձգես, անիկա մեռած մարդու մը պէս պիտի ըլլայ, ճիշդ առաջուայ պէս»։ Վերջապէս, մայրս կանչեց զիս։ Ան ինծի ըսաւ որ լաւ աղջիկ մը կար ինծի համար եւ ինձմէ խնդրեց որ մեր ծննդավայրը երթայի իրեն հանդիպելու համար։

Ես կը հաւատայի որ իմ կինս ետ պիտի գար։ «Իմ կինս ետ պիտի գայ։ Ես երբէք ուրիշ կնոջ հետ պիտի չապրի՛մ»։ Նաեւ, ես կը խորհէի որ իմ սէրս կնոջս հանդէպ երբէք պիտի չփոխուէր, եւ նոյնիսկ չէի կրնար երեւակայել որ կրնայի ուրիշ կնոջ մը հետ ապրիլ։

«Տղա՛ս, միայն մէկ անգամ։ Ասիկա իմ վերջին յոյսս է», այսպէս մօրս ձայնը կը պաղատէր։ Ես չկրցայ այլեւս մերժել մօրս որ ինձմէ կը խնդրէր որ միայն մէկ անգամ հանդիպէի այդ օրիորդին։ Ուրեմն ընդունեցի։ Ես միտքս դրի միայն պաշտօնական ողջոյններ փոխարինել անոր հետ եւ ետ դառնալ։ Բայց Աստուծոյ նախասահմանութիւնը շատ խորունկ էր։

Երբ գացի այն տեղը ուր այդ օրիորդին հետ պիտի հանդիպէի, ահաւասիկ, ամենէն իտէալ եւ կատարեալ տեսակի կին մը կար հոն։ Այն տեսակը՝ զոր միշտ երազած էի։ Ես կը սիրէի ճերմակ գոյնով հագուստ եւ ինքը երկու-մասով ճերմակ հագուստ հագած էր։ Իր մազը երկար էր եւ իր ուսերէն վար թափած դէպի կռնակը։ Անիկա այնպէս նստած էր, կարծէք պատկեր մը ըլլար։

Ես չկրցայ հաւատալ աչքերուս։ Քանի որ իր մայրը շատ նախապաշարուած անձ մըն էր, ան հաւատացեր էր երբ գուշակող մը իրեն ըսեր էր որ իր աղջիկը ուրախ ըլլալու համար, պէտք էր որ երկրորդ անգամ ամուսնացող մարդու մը հետ ամուսնանար: Ասոր համար էր որ այդ աղջկան մայրը այդ հանդիպումը կարգադրեր էր ինծի հետ: Մենք հաւնեցանք իրարու եւ երկու ընտանիքներն ալ անմիջապէս պատրաստուեցան ամուսնութեան համար:

Մինչեւ այդ հանդիպման վայրկեանը, ես տակաւին կը սպասէի որ տիկինս վերադառնար: Ես բնաւ ուրիշ կնոջ չէի նայած: Բայց հիմա ես իմ միտքս փոխած էի միայն իմ կնոջս հետ ապրելու կապակցութեամբ: Ինծի համար ալ ասիկա ցնցիչ բան մըն էր որ ես կրցած էի այդպէս փոխուիլ: Թուականը որոշուեցաւ եւ մենք նուէրներ փոխանակեցինք իրարու: Յետոյ, յանկարծ, տիկինս եկաւ: Անիկա լսեր էր որ ես նորէն պիտի ամուսնանայի եւ ուզած էր քննել իմ դիրքս եւ իմ սիրտս: Բայց երբ ան տեսաւ որ իմ սիրտս բաժնուած էր իրմէ եւ ես արդէն որոշեր էի ուրիշ կնոջ մը հետ ամուսնանալ, ան բոլորովին ապշեցաւ:

Ներել՝ Կնոջս

Մինչեւ այն ատեն, տիկինս հաստատօրէն կը հաւատար որ, ուրիշ մարդոցմէ տարբեր, ես յաւիտեան պիտի չփոխէի իմ սէրս իրեն հանդէպ: Այնպէս կ'երեւէր որ անիկա ցնցուած էր լսելով որ ես գեղեցիկ եւ ամուրի կնոջ մը հետ պիտի ամուսնանայի: Անիկա անդրադարձած էր որ իմ սիրտս զատուեր էր իրմէ: Սակայն յաջորդ օրը առտու կանուխ, տիկինս իր ապրանքներով միասին տուն եկաւ: Ես ներսը կը քնանայի, երբ յանկարծ հարուած մը զգացի գետինը: Տիկինս իր ճամբու պայուսակներովը եկած էր: Սակայն ասիկա շատ ուշ չէ՞ր: Ես արդէն խոստացեր էի ուրիշ կնոջ մը հետ ամուսնանալ, եւ ուրեմն իր պայուսակները տունէն դուրս նետեցի: Խռովութիւն մը ծագեցաւ երբ մենք կը փորձէինք պայուսակները տունէն ներս եւ դուրս հրել:

Ըսի իրեն. «Ես շատ զայրացած եմ քու ընտանիքի անդամներէդ եւ ես ամօթով մնացի իմ ընտանիքի անդամներուս առջեւ: Աւելին, մենք արդէն որոշած ենք մեր ամուսնութեան թուականը: Ի՞նչ պիտի ըսէ այդ ընտանիքը»:

«Ես ներողութիւն պիտի խնդրեմ ընտանիքի անդամներէն ամէն մէկ անձէն, երկու կողմով: Ապագային ես միայն պիտի հնազանդիմ քեզի, ինչ որ ալ ըսես»:

«Եթէ նոյնիսկ քեզ ներեմ, ծնողքս, եղբայրներս եւ քոյրերս պիտի չներեն քեզ»:

Սակայն անիկա յամառեցաւ:

«Ես բոլորէն ներողութիւն պիտի խնդրեմ: Ես այս ընտանիքին մէջ պիտի մեռնիմ»:

Անիկա հրաշալիօրէն փոխուած էր, հնազանդ ոչխարի մը պէս: Իմ սէրս իրեն հանդէպ արդէն բոլորովին անհետացած էր, բայց ես իմ երկու աղջիկներուս մասին կը մտածէի: Ես խորհեցայ որ աւելի լաւ կ՚ըլլար եթէ անոնք իրենց հարազատ մօրը ձեռքով մեծնային: Ուստի, համաձայնեցայ ներել զինքը, սակայն կարգ մը պայմաններով: Ան պէտք էր առանց պայմանի ինծի հնազանդէր եւ ան պէտք էր իմ ընտանիքի անդամներէս եւ ազգականներէս ներողութիւն խնդրէր: Նաեւ ես պահանջեցի որ իր ընտանիքի անդամները գային եւ ինծմէ ներողութիւն խնդրէին: Վերջապէս, ես ընդունեցի իմ նախկին կինս եւ մենք դարձեալ միացանք: Ասիկա պատահեցաւ իր տունը ձգելէն 120 օրեր ետք:

Ես անկեղծօրէն պատմեցի իմ պատմութիւնս այն կնոջ, որուն աղջկան հետ պիտի ամուսնանայի, եւ իրմէ խնդրեցի որ հասկնայ եղելութիւնը: Չէի յուսացած որ անիկա այդքան լաւ պիտի հասկնար իմ վիճակս: Սակայն շատ վերջն էր որ ես անդրադարձայ որ այս բոլորը Աստուծոյ նախասահմանութեան մէջ էր:

Ինչո՞ւ համար Տիկինս Պէտք էր Ամուսնալուծուէր

Մինչ կինս ապրուստի ետեւէ կը վազէր, իր հիւանդ ամուսնոյն հոգալով, անիկա յոյս մը չունէր կեանքին մէջ: Մինչ այդ, իր նուրբ եւ մաքուր սիրտը անհետացաւ եւ իր անհատականութիւնը սկսաւ բաւական կարծրանալ:

«Մահն ու Կեանքը լեզուին ձեռքն են, եւ անոնք որ զայն կը սիրեն, անոր պտուղը կ'ուտեն»: (Առակաց 18.21)

«Մարդը իր բերնին պտուղէն բարութիւն կ'ուտէ, բայց նենգերուն հոգին ՝բռնութիւն: Իր բերանը զսպողը իր անձը կը պահէ, բայց շրթունքները լայն բացողը պիտի կորսուի»: (Առակաց 13.2-3)

Քանի որ տիկինս գիտէր որ ես անկեղծ սրտով կը սիրէի զինքը, հակառակ որ անիկա քանի մը անգամներ տունը ձգեց գնաց, ան դարձեալ եկաւ: Մենք գիտէինք որ մեր սրտերը ճշմարտապէս կը սիրէին իրար: Անիկա իր ամուսինը, որ յոյս մը չունէր կեանքին մէջ, չձգեց բնաւ: Սակայն ան շարունակ կ'ըսէր որ պիտի ամուսնալուծուէր անմիջապէս որ ես իմ առողջութիւնս վերագտնէի: Քանի որ իր բացասական խօսքերը իրարու վրայ դիզուեցան, ասիկա Սատանային ծուղակը եղաւ եւ իրականացաւ իմ հօրս տարեդարձին օրը: Եթէ մենք բացասական խօսքեր խօսինք, մեր թշնամին՝ Սատանան մեր ըսածին համեմատ կը դատապարտէ մեզի, եւ արդար Աստուած ստիպուած թոյլ կու տայ որ ատիկա պատահի, հոգեւոր աշխարհի սկզբունքներուն հիման վրայ: Տիկինս չկրցաւ հակակշռել իր խորհելու եւ զգալու կերպը եւ ամուսնալուծուեցաւ ինծմէ: Սակայն Աստուած առաջնորդեց մեզի որ դարձեալ միանանք եւ այս քայլը ամէն բարիի գործակից եղաւ:

3

Իմ Կոչումս

Ջերմեռանդ Քրիստոնէական Կեանքի մը Սկզբնաւորութիւնը

Արթնութեան ժողովի մը Ընթացքին Անդրադարձայ որ Ես Մեղաւոր Մըն էի

Աստուած կնոջս բնաւորութիւնը փոխեց եւ անիկա ոչխարի պէս եղաւ: Մենք դարձեալ միանալով ամուսնութեան մէջ, առաջին անգամ ըլլալով, երկար ժամանակէ ետք, մենք խաղաղութիւն եւ ուրախութիւն վայելեցինք: Տուն վերադառնալէն ետք, տիկինս իր լաւագոյնը ըրաւ որ բոլորին ծառայէ, եւ ներողամիտ սրտով, ան ինքզինքը նուիրեց իր ընտանիքի անդամներուն համար: Սակայն իմ առաջին աղջիկս, Միյանկը, բացարձակապէս չէր ուզեր զայն «Մամա» կանչել եւ շատ պաղ էր իր հետը: Տիկինս երկար ժամանակ փորձեց եւ շատ արցունքներ թափեց որպէսզի Միյանկին սիրտը եւ միտքը փոխէր: 1974, Նոյեմբեր 25-ին այդ ժամանակուայ մեր տան նոր տանտիրոջ պնդումով, Սանկտօնկ Եկեղեցիի արթնութեան ժողովներէն մէկը յաճախեցինք, Օքսու Տօնկ-ի մէջ: Տիկինս եւ ես ժրաջանօրէն հետեւեցանք առաւօտեան բոլոր ժողովներուն, ցերեկային ժողովներուն եւ իրիկնային ժողովներուն: Քորէական Աւետարանական Սրբութեան Եկեղեցւոյ Պայոկ-Հօ Բարք հովիւը, այդ ժողովներուն կը քարոզէր: Անիկա պատգամ մը տուաւ հետեւեալ վերնագիրով, «Ամէն Ինչ Տուր եւ Մուրացկան մը Եղիր»: Անիկա իր անձնական վկայութիւնը տուաւ, ըսելով որ երբ ինքը իր բոլոր ունեցածը տուաւ եւ եկեղեցի մը շինեց, Աստուած մեծ օրհնութիւններ տուաւ իրեն: Երբ անիկա իր ամէն ինչը տուաւ, Աստուած՝ որ ամէն բան գիտէ, առատապէս օրհնեց զինքը: Տիկինս եւ ես առջեւի շարքերուն մէջ նստեցանք եւ շատ շնորհք ստացանք: Այդ պատգամներուն ընդմէջէն, ես սորվեցայ որ Սուրբ Գիրքը պէտք էր կարդայինք, Յիսուս Քրիստոս Փրկիչն է, եւ թէ ես պէտք էր ձգէի ծխելը եւ խմելը: Ես նաեւ սորվեցայ ինչպէս պէտք էր աղօթէի եւ թէ ինչպէս պէտք էր օրինաւոր ձեւով տասանորդներ եւ շնորհակալութեան ընծաներ տայի: Ես Քրիստոնէութեան հիմնական կէտերը սորվեցայ:

Ես հպարտ էի ինքզինքովս, որովհետեւ միշտ փորձած էի լաւ կեանք մը ապրիլ: Ուրիշ մարդիկ ալ կային որոնք ինծի համար կ'ըսէին թէ ես այնպիսի անձ մըն էի «որ նոյնիսկ պէտք չունի օրէնքին»: Սակայն, առաջին օրէն իսկ, անդրադարձայ որ ես մեղաւոր մըն էի, ինքզինքս քննելով Աստուծոյ Խօսքին լոյսին տակ: Ուստի մեղքերուս համար զղջացի, արցունքներով եւ քիթի հոսումով: Ես շատ ամչկոտ եւ ներքնամուտ անձ մըն էի: Ինծի համար աներեւակայելի բան մըն էր արցունքներ թափել եւ քիթ հոսեցնել որեւէ տեղ մը՝ օտար մարդոց շուրջը: Բայց ասիկա կարելի եղաւ որովհետեւ Աստուած զօրաւոր կերպով կը գործէր եւ ինծի այդ շնորհքը տուած էր:

Ջերմեռանդ Քրիստոնէական Կեանքի Մը Սկզբնաւորութիւնը

Արթնութեան ժողովներուն վերջին օրը, ես ուխտեցի նուիրատուութիւն ընել՝ եկեղեցիի շինութեան համար: Այդ ժամանակ ես վարձու տան մը մէջ կը բնակէի, որուն համար 100,000 ուօն կանխավճար ըրած էի (մօտաւորապէս $100 Ամերիկեան Տոլար): Ես այնքան շնորհակալ էի Աստուծոյ շնորհքին համար, որ կ'ուզէի բոլոր ունեցածս Իրեն տալ, բայց բան մը չունէի որ տայի: Ես տագնապեցայ սրտիս մէջ ասոր համար եւ վերջապէս ուխտեցի 300,000 ուօն տալ: Ես քննարկեցի այս նիւթը տիկնոջս հետ եւ տեսայ որ ան ալ իր սրտին մէջ փափաք ունէր 300,000 ուօն նուիրել: Մենք որոշեցինք այդ գումարը երեք ամսուայ ընթացքին նուիրել:

Խոստացեալ թուականը կը մօտենար, բայց մենք տակաւին չունէինք այդ գումարը: Ուստի, մենք բարձր տոկոսով պարտք պէտք էր առնէինք եւ անոր հետ 300,000 ուօն տուինք, որպէս նուիրատուութիւն եկեղեցւոյ շինութեան համար: Քանի որ կարեւոր էր Աստուծոյ տրուած խոստումը կատարելը, մենք պէտք էր այդ թուականին տայինք, հակառակ որ բարձր տոկոս պիտի վճարէինք այդ փոխառութեան համար: Այն ատենէն որ տիկինս եւ ես արթնութեան ժողովին գացեր էինք, մեր Քրիստոնէական կեանքերը սկսած էինք ջերմեռանդութեամբ ապրիլ: Երբ Աստուծոյ խօսքը սերտեցինք, մենք սկսանք տասանորդներ եւ ընծաներ տալ: Ես ձգեցի խմիչքը եւ ծխախոտը, եւ մենք սկսանք աղօթքի ժողովներ յաճախել ամէն առաւօտ կանուխ: Քանի որ ես կ'աշխատէի որպէս շինարարութեան բանուոր, այն օրերուն երբ գործ չունենայի, առտու կանուխ լերան կողմը կ'երթայի եւ կ'աղօթէի: Այն ատեն ես բաւական եղածին չափ հոգեւոր գիտութիւն չունէի որպէսզի հասկնայի թէ Աստուծոյ կամքն էր որ մենք աղօթքով աղաղակենք եւ ծոմ պահենք: Սակայն տակաւին, ես կը հնազանդէի իմ սրտիս մէջ եղող այս մղումին:

Կանչէ՛ Ինծի, եւ Ես Պիտի Պատասխանեմ

1975-ին, առաւօտուն շատ կանուխ, Սուռնի Չիլպօ լեռը ելայ: Հոն քարի մը վրայ ծածկոց մը դրի եւ սկսայ աղօթել: Յանկարծ, երկինքէն ձայն մը լսեցի: Անիկա յստակ բայց զօրաւոր էր եւ հեղինակութեամբ կը խօսէր ըսելով, *«Փնտռէ՛ Ղուկաս 22-րդ գլխուն 44-րդ համարը»:* Ես շուտով բացի Սուրբ Գիրքը եւ կարդացի:

«Եւ իր քրտինքը արիւնի մեծ կաթիլներու պէս էր, որ գետինը կը թափուէր»:

Այն աղօթքը որուն Աստուած կը հաճի, ջերմեռանդութեամբ աղօթքի մէջ Տէրոջը աղաղակելն է: Ես աղօթեցի որպէսզի հասկնայի թէ Աստուած ինչո՞ւ այս համարը տուած էր ինծի, եւ յստակ ներշնչումով ստացայ բացատրութիւնը:

Իսրայէլ անապատային շրջանի մը մէջ տեղաւորուած է,

ուստի հոն գիշերը ուժգին կերպով կ'իջնէ ջերմաստիճանը: Նոյնպէս, երբ Յիսուս խաչուեցաւ, Ապրիլ ամիսն էր, եւ այդ ժամանակ գրեթէ անկարելի է գիշերը քրտնիլ, ջերմաստիճանի պատճառով: Ուրեմն Յիսուս որքան ջերմեռանդութեամբ եւ նախանձախնդրութեամբ աղօթած պէտք էր ըլլար, այն աստիճան որ Իր քրտինքը արեանի մեծ կաթիլներու նման եղաւ, որ գետինը կը թափուէ՞ր: Յիսուսի աղօթքը այնքան տագնապելիօրէն ջերմեռանդ եւ զօրաւոր էր, որ այն ջանքը որ Ինք կը սպառէր պատճառ դարձաւ որ իր մազերակները պայթին եւ արիւն արձակեն, որոնք իր մորթի մակերեսէն կաթիլներ կազմելով դուրս կու գային եւ գետինը կ'իյնային: Եթէ Ան լռութեամբ աղօթած ըլլար, այսպիսի բան մը երբէք պիտի չպատահէր:

Աղօթքով Աղաղակելու Գաղտնիքը

Այն ատենէն ի վեր, մինչ ես Սուրբ Գիրքը կը կարդայի, երեւան հանեցի որ շատ համարներ կային թէ՛ Հին եւ թէ՛ Նոր Կտակարաններուն մէջ, որոնք կ'ըսէին թէ մենք աղօթքի մէջ պէտք էր աղաղակէինք: Նաեւ, ես անդրադարձայ որ այդ հաւատքի հերոսները իրենց պատասխանները կը ստանային՝ աղաղակելով Աստուծոյ աղօթքի մէջ: *«Ինծի կանչէ՛ ու քեզի պատասխան տամ եւ քեզի մեծ ու խորհրդաւոր բաներ պատմեմ, որոնք դուն չես գիտեր»* (Երեմեայ 33.3): Յովնան Աստուծոյ անհնազանդ եղաւ եւ անոր համար մեծ ձուկի մը փորը դրկուեցաւ, բայց Յովնանու 2.2-ի մէջ յիշուած է որ անիկա ազատեցաւ երբ աղաղակեց Աստուծոյ: Աւետարան ըստ Յովհաննու 11.43-44-ին մէջ յիշուած է որ երբ Յիսուս մեծ ձայնով մը հրամայեց, մեռած Ղազարոսը վերակենդանացաւ եւ գերեզմանէն դուրս ելաւ, ոտքերը ու ձեռքերը տակաւին պատանքով կապուած եւ երեսը վարշամակով պատուած: Բարձր կամ ցած ձայն, որեւէ տարբերութիւն պիտի չընէր քանի որ արդէն Ղազարոսը մեռած էր: Բայց քանի որ ասիկա Աստուծոյ կամքին մէջն էր, Յիսուս աղաղակեց Աստուծոյ Իր աղօթքին մէջ: Ծննդոց 3.17 կ'ըսէ. *«Որովհետեւ դուն քու կնոջդ խօսքը մտիկ ըրիր եւ այն ծառէն կ'երար, որուն համար պատուիրեցի քեզի ըսելով «Զուտես անկէ», երկիրը քու պատճառաւդ անիծեալ ըլլայ, կեանքիդ բոլոր օրերուն մէջ նեղութիւնով ուտես անկէ»:*

Բարիի ու չարի գիտութեան ծառէն ուտելէն առաջ, մարդիկ Եդեմի Պարտէզին մէջ առատութեան մէջ կ'ապրէին, բոլոր այն բաներով որ Աստուած հայթայթած էր իրենց համար: Սակայն որովհետեւ Աստուծոյ անհնազանդ եղան այդ ծառէն ուտելով, մեղքը մտաւ մարդոց մէջ: Այսպիսով Աստուծոյ հետ իրենց յարաբերութիւնը կտրուեցաւ եւ հիմա իրենք պէտք էր իրենց քրտինքով եւ նեղութիւնով ուտէին պտուղը: Մենք կրնանք մեր ուզածը եւ պէտքը ունենալ միայն մեր տազնապալի աշխատանքով եւ քրտինքով: Ուրեմն որչափ աւելի պէտք է որ տագնապինք եւ մեր աղօթքներուն մէջ քրտինք թափենք որպէսզի ստանանք բան մը զոր կարելի չէ մեր մարդկային կարողութիւնով կատարել:

«Ներքին Սենեակին» մէջ Աղօթելու Հոգեւոր Իմաստը

Ձեզմէ կարգ մը անձեր կրնան իրենք իրենց հարց տալ,

«Յիսուս մեզի ըսաւ որ մեր ներքին սենեակը երթանք եւ գաղտնաբար աղօթենք, ուրեմն ինչո՞ւ համար պէտք է բարձրաձայն աղօթենք: Ամենակարող Աստուած մեզի չլսե՞ր երբ մենք լռութեամբ աղօթենք»: Մատթէոս 6.6-ի մէջ Յիսուս ըսաւ. *«Իսկ դուն երբ աղօթք կ'ընես, մտիր քու ներքին սենեակդ ու դուռդ գոցէ եւ աղօթք ըրէ քու հօրդ որ գաղտուկ տեղ կը գտնուի եւ քու հայրդ որ գաղտուկը կը տեսնէ, քեզի յայտնապէս հատուցում պիտի ընէ»:* Սակայն Սուրբ Գիրքին մէջ որեւէ տեղ մը չենք կարդար որ Յիսուս ներքին սենեակի մը մէջ աղօթեց: Մարկոս 1.35-ին համեմատ, Յիսուս ներքին սենեակի մը մէջ չաղօթեց, հապա առտու շատ կանուխ ելլելով Անիկա առանձնացած տեղ մը գնաց աղօթելու համար: Ղուկաս 6.12 կ'արձանագրէ թէ Ան լեռան կողմը կ'երթար աղօթելու:

Դանիէլ իր պատուհանները բացաւ եւ աղօթեց դէմքը դէպի Երուսաղէմ (Դանիէլ 6.10): Պետրոս տանիքը ելաւ աղօթելու (Գործք Առաքելոց 10.9) եւ Պօղոս առաքեալ աղօթեց «Աղօթքի տեղի մը մէջ»: Պատճառը որ անոնք յատուկ աղօթքի տեղեր ունէին այն էր, որպէսզի անոնք կարենային իրենց ամբողջ սրտովը եւ հոգիովը աղօթել եւ որպէսզի կարենային աղաղակել աղօթքի մէջ: Ներքին սենեակի մէջ աղօթելը կը խորհրդանշէ որ մենք պէտք է մեր ամբողջ սրտովը աղօթենք, մեր սրտին ամենախորունկ տեղերէն: Հոգեւոր անկիւնէն դիտուած՝ սենեակը կ'ակնարկէ մարդուն սիրտը: Երբ մենք մեր ներքին սենեակը երթանք եւ գոցենք դուռը, մենք բոլոր աշխարհային խօսակցութիւններէ եւ արտաքին շփումներէ պիտի անջատուինք: Նոյն ձեւով, երբ մենք կ'աղօթենք, մենք ամէն բանէ առաջ պէտք է որ անջատուինք բոլոր ուրիշ խորհուրդներէ, մտահոգութիւններէ եւ այս աշխարհի զբաղմունքներէն եւ պէտք է որ մեր ամբողջ սրտովը աղօթենք, կատարեալ կեդրոնացումով:

Աստուած Գիտէ Մարդոց Տկարութիւնը

Սկիզբը, ամէն մարդ կը կարծէ թէ դժուար է աղօթքի մէջ բարձրաձայն աղաղակելը: Բայց երբ մենք շարունակենք ամէն օր աղօթել, շուտով վերէն զօրութիւն պիտի ստանանք, որպէսզի դիւրութեամբ աղօթենք եւ պիտի կարենանք լաւ աղօթել: Նաեւ, քանի որ Սուրբ Հոգիին լեցունութիւնը պիտի ստանանք, մենք նաեւ լեզուներ խօսելու պարգեւը պիտի ստանանք: Սակայն երբ լռութեամբ աղօթենք, շատ հաւանական է որ պարապ խորհուրդներ մեր մտածումի կեդրոնացումը գրաւեն եւ այս աշխարհի հոգերը եւ զբաղմունքները ներս մտնեն: Յետոյ մենք շատ հաւանաբար պիտի պայքարինք այս անիմաստ խորհուրդներուն դէմ, մեր ամուսնոյն կամ տիկնոջ, զաւակներուն, անձնական եւ դրամական հարցերով: Այսպիսով մենք շուտով կը յոգնինք եւ կը քնանանք: Բայց երբ մեր ամբողջ սրտովը կ'աղաղակենք Աստուծոյ, տեղ պիտի չմնայ պարապ խորհուրդնրու ներս թափանցման, ուստի յոգնութիւնը կամ անքնութիւնը չեն կրնար յաղթահարել մեզի: Մենք յաղթանակներ պիտի ունենանք մեր աղօթքի կեանքին մէջ:

Քանի որ Աստուած գիտէ մարդկային կեանքին տկարութիւնները, Անիկա մեզի հրամայեց որ բարձրաձայն աղաղակենք աղօթքի մէջ, որպէսզի կարենանք յաղթանակ ապահովել: Երբ անդրադարձայ որ ասիկա էր Աստուծոյ կամքը, սկսայ բարձրաձայն աղաղակել աղօթքի մէջ: Երբ եկեղեցիին մէջ ամբողջ գիշերուայ աղօթքներ կ'ընէի, ես այնքան շատ կ'աղաղակէի, որ իմ հովիւս չէր ուզեր որ բարձրաձայն աղօթէի, քանի որ դրացիները կրնային գանգատիլ: Երբ հովիւը եկեղեցիին մէջ ըլլար, ես չէի կրնար իսկապէս աղօթել այն չափով որ ես կ'ուզէի աղօթել: Ասոր համար է որ «Աղօթքի Լեռներ» կոչուած տեղեր կ'երթայի, երբ որ ժամանակ ունենայի: Սրտիս մէկ անկիւնին մէջ ես կը նեղուէի որովհետեւ եթէ իմ հովիւս ինծի թոյլ տար որ ես բարձրաձայն աղօթէի եկեղեցիին մէջ, թշնամի Սատանան աղօթքով դուրս պիտի նետուէր եւ աղօթքի այս կրակը պիտի տարածուէր եկեղեցիի շատ մը անդամներուն մէջ եւ այսպիսով եկեղեցին շատ շուտով պիտի աճէր: Քանի որ անձնապէս ներքնամուտ բնաւորութիւն ունէի, ես բլուրներու գագաթը կ'ելլէի եւ կը շարունակէի բարձրաձայն աղաղակել աղօթքի մէջ, առտուընէ մինչեւ իրիկուն:

Աստուած Ինծի Ցած Պաշտօնի Մը Առաջնորդեց

Ես Շինարարական Գործ Ընտրեցի՝ Տէրոջը Օրը Պահելու համար

Այն քանի մը ամիսներուն ընթացքին երբ տիկինս տունը ձգեց, դրամին տոկոսը աւելցաւ եւ ես աւելի շատ դրամական նեղութեան մէջ ինկայ: Յետոյ, բանուորներու վրայ պատասխանատու մարդու մը թելադրութեամբ, սկսայ աշխատիլ որպէս շինարարութեան գործաւոր: Անիկա թելադրեց որ ես իմ շինարարական վայրերէն մէկուն մէջ աշխատէի, բայց ոչ այդքան ժրաջանօրէն, որպէսզի կարենայի վերագտնել իմ մարմնի զօրութիւնս: Ես կ'ուզէի շուտով վերագտնել իմ առողջութիւնս, եօթը տարիներու տառապանքէն ետք: Ես այս գործը ընտրեցի նաեւ որովհետեւ կ'ուզէի ազատօրէն Կիրակի օրը սուրբ պահել: Քանի որ ամէն օր գործ չունէի, երբ որ ժամանակ ունենայի, կ'աղօթէի եւ ծոմ կը պահէի, եւ երբ որ գործ ըլլար, դարձեալ կ՚երթայի աշխատանքի։

Իմ պարտքիս տոկոսը երթալով կ՚աւելնար, սակայն հաստատ կը հաւատայի որ Աստուած զիս պիտի օրհնէր միայն եթէ զԻնքը հաճեցնէի։ Եղբայրներս եւ քոյրերս ուզեցին ինծի քիչ մը ցանքի դրամ տալ որպէսզի սկսէի վաճառականութիւն ընել, սակայն ես մերժեցի։ Ես կ՚ուզէի ամէն ինչ սկիզբէն սկսիլ, շիտակ ճամբուն հետեւելով։ Քանի որ գիւղի մէջ մեծցած էի, որպէս ամենակրտսեր որդի, ես իրականին մէջ որեւէ ծանր աշխատանք չէի ըրած։ Երբ սկսայ որպէս շինարարական բանուոր աշխատիլ, շատ մեծ հանդուրժողութիւն պէտք եղաւ եւ երբեմն արցունքներ կը թափէի։ Երկրորդ յարկը ելլելը, ծանր բաներ շալկելով, ոտքերս կը դողային եւ շատ անգամներ կ՚իյնայի։ Սակայն նորէն ոտքի կը կանգնէի եւ կը շարունակէի աշխատիլ։ Այս ժամանակի ընթացքին, վերածուեցայ այնպիսի անձի մը որ կրնար որեւէ բան ընել եւ նաեւ վերագտայ իմ առողջութիւնս։

Ես կղմինտրներ կը զետեղէի, կը թիարկէի, նաեւ ձեռքի բեռնակառքեր կը քաշէի։ Ձմեռուայ եղանակին, երբ գործը կը կենար, կ՚աշխատէի որպէս տնօրէն՝ ածխաքարեր բաշխողներու վրայ պատասխանատու ըլլալով։ Նաեւ ջրաբաշխական գրասենեակը աշխատեցայ։ Ես շատ բաներու մէջ փորձառութիւն ունեցայ։ Տիկինս աղօտուած խխունջի թացան եւ ծովամամուռ կը ծախէր, եւ անիկա նաեւ քարեր կը հաւաքէր շինարարական վայրի մը մէջ։ Սուրբ Հոգիին առաջնորդութիւնն էր որ ես այդ ժամանակ ծանր աշխատանք կը կատարէի, սակայն այն ատեն ես չէի անդրադարձած այս կէտին։ Մարմնաւորապէս ծանր էր այս գործը, բայց ես իրազեկ դարձայ շինարարութեան բանուորներու դժուարութիւններուն, որոնք դժուար միջավայրի մէջ կ'ապրէին: Բանուորներուն հետ միասին աշխատելէս ետքը, ես իրենց սիրտը կրցայ հասկնալ: Երբ որ ժամանակ ունենայի, ես իրենց կը վկայէի Աստուծոյ հետ իմ ունեցած փորձառութեանս մասին եւ Աւետարանը կը քարոզէի իրենց:

1975-ի ամրան, իմ երրորդ աղջիկս՝ Սուճինը ծնաւ: Տիկինս զայն յղացաւ երբ մենք Տէրոջը շնորհքը կը վայելէինք, շատ մը արթնութեան ժողովներ յաճախելով: Երբ ան ծնաւ, աղջիկս չլացաւ, ճիշդ ինչպէս որ ես չէի լացած ծնած ատենս: Անիկա միշտ ժպտուն դէմք մը ունէր: Ես երբէք իր լալը չտեսայ մինչեւ որ ան վեց տարեկան եղաւ: Կարճ ժամանակ մը, տիկինս եւ ես քարեր կը հաւաքէինք լեռնակողմի մը մէջ ուր կարգ մը շէնքեր կը շինուէին: Սուճինը այն ատեն երկու ամսուայ մանկիկ մըն էր եւ մենք մէկը չունէինք որ իրեն հոգ տանէր: Ուստի հովանոց մը զետեղեցինք շինարարական վայրին մէկ անկիւնը եւ հոն դրինք զինքը: Անշուշտ այդ մէկ հովանոցը չէր կրնար արեւի լոյսը լման արգիլել, սակայն Սուճինը բնաւ չլացաւ: Բայց երբ մենք լսեցինք որ այդ տուները պիտի քանդուէին բարելաւման համար, մենք դադրեցանք այդ գործը կատարելէ:

Մենք բլուրներու կողմը գտնուող գիւղի մը մէջ կը բնակէինք, Քէյում-ho Տօնկի եւ Օգում Տօնկի սահմանին վրայ: Տանտէրը մեզի իմացուց որ ինքը կառավարութենէն ազդարարութիւն ստացեր էր որ տունը պիտի քանդուէր եւ ուրեմն մեզի ըսաւ որ ելլէինք տունէն: Այդ ժամանակ, ամսական վարձքը 100,000 ուօն էր (մօտ 100 Ամերիկեան Տոլար), եւ ան ըսաւ թէ ինք 150,000 ուօն ստացեր էր որպէս հատուցում: Անիկա նոյնպէս յարկաբաժին մը ապահովելու իրաւունքը ստացեր էր, որ այդ հողին վրայ պիտի շինուէր, եւ կրնար 400,000 ուօն ստանալ եթէ ծախէր զայն:

Տանտէրը ըսաւ որ ինք չէր կրնար որեւէ դրամ տալ ինծի, քանի որ իր տունը բոլորովին պիտի անյայտանար: Ես դադրեցայ դրամ փորձել առնելու իրմէ, քանի որ չէի ուզեր իր հետ կռուիլ: Ես ուրիշ տեղ մը չունէի երթալիք: Մենք քիչ մնաց որ փողոցը վրան մը պիտի սարքէինք, սակայն տիկինս ձեւով մը 50,000 ուօն փոխ առաւ եւ այդ դրամով մենք եկեղեցիին մօտ փոքր սենեակ մը վարձեցինք: Անիկա խեղճ քոստ սենեակ մըն էր ուր նոյնիսկ արեւի լոյսը ներս չէր մտնէր:

Ծոմապահութիւն եւ Կատարեալ Զղջում՝ Աստուծոյ Դէմ Տրտնջալէ Ետք

Տունէն փոխադրուելէն մէկ ամիս ետք, ուրիշ ազդարարութիւն մը եկաւ տունը խորտակուելու: Նոր տանտէրը ինծի ըսաւ որ պէտք էր փոխադրուէի եւ ապահովագրական դրամը վերադարձուց, բայց դիւրին չէր այդ սենեակին նման աժան ուրիշ սենեակ մը գտնելը:

Տիկինս եւ ես Պուլ-Քուանկ Տօնկ գացինք, փորձելով աժան տեղ մը գտնել, բայց մեր բոլոր ջանքերը ապարդիւն եղան: Մենք ճաշը փախցուցինք, նոյնիսկ ընթրիք չունեցանք: Երբ տուն վերադարձանք, արդէն շատ մթնցած էր:

«Տէր Աստուած, ինչպէ՞ս դուն չկրցար իմ աղօթքս լսել: Նոյնիսկ մէկ սենեա՞կ մըն ալ պատրաստած չես ինծի համար»:

Վայրկեանի մը մէջ, ես զանգատի խօսքեր խօսած էի Աստուծոյ դէմ: Այդ պահուն ես կալուածավաճառի գրասենեակի մը առջեւէն կ'անցնէի, եւ անգամ մը եւս մտայ ստուգելու:

«Ճիշդ հիմա մէկը սենեակ մը վարձու կու տայ: Դուն կրնաս անմիջապէս փոխադրուիլ, նոյնիսկ վաղը:

«Որքա՞ն է վարձքը»:

«Կրնաս 50,000 ուօնի ունենալ զայն»:

Մենք գացինք տեսնելու զայն: Գեղեցիկ սենեակ մըն էր, նաեւ փոքր սենեակ մը կար անոր կից, ուր կրնայինք նոյնիսկ խանութ մը բանալ: Մեզի համար պատրաստուած սենեակ մը կար ուր կրնայինք յաջորդ օրն իսկ փոխադրուիլ: Տուն վերադառնալէս ետքը, ես աղօթեցի անվերջ լալով:

«Տէր Աստուած, ինչո՞ւ համար իմ սիրտս աւելի հաստատ չկրնար ըլլալ: Ինչո՞ւ համար ես այսչափ չար սիրտ մը ունիմ: Դուն զիս չհիւանդացուցիր եւ կամ աղքատութենէ չանցուցիր, բայց ես տակաւին տրտնջեցայ քեզի դէմ, Տէր Աստուած: Եթէ պատրաստուած տեղ մը չունենայի, կրնայի ճամբան քնանալ: Ես որքան շնորհակալ պէտք է ըլլամ որ Դուն իմ հիւանդութիւններս բժշկեցիր, ուրեմն ինչո՞ւ համար կը զանգատիմ»:

Միրտս պատռեցի եւ արցունքներով զղջացի Աստուծոյ դէմ գանգատելուս համար: Յետոյ սկսայ երեք օրուայ ծոմապահութիւն ընել, քանի որ միտքս դրի որ Աստուծոյ դէմ պիտի չգանգատէի ինչ ալ ըլլային պարագաները:

Ոչ Մէկ Փոխ-Զիջում Շաբաթը Պահելու Նկատմամբ

Պատճառը՝ որ ես որպէս շինարարութեան գործաւոր աշխատեցայ, այն էր՝ որ կ'ուզէի Շաբաթը սուրբ պահել եւ ազատ ըլլալ աղօթելու, ինչպէս նաեւ իմ տկար մարմինս աւելի զօրացնել: Երբ մենք փոքր եւ խեղճ սենեակի մը մէջ կ'ապրէինք, իմ մեծ քոյրերէս մէկը կանչեց ինծի: Անիկա լաւ ճաշարան մը կը դարձնէր եւ շէնք մըն ալ ունէր: Ան կ'ուզէր որ ես իր ճաշարանը ղեկավարէի եւ ան նոյնպէս կ'ուզէր տիկնոջս ալ վարձել: Այսպիսով, ապրուստը ապահովելը հարց մը պիտի չըլլար այլեւս եւ մենք նոյնիսկ պիտի կարենայինք դրամական տեսակէտով լաւ պայմաններու մէջ ըլլալ:

«Եղբայր, ես նաեւ քեզի տուն մը պիտի տամ (տեղ մը ուր կրնաս մնալ) եւ լաւ ամսական: Ինչո՞ւ համար իմ ճաշարանս ղեկավարելու պատասխանատուութիւնը չես առներ: Սակայն դուն նաեւ պէտք է ամսուայ մէջ երկու Կիրակի օրեր աշխատիս:

«Կը ներես քոյրս, ես պէտք է Կիրակի օրը եկեղեցի յաճախեմ, ինչ որ ալ ըլլան պայմանները: Ուրեմն չեմ կրնար առաջարկդ ընդունիլ»:

Երբ քրոջս առաջարկը մերժեցի ըսելով որ Կիրակի օրը

եկեղեցի պէտք էր յաճախէի, այս լուրը տարածուեցաւ հասնելով մօրս եւ իմ միւս քոյրերուս եւ եղբայրներուս: Մայրս յուսախաբ եղած էր որ մերժած էի քրոջս առաջարկը որով ես պէտք էր միայն երկու Կիրակի աշխատէի ամսուայ մէջ: Նոյնիսկ եղբայրներս եւ քոյրերս ըսին թէ իրենք չէին կրնար հասկնալ զիս եւ իրենց գլուխները շարժեցին քանի որ ես մերժած էի առիթ մը որով պիտի կարենայի իմ բոլոր պարտքերս վճարել եւ լաւ պայմաններու մէջ ապրիլ:

Ինչպէ՞ս Կրնամ Աստուծոյ Խօսքով Ապրիլ

Ինչպէ՞ս Կրնամ Մեղսալի Բնաւորութիւններէս Ազատիլ

Արթնութեան ժողովները վերջանալէն ետքը, սկսայ շատ զգուշութեամբ կարդալ Սուրբ Գիրքը: Աստուածաշունչը կարդալէս առաջ, ես լուացուեցայ եւ մաքուր հագուստներ հագայ: Ես զայն կարդացի ուղիղ դիրքի վրայ նստած: Առաջին անգամ սկսայ Մատթէոս Աւետարանէն կարդալ: Մինչ կը կարդայի, շատ մը բառերու հանդիպեցայ ինչպէս «ամէն չարէ հեռու կեցիր», «բարկութիւնը վերցուր մէջէդ», «սուտ մի՛ խօսիր», «մի՛ ատեր», «սիրէ քու թշնամիներդ», եւայլն:

Որոշ ժամանակ մը հոգեւոր կեանքս ապրելէ ետք, ես ինքզինքս քննեցի թէ արդեօք որչափ կը պահէի Աստուծոյ Խօսքը: Երբ որոշ բան մը Խօսքին մէջ չէի գործադրեր, զայն անմիջապէս կ՚արձանագրէի յուշատետրի մը մէջ: Այդ բաներուն համար, Աստուծմէ կը խնդրէի որ գործադրելու ոյժ տար ինծի եւ կը փորձէի կատարել զանոնք:

Քանի որ Աստուծոյ Խօսքը անկեղծ սրտով կը փորձէի կատարել, Աստուած ինծի Իր շնորհքը տուաւ որպէսզի ձերբազատուէի այն բոլոր բաներէն որոնցմէ պէտք էր դուրս գայի:

«Ես կը սիրեմ զիս սիրողները: Զիս կանուխ փնտռողները զիս կը գտնեն» (Առակաց 8.17)*:*

«Եթէ զիս կը սիրէք, իմ պատուիրանքներս պահեցէք»: (Յովհ. 14.15)

«Վասն զի ասիկա է Աստուծոյ սէրը, որ Անոր պատուիրանքները պահենք եւ Անոր պատուիրանքները ծանր բան չեն»: (Ա. Յովհ. 5.3)

Յետոյ, երբ ես եկեղեցիի հովիւ եղայ, անդրադարձայ հետեւեալ բաներուն, որ մեղքը ընդհանրապէս երկու մասերու կը բաժնուի: Առաջինը՝ «մարմնին գործերն են որոնք կը կատարուին զանոնք ընելով, իսկ երկրորդը՝ «մարմնին բաներ»ն են զորոնք մենք կը կատարենք մեր մտքին մէջ: Եթէ «մարմնին բաներ»ը յառաջանան, անոնք կրնան դուրս գալ որպէս «մարմնին գործեր»ը գործնականապէս:

Փորձեցի Ամէն Տեսակի Չարութիւններէ Ձերբազատուիլ

Երբ անկողինի կը ծառայէի, ես երբեմն Քորէական խաւաքարտի խաղեր կը խաղայի դրացիներուս հետ, որպէսզի ժամանակ անցընէի։ Նոյնիսկ Տէրը ընդունելէ ետք, քանի որ ես Աստուծոյ Խօսքը չէի գիտեր, չէի հասկնար որ բախտախաղ խաղալը մեղք էր։ Ուրեմն, հաւատացեալ ըլլալէս առաջ, ես սովորաբար յաճախ կը յաղթէի խաղին մէջ, սակայն հաւատացեալ ըլլալէս ետք, ես սկսայ վնասել եւ շարունակ կը պարտուէի հակառակ որ լաւագոյնս կ'ընէի յաղթելու խաղը։ Ասոր վրայ անդրադարձայ որ Աստուած չէր հաճեր որ ես բախտախաղ խաղայի խաւաքարտով եւ մտածեցի ձգել խաղալը։ Սակայն օր մը չկրցայ դէմ դնել փորձութեան եւ իմ 15 օրուայ աշխատանքէս շահած դրամս գործածեցի բախտախաղ խաղալով։ Ամբողջ գիշերը խաղալէ ետք, բոլոր շահած դրամս կորսնցուցի։ Յաջորդ առաւօտ, անոնք որոնք դրամ կորսնցուցած էին, տակաւին հոն նստած մնացին, փորձելով գոնէ իրենց սեղանին բուն գրաւը շահիլ։ Սակայն յետոյ ես ծանօթ ձայն մը լսեցի դուրսէն։ Եկեղեցիէն հովիւ մը եկած էր տանտիրոջ ընտանիքը այցելելու։

Ես լսեցի հովիւին գալը, եւ սակայն շարունակեցի խաղալ հանդարտութեամբ։ Վերջապէս, բոլոր դրամս կորսնցուցի։ Տանտիրոջ տունէն եկող փառաբանութեան երգերու ձայնը սիրտս կը ծակէր։ Եկեղեցւոյ հովիւը պատգամ մը տալէն ետք գնաց։ «Քանի որ հովիւ մը եկած էր, ես պէտք էր որ այդ տան արարողութիւնը յաճախէի տանտիրոջ ընտանիքին հետ միասին, եւ սակայն ինչպէ՞ս պիտի կարենայի եկեղեցի յաճախել այսպիսի խղճի տանջանքով»: Այն օրուընէ սկսեալ սկսայ տառապիլ սրտիս մէջ: Ես կը ձանձրանայի փառաբանութեան արարողութիւններու ընթացքին եւ չէի կրնար աղօթել: Ատկէ առաջ եւ ուրախ էի, նոյնիսկ երբ կ'աշխատէի որպէս շինարարական գործաւոր: Սակայն հիմա այլեւս շնորհակալութեան փառաբանութիւններ չէին ելլեր իմ բերնէս: Միայն դառնութիւն եւ տառապանք կը զգայի սրտիս մէջ: Երկու շաբաթներ անցան եւ ես տագնապի մէջ էի: Գիշեր մը, պատուհանը բացի եւ դուրսը դիտեցի: Կը տեսնէի Թուքսամը եւ Հէն Գետին եզերքը: Կարգ մը ելեկտրական լոյսեր կը փայլէին գետին ջուրին վրայ եւ այդ լոյսերը կարմիր խաչեր թուացին ինծի: «Ի՞նչ պատահեցաւ»: Տարօրինակ զգացումով, նորէն նայեցայ եւ այդ լոյսերը դարձեալ կարմիր խաչերու պէս երեւցան ինծի, մէկ շարքի վրայ շարուած: «Ինչո՞ւ համար այդ լոյսերը խաչերու կը նմանին եւ ոչ թէ ինչպէս էին առաջ»: Ճիշդ այդ վայրկեանին էր որ սիրոյ Աստուածը Իր շնորհքը տուաւ ինծի վերէն եւ ես յիշեցի որ պէտք էր բարի գալուստ մաղթէի այն հովիւին որ եկած էր իմ տունս այցելելու: Սակայն այդ ժամանակ իմ սիրտս գրաւուած էր այն դրամով զոր կորսնցուցած էի եւ ես պահուըտեցայ հովիւէն ու չմասնակցեցայ տնային պաշտամունքին: Ես զղջացի բրածիս՝ լալով եւ արցունքներ թափելով: «Տէ՛ր Աստուած, ես երբեք խաւաքարտերու պիտի չդպչիմ նորէն»: Այսպէս ամբողջովին զղջալէ ետք, Աստուած ինծի Սուրբ Հոգիին լեցունութիւնը տուաւ, զոր կորսնցուցեր էի: Քանի որ Աստուծոյ դէմ եղող մեղքի պատը կոտրուեր էր, ես այնպէս զգացի թէ կը թռչիմ: Այդ երկու շաբաթները շատ դժուար ժամանակ մըն էին ինծի համար, սակայն ես ամբողջովին անդրադարձայ թէ որքան վախազդու է եւ աշխարհի երթալը: Ուստի ես նաեւ պէտք էր բախտախաղը ձգէի:

Աղօթեցի որ Մտքիս մէջ Գործուած Մեղքերէն Ձերբազատուիմ

«Մարմնին գործերը» որոնք գործնականապէս կը կատարուին, բաղդատաբար աւելի դիւրին է անոնցմէ ձերբազատուիլ եթէ մենք հաստատ վճռակամութիւն ունենանք: Մենք կրնանք կեցնել այն արարքները որոնց համար Սուրբ Գիրքը կ'ըսէ թէ պէտք չէ ընենք եւ միայն ընենք այն բաները որոնց համար Սուրբ Գիրքը կ'ըսէ թէ պէտք է ընենք: Սակայն ես դժուարութիւն ունեցայ հետեւեալ երկու նիւթերուն նկատմամբ: Այս երկու նիւթերը՝ ատելութիւնը եւ շնացող միտք մը ունենալն էր: Այս խորհուրդները իմ միտքս կու գային անկախ իմ կամքէս, ուստի ես ուրիշ բան չէի կրնար ընել, բայց միայն մտահոգուիլ անոնցմով:

Այդ ժամանակ շատ մարդիկ կային որոնցմէ կ'ուզէի վրէժ առնել: Կային իմ եղբայրներս, որոնք մերժեցին ինծի դրամ փոխ տալ որպէսզի սենեակ մը վարձէի, երբ ես հիւանդութեան անկողինին մէջ էի, իմ զոքանչս, որ զիս կը կոչէր որպէս իր «Հաշմանդամ փեսան» եւ իմ տիկնոջս ընտանիքի անդամները որոնք կ'անարգէին զիս որովհետեւ ես չէի կրցած որեւէ ձեւով դրամ շահիլ: Ես խորունկ ատելութիւն ունէի այս մարդոց դէմ: Ամբողջ մտածումս այն էր որ երբ առողջանայի, ես այնքան շատ դրամ պիտի շահէի, որ ցոյց տայի անոնց թէ որքան ունեւոր էի:

Կը թուէր թէ դիւրին բան չէր թշնամիներս սիրելը երբ ես այնքան շատ ատելութիւն եւ թշնամութիւն ունէի տիկնոջս ընտանիքին անդամներուն հանդէպ: Միւս կէտը՝ շնացող միտքն էր: Յիսուս ըսաւ որ եթէ մենք կին մարդու նայինք եւ մեր մտքին մէջ շնութեան խորհուրդներ ունենանք, մենք արդէն շնութիւն գործած կ'ըլլանք մեր սրտին մէջ (Մատթէոս 5.28): Ես գործնականապէս շնութիւն չգործեցի, բայց իմ միտքս իսկապէս կը գրգռուէր երբ ես գեղեցիկ դերասանուհիներու նկարները դիտէի:

Եթէ մենք մեր մեղսալի բնութիւնը գրգռենք մեր մտքին մէջ, նկարներ դիտելով, սինեմա երթալով, համացանցով կամ փողոցին մէջի կիները դիտելով, եւ մենք երթալով աւելի շատ ժամանակ անցընենք այդ բաներով, ասիկա շնութիւն չէ՞ Աստուծոյ դիտանկիւնէն: Ես վստահ էի որ Աստուածաշունչին մէջ գտնուող միւս խօսքերը կրնայի կատարել, բայց այս երկու նիւթերուն մասին պէտք էր որ մտահոգուէի:

Սակայն արթնութեան ժողովին մէջ, քարոզիչը ըսած էր որ եթէ մենք իսկապէս հաւատքով աղօթենք, կրնանք որեւէ նիւթի մը աղօթքի պատասխանը ստանալ: Ես հաւատացի որ անկարելի բան մը չկար եթէ հաւատայի, ուստի սկսայ ծոմապահութեամբ աղօթել որպէսզի սրտէս դուրս հանէի իմ մեղսալի բնաւորութիւններս:

«Տէ՛ր Աստուած, հաճիս օգնէ որ շնացող միտք կամ որեւէ ուրիշ չար խորհուրդ կամ զգացում չունենամ, հոգ չէ թէ ինչ տեսակ կնոջ ալ նայիմ»:

Տէրը ընդունելէս առաջ, ես կարգ մը

դերասանուհիներու նկարներ կամ այդ նկարներով օրացոյցեր կը կախէի տունը: Սակայն այն ատենէն որ սկսայ Աստուծոյ Խօսքը ճանչնալ, այդ բաներէն ոչ մէկը ալ չէի կախեր տան մէջ: Ես ծոմ պահեցի եւ աղօթեցի մինչեւ որ այդ շնացող մտքին մեղսալի բնութենէն ազատուեցայ: Կ'ուզէի զԱստուած փառաբանել Իր տուած օրհնութիւններով: Կ'ուզէի որ Աստուած ինծի եկեղեցւոյ մէջ երէց մը ընէր, որպէսզի կարենայի պէտք ունեցողներուն օգնել Աստուծմէ տրուած դրամական օգնութիւններով: Կ'ուզէի միսիոնարական գործերուն օգնել եւ փառք տալ Աստուծոյ այն բոլոր օրհնութիւններուն համար որ Ան առատապէս կը շնորհէր ինծի: Երբ այդ տունը փոխադրուեցայ, որ յարակից սենեակ մը ունէր խանութի համար, ես փոքրիկ զաւեշտական գրախանութ մը բացի: Տիկինս դուրս կ'ելլէր զարդաղեղեր ծախելու համար եւ ես առանձինս խանութը կը պահէի: Եղբայրներս իմ աղքատ վիճակս տեսնելով օգնութիւն առաջարկեցին որպէսզի կարենայի ուրիշ բան մը ընել, սակայն ես մերժեցի: «Աստուած զիս մաքրագործելէ ետք, Անիկա վստահաբար օրհնութիւններ պիտի տայ ինծի»: Եթէ ես այդ ժամանակ ընդունէի իմ եղբայրներուս օգնութիւնը իմ պէտքիս պատճառով, ի՞նչ պիտի կարենայի ըսել եղբայրներուս երբ ապագային Աստուած էր որ ինծի տուած էր այդ բոլոր դրամական օրհնութիւնները:

Ես պէտք էր մերժէի իրենց օգնութիւնը, միայն Աստուծոյ կամքով ապրելու համար: Վստահաբար իմ եղբայրներս այսպիսի բան մը պիտի ըսէին.-«Ի՞նչ օրհնութիւններ Աստուծմէ: Քու վերապրելուդ եւ յարատեւելուդ պատճառը այն է որ մենք քեզի օգնեցինք որ դուրս գաս այս վիճակէդ, երբ դուն պէտք ունէիր»:

Երեք Տարիներ՝ Ձերբազատուելու Շնացող Մտքէն

Զաւեշտական խանութը առանց մեծ դրամագլուխի կրնար քալել: Աւելի մեծ խանութ մը փոխադրուելու համար, երեք օր շարունակ ծոմ պահեցի եւ աղօթեցի: Ծոմապահութեան վերջաւորութեան, Քէյում-հօ Տօնկ Թատրոնին տակը գտնուող խանութի մը նայեցայ: Ես հաւնեցայ այդ խանութը եւ համաձայնագիրը ստորագրեցի: Նոր խանութը բացի եւ քանի որ անոր շուրջը շատ ըմպելարաններ կային, իմ յաճախորդներուս մեծ մասը կիներ էին որոնք ըմպելարաններուն մէջ կ'աշխատէին եւ կանոնաւորապէս կու գային:

Որոշ կին մը կար, որ երբ խանութ մտնէր, կու գար եւ քովս կը նստէր: Ամէն անգամ որ քովս նստէր, ես անմիջապէս ոտքի կ'ելլէի: Եթէ կին մը հրապուրելու նպատակով գար քովս, ես իրմէ փախուստ կու տայի: Իրենց հակազդեցութիւնը մէկը միւսէն կը տարբերէր: Այլեւս իմ սիրտս երբեք չէր շարժեր այս հրապուրանքներէն:

«Ըմպելարան աշխատելուս համա՞ր ինծի ցած աչքով կը նայիս»:

«Դուն քարէ՞ շինուած ես: Բնաւ զգացումներ չո՞ւնիս»:

«Հաճիս եկուր գործիս տեղը զիս տեսնելու եւ ես քեզի ձրի խմիչքներ պիտի տամ»:

Ամէն տեսակի փորձութիւններ կային, բայց երբէք թոյլ չէի տար որ սիրտս անոնց յանձնուէր: Ես բոլոր հրապուրանքի փորձերը կը մերժէի եւ ասիկա իմ զօրութիւնս եղաւ: Յետոյ ես զգացի որ շնացող մտքի մեղսալից բնութիւնը ամբողջովին անհետացաւ: Մինչ կ'աղօթէի, իմ ոյժս եւ զօրութիւնս կ'ըլլար երբ ես կը յաղթահարէի այդ փորձութիւններուն իմ արարքներովս, եւ այդ շնացող միտքը ինքնաբերաբար արմատախիլ եղաւ: Ասիկա այդ աղօթքներուն պատասխանն էր որ ստացեր էի երեք տարի ետք, այն ատենէն որ սկսեր էի աղօթել շնացող միտքը սրտէս դուրս հանելու համար:

Իմ Միակ Փափաքս

Աստուծոյ Խօսքը Պէտք Է Միայն Մէկ Պատասխան Ունենայ

Սրտիս ջերմեռանդ փափաքը այն էր որ ամբողջովին կարենայի հասկնալ Սուրբ Գիրքին մէջի խօսքերը եւ կ'ուզէի լման կատարել ու ապրիլ զայն: Ուրեմն, երբ ես լսէի որ տեղ մը արթնութեան ժողովներ տեղի կ'ունենային, անմիջապէս հոն կ'երթայի որպէսզի Աստուծոյ շնորհքը ստանայի:

Որովհետեւ Սուրբ Գիրքին մէջ շատ համարներ կային որոնք չէի հասկնար, այդ ժողովները ժրաջանօրէն կը յաճախէի: Պատգամներուն ընթացքին, շատ ուրախ էի որ կրնայի հասկնալ Աստուծոյ խօսքը: Նաեւ, քանի որ աղօթաժողովներ տեղի կ'ունենային աղօթքի կեդրոններուն մէջ, ես կը յաճախէի այդ ժողովները:

Սակայն քանի որ շատ հատուածներ կային որոնք դժուար էին հասկնալ, ես իմ եկեղեցւոյ հովիւիս հարցումներ կը հարցնէի: Սակայն ան կարգ մը հարցումներու չէր կրնար յստակ պատասխաններ տալ:

«Պատուելի, Աստուածաշունչին մէջ ո՞ր գիրքը կրնայ ինծի աւելի արագ եւ յստակ հասկացողութիւն տալ Աստուծոյ կամքին նկատմամբ»:

«Եղբայր Լի, եթէ դուն շատ կը փափաքիս Սուրբ Գիրքը հասկնալ, կրնաս Աստուածաշունչի մեկնաբանութեան գիրքեր կարդալ որոնք կը բացատրեն եւ կը թարգմանեն Սուրբ Գիրքը»: Ես շատ ուրախացայ այս խօսքը լսելով: Այդ ժամանակ այնքան շատ պարտք ունէի որ շատ դժուար էր նոյնիսկ մէկ լումայ իսկ խնայել: Սակայն ձեւով մը դրամ պատրաստեցի Սուրբ Գիրքի մեկնաբանութեան գիրք մը գնելու համար: Ես բոլոր մեկնաբանութիւնները կարդացի, միեւնոյն ատեն աղօթելով լերան կողմը, բայց կարգ մը տեղեր տակաւին դժուար էր հասկնալը: Ես չկրցայ իսկապէս խորունկ հասկացողութիւն շահիլ այդ մեկնաբանութիւններէն եւ շատ յուսախափուած զգացի: Այդ մեկնաբանութիւնները իսկապէս Աստուծոյ Խօսքին ճշմարտութիւնը չէին վկայեր այլ սակայն կարգ մը մասեր կը նկատէի որպէս առասպել: Նաեւ, մի քանի տարբեր մեկնաբանութիւններ կարդալով, անոնք իմ հաւատքս խախտեցին: Վերջը ուրիշ մեկնաբանութեան գիրքեր ալ կարդացի, սակայն ամէն գիրք տարբեր մեկնաբանութիւններ ունէր:

Աստուածաշունչը պէտք է միայն մէկ պատասխան ունենայ, սակայն այս բոլոր մեկնաբանութիւնները աւելի եւս շփոթեցուցին զիս:

Տէ՛ր Աստուած, Հաճիս Բացատրէ Ինծի Սուրբ Գիրքի Խօսքերը

1976-ին էր որ ես ամբողջ սրտովս ուզեցի հասկնալ Աստուծոյ կամքը որ Իր խօսքին մէջ կը գտնուէր: Ես զարմանալի բան մը լսեցի ուրիշ եկեղեցւոյ անդամէ մը որ կը վերադառնար Դայէկու-ի մէջ տեղի ունեցած արթնութեան ժողովէ մը:

«Եկեղեցւոյ հովիւ մը 40 օր շարունակ, եւ երկու անգամներ, ծոմապահութիւն ըրեր է ու հրեշտակ մը երեւցեր է իրեն եւ Սուրբ Գիրքը բացատրեր է իրեն երեք տարի»: Այն վայրկեանին որ ես այս խօսքը լսեցի, սիրտս սկսաւ այրիլ եւ ես այնպէս զգացի թէ կրակ մը եկաւ իմ վրաս: Շատ անիմաստ պէտք էր թուէր որ հրեշտակ մը բացատրած ըլլար Աստուծոյ խօսքը, բայց ես կարողացայ հաւատալ անոր: Ես հաւատալու եւ աղօթելու միտք մը ունէի: Այն ատենէն սկսեայ անդադար աղօթել Աստուծոյ:

«Տէ՛ր Աստուած, ես կը հաւատամ Աստուածաշունչին մէջ գտնուող բոլոր 66 գիրքերուն: Սուրբ Գիրքը Աստուծոյ խօսքն է՛ գրուած Սուրբ Հոգւոյն ներշնչումով, ուստի տուր ինծի Քու ներշնչումդ եւ բացատրէ ինծի ամէն ինչ որ 66 գիրքերու մէջ գրուած է: Տուր ինծի այդ բացատրութիւնները կամ հրեշտակի մը միջոցաւ, եւ կամ ալ յայտնուիր ինծի, եկուր քովս եւ ինծի հասկացողութիւն տուր»:
Եթէ Աստուածաշունչին մէջ տեղեր ըլլային որ

չհասկնայի, ես պիտի չկարենայի Աստուծոյ կամքը հասկնալ: Միայն երբ Աստուածաշունչին իսկական իմաստը հասկնայի, այն ատեն է որ պիտի կարենայի Աստուծոյ կամքին համեմատ ապրիլ: Երբ մենք Աստուծոյ խօսքը շիտակ ձեւով հասկնանք, միայն այն ատեն է որ կրնանք Իր խօսքը օրինաւոր ձեւով պահել:

Քանի որ ես շատ բուռն կերպով կ'ուզէի Աստուծոյ Խօսքին իմաստները շիտակ ձեւով հասկնալ, սկսայ ջերմեռանդութեամբ աղօթել: Աստուած ինծի առաջնորդեց որ շատ աղօթէի, նաեւ Ան իմ սիրտս շարժեց որ ծոմապահութիւններ կատարէի: Երբ շինարարութեան վայրին մէջ գործ չունենայի, ես լեռ մը կ'ելլէի եւ կ'աղօթէի: Իմ աղօթքներս խնդրանք էին Աստուծմէ որ Աստուածաշունչը բացատրէր ինծի: Այս աղօթքները շարունակուեցան շատ տարիներ:

Աստուծոյ Քնքուշ Ձեռքերը

Երկու ամիսներու ընթացքին, ես սորվեցայ թէ ինչպէս պէտք էր կառավարէի խանութը, եւ այն հաւատքով զոր շահեցայ, կը զգայի որ կրնայի որեւէ բան ընել: Այն խանութէն որ այն ատեն ունէի, ես հազիւ թէ քիչ մը շահ կ'ընէի, բայց արդէն ատկէ աւելի չէի ակնկալեր: Հակառակ որ շատ դրամ չունէի, քանի որ հաւատք ունէի թէ որեւէ բան կրնայի ընել, ուզեցի առեւտուրս ընդարձակել: «Տէ՛ր Աստուած, թող որ աւելի լաւ տեղ մը փոխադրուիմ»:

Այս նիւթին համար աղօթելուս երրորդ օրը, մէկը եկաւ քովս եւ հարցուց ինծի եթէ ես կրնայի իմ խանութս իր վրայ դարձնել: Այդ ժամանակ անիկա աւելի մեծ խանութի մը տէրն էր: Ես իմ խանութս իր վրայ դարձուցի 150,00 ուօն (150 տոլար)-ով եւ բացի 50,000 ուօն-էն որ խանութը կահաւորելու ծախսն էր, ես 100,000 ուօն շահ ունեցայ: Տիկինս եւ ես երեք օր ծոմապահութիւն ընելէ ետք, մենք ուրիշ խանութ մը այցելեցինք մօտակայ շրջանի մը մէջ: Հոն խանութ մը կար որ շատ լաւ կը քալէր եւ վարձու դրուած էր 500,000 ուօնի, ապահովագինով եւ վարձքով միասին: Ուստի համաձայնագիր մը ըրի այդ 100,000 ուօնով որ ունէի, սակայն տակաւին պէտք էր 400,000 ուօն եւս վճարէի: Ասիկա մեծ գումար մըն էր այդ ժամանակ: Այն ատեն ես երկու անձերու մասին յիշեցի եկեղեցիէն եւ հարցուցի տիկնոջս որ անոնցմէ քիչ մը դրամ փոխ առնէ: Սակայն անոնք անմիջապէս մերժեցին: Տիկինս 150,000 ուօն փոխ առաւ մեր դրացիներէն, բայց մենք չկրցանք մնացեալ 250,000 ուօնը ստանալ: Մենք տակաւին մեր տանտիրոջմէն խնդրեցինք զայն եւ խոստացանք այդ գումարին տոկոսը վճարել իրեն:

Եկեղեցւոյ անդամներ պէտք չէ որ իրարմէ դրամ փոխ առնեն: Յետոյ, երբ սկսայ հասկնալ Աստուծոյ խօսքը, ես գիտցայ պատճառը թէ ինչու Աստուած ինծի թոյլ չտուաւ որ եկեղեցւոյ անդամներէս դրամ փոխ առնեմ: Պատճառը այն է որ Աստուծոյ կամքը չէ դրամ փոխ տալ կամ փոխ առնել եկեղեցւոյ անդամներուն միջեւ: Նոյնիսկ արեան կողմէ եղբայրներ իրարու հետ թշնամի կ'ըլլան դրամի պատճառաւ: Եթէ մենք եկեղեցիին մէջ դրամ փոխ առնենք կամ փոխ տանք, թշնամի Սատանան դիւրութեամբ կ'աշխատի, եւ ուրեմն Աստուած չուզեր որ այդպէս ընենք: Ուստի իմ ծառայութեանս ընթացքին, ես կը սորվեցնեմ իմ եկեղեցւոյ անդամներուս որ իրարմէ դրամ փոխ առնել-տալ չընեն։ Սակայն կը տեսնէի որ երբ կարգ մը հաւատացեալներ անհնազանդ գտնուէին եւ իրարմէ դրամ փոխ առնէին կամ փոխ տային, անոնք շատ մը փորձութիւններու եւ դժուարութիւններու մէջ կ'իյնային։ Մենք որպէս հաւատքի եղբայրներ, բնաւ պէտք չէ իրարու պարտական ըլլանք, բացի սիրոյ պարտքէն իրարու հանդէպ։ Այս խանութէն մեր շահած դրամով, մենք կրցանք մեր պարտքին տոկոսը վճարել, բայց երբէք չկրցանք ամբողջովին մեր պարտքերը զոցել։ Քաղաքին կեդրոնը շատ մարդիկ կային որոնք մեծ կշիռով գրախանութներ կը դարձնէին մեծ ընկերութիւններու պէս։ Ես աղօթեցի Աստուծոյ՝ աւելի մեծ խանութ մը ունենալու երազս իրականացնելու համար։

Առաջնորդուած՝ Դրամական Օրհնութիւններու Ուղղութեամբ

Այդ ժամանակ, Քէյում-հօ Տօնկ շուկային մէջ հռչակաւոր խանութ մը կար։ Անիկա այդ շրջանին մէջ ճանչցուած էր որպէս ամենէն շատ վաճառքներ ունեցող խանութը։ Այդ խանութը վարձու դրուած էր եւ միայն ապահովագինը առանձին մէկ միլիոն ուոն էր (1,000 տոլար), վարձքէն զատ։ Այդ ժամանակ, գործաւորի մը օրավարձքը միայն 1,500 ուոն էր (1,5 տոլար), ուստի անիկա իսկապէս մեծ գումար մըն էր ինծի համար։ Խանութին տէրը ըսաւ որ զայն կրնար իջեցնել մինչեւ 950,000 ուոնի, բայց ոչ անկէ աւելի։ Սակայն երբ ես իմացայ որ իր քովը այցելելէս 20 օր ետք, տակաւին ոչ մէկը եկած էր այդ խանութը տեսնելու։ Մէկը ինծի ըսաւ որ ես կրնայի սակարկել խանութին տիրոջը հետ, քանի որ անիկա անմիջապէս կ'ուզէր ծախել զայն անձնական պատճառներով: Ես միայն 500,000 ուօն ունէի քովս: Խորքին մէջ անկարելի էր այդ գումարով գործառնութիւն ընել: Ամբողջ գիշերը ջերմեռանդութեամբ աղօթելէ ետք, գացի իր քովը սակարկելու համար: Ես իրմէ խնդրեցի որ խանութը 500,000 ուօնի տար ինծի, քանի որ այդ էր իմ բոլոր ունեցածս: Անիկա վայրկեան մը մտածեց բանի մը մասին եւ ըսաւ որ այդ գործը կրնար վերջացնել 550,00 ուօնով:

Վերջապէս մենք համաձայնագիրը ստորագրեցինք 500,000 ուօնի: Ես համաձայնեցայ ապահովագրական մասնավճարը տալ, խանութին ամսական վարձքին հետ միասին: Այսպիսով մենք Քէյում-ho Տօնկ Շուկայի խանութը փոխադրուեցանք: Անմիջապէս որ խանութը բացինք, մենք շատ յաճախորդներ ունեցանք: Շատ մարդիկ սկսան ըսել որ իրենք որքան շատ փափաքած էին այդ խանութը ունենալ, բայց չէին գիտեր որ անիկա վարձու տրուած էր: Անոնցմէ մի քանին ինծի առաջարկեցին որ եթէ այդ խանութը իրենց վրայ դարձնէի, անոնք ինծի 1,2 միլիոն ուօն պիտի տային որպէս ապահովագին: Երբ մէկը եկաւ ինծի եւ 1,3 միլիոն ուօն ապահովագին առաջարկեց, ես խօսեցայ այդ մասին տիկնոջս հետ, որովհետեւ մենք նոյնիսկ կրնայինք տուն մը գնել այդ գումարով: Սակայն մենք հանգիստ չզգացինք անմիջապէս զայն ուրիշին վրայ դարձնելու, երբ Աստուած Իր կամքին մէջ մեզ առաջնորդած էր այդ տեղը:

Ուրեմն, մենք որոշեցինք մեր պարտքերը վճարել այն շահով որ այդ խանութէն պիտի ունենայինք: 1977-ի Յուլիսին, մենք այդ խանութը բացինք եւ սկսանք առեւտուր ընել: Կիրակի օրերը կը գոցէինք խանութը եւ թոյլ չէինք տար որեւէ աշակերտի որ խանութին մէջ ծխէր կամ խմէր: Քանի որ ընտանիքի անդամներս տան մէջ միշտ փառաբանութեան երգեր կ'երգէին, մարդիկ խանութին մէջ փառաբանութեան երգեր կը լսէին: Նախորդ խանութին տիրոջմէն աւելի շատ յաճախորդներ ունեցանք: Օրուայ մէջ խանութը բաց կը պահէինք, իսկ գիշերը կ'աղօթէինք: Ասիկա էր մեր առօրեայ սովորութիւնը:

Սուրբ Հոգիին Ձայնը Կարենալ Ջանազանելու Վարժութիւնը

Օսանրի Աղօթքի Տան Մէջ

Ճիշդ ինչպէս եղջերուն ջուրի վտակներու կը փափաքի, այնպէս ալ ես կը ծարաւէի Աստուծոյ խօսքը աւելի խորունկ ձեւով հասկնալու համար: 1977-ին, Օսանրի Աղօթքի Տան մէջ կատարուող ժողով մը կը յաճախէի: Հոն էր որ ես Աստուծոյ ձայնը երկրորդ անգամ ըլլալով լսեցի: Ես հոն կը լսէի պատգամ մը որ կը քարոզուէր հովիւի մը կողմէ որ կ՚ըսէր, «Քանի որ Աստուած մեզի դեղ շինելու իմաստութիւն տուած է, ուրեմն Աստուծոյ կամքն է որ հիւանդանոց երթանք եւ դարմանումներ ստանանք»: Ես չէի կրնար ընդունիլ այս խօսքը «Ամէն» ըսելով: Ասիկա բոլորովին տարբեր էր իմ փորձառութենէս որ ունեցած էի Ամենակարող Աստուծոյ հետ որ կարող է ընելու ամէն բան: Ժողովէն ետք, ես աղօթքի սենեակ մը գացի եւ ամբողջ սրտովս աղաղակեցի աղօթքի մէջ, «Տէ՛ր Աստուած, արդեօք քու կա՞մքդ է դեղեր առնել կամ ոչ»:

Չեմ գիտեր որչափ ժամանակ անցաւ: Յանկարծ Աստուծոյ ձայնը լսեցի որ կ՚ըսէր, *«Քննէ՛ երկրորդ Մնացորդաց 16-րդ գլուխը»:* Ես բացի Աստուածաշունչը եւ Ասա Թագաւորին մասին էր այդ գլուխը: Յուդայի Ասա Թագաւորը իր թագաւորութեան սկիզբի տարիներուն, անիկա լման Աստուծոյ ապաւինեցաւ: Հետեւաբար, Ասա Թագաւորը բոլոր պատերազմները յաղթեց եւ խաղաղութեան շրջան մը ունեցաւ: Սակայն իր թագաւորութեան վերջին հանգրուանին, անիկա Աստուծոյ չապաւինեցաւ, այլ ուրիշ բանակներու վստահեցաւ: Անիկա կորսնցուց պատերազմներու մէջ եւ նոյնիսկ բանտարկեց մարգարէ մը որ իր սխալները կը ցուցնէր: Յետոյ Ասա հիւանդացաւ իր ոտքերուն մէջ: Անոր հիւանդութիւնը լուրջ էր, սակայն նոյնիսկ իր հիւանդութեան մէջ անիկա Տէրը չփնտռեց, այլ բժիշկներ փնտռեց եւ երկու տարի ետք մահացաւ: Այս գլուխը կարդալով, ես վստահ եղայ որ Աստուած կ՚ուզէ որ Իր զաւակները հաստատ հաւատքով վստահին միայն Իրեն եւ իրենց հաւատքը ու վստահութիւնը չդնեն այս աշխարհին վրայ:

Սուրբ Հոգիին Ձայնը Լսելու Վարժութիւն

Աստուծոյ ձայնը եւ Սուրբ Հոգիին ձայնը պէտք է որ զանազանուին: Իմ պարագայիս, Աստուծոյ ձայնը կը լսուէր միայն շատ յատուկ պարագաներու մէջ: Ես Աստուծոյ ձայնը միայն մի քանի անգամներ լսած էի:

Սուրբ Հոգիին ձայնը աւելի եւ աւելի յստակ կը լսենք երբ ընդունինք Տէր Յիսուս Քրիստոսը, ընդունինք Սուրբ Հոգին, եւ շարունակենք ջերմեռանդութեամբ աղօթել մէկդի դնելով մեղքերը եւ մարմնաւոր չար խորհուրդները:

Նոր հաւատացեալ եղած ժամանակէս, սկսայ Սուրբ Հոգիին ձայնը լսել: Անգամ մը, երբ ես եկեղեցիին մէջի արարողութիւնը կը յաճախէի, Աստուած ինծի թոյլ տուաւ որ Սուրբ Հոգիին ձայնը լսելու վարժութիւնը ունենամ: Կիրակի օրուայ պաշտամունքի ընթացքին, զօրաւոր մղում մը զգացի սրտիս մէջ, մինչ ուշադրութեամբ պատգամը մտիկ կ'ընէի: Ես մղուեցայ 30,000 ուօն տալ եկեղեցիին մէջ գտնուող որոշ հովիւի մը: Ես միտքս դրի, «Տէ՛ր Աստուած, 30,000 ուօն պիտի կարգադրեմ եւ այդ հովիւին պիտի տամ»:

Ուրեմն միտքս դրի որ այդ գումարը տամ, մինչ եկեղեցւոյ արարողութեան մէջ էի: Սակայն անմիջապէս որ արարողութիւնը աւարտեցաւ եւ եկեղեցւոյ դրնէն դուրս եկայ, ուրիշ խորհուրդներ սկսան գալ իմ միտքս: Իրականութեան մէջ, 30,000 ուօնը ինծի համար մեծ գումար մըն էր: Խորհեցայ որ եթէ ունենայի այդ գումարը, ես պիտի տայի զայն այդ հովիւին: Սակայն ուրկէ՞ պիտի բերէի այդ դրամը: Այդ ընտանիքը իմ ընտանիքէս լաւ կը թուէր ըլլալ դրամական տեսակէտով: Խորհեցայ որ թերեւս ես միայն պարապ եւ անիմաստ խորհուրդներ ունեցած էի պաշտամունքի ընթացքին, եւ ուրեմն մոռցայ այդ մասին:

Սակայն յաջորդ օրը, այդ հովիւին զոքանչը, որ

եկեղեցիին մէջ աւագ երիցուհի մըն էր, Քէյում-հօ Սօնկ շուկային մէջ գտնուող խանութս այցելեց»: «Աղջիկս ամբողջ գիշերը ծննդաբերութեան ցաւի մէջ էր: Երբ զինք հիւանդանոց փոխադրեցինք, մենք անմիջականօրէն 30,000 ուօնի պէտք ունեցանք: Ես շատ դժուար ժամանակ ունեցայ այդ դրամը կարգադրելու: Հազիւ թէ կրցայ բերել այդ գումարը եւ հիւանդանոց գացի: Աղջիկս շատ դժուար ժամանակ անցուց երկունքի մէջ»: Ես շատ անակնկալի եկայ եւ ցնցուեցայ զինքը մտիկ ընելով: «Աւագ երիցուհի, իրականութեան մէջ, երբ ես Կիրակի առաւօտ պաշտամունքի արարողութիւնը կը յաճախէի, Սուրբ Հոգին շարժեց սիրտս, բայց ես չհնազանդեցայ Անոր ձայնին: Ես խորհեցայ որ անիկա իմ խորհուրդս էր միայն եւ մոռցայ անոր մասին: Սակայն հիմա կը տեսնեմ եղելութիւնը»:

Ես անմիջապէս դարձի եկայ եւ միտքս դրի յաջորդ անգամ նոյն սխալը չընել, այլ հնազանդիլ Սուրբ Հոգիին ձայնին: Ես խորհեցայ, «Ես լսեցի Սուրբ Հոգիին ձայնը, սակայն չհնազանդեցայ Անոր եւ ասիկա այս տեսակ արդիւնքի մը պատճառ դարձաւ»: Եթէ հնազանդէի ձայնին, ես շատ դիւրութեամբ 30,000 ուօնը պիտի կարգադրէի, զոր Աստուած արդէն պատրաստեր էր եւ հովիւին ընտանիքը պէտք պիտի չունենար ամբողջ գիշերը չարչարուելու այդ գումարին պատճառով: Ես շատ օրհնութիւններ պիտի ստանայի Աստուծմէ հազանդելուս համար:

Շատ ցաւեցայ որ չէի հնազանդած Աստուծոյ, հետեւելով իմ անձնական խորհուրդներուս: Այդ ատենէն ի վեր, այս տեսակի ուրիշ վարժութիւններու մէջէն անցնելով, ես սկսայ կարող ըլլալ զանազանելու եւ գիտնալու տարբերութիւնը՝ Սուրբ Հոգիին ձայնին եւ իմ խորհուրդներուս:

Սորվիլ՝ Յնազանդութեան Կարեւորութիւնը

ըսաւ, «Նոյնիսկ իմ շունս ուրիշ լեզուով կը խօսի, ուրեմն անոնք որոնք ուրիշ լեզուով խօսելու պարգեւը չեն ստացած տակաւին, անոնք իմ շունէս լաւ չեն»: Ժողովէն ետք զգացի որ ես նոյնիսկ շունէ մը աւելի լաւ չէի եւ իմ առջեւս գտնուող քարի մը կից զարկի: Ես նոյնիսկ ճաշը փախցուցի եւ դուրս ելայ քալելու: Ծառի մը կառչեցայ եւ աղօթեցի Աստուծոյ որ ինծի լեզուներ խօսելու պարգեւը տայ: Սակայն յանկարծ փայլակի պէս բան մը անցաւ յիշողութեանս մէջէն: Հակառակ որ վստահութիւն չունէի, բայց պէտք էր «Այո» ըսէի երբ իմ հովիւս ինծմէ խնդրեց Կիրակնօրեայի ուսուցիչ ըլլալ: Աստուած պիտի օգնէր ինծի, նկատի առնելով իմ հնազանդութիւնս: Սակայն ես անհնազանդ եղած էի:

«Տէ՛ր Աստուած, հաճիս ներէ՛ ինծի հովիւիս խօսքը մտիկ չընելուս համար: Ես երբեք նորէն անհնազանդ պիտի չըլլամ»:

Անմիջապէս որ անդրադարձայ սխալիս, սկսայ խորապէս զղջալ անոր համար, իմ սրտիս մէջ: Յետոյ յանկարծ սկսայ լեզուներով խօսիլ: Ասիկա բան մըն էր որ այդքան երկար ժամանակ ցանկացած էի ունենալ: «Շնորհակալ եմ Քեզմէ, Տէ՛ր Աստուած»: Ես վերջապէս հասկցայ որ հնազանդութիւնը զոհէն աւելի աղէկ է եՄէկ փորձառութիւնով, նաեւ անդրադարձայ որ շատ կարեւոր էր Աստուծոյ Կամքին հնազանդիլը: Ես ժրաջանութեամբ կը ծառայէի իմ եկեղեցիիս մէջ: Օր մը, հովիւս կանչեց ինծի, ըսելով. «Մենք Կիրակնօրեայի ուսուցիչներու պակասը ունինք: Ինչո՞ւ համար դուն չես սորվեցներ երեխաներուն: Ես ժխտական պատասխան տուի, «Պատուելի, կը ներես ինծի: Ես վստահ չեմ որ կրնամ սորվեցնել պզտիկներուն: Ես Կրակնօրեայ դպրոց յաճախելու փորձառութիւնը չունիմ: Ասիկա կ'ընեմ երբ քիչ մը աւելի ինքնավստահութիւն ունենամ»: Ես գիտէի որ պէտք էր հովիւին հնազանդէի, սակայն այնքան անկարող զգացի որ մերժեցի իր առաջարկը: Ես երբէք չէի երեւակայեր որ այսքան փոքր բան մը մեծ մեղքի պատ մը պիտի ըլլար իմ եւ Աստուածոյ միջեւ: Ուստի ամբողջ սրտովս աղօթեցի, «Տէ՛ր Աստուած, շնորհէ՛ ինծի լեզուներ խօսելու պարգեւը»:

Այդ ժամանակ, երբ կը տեսնէի որ ուրիշներ սահուն կերպով ուրիշ լեզուով կ'աղօթէին, կը նախանձէի անոնց: Ես շարունակ կ'աղօթէի ուրիշ լեզուով աղօթելու պարգեւը ստանալու համար, սակայն չէի կրնար ստանալ զայն: Օր մը, լսեցի որ Հան Օլ Սանի Լերան Աղօթքին մէջ ես կրնայի դիւրութեամբ ստանալ լեզուներ խօսելու պարգեւը: Ես գացի հոն եւ ժողովին ներկայ եղայ, սակայն այդ պարգեւը չեկաւ իմ վրաս: Սակայն քարոզին մէջ, Չուն Հուգ Լի հովիւը, որ օրուան պատգամաբերն էր, կատակովւ Աստուած որքան կը հաճի երբ մենք հնազանդինք: Այս փորձառութեան մէջէն անցնելով, միտքս դրի որ այլեւս առանց պայմանի պիտի հնազանդէի Աստուծոյ կամքին, առանց խորհելու վիճակին իրողութեան մասին: Սակայն ինծի համար, որ այնքան խորապէս անդրադարձած էի հնազանդութեան կարեւորութեան մասին, հարց մը կար որուն իսկապէս դժուար պիտի ըլլար ինծի անոր հնազանդիլը:

4

Աստուծոյ Կանչը

Տէ՛ր, Ինչպէ՞ս Կրնաս Ինծի Պէս Մէկը Ընտրել

Օր մը, 1978-ի Մայիսին, երբ ես աղօթքի մէջ էի, Աստուծոյ ձայնը լսեցի գոռացող որոտումի մը նման, որ կ'ըսէր.-

«Իմ ծառաս որուն ընտրեցի ժամանակը սկսելէն առաջ: Ես երեք տարի զտեցի քեզի, եւ հիմա ինքզինքդ խօսքով սպառազինէ, երեք տարի եւս: Ես պիտի գործածեմ քեզ: Դուն լեռներ, գետեր եւ ծովեր պիտի անցնիս Աւետարանը քարոզելու համար եւ ես քեզի հետ պիտի ըլլամ ու դուն Իմ ծառաս պիտի ըլլաս բոլոր ազգերուն ցոյց տալու համար՝ նշաններով եւ հրաշքներով, որ Ես եմ կենդանի Աստուածը»:

Անոր յստակ եւ հզօր ձայնը շարունակեց,

«Ես քեզ ընտրած եմ ժամանակը սկսելէն առաջ եւ

երբ տակաւին քու մօրդ արգանդին մէջ էիր ես քեզ պահեցի Իմ բոցավառող աչքերովս եւ Անձնապէս Ես քեզի առաջնորդեցի մինչեւ այս վայրկեանը: Քու տիկինդ կրնայ հոգ տանիլ քու խանութիդ, եւ հիմա դուն սկսիր Իմ ծառաս ըլլալու պատրաստուիլ: Քու դրամի տուփիդ մէջ դրամը երբեք պիտի չվերջանայ եւ քու բրինձի անօթդ երբեք պարապ պիտի չըլլայ, այլ անիկա միշտ պիտի յորդի: Դուն կարօտեալներուն պիտի օգնես: Աստուած է որ քեզի ամենէն ցած տեղը դրաւ, նաեւ Աստուած է որ քեզի առաջնորդեց մինչեւ հիմա, եւ Անիկա ասկէ ետք ալ քեզի պիտի առաջնորդէ: Դուն պիտի կարենաս հասկնալ թէ ինչո՞ւ քեզի ամենացած տեղը դրի: Իմ զօրութեամբս, ես քեզ պիտի բարձրացնեմ ամենաբարձր պաշտօնին: Դուն Զիս սիրեցիր քու ծնողքէդ, քու զաւակներէդ, եւ նոյնիսկ քու կնոջմէդ աւելի: Դուն Զիս միայն սիրեցիր: Ուստի, Ես դարձեալ քեզի պիտի տամ ցնցուած, լեփ լեցուն, դուրս յորդած, եւ հարիւր անգամ աւելի շատ»:

Ես այս խօսքերը լսեցի Սուրբ Հոգւոյն լեցունութեամբ ու ներշնչումով եւ ընդունեցի զայն «Ամէն» ըսելով: Սակայն երբ դարձեալ մտածեցի այդ մասին, անիկա իսկապէս հիանալի էր: Մինչեւ այդ ժամանակ իմ երազս այն էր որ ես երէց մը ըլլայի եկեղեցիին մէջ, փնտռելով եւ օգնելով անոնց որոնք կը չարչարուէին նոյն հիւանդութեամբ եւ աղքատութեամբ զոր ես անցուցեր էի ատկէ առաջ: Ուրեմն, մինչեւ հիմա ես սխալ բանի մը համա՞ր աղօթեր էի: Ես այնքան շատ պարտք ունէի վճարելիք որ տակաւին դժուար աշխատանք էր ամէն օր կարենալ մեր պէտքերը հոգալը: Ես նոյնիսկ օրինաւոր յիշողութեան զօրութիւն չունէի: Ուրեմն, հիմա ինչպէ՞ս կրնայի Աստուածաբանութիւն ուսանիլ դպրեվանքին մէջ:

Ի՞նչ պիտի պատահէր իմ ընտանիքի անդամներուս: Ես մտահոգութիւններ եւ մտատանջութիւններ ունէի որոնք շարունակաբար մտքիս մէջ էին: Այս վիճակիս մէջ, ես չէի կրնար հնազանդիլ: Սակայն այդ ժամանակ խօսքը շատ մեծ էր անհնազանդ ըլլալու: Միայն այսքանը կրնայի խորհիլ, «Եթէ Քու կամքդ է, թոյլ տուր որ անգամ մը եւս լսեմ Քու ձայնդ»:

Ես այս նիւթին մասին խօսեցայ տիկնոջս հետ եւ խանութին հարցերը իրեն յանձնեցի որ ինքը լման յանձն առնէր եւ կառավարէր զայն: «Արդեօք հաւանականութիւն կա՞ր որ ես կրնայի սխալած ըլլալ Աստուծոյ ձայնը լսելու մէջ: Արդեօք բան մը կա՞յ որ կրնայ սխալ երթալ: Ես սկսայ կասկածիլ թէ արդեօք Աստուծոյ ձայնը իրապէս լսա՞ծ էի: Սկսայ աղօթել Աստուծոյ դարձեալ, ըսելով Աստուծոյ որ ես կ՚աղօթէի երէց մը ըլլալու, մինչ Ան ինծի կ՚ըսէր որ ես Իր ծառան ըլլայի: Ես այսքան ներքնամուտ անձ մըն եմ որ չեմ կրնար երեւակայել որ ուրիշ մարդոց դիմաց պէտք է քարոզեմ: Ես արդէն բաւական մեծ եմ տարիքով: Ես նոյնիսկ լաւ եւ զօրաւոր յիշողութիւն չունիմ եւ լաւ քննութիւններ չեմ կրնար անցնել»: Սակայն եթէ Աստուած տակաւին կ՚ուզէ որ ես Իր ծառան ըլլամ, նոյնիսկ այս սահմանափակ կարողութիւններով, խնդրեցի Իրմէ, «Հաճիս թոյլ տուր որ գոնէ մէկ անգամ եւս լսեմ Քու ձայնդ»:

Յետոյ դարձեալ աղօթքի կեդրոններ գացի Աստուծոյ ձայնը լսելու համար: Մէկ շաբաթ աղօթեցի, սակայն պատասխան չկար: Ես կարգ մը քարոզիչներու քով գացի որոնք հռչակ ունէին լաւ մարգարէութիւն ընելու, սակայն տակաւին մարգարէական պատասխաններ չկային ինծի համար: Ես աղօթքի տեղերու մէջ կը թափառէի, մէկ տեղէն միւսը, լեռներու մէջ եւ սիրտ գալարող օրեր անցուցի գիտնալու համար թէ արդեօք Աստուծոյ կա՞մքն էր որ ես Իր ծառան ըլլայի, մասնաւորապէս որպէս հովիւ: Երեք ամիսներ անցան եւ ես գրեթէ դադրեցայ փնտռելէն եւ ետ տուն գացի՝ յուսահատած: Շաբաթ օրը, հովիւս խանութս եկաւ ինծի այցելելու: Ինծմէ կ'ակնկալուէր եւ իմ կարգս էր որ ես ընէի բացման աղօթքը, բայց ինքնավստահութիւն չունէի ասիկա ընելու: Շուտով ըսի իրեն, «Պատուելի՛, ես ամիսներէ ի վեր իմ աղօթքիս պատասխանը չեմ ստացած: Ես իսկապէս չեմ կրնար այս աղօթքը ընել Կիրակի օրուայ արարողութեան ընթացքին»: Ան միայն ըսաւ, «Սարկաւագ, հակառակ ասոր, դուն պէտք է ընես զայն»:

Աստուծոյ Ձայնը Լսել

Հովիւս ինծի ըսաւ որ ես պէտք էր բացման աղօթքը ընէի պաշտամունքի ընթացքին, սակայն ես չկրցայ «Ամէն» ըսել իմ սրտիս մէջ: Այդ օրը խանութին գործը վերջացնելէն ետք, մենք գոցեցինք զայն եւ տուն վերադարձանք: Քանի որ շատ զօրաւոր կերպով կ'անձրեւէր, տիկինս եւ ես որոշեցինք տունը աղօթել, եկեղեցի երթալու տեղ: Կէս գիշերին, բաց մերկ գետնին վրայ ծածկոց մը դրինք, ծունկի եկանք ու սկսանք աղօթել եւ զԱստուած փառաբանել: Ես աչքերս գոց կ'աղօթէի, բայց յանկարծ տեսիլքի մը մէջ, այնպէս թուեցաւ որ առաստաղը կը բացուի եւ երկինքէն լոյսեր սկսան թափիլ:

Ես այնպէս կը զգայի որ տանիքը անհետացած էր եւ լայն բացուած: Յետոյ ճիշդ ինչպէս որ Յայտնութեան գիրքին մէջ գրուած էր, ես ձայն մը լսեցի որ բարձր էր եւ շատ ջուրերու ձայնին պէս էր, սակայն շատ յստակ եւ հանդարտ կ'ըսէր, *«Վաղը բացման աղօթքը ըրէ»:* Ասիկա պատասխան մըն էր, սակայն ան բոլորովին տարբեր էր իմ աղօթքներէս՝ Աստուծոյ ծառայ մը ըլլալուս նկատմամբ: Այս անգամ, այդ ձայնը տաքուկ էր, հանգստաւէտ, հեղինակաւոր եւ անհնազանդ ըլլալու համար՝ դժուար: Տակաւին ան սիրով եւ շնորհալի քաղցրութեամբ լեցուած էր:

Ես տակաւին յստակօրէն կրնայի զգալ այդ ձայնը, սակայն կարելի չէ զայն բառերով արտայայտել: Անմիջապէս որ ես այս ձայնը լսեցի, բոլոր յուսահատութիւններս ձիւնի պէս հալեցան: Բոլոր մարդկային խորհուրդները անհետացան եւ ես Սուրբ Հոգիով լեցուեցայ: Ես այնքան շատ լեցուած էի Սուրբ Հոգիով, որ այնպէս կը զգայի թէ մարմինս բամպակի նման թեթեւ էր եւ նոյնպէս կը զգայի թէ կրնայի թռչիլ: Կը զգայի որ եթէ ուզէի, նոյնիսկ կրնայի տանիքէն դուրս անցնիլ: Ցնծութիւն, շնորհակալութիւն եւ ուրախութիւն կը յորդէին իմ սրտիս խորերէն: Այդ վայրկեանին, ես ինծի խորհեցայ որ ճիշդ այսպէս պէտք է ըլլայ այն ատեն որ մենք օդին մէջ պիտի յափշտակուինք երբ մեր Տէր Յիսուս Քրիստոսը երկրորդ անգամ վերադառնայ աշխարհ: Երբ աչքերս բացի, լոյսերը անհետացած էին եւ առաստաղը իր տեղն էր ճիշդ առաջուայ նման:

Տիկինս, որ իմ քովս նստած էր, չլսեց ձայնը, բայց ինքն ալ Սուրբ Հոգիով լեցուեցաւ եւ գիտցաւ որ ես Աստուծոյ ձայնը կը լսէի փայլուն լոյսերուն մէջ: Մենք ամբողջ գիշերը զԱստուած փառաբանեցինք եւ փառք տուինք

Իրեն աղօթքներով:

Սուրբ Հոգիին Լեցունութիւնը Ունենալ

Յաջորդ առտու կանուխ, եկեղեցի գացի եւ արարաղոթեան շարքը ստուգեցի: Տակաւին պէտք էր որ ես աղօթէի պաշտամունքին համար: Նախորդ գիշերուայ փորձառութենէն ետք, մարմինս տակաւին այնպէս կը զգար թէ կը թռչէի, հակառակ որ նստած էի: Ինչպէս անհաւատալիօրէն ապշեցուցիչ էր ասիկա: Այն վայրկեանէն որ սկսայ բարձրախօսով աղօթել, շրթներս իմ շրթներս չէին այլեւս: Սուրբ Հոգին ամբողջովին գրաւեց սիրտս եւ մտածումներս: Սուրբ Հոգւոյն ներշնչումով, ես նոյնիսկ կը դողայի աղօթքի ժամանակ: Յստակ ներշնչումով, աղօթքը հեղեղի նման միտքս կու գար, եւ նոյնիսկ եթէ ուզէի, չէի կրնար կեցնել զայն:

Ասիկա նոյնիսկ ինծի համար զարմանալի էր, որ աղօթքը կը յանդիմանէր եկեղեցիի անդամները ըսելով.-

«Վայ ձեզի որ տասանորդներ կը գողնաք Աստուծմէ: Դուք կարծր սրտով մարդիկ որ շնորհակալութիւն չէք յայտներ Աստուծոյ: Դուք կ՚ըսէք որ կը հաւատաք Աստուծոյ, բայց ձեր հաւատքը պարապ է»:

Ես հազիւ թէ կրնայի ինքզինքս զսպել տասը վայրկեանէ աւելի աղօթելէ ետք: Այդ ժամանակ, եթէ որեւէ մէկը տասը վայրկեանէն աւելի աղօթէր պաշտամունքին համար, զանգատներ կը լսուէին շատ երկար ըլլալուն համար: Աղօթելէ ետք, իմ տեղս վերադարձայ, բայց չէի կրնար ուղղակի հովիւին երեսը նայիլ: Չէի գիտեր թէ ինչ պիտի ընէի: Ամէն խորհածս այս էր, «Հիմա ի՞նչ պիտի ըլլայ: Ինչպէ՞ս կրնայ սարկաւագ մը ամբողջ եկեղեցիին անդամները յանդիմանել»:

Սակայն արարողութիւնը վերջանալէն անմիջապէս ետք, հովիւը քովս եկաւ եւ ըսաւ. «Ես ազդուեցայ քու աղօթքովդ»: Ընդհանրապէս անիկա այս տեսակ դիտողութիւններ չէր ըներ, սակայն տակաւին ես կ'ամչնայի եւ փորձեցի շուտով եւ հանդարտութեամբ դուրս ելլել: Սակայն շատ մարդիկ սկսան բարեւել ինծի, ըսելով՝ «Սարկաւագ, դուն ամբողջովին Սուրբ Հոգիով ներշնչուած էիր: Ես յուզուեցայ քու աղօթքովդ»:

Միայն Հնազանդութեամբ

Վերջապէս վստահութիւն ունեցայ որ Աստուած իրապէս զիս կանչած էր Իր ծառան ըլլալու: Խոստովանեցայ ըսելով, «Տէ՛ր Աստուած, քանի որ զիս կանչած ես որպէս Քու ծառադ, ես այս ճամբով պիտի երթամ: Սակայն Տէ՛ր Աստուած, Դուն հոգ տար բոլոր այն բաներուն որոնց վրայ մտահոգուած եմ, ինչպէս՝ Աստուածաբանական դպրոցը, իմ յիշողութեանս ոյժը, եւ բոլոր միւս բաները»:

Երեսունվեց տարեկանիս, ես համոզուած էի որ Աստուած զիս կանչած էր որպէս Իր ծառան, ուստի անմիջապէս սենեակ մը վարձեցի եւ սկսայ առանձինս բնակիլ: Ասիկա իմ տունէս հինգ վայրկեան հեռու էր: Ծոմ պահեցի եւ սկսայ ուշադրութեամբ կարդալ

Սուրբ Գիրքը եւ աղօթեցի որ Աստուած ինծի զօրաւոր յիշողութիւն տար: Ես կ'ուզէի մարմինը խաչը հանել, իր բոլոր փափաքներով եւ ցանկութիւններով: Միտքս դրի միայն Աստուծոյ կամքին հետեւիլ որպէս Իր ծառան: Ինծի համար դիւրին չէր ինքզինքս բաժնել իմ ընտանիքի անդամներէս, բայց այս բոլորը կատարուեցան Սուրբ Հոգւոյն առաջնորդութեամբ: Ես Օքսու Տօնկ եկեղեցւոյ հովիւին խորհուրդը առի, այն եկեղեցիին որ այդ ժամանակ կը յաճախէի: Որոշեցի Սանկ-Քյուլ (Սրբութիւն) Աստուածաբանական Դպրոցը մտնել եւ սկսայ սորվիլ մուտքի քննութեան համար:

Վերջապէս ժամանակը հասաւ եւ քննութիւնը ըրի: Ես ուղղակիօրէն պատասխանեցի Աստուածաշունչին հետ առնչուող հարցումներուն միայն: Սակայն ուրիշ նիւթերու մասին, ես չուզեցի անորոշ, ոչ յստակ պատասխաններ տալ, ուստի միայն անունս գրեցի եւ պարապ թուղթ յանձնեցի: Հարցազրոյցի տեսակցութեան մէջ Աստուածաբանական դպրոցի ուսուցչապետը հարցուց ինծի թէ ինչո՞ւ համար պարապ թուղթեր ներկայացուցած էի, բացի Սուրբ Գիրքին հետ կապուած պատասխաններէն, եւ ես իրեն բացատրեցի թէ ինչպէս յիշողութիւնս կորսնցուցած էի:

«Առանց յիշողութեան ոյժի, ինչպէ՞ս կրնաս հովիւ մը ըլլալ», ըսաւ ան:

Ես պատասխանեցի, «Աստուած զիս մղեց որ այս ուղղութեամբ երթամ կեանքիս հետ»:

«Լաւ, դուն կատարեա՛լ նիշ (100 կէտեր) ստացած ես

Աստուածաշունչի քննութեան մէջ» բացականչեց ան:

Ես միակն էի որ 100 տոկոս նիշ ստացեր էի Սուրբ Գիրքի քննութեան մէջ:

Քանի որ ես կատարեալ 100 նիշ ստացեր էի Սուրբ Գիրքի քննութեան մէջ, յաջողեցայ, եւ որակաւոր դարձայ Աստուածաբանական Դպրոց մտնելու: Ես իսկապէս յաջողած էի մուտքի քննութիւններուն, իմ մտահոգութիւններուս հակառակ, խորհելով որ պիտի չկարենայի յաջողիլ Աստուածբանական Դպրոց կարենալ ընդունուելու համար:

Աստուած Մեզի Թոյլ Կու Տայ Հնձելու Մեր Ցանածը

Կեանքը՝ Աստուածաբանական Դպրոցին Մէջ

Աստուծոյ ծառաները նկատելիօրէն աշխարհի միւս մարդոցմէն տարբեր կեանքեր պէտք է ապրին: Սակայն Աստուածաբանական դպրոցի իմ դասընկերներս կը ձգտէին աշխարհի հետեւիլ: Դասերէն ետք, անոնք սրճարաններու մէջ կը հաւաքուէին աշխարհային նիւթեր խօսելու համար: Արձակուրդներու ընթացքին, փոխանակ աղօթելու եւ Սուրբ Գիրք կարդալու, անոնք կը խօսէին թէ ինչպէս իրենք զիրենք պիտի զուարթացնէին: Ես միշտ խորհուրդ կու տայի իրենց ժամանակ չվատնել այդ ձեւով, այլ կեդրոնանալ աղօթքի մէջ, եւ սակայն ոչ ոք ուշադրութիւն կը դարձնէր: Բնականաբար, ես առանձին էի եւ զատուած էի մնացեալ դասընկերներէս:

1979-ին, Աստուածաբանական դպրոց մտայ 37

տարեկանիս եւ Ա. տարիէն աղօթեցի որ Աստուած ինծի անունը տայ այն եկեղեցիին՝ զոր պիտի բանայի: Քոյրս ըսաւ որ պիտի օգնէր ինծի եկեղեցի բանալու, ուստի ես տարբեր տեղեր փնտռեցի, բայց ոչ մէկ ձեւ յաջողեցաւ:

ԶԱստուած Հաճեցնել Երկնային Թագաւորութեան Մէջ Դիզելով

Ես կը հաւատայի որ Աստուած ինծի թոյլ պիտի տար քաղելու ինչ որ կարենայի ցանել եւ թէ Ան պիտի հատուցանէր զիս իմ գործերուս համեմատ: Ուստի միշտ կը փորձէի վարձատրութիւններ դիզել երկնային թագաւորութեան մէջ: Նոյնիսկ այն ատեն երբ որպէս շինարարութեան գործաւոր կ'աշխատէի, եթէ պատահէր որ արթնութեան ժողովներու մէջ շնորհք ստանայի, ամբողջ սրտովս շնորհակալութեան ընծաներ կը մատուցանէի Աստուծոյ: Երբ դրամ չունենայի, ուխտ կ'ընէի Աստուծոյ տալու որոշ ժամանակի մը ընթացքին: Անշուշտ ես անպայման կու տայի բոլոր ուխտած ընծաներս: Երբ դրամ չունենայի ուխտած նուէրներս տալու, պարտքի դրամ փոխ կ'առնէի, վստահ ըլլալու համար որ Աստուծոյ ուխտածս անպայման տայի Իրեն:

Երբ Աստուծոյ առջեւ ներկայանայի, երբե՛ք պարապ ձեռքով չէի երթար: Երբ որեւէ եկամուտ ունենայի, ես մէկ տասերրորդէն աւելի կու տայի որպէս տասանորդ: Յաճախ եկամուտիս երկու կամ երեք տասերրորդը կու տայի եկամուտիս: Ես երբեք չէի զգար որ պարապի կ'երթար Աստուծոյ տուածս, եւ ուրեմն հաշիւ չէի ըներ ինչ որ Իրեն կու տայի:

Օր մը հովիւս այցելեց ինծի: Ան տեղեակ չէր մեր դժուար դրամական պայմաններէն թէ որքան շատ պարտք ունէինք, եւ բացատրեց որ եկեղեցին պէտքի մէջ էր: Ան հարցուց եթէ կրնայինք եկեղեցւոյ շինութեան համար աւելի մեծ գումար մը ուխտել տալու: Մենք համաձայնեցանք ըսելով. «Ամէն, այո՛ ես պիտի ընեմ ատիկա»: Մենք ցնծութեամբ հովիւին ենթարկուեցանք: Հակառակ որ պարտք ունէինք, մենք դարձեալ ուրիշ ընծայ մը ուխտեցինք տալ, հովիւին խնդրանքով: Ուստի դարձեալ դրամ պէտք էր փոխ առնէինք: Այս ձեւով մենք կը փորձէինք գանձեր դիզել երկինքը: Երբ ժամանակը հասաւ, Աստուած օրհնութիւններու դուռը բացաւ:

Նոյնիսկ Փոքր Առեւտուրի Մէջ Աստուծոյ Կամքին Հետեւիլ

Անձ մը կար որ օրինաւոր ձեւով գիրքեր կը հայթայթէր մեր խանութին համար եւ անիկա անխօս կը մնար տեսնելով որ ամէն Կիրակի իմ խանութս գոց կ'ըլլար: Անիկա յայտարարեց որ խանութս պիտի սնանկանար: Հակառակ որ ասիկա փոքր առեւտուր մըն էր, Աստուած կը հաճէր մեր խանութին եւ մեզ մեծապէս օրհնած էր որովհետեւ մենք ամբողջ Շաբաթը օրինաւոր ձեւով կը պահէինք եւ մեր տասանորդները ու ընծաները օրինաւոր ձեւով կու տայինք:

Խանութը՝ առաւօտէն մինչեւ ուշ գիշեր միշտ լեցուն էր յաճախորդներով: Շատ մարդիկ կու գային մեզմէ բան մը սորվելու, քանի որ լուրը տարածուած էր քաղաքին շրջակայ կողմերը: Սակայն անոնք աւելի եւս հետաքրքրուելու սկսան, որովհետեւ մենք ամէն Կիրակի կը գոցէինք եւ դիւրութիւնները լաւ չէին: Մենք չունէինք որեւէ նիւթեր չափահասներու նկատմամբ եւ բացարձակապէս կ'արգիլէինք ծխելը: Ուստի, գեղեցիկ եւ առողջ միջավայր մը կը պահուէր: Ասոր համար է որ համալսարանի շատ մը լաւ աշակերտներ կու գային մեր խանութը:

«Ի՞նչ էր ձեր խանութին յաջողութեան գաղտնիքը»: Պատճառը այն էր որ Աստուծոյ օրհնութիւնները կը վայելէինք որովհետեւ Կիրակի օրերը մենք խանութը կը գոցէինք եւ եկեղեցի կը յաճախէինք: Այս ձեւով է որ կը պատասխանէինք որեւէ մէկուն որ մեզի այս հարցումը կը հարցնէր: Սակայն դժուար էր անհաւատներուն համար հասկնալ այս կէտը: Այդ խանութը կառավարած ատեն, մենք շատ յաճախորդներու կ'աւետարանէինք: Երբ ես եկեղեցի սկսայ, այս յաճախորդներս հետս եկան եւ իմ սկզբնական անդամներս եղան երիտասարդ-չափասներու առաքելութեան մէջ:

Խանութը բանալէս քանի մը ամիսներ ետքը, մենք կարողացանք մեր բոլոր պարտքերը վճարել, բան մը՝ որ իսկապէս շատ դժուար էր մեզի համար այդքան շուտ կատարել, քանի որ շատ մեծ էր այդ քանակը: Ասիկա կատարուեցաւ Աստուածաբանական դպրոց միանալէս առաջ: Մեր բոլոր պարտքերը գոցեցինք եւ հիմա մենք ազատօրէն ընծաներ կու տայինք այն եկեղեցիին զոր կը յաճախէինք: Փորձեցինք կարօտեալ ընտանիքներուն օգնել: Երբ մենք Աստուածաբանական դպրոցին մէջ պտոյտներ կազմակերպէինք, ես տեսակաւոր ճաշեր կը պատրաստէի ուսուցչապետին եւ շատ մը ուրիշ աշակերտներու համար: Կիրակի օրերը, դպրոց դասի աշակերտներուն ճաշերը կը պատրաստէինք: Մենք գաղտնաբար կ՚օգնէինք այն աշակերտներուն որոնք կարօտեալ էին: Մենք միայն վարձու տան մը մէջ կը բնակէինք, սակայն ատեններ՝ տօնական օրերու եւ հանդիսութիւններու ժամանակ, ես կը մղէի տիկնոջս հոգ տանելու քաղաքին, ընդհանուր առմամբ: Երբ տօնական օրերուն, ընտանիք մը շատ աղքատ անկարող եւ աղքատ ըլլար նոյնիսկ ճաշ մը կարենալ պատրաստելու համար, ես կը մղէի կնոջս որ իրենց բրինձէ կարկանդակ տար եւ կամ ուրիշ ուտելիք, նոյնիսկ եթէ անոնք ոչ-հաւատացեալներ ըլլային: Ասիկա կ՚ընէինք ոչ թէ որովհետեւ շատ հարուստ էինք դրամական տեսակէտով, այլ կ՚ընէինք միայն հաւատքով: Երբ մենք այս ձեւով կը ցանէինք, յաջորդ օրը Աստուած, որ թոյլ կու տայ մեզի քաղել մեր ցանածը, որեւէ ուրիշ բնական օրերէ աւելի շատ եկամուտ կը հայթայթէր մեզի:

Աստուած Արթնցուց Ինծի 200 օրուայ Ամբողջ Գիշերուայ Աղօթքի Նախատօնին Ընթացքին

Տէրը ընդունելէս ետք, ես երբեք աշխարհի հետ փոխ-զիջում չէի ըներ որեւէ տեսակ պարագայի մը մէջ: Կը փորձէի Աստուծոյ օրէնքին խստութեամբ հետեւիլ, այն չափով որ կը հասկնայի Աստուծոյ խօսքը: Այն չորս տարիներուն որ Աստուածաբանական դպրոց կը յաճախէի, ես միշտ ամբողջ գիշերուայ աղօթքներ կ՚ընէի եւ շատ յաճախ ծոմ կը պահէի: Արձակուրդներու ժամանակ, ապրանքներս կը հաւաքէի եւ լեռները կ՚ելլէի աղօթելու: Ուրիշ ատեններ եւս, ես յաճախ ամբողջ գիշերուայ ուխտեալ աղօթքներ կը մատուցանէի: Կէս գիշերէն մինչեւ առաւօտեան ժամը չորսը կ'աղօթէի եւ երբեք չէի ուշանար ուխտի ժամանակ, նոյնիսկ մէկ վայրկեան:

Աղօթքէն ետք, տուն կը վերադառնայի առանձինս, եւ կը քնանայի ժամը հինգին: Սակայն պէտք էր որ ժամը եօթին արթննայի: Աղջիկս՝ Միյանկը, որ այդ ժամանակ նախակրթարանի աշակերտուհի էր, ժամը 7:20-ին նախաճաշս կը բերէր: Նախաճաշէն ետք, ես պէտք էր ճաշատուփս առնէի եւ դպրեվանք երթայի: Դասերը վերջանալէն ետք տուն կը վերադառնայի եւ պէտք էր որ պարտականութիւններս կատարէի: Նաեւ երբեմն պէտք էր որ խանութին հոգայի: Շատ բաներ կային կատարելիք: Քանի որ շարունակ այս ձեւով կ'ապրէի, ես սկսայ յոգնիլ: Առաւօտուն ժամը հինգին անկողին կը մտնէի եւ ժամը եօթին դժուար կ'ըլլար արթննալ: Յետոյ, Տէրը սկսաւ արթնցնել զիս առտուայ ժամը եօթին:

«Պապա՛» Ես լսեցի աղջկանս ձայնը որ կը կանչէր ինծի, նախաճաշը ձեռքը:

«Միյանկ, դո՞ւն ես», ես վստահաբար աղջկանս ձայնը լսեցի, ուստի դուռը բացի, սակայն մէկը չկար դուրսը: Շուրջս նայեցայ բայց չկրցայ գտնել աղջիկս որեւէ տեղ: Երեսս լուալէս ետք, քանի վայրկեան ալ անցած էր եւ այն ատեն էր որ Միյանկը հասաւ: Յաջորդ օրը, առաւօտուն ժամը եօթին, դարձեալ լսեցի, «Պապա՛»: Դուռը բացի, եւ սակայն ոչ ոք կար հոն: Այդ վայրկեանին անդրադարձայ որ Աստուած հրեշտակի մը միջոցաւ զիս արթնցուցած էր:

Սակայն մինչ ասիկա կը շարունակուէր, ես սկսայ

աւելի նուազ զգայուն դառնալ այդ ձայնին: Վերջապէս, ես չէի կրնար արթննալ հակառակ որ կը լսէի այդ ձայնը որ ինծի կը կանչէր, «Պապա՛»: Յետոյ Աստուած ուրիշ ձեւ մը գործածեց զիս արթնցնելու համար: Ես շատ մարդոց ոտքերու ձայնը լսեցի իմ դրնէս դուրս, բայց երբ դուռը բացի քննելու համար, ոչ ոք կար հոն եւ ժամը ճիշդ առտուայ եօթն էր:

Մինչ ես 100 օրուայ, ամբողջ գիշերուայ, ուխտուած աղօթք կը մատուցանէի Աստուծոյ, 90-րդ օրը, լսեցի որ աներհայրս մահացած էր: Տիկնոջս հետ իր ծնողքին տունը գացի՝ Մոքբօ: Մենք հոն միասին աղօթեցինք կէս գիշերէն մինչեւ առտուայ չորսը: Յուղարկաւորութեան արարողութիւնը վերջանալէն ետք, մենք տուն վերադարձանք եւ մնացեալ օրերը ուխտուած աղօթքով լեցուցի: Սակայն գոհ չէի: Կը զգայի որ չէի կրցած իսկապէս հաճեցնել զԱստուած: Ուստի սկսայ ուրիշ 100 օրուայ, ամբողջ գիշերուայ, ուխտուած աղօթք կատարել եւ վերջացուցի զայն: Անկէ յետոյ այդ սկսաւ 200 օրուայ, ամբողջ գիշերուայ, ուխտուած աղօթքի շրջան մը ըլլալ:

Այդ Դրամը Պետքարանը Նետեցէք

Իմ ընտանիքս լաւ գիտէր թէ ես ոչ մէկ բան չէի ընդուներ որ Աստուծոյ խօսքին հակառակ էր: Սակայն մէկ Կիրակի օր մը կար երբ տիկինս եւ երեք աղջիկներս ուզեցին բան մը գնել ուտելու՝ Կիրակի օրուայ պաշտամունքէն ետք: Տիկինս փորձեց իմ դէմքի արտայայտութիւններս կարդալ՝ ըսելով.-

«Երեխաները կ'ուզեն թեթեւ կերակուրի տեսակ մը ունենալ: Մենք կ'ուզենք բան մը գնել ուտելու համար»:

«Աղջիկներս, իսկապէս բա՞ն մը կ'ուզէք ուտելու», հարցուցի իրենց:

«Այո՛», անոնք բոլորն ալ պատասխանեցին եռանդով:

Իմ երեք աղջիկներս խորհեցան որ ես ասիկա իրենց թոյլ պիտի տայի միայն այդ օրը, հակառակ որ իրենք գիտէին որ Կիրակի էր: Ես իրենցմէ խնդրեցի որ դարակէն դրամը ինծի բերեն: Անոնք խորհեցան որ դրամը կ'ուզէի թեթեւ կերակուր գնելու համար:

Յետոյ ըսի իրենց, «Դուք երեքդ պէտքարան գացէք եւ հոն թափեցէք այս դրամը»:

Անոնք քանի մը հարիւր ուոն թափեցին (այսօրուայ արժէքով քանի մը հազար ուոն կամ քանի մը տոլարներ եւ դարձեալ քովս եկան:

«Գիտէ՞ք ինչու ասիկա ընել տուի ձեզի»:

«Այո գիտենք», պատասխանեցին երեքը:

Ես շարունակեցի ըսելով, «Կիրակին Աստուածաշունչի Շաբաթ օրն է զոր սուրբ պէտք է պահենք: Այդ օրը Աստուած մեզի կ'արգիլէ որեւէ բան գնել կամ ծախել: Պիտի դրժէ՞ք Աստուծոյ հրամանը: Եթէ դուք չէք կրնար սոսկ բան մը ուտելու փորձութեան յաղթահարել, ատիկա պիտի կրկնուի երկրորդ եւ երրորդ անգամ: Աստուած երբե՛ք պիտի չիաձի ասոր: Դուք արդէն բռնաբարեցիք Շաբաթը երբ եկաք եւ ուզեցիք սանտուիչներ գնել: Որովհետեւ ասիկա նոյնն է՝ կարծէք դուք արդէն կը գնէք եւ կ'ուտէք սանտուիչները ձեր սրտերուն մէջ: Ես ասոր համար է որ ձեզի ըսի որ դրամը թափեցէք»: Վերջը, իմ երեք աղջիկներս խոստովանեցան որ այս դէպքը մեծ տպաւորութիւն ձգած էր իրենց սրտին խորը եւ ասիկա մեծ հաւատք մը եղած էր իրենց համար:

Մարդիկ Կը Խճողուին Խանութին Մէջ

Քանի որ խանութը զբաղ փողոցի մը անկիւնը կը գտնուէր, ոչ թէ միայն մեր յաճախորդները, այլ նաեւ հովիւներ կամ եկեղեցւոյ անդամներ յաճախ կ'այցելէին մեզի: Երբ ես դպրեվանք կը յաճախէի, մի քանի սարկաւագուհիներ ժամադրուեցան հետս խորհրդատուական ժողովի մը համար: Անոնք ինծի ըսին որ կարգ մը հաւատացեալներ ապառիկ միութեան պէս բան մը կը կազմակերպեն եկեղեցիին մէջ: Ես իրենց խորհուրդ տուի որ այդ խումբին չմիանան:

«Յիսուս ըսաւ որ Աստուծոյ Տաճարը աղօթքի տուն է եւ յանդիմանեց վաճառականները որոնք Տաճարին մէջ առեւտուր կ'ընէին: Որեւէ բան մը որ դրամական շահ կ'ակնկալէ, շիտակ չէ ընել եկեղեցիին մէջ: Աստուած մեզի կ'ըսէ թէ իրարու հանդէպ որեւէ պարտք պէտք չէ որ ունենանք, բացի սիրոյ պարտքէն: Ուրեմն մենք պէտք չէ դրամ փոխ առնենք կամ դրամ փոխ տանք եկեղեցիին մէջ: Եթէ յարաբերութեան մէջ դրամը մուտք գործէ, Սատանան կը սկսի աշխատիլ եւ եկեղեցին հարց կ'ունենայ»:

Շուտով, այդ ապառիկ միութիւնը սկսաւ շատ հարցեր ստեղծել եւ եկեղեցին դժուար վիճակի մէջ դրաւ: Այն օրուընէ սկսեալ որ եկեղեցին բացի, ես որեւէ տեսակ պազարի գոյութիւնը արգիլած եմ, ինչ ալ եղած ըլլայ այդ պազարին նպատակը: Ես միշտ եկեղեցւոյ անդամներուն սորվեցուցած եմ որեւէ դրամական փոխանակութիւններ չընել հաւատացեալներու միջեւ: Երբ տուած խորհուրդս տարածուեցաւ այն անձերուն նկատմամբ որոնք եկած էին ինձմէ խորհուրդ ստանալու, շատ ուրիշ մարդիկ շարքով եկան ինձմէ խորհուրդ ստանալու համար: Հաւատացեալ կին մը եկաւ որ ճաղատ էր. անիկա եկաւ գլուխը թաշկինակով մը ծածկած: Սակայն աղօթքս ստանալէն ետք, երկու ամսուայ ընթացքին, անոր մազը սկսաւ դարձեալ աճիլ եւ անիկա վերցուց թաշկինակը իր գլխէն:

Ատենօք, հաւատացեալ մը կար որ երբեմն բախտագուշակներու կ'երթար եւ օրինաւոր ձեւով չէր պահեր Շաբաթը: Անգամ մը անիկա երթեւեկութեան արկածի մը հանդիպեցաւ եւ քովս եկաւ: Ինձմէ խնդրեց որ աղօթեմ իրեն համար քանի որ շատ ցաւի մէջ էր արկածէն ետքը: Իրեն համար ջերմեռանդութեամբ աղօթելէս ետքը, անիկա վկայեց որ իր ցաւը անցած էր եւ ինք բժշկուած էր:

Շաբաթը ամբողջովին պահելով, մենք կ'ընդունինք Աստուծոյ հոգեւոր հեղինակութիւնը: Ուստի Աստուած մեզի ամբողջ շաբաթը պիտի պահէ որեւէ տեսակի արկածէ: Սակայն եթէ մենք Շաբաթը օրինաւոր ձեւով չպահենք, արդարադատ Աստուած չկրնար մեզ պաշտպանել: Մասնաւորաբար, քանի որ այդ անձը բախտագուշակներու կ'երթար, անիկա Աստուծոյ առջեւ հոգեւոր պոռնկութիւն ըրած էր: Աստուած կ՚ատէ բախտագուշակներու երթալը:

Ես փորձեցի ինծի այցելող մարդկանց մէջ հաւատք ցանել Աստուծոյ խօսքով: Լեռնային աղօթքի տուն տանող ճամբուն վրայ, որոշ հովիւ մը, իր հարցին պատասխան գտնելու նպատակով, ճամբուն վրայ կեցաւ ինծի այցելելու համար: Այցելութենէն ետք, անիկա ցնծալով տուն վերադարձաւ, որովհետեւ իր պատասխանը ստացեր էր եւ իր հարցը լուծուած էր: Ես այնքան շատ մարդոց խորհրդակցութիւն կ՚ընէի որ նոյնիսկ ժամանակ չունէի դպրեվանք երթալու: Երբ տունը ըլլայի, անոնք որոնք խորհուրդ կը հայցէին եւ որոնք իմ աղօթքս կ՚ուզէին ստանալ, իմ տանս մէջ եւ տանս շրջակայքը կը խճողուէին: Ասոր համար է որ իմ արձակուրդի ժամանակս կը հաւաքէի իրերս եւ լեռները կ՚երթայի: Ես պէտք էր փախուստ տայի մարդոցմէ որպէսզի կեդրոնանայի Աստուծոյ խօսքին եւ աղօթքներու վրայ որպէս դպրեվանքի աշակերտ:

Զօրաւոր Ծոմապահութիւն՝ Սուրբ Հոգւոյն Ներշնչումով

Մենք Կրնանք Նոյնիսկ Մեր Մտածումներուն Մէջէն Նետել Մեղքերը

1979-ի Օգոստոսին, Աստուածաբանական գոլէճի Ա. Տարուայ ամառուայ արձակուրդիս, իմ եկեղեցւոյ հովիւիս հետ միասին, ես Քանանու հողագործական Դպրոցի Հովիւներու ամառնային դպրոցին մասնակցեցայ: Ջուրը ցայտաղբիւրէ մը դէպի վեր՝ պայծառ երկինքը կը ցայտէր: Լսեցի կարգ մը հովիւներու խօսակցութիւնները իրարու հետ: Զարմացայ լսելով որ անոնք շատ տեսակի աշխարհային նիւթեր կը խօսէին իրարու հետ: Այդ ժամանակ, ես կը խորհէի որ բոլոր հովիւները սուրբ էին Տէր Յիսուսի նման: Ես այնքան շատ զարմացած եւ յուսախաբուած էի լսելով իրենց խօսակցութիւնները այս տեսակի հակաճառութիւններով, ինչպէս հետեւեալը.-

«Ճիշդ է որ մենք հովիւներ ենք, սակայն մենք իրականութեան մէջ չենք կրնար բան մը ընել մեր շնական մտքի կազմուածքէն եկող մեղաւոր բնութեան նկատմամբ եւ այն խորհուրդներուն՝ որոնք այդ միտքէն կու գան: Ուրեմն, իմ կարծիքովս, ես կը հաւատամ որ այդ մեղք չէ»:

«Այդ ճիշդ է», պատասխանեց ուրիշ մը, «Մեղքը կը գործուի երբ մենք իսկապէս գործնականապէս այդ մեղքը կը գործենք: Միայն խորհուրդները առանձին, չեն կրնար իսկապէս մեղք կոչուիլ»:

Ես ձեւով մը ապշեցայ քանի որ ես արդէն այդ շնական մտքի մեղսալից բնութիւնը թօթափած էի ծոմապահութեամբ եւ աղօթքով, Աստուածաբանական գոլէճ մտնելէս առաջ: Քանի որ մեղքի բուն արմատը դուրս քաշուած էր, բանսարկու թշնամին եւ Սատանան չէր կրնար այդ տեսակի որեւէ խորհուրդ բերել ինծի: Աստուած մեզի կը հրամայէ՞ր շնութիւն չընել եթէ մենք պիտի չկարենայինք կատարել զայն: Ինչո՞ւ համար անոնք այսպիսի բաներ կ՚ըսէին եթէ կը հաւատային որ մեղքերը կրնային թօթափուիլ աղօթքով եւ ծոմապահութեամբ: Յիսուս ըսաւ որ եթէ մէկը կնոջ մը նայի անոր ցանկալու մտքով, անիկա արդէն շնութիւն ըրած է այդ կնոջ հետ իր սրտին մէջ: Նաեւ, Ան կ՚ըսէ թէ անկարելի բան չկայ անոր որ կը հաւատայ: Ուրեմն մենք կրնանք ձերբազատուիլ մեղքերէ՝ անոնց դէմ պայքարելով արիւն թափելու աստիճան:

Նաեւ, երբ Աստուածաբանական գոլէճի աշակերտները ուսուցչապետին հարցուցին այս նիւթին մասին, ան ալ ըսաւ որ մարդիկ բան մը չեն կրնար ընել այդ խորհուրդներուն նկատմամբ, ուրեմն խորհուրդը առանձին՝ մեղք չէր: Սակայն ես միտքս դրի որ հաւատացեալներուն սորվեցնեմ թէ մենք կրնանք ձերբազատուիլ մեղքերէ եթէ Աստուծոյ շնորհքը եւ զօրութիւնը ընդունինք:

«Տէ՛ր Աստուած, շնորհակալ եմ Քեզմէ: Եթէ ես շատ առաջ լսած ըլլայի թէ մենք չենք կրնար շնացող մտքէն ձերբազատուիլ ինչ որ մեր սրտերուն մէջ է, ես պարզապէս պիտի զիջէի եւ պիտի շարունակէի շնութեան մեղքը գործել իմ խորհուրդներուս եւ մտածումներուս մէջ: Սակայն Դուն թոյլ տուիր ինծի որ փորձեմ եւ աղօթեմ որպէսզի Աստուծոյ խօսքով ապրիմ եւ Դուն ինծի կարողութիւն տուիր ձերբազատուելու շնացող մտքէն՝ աղօթքով եւ ծոմապահութեամբ: Շնորհակալ եմ Քեզմէ, Տէ՛ր Աստուած»:

Ես Իմացայ որ Ծոմապահութիւնը Աստուծոյ Կամքն էր

Նոյնիսկ Աստուածաբանական գոլէճ մտնելէս ետք, ես շատ անգամներ ծոմապահութեամբ աղօթքներ կ'ընէի երեք օր, եօթ օր, տասնհինգ օրեր եւ քանմէկ օրեր: Երբ տակաւին նոր հաւատացեալ մըն էի, ես նոյնիսկ չէի գիտեր թէ ինչո՞ւ ծոմ պէտք էր պահէի, սակայն ես միայն Սուրբ Հոգւոյն առաջնորդութեան հետեւելով ծոմապահութիւն կ'ընէի: Երբ սարկաւագ եղայ, ես սորվեցայ թէ ինչու ծոմապահութիւն պէտք էր ընէի եւ թէ ինչ էին ծոմ պահելու օգուտները: Ուստի, երբ սխալ բան մը տեսնէի մէջս, ես ծոմ կը պահէի երեք օր, հինգ օր, եօթ օր, որպէսզի ձերբազատուէի այդ մեղքէն: Օրինակի համար, երբ երեւան հանէի թէ իմ բնութեանս մէջ սուտ խօսելու սովորութիւնը ունէի, ես անմիջապէս երեք օրուայ ծոմապահութիւն կը սկսէի ընել: Ուստի, քանի որ շատ դժուար էր ծոմ պահել այդ ձեւով, ես անմիջապէս կը ձերբազատուէի սուտ խօսելէն եւ ուրիշ սխալներէն որ իմ մէջս կային:

Մեզի համար կարեւոր է կազդուրիչ կերակուր ուտել ծոմապահութենէն ետք: Որոշ ատեն մը ծոմ պահելէ ետք, մենք պէտք է որ կազդուրող կերակուր առնենք: Ասիկա ապուրի նման բան մը եւ կամ մալէզի նման բրինձ կամ վարսակալիւր պէտք է ըլլայ: Այս կերակուրը պէտք է առնենք նոյն տեւողութեամբ որ ծոմապահութիւն ըրած ենք: Հետեւաբար, ես շատ օրեր չունէի երբ կրնայի հաստատ կերակուր ուտել: Ասիկա շարունակական ծոմապահութիւն էր որ կը կատարուէր այնքան յաճախ որքան ուտելը: Առաջին անգամ որ կեանքիս մէջ արթնութեան ժողովներ յաճախեցի, հոն սորվեցայ ծոմապահութեամբ աղօթելու մասին: Սակայն չէի գիտեր կազդուրիչ կերակուրի մասին: Հետեւեալը՝ այդ շրջանի պատմութիւն մըն է.-

Ես իսկապէս չէի գիտեր թէ ինչու ծոմ պէտք էր պահէի, սակայն Սուրբ Հոգւոյն առաջնորդութեամբ, ես որոշեցի եօթ օրուայ ծոմապահութիւն ընել եւ Չանկ-կյէ լեռը գացի վերմակով մը եւ Աստուածաշունչով: Աղօթքի կեդրոնէն կարճ հեռաւորութեան մը վրայ, հոն մի քանի անձնական տեղեր կային որոնք «Աղօթքի խցիկներ» կը կոչուէին, անձնական աղօթքներ ընելու համար: Այդ տեղը խոնաւ էր եւ գետնին վրայ քանի մը տախտակէ խաւաքարտեր կային ծակերով, ուստի միջատներ կը սողային աղին անդին։ Ես աղաղակեցի աղօթքով եւ վերջապէս այդ տեղը աւարտեցի եօթ օրուայ ծոմապահութիւնս։ Երբ լեռնէն վար կ'իջնէի, իմ ոտքերս կը դողային, բայց ես ուրախ էի որ վերջացուցած էի ծոմապահութիւնս։ Երբ օթոպիւսի կայանը հասայ, հոն ճամբու ծախող մը տեսայ որ տապկոցներ եւ «տօնաթ»ներ՝ կը ծախէր։ Ես մի քանի «տօնաթ»ներ առի եւ տուն վերադարձայ։

,Անուշիկս, Քիչ մը Ուտելիք Կու Տա՞ս Ինծի

Տիկինս ճաշ մը պատրաստեց, ուստի աղօթեցի, «Ես կը հաւատամ որ ասիկա լաւ պիտի մարսուի», եւ երկու լեցուն պնակ բրինձ կերայ։ Ասիկա շատ կարծր եկած պիտի ըլլար ստամոքսին, սակայն լաւ մարսուեցաւ։ Քիչ մը ժամանակ ետքը, լսեցի որ Օսանրի Աղօթքի Լեռը կազմուած էր Բաճու, Քէօնկ-կի Տօյի մէջ։ Ես ալ հոն գացի ծոմապահութիւն ընելու եւ աղօթելու համար։ Մինչ ժողով մը կը յաճախէի երեք օրուայ ծոմապահութեան ընթացքին, լսեցի թէ որքան կարեւոր էր ուտել այսպէս կոչուած «կազդուրիչ ուտելիքը»։ Հովիւը ըսաւ որ մենք թեթեւ եւ կակուղ կերակուր պէտք էր ուտէինք ինչպէս՝ ապուր կամ մալէզ եւ բանջարեղէններ։ Սակայն ես տարբեր կարծիք ունէի այս մասին։

Ծոմապահութիւն ընելէ ետք երբ տուն վերադարձայ, աղօթելէ ետք ես կանոնաւոր ձեւով բրինձով ճաշ կերայ, ըսելով. «Ես կը հաւատամ որ լաւ պիտի մարսուի»։ Սակայն յանկարծ երեսս ուռեցաւ եւ ուրիշ ֆիզիքական հարցեր ունեցայ ամբողջ մարմնիս վրայ։ Անմիջապէս ծունկի եկայ եւ աղօթեցի անոր համար: Ես Սուրբ Հոգիին ձայնը լսեցի.-

«Երբ դուն կազդուրիչ կերակուրի մասին չէիր գիտեր, ես պահեցի քեզի տեսնելով քու հաւատքդ: Բայց հիմա դուն գիտես կազդուրիչ կերակուրի մասին եւ քու ամբարտաւանութեանդ համար է որ դուն չհնազանդեցար»: Ես ամբողջովին զղջացի որ անհնազանդ եղած էի սորվածիս նկատմամբ եւ այդ վայրկեանէն սկսայ նոր ծոմապահութիւն ընել:

Ծոմապահութեամբ Աղօթելու Օգուտները

Ծոմապահութեամբ աղօթելը շատ կարեւոր դեր ունի մեր աղօթքներուն պատասխանը ստանալուն մէջ եւ անիկա շատ օգուտներ ունի: Սկիզբը շատ դժուար է ծոմ պահել եւ որոշ ժամանակ մը կազդուրիչ կերակուր ուտել, առանց ստիպելու որ մեր մարմինը հնազանդի: Երբ ծոմ կը պահենք, մենք մարմինէն կ'անջատուինք եւ զօրութիւն կ'ունենանք մենք մեր վրայ իշխելու: Մեր հոգիները աւելի աշխոյժ կ'ըլլան եւ ասիկա օգտակար է մեզի աճելու որպէս հոգեւոր մարդիկ: Նմանապէս ծոմապահութիւնը ֆիզիքական տեսակէտով օգտակար է, քանի որ ստամոքսը հանգիստ կ'ընէ եւ ասիկա լաւ է առողջութեան համար: Նոյնպէս միտքը աւելի յստակ կ'ըլլայ, ուստի ծոմապահութիւնը կը նպաստէ թէ՛ մտային եւ թէ՛ ֆիզիքական առողջութեան: Մինչ մեր հոգին աւելի աշխոյժ կը դառնայ, մենք Սուրբ Հոգւոյն լեցունութիւնը պիտի ունենանք, եւ ուրեմն կրնանք զօրութիւն ստանալ Աստուծմէ: Ջերմեռանդ աղօթքներու միջոցաւ, մենք զանազան հարցերու պատասխաններ պիտի ստանանք եւ այս աղօթքները նոյնիսկ մօտակայ փորձութիւնները պիտի արգիլեն: Աստուած կ'աշխատի որ ամէն բան բարիի գործակից ըլլայ մեզի:

Ես ծոմ կը պահէի այնքան յաճախ որ կ'ուտէի, բայց երբե՛ք չէի փոխեր միտքս երբ մէկ անգամ որոշէի ծոմապահութեամբ աղօթքի շրջանի մէջ մտնել: Մենք Աստուծոյ հետ վստահութիւն կ'ունենանք երբ կը կատարենք ինչ որ խոստացած ենք կամ որոշած ենք Աստուծոյ առջեւ: Երբ աղօթքի կամ ծոմապահութեան միջոցաւ պատասխաններ ստանանք, մենք հաւատքի վստահութիւնը կ'ունենանք եւ նոյնպէս քաջութիւն եւ զօրութիւն կը ստանանք մեր կեանքերուն մէջ: Ուրեմն ծոմապահութեամբ աղօթելը համառօտ ճամբան է՝ իսկական փորձառութիւններ ունենալու մեր Քրիստոնէական կեանքին մէջ եւ անիկա լաւ ձեւ մըն է յաղթական կեանք մը ապրելու հաւատքի մէջ:

Ուրեմն, ծոմապահութեամբ աղօթելը Աստուծոյ կամքն է մեզի համար եւ անիկա լաւագոյն ձեւերէն մէկն է՝ Աստուծոյ թագաւորութիւնը եւ արդարութիւնը կատարելագործելու համար:

Ծոմապահութեամբ Աղօթք Ներկայացնելու Ձեւը

Ծոմապահութեամբ Աղօթելը կը նշանակէ աղօթել՝ առանց բան մը մտցնելու մարմնին մէջ բացի ջուրէն: Այսինքն ասիկա կը նշանակէ աղօթել այն վճռակամութեամբ որ կ'ըսէ, «Եթէ մեռնիմ, թող մեռնիմ»: Ուստի, մենք պէտք չէ որ անմտութեամբ երկար ժամանակի ծոմապահութեան մէջ մտնենք տասը օրէն աւելի եւ մենք պէտք է Աստուծոյ կամքին հետեւինք Սուրբ Հոգւոյն առաջնորդութեամբ:

Եսայեայ 58.6 կ'ըսէ. *«Իմ ընտրած ծոմապահութիւնս՝ անիրաւութեան կապերը քակելը, լուծին կապերը թուլցնելը, հարստահարութիւն կրողները ազատ թողուլը, ամէն լուծ կտրելն է»:* Հոս անիրաւութեան կապերը ըսելով կ'ակնարկէ այն բոլոր հարցերուն որոնք կը ծագին Աստուծոյ խօսքէն հեռանալնուս համար: Այսինքն, եթէ մենք Աստուծոյ հաճելի եղած ծոմապահութիւն ներկայացնենք, մեր հարցերը պիտի լուծուին: Սակայն կարգ մը մարդիկ քառասուն օր ծոմ կը պահեն իրենց անձնական մտածումներու շրջագիծին մէջ, եւ հարցերու դիմաց կ'ելլեն որովհետեւ պաշտպանուած չեն Աստուծմէ: Ուրեմն ի՞նչ տեսակի ծոմապահութիւնը իսկապէս հաճելի է Աստուծոյ տեսանկիւնէն:

Առաջին, մենք զայն պէտք է ընենք առանց միտքերնիս փոխելու

Եթէ մէկ անգամ որոշեցինք թէ քանի՞ օր ծոմ պիտի պահենք, մենք պէտք չէ որ ծոմապահութեան կէսին փոխենք մեր որոշումը: Մենք պէտք չէ դադրինք եւ կամ վազ անցնինք ծոմապահութեան կէսին պարզապէս որովհետեւ դժուար է: Եթէ ստիպուած ըլլաս ծոմապահութիւնը կեցնել իրաւացի պատճառներով, պէտք է որ բոլոր ծոմապահութիւնը դարձեալ սկիզբէն սկսիս ընել, որպէսզի ամբողջացուցած ըլլաս այն ժամանակը որ խոստացած էիր Աստուծոյ առջեւ: Եթէ դուն Աստուծոյ խոստում մը տաս եւ փոխես զայն այս կամ այն պատճառներով, ինչպէ՞ս Աստուած կրնայ քեզի վստահիլ եւ քեզ սիրել: Ինչ որ որոշենք ընել Աստուծոյ առջեւ, պէտք է կատարենք զայն: Այսպէս ընելով, մենք համբերութիւն եւ դիմադրողականութիւն կը սորվինք եւ կրնանք Աստուծոյ վստահութիւնը մեր վրայ աւելցնել: Նաեւ, այսպէս ընելով, մենք կրնանք Աստուծոյ կամքին հետեւիլ:

Երկրորդ, Մենք Պէտք Է Աղօթքի Մէջ Աղաղակենք

Ծոմապահութեան Ժամանակ

Կարգ մը մարդիկ օրինաւոր ձեւով չեն աղօթեր, հապա աւելի կը ձգտին քնանալ մինչ անոնք ծոմ կը պահեն: Այս տեսակ առանց ուտելու անցընելը իմաստ մը չունի: Միայն երբ մենք աղօթքի մէջ կ'աղաղակենք, այն ատեն է որ Աստուած Իր շնորհքը եւ զօրութիւնը պիտի տայ մեզի որպէսզի շարունակենք մեր ծոմապահութիւնը: Նաեւ այն ատեն Ան մեր աղօթքներուն պատասխանը պիտի տայ, ինչպէս նաեւ օրհնութիւններ:

Ճիշդ ինչպէս որ մենք սովորաբար երեք անգամ կ'ուտենք օրուայ մէջ, ծոմապահութեան շրջանին ալ նոյնպէս մենք օրական գոնէ երեք անգամ աղօթք պէտք է մատուցանենք Աստուծոյ: Այս ձեւով, մենք հոգեւոր մանանայով եւ կենդանի ջուրով պիտի հոգացուինք վերէն՝ որպէսզի Սուրբ Հոգիով լեցուինք եւ թշնամի Սատանան պիտի փախչի: Երկար տեւողութեամբ ծոմապահութիւն ընելու պարագային, պէտք է օրական գոնէ հինգ անգամ աղօթենք որպէսզի հոգեւոր հացը առնենք Աստուծմէ: Աւելին, մեր ծոմապահութիւնը պէտք չէ որ միայն արտաքին գործունէութիւն մը ըլլայ: Երբ մեր սրտերը կը պատռենք եւ մեր սրտին խորերէն կ'աղօթենք, այն ատեն է որ Աստուած մեզի կրնայ շնորհք եւ զօրութիւն տալ (Յովելեայ 2.12-13):

Երրորդ, մենք պէտք չէ որ խնճոյքներ ընենք

Եսայեայ 58.3 կ'ըսէ, *«Մենք ինչո՞ւ ծոմ պահեցինք եւ դուն չտեսար: Մեր անձերը չարչարեցինք ու դուն չգիտցար: Ահա ձեր ծոմապահութեան օրը ձեր բաղձանքը կը կատարէք եւ ձեր բոլոր պահանջները խստութեամբ կը պահանջէք»:* Եթէ դուն հեռատեսիլ դիտես, բարկանաս, կամ ուրիշներու վրայ չարախօսութիւն ընես ծոմապահութեան ժամանակ, Աստուած ուրախութեամբ չընդունիր ծոմդ, ուստի դուն պէտք չէ ակնկալես պատասխան ստանալ: Ուրեմն, մենք պէտք է հեռու կենանք խնճոյքներէ, անիմաստ խօսակցութիւններէ կամ որեւէ անարդար բան մը ընելէ: Աստուած այս տեսակ սրտին է որ կը հաճի:

Չորրորդ, երբ մենք կ'աղօթենք, ամենէն առաջ պէտք է որ Աստուծոյ թագաւորութեան եւ արդարութեան համար աղօթենք

Եթէ մենք մեր մարմնաւոր ցանկութիւններուն հետեւելով ագահութեամբ աղօթենք՝, Աստուած չընդունիր մեր աղօթքը: Հետեւաբար, չենք կրնար պատասխաններ ստանալ: Աւելին, ծոմապահութիւնը միայն մեր մարմինը պիտի վնասէ: Ուրեմն շատ զգոյշ պէտք է ըլլանք: Մենք պէտք չէ աղօթենք հռչակ ունենալու, աշխարհային հեղինակութիւն ունենալու կամ գիտութիւն ունենալու համար: Հապա պէտք է աղօթենք՝ սրբացուելու եւ յարմար անօթներ ըլլալու Աստուծոյ ձեռքին մէջ, Իր գործածութեան համար: Մենք պէտք է աղօթենք աւելի շատ հոգիներ շահելու համար, աւելի զօրութիւն ստանալու համար Աստուծմէ, եւ Սուրբ Հոգւոյն պարգեւները ստանալու համար: Աստուած ուրախութեամբ պիտի ընդունի մեր աղօթքը երբ մենք աղօթենք Աստուծոյ թագաւորութեան եւ արդարութեան համար, ինչպէս նաեւ եկեղեցիներու հովիւներու համար:

Հինգերրորդ, մենք պէտք է աղօթենք հոգեւոր սիրոյ համար

Եսայեայ 58.7 կ'ըսէ, *«Հացդ անօթիին բաժնելը, թափառական տնանկները տունդ ընդունիլը, մերկ մը հագուեցնելը ու մարմինդ անտեսելն է»:* Աստուած սիրով պիտի մտահոգուի երբ Իր զաւակները ուտելէ դադրին աղօթելու համար Իրեն: Եթէ անոնք լաւութեամբ վարուին եւ սէր ցոյց տան ուրիշներուն, այն ատեն որքա՞ն սիրելի պիտի ըլլան Աստուծոյ պիտի աչքերուն: Այն ատեն Աստուած աւելի ուրախութեամբ պիտի ընդունի այդ ծոմապահութիւնը եւ աւելի արագ պիտի տայ աղօթքներուն պատասխանները:

Վեցերրորդ, մենք նոյնպէս պէտք է օրինաւոր ձեւով կազդուրիչ կերակուր ուտենք

Մեր ծոմապահութիւնը աւարտելէ ետք, մենք պէտք է կազդուրիչ կերակուր ուտենք այն նոյն օրերու չափով որ ծոմ պահեցինք, որպէսզի ամբողջացուցած ըլլանք ծոմապահութիւնը: Երբ կազդուրիչ կերակուրը օրինաւոր ձեւով առնենք, մենք կրնանք ժուժկալութիւն ունենալ: Ասիկա մեր մարմինը պիտի չվնասէ, այլ ընդհակառակը՝ աւելի առողջ պիտի պահէ մեզ եւ մեր հոգին ալ նոյնպէս աւելի յստակ ներշնչում պիտի ունենայ:

Կարգ մը մարդիկ կ'ըսեն, «Ես զօրաւոր ստամոքս

ունիմ, ուրեմն իրականին մէջ պէտք չունիմ կազդուրիչ կերակուր ուտելու»: Բայց ասիկա իսկապէս սխալ կարծիք մըն է: Երբ մենք օրինաւոր ձեւով կազդուրիչ կերակուր ուտենք, Աստուած տկար ստամոքսները աւելի կը զօրացնէ եւ փոքր ու ծանր հիւանդութիւնները կը բժշկէ այս շրջանին:

Նոյնիսկ եթէ ամբողջ ծոմապահութեան շրջանը շատ լաւ ձեւով ամբողջացուցած ենք, եթէ մենք օրինաւոր ձեւով կազդուրիչ կերակուր չառնենք, մեր ոյժը այդ ծաւալով պիտի կորսնցնենք, մեր մարմինը պիտի վնասուի, եւ մենք ֆիզիքական ուրիշ հարցեր ալ կրնանք ունենալ: Նաեւ, կազդուրման շրջանին, մենք պէտք չէ աշխատինք կամ պէտք չէ շատ յոգնեցուցիչ մարզանքներ ընենք: Նաեւ, կրնայ ըլլալ որ ծոմապահութենէն անմիջապէս ետքը փորձութեան մը հանդիպինք, ուրեմն աւելի լաւ է անոր համար աղօթել ծոմապահութեան շրջանին:

Օրինաւոր Կազդուրիչ Կերակուր

Եթէ կազդուրման շրջանին շատ ուտենք, մեր դէմքը պիտի ուռի եւ ասիկա լաւ չէ մեր ստամոքսին համար: Ուրեմն, պէտք է զգոյշ ըլլանք: Մենք սովորաբար օրական երեք անգամ կ'ուտենք, բայց երբ թեթեւ եւ կակուղ բրինձի ապուրով առնենք կազդուրիչ կերակուրը, այն ատեն կրնանք օրուան մէջ չորս անգամ ունենալ զայն:

Այդ շրջանին մենք պէտք է հեռու կենանք միսէն, հաւկիթէն, հացէն, ստայով խմիչքներէ, զօրաւոր ուտելիքներէ՝ որոնք իւղոտ, համեմոտ, աղի կամ թթու են:

Մենք պէտք է զգուշանանք այն կերակուրներէն որոնց մէջ քիմիական նիւթ կայ, նաեւ համեմներէն: Աւելի լաւ է բանջարեղէն ուտել:

Երեք օրուայ ծոմապահութենէ ետք, մենք կրնանք բրինձի ապուր ուտել: Սակայն երկար ժամանակի ծոմապահութենէ ետք մեր ստամոքսը նորածին մանուկի մը ստամոքսին պէս կ'ըլլայ: Ուրեմն, գոնէ երկու օր շարունակ, պէտք է շատ նօսրացած բրինձի ապուր ուտենք, որ գրեթէ ջուրի պէս է: Ասիկա օրական չորս անգամ կրնանք առնել: Թերեւս կրնանք նաեւ միայն խնձորին հիւթը խմել, ոչ թէ խնձորին խիւսը, օրական չորս անգամ:

Երեք-չորս օր ետք, կրնանք քիչ մը աւելի թանձր բրինձի ապուր ուտել: Յետոյ կրնանք բրինձի փոշի կամ եփուած դդում աւելցնել ապուրին մէջ, եւ անոր քանակը նոյնպէս երթալով կ'աւելցնենք: Կողմնակի ճաշերու համար, մենք պէտք է զգուշանանք միսէն, եւ պէտք չէ որ որեւէ քիմիական նիւթ կամ համեմներ աւելցնենք: Եթէ միս կը փափաքինք ուտել, կրնանք քիչ մը ձուկ առնել, բայց անիկա պէտք է որ միայն թեթեւօրէն աղուած ըլլայ:

Նաեւ, կարգ մը բանջարեղէններով պատրաստուած ապուրներ, նոյնպէս լաւ են: Մասնաւորաբար լաւ կ'ըլլայ եթէ շուշմայի հունտին կեղեւը հանենք եւ աւելցնենք բրինձի ապուրին: Այս ձեւով մեր ոյժը աւելի շուտ կը վերագտնենք, նաեւ, մենք աւելի առողջ կը զգանք կազդուրման այս ընթացքին հետեւելով:

Սուրբ Յոգւոյն Առաջնորդութեամբ Աղօթել

Ես ներքնամուտ անձ մըն էի: Եթէ քովս մէկը ըլլար, չէի կրնար բարձրաձայն աղօթել: Այդ պատճառով ես միշտ ամբողջ-գիշերուայ աղօթքները առանձինս կ'ընէի: Աղօթքի սկսելէս 30 վայրկեան ետք, Սուրբ Հոգւոյն լեցունութիւնը եւ ներշնչումը կը ստանայի որպէսզի խորունկ հոգեւոր յարաբերութեան մէջ ըլլայի Աստուծոյ հետ: Երբեմն, այնքան մեծ ներշնչում մը կու գար իմ վրաս, որ կը սկսէի ուրիշ լեզուով երգել եւ երբեմն ալ կը պարէի Սուրբ Հոգւոյն շարժումով, Ալէլուիա երգելով:

Մասնաւորաբար կ'աղօթէի իմ եկեղեցւոյ հովիւիս, ուրիշ հովիւներու, երէցներու եւ եկեղեցւոյ արթնութեան համար, ուրիշ հոգիներու համար, ուրիշ եկեղեցիներու համար, ազգին համար եւ մեր ժողովուրդին համար: Աղօթքի ժամի վերջաւորութեան, ես համառօտ կերպով կ'աղօթէի ընտանիքիս եւ առեւտուրիս համար: Երբ ժամանակ ունենայի, աղօթքի կեդրոններ կ'երթայի եւ առաւօտեան արշալոյսի աղօթքի ժողովներ կը յաճախէի: Յետոյ բլուրներու կատարը կ'ելլէի: Ես կը խորհէի որ մինչեւ ճաշս վերջացնելը սպասելս՝ ժամանակի կորուստ էր, ուստի առտու կանուխ միշտ ծածկոց մը կ'առնէի հետս, եւ պարզապէս ճաշ ուտելու ժամը կը փախցնէի:

Իրիկունը, կ'ընթրէի աղօթքի կեդրոնին մէջ եւ հոն կատարուող ժողովը կը յաճախէի: Երբ սրտիս մէջ զօրաւոր մղում ունենայի ծոմապահութիւն ընելու, ես կը շարունակէի ծոմ պահել իրիկունը եւս:

«Նոյնպէս Հոգին ալ օգնութեան կը հասնի մեր

տկարութիւններուն, քանզի ինչո՞ւ եւ ի՞նչպէս աղօթելու ենք՝ չենք գիտեր բայց ինքը՝ Հոգին՝ բարեխօս կ'ըլլայ մեզի համար անբարբառ հառաչանքներով: Եւ սրտերը քննողը գիտէ Հոգիին ի՛նչ խորհիլը, քանզի Աստուծոյ կամքին համեմատ բարեխօսութիւն կ'ընէ սուրբերուն համար»: (Հռովմայեցիս 8.26-27)

Այդ ժամանակ ես նոյնիսկ չէի գիտեր Սուրբ Հոգիին մասին: Ես միայն Իր առաջնորդութեան կը հետեւէի եւ կ'աղօթէի: Աստուած սրտերը կը քննէ: Որովհետեւ Սուրբ Հոգին իմ մէջս կ'աղօթէր, ես կ'աղօթէի հետեւելով Իր ներշնչումին:

Աստուծոյ Ձեռքը՝ Եկեղեցի Բանալու Պատրաստութեան Մէջ

Հաւատքով Փորձութիւններուն Յաղթահարել

Աստուած թոյլ տուաւ որ հաւատքի փորձութիւններէ անցնինք, որպէսզի իմ ընտանիքս աւելի կատարեալ հաւատք ունենայ: Իմ կրտսերագոյն աղջիկս՝ Սուճինը վեց տարեկան էր: 1980 թուականն էր: Անիկա իր քրոջը հետ միասին կը քալէր փողոցին մէջ եւ հոն կարգ մը երկրորդականի աշակերտներ կային որոնք գնդակ կը խաղային: Տղոցմէ մէկը յանկարծ կը դառնայ որ գնդակը բռնէ եւ Սուճինին կը զարնուի: Աղջիկս գետին կ'իյնայ եւ գլուխը կարծր քարին զարնուելով զօրաւոր ցնցում կ'ունենայ: Աշակերտին ծնողքը կու գան եւ Սուճինը հիւանդանոց կը փոխադրեն:

Տիկինս եղելութիւնը լսելով պէս հիւանդանոց կը վազէ: Բժիշկները կ'ըսեն որ Սուճինը հասարակաց հիւանդանոց պէտք է փոխադրուի։ Անոնք կ՚ըսեն թէ Սուճինին ուղեղը նկատելի չափով վնասուած էր եւ թէ ան կրնար հարցեր ունենալ իր մտային կարողութիւններուն նկատմամբ, ուղեղային վնասին հետեւանքով։ Նոյնիսկ գործողութիւն ըլլալէ ետք, մեծ կարելիութիւն կար որ Սուճինը մտքով թերաճ ըլլար։

Ես խանութն էի եւ լսեցի որ Սուճինը զառանցումի մէջ էր։ Սակայն քանի որ հաւատք ունէի որ անիկա աղօթքով կրնար բժշկուիլ, փոխանակ զայն հասարակաց հիւանդանոց տանելու, զինքը դարձեալ տուն բերի։

Աշակերտին մայրը չէր գիտեր թէ ինչ պէտք էր ընէր։ Անիկա որպէս սպասուհի կ՚աշխատէր տան մը մէջ եւ ինքն ալ մեզի նման դրամական դժուար վիճակի մէջ էր։

Զինքը հանդարտեցնելէս ետքը որ խաղաղութեան մէջ ըլլար, ձեռքս դրի եւ աղօթեցի Սուճինին համար։ Անիկա զառանցելով կը խօսէր, նաեւ կը հեծէր։ Նոյնիսկ յաջորդ օրը, աղջիկս չարթնցաւ եւ ես ու տիկինս ամբողջ գիշերը աղօթեցինք։ Չորեքշաբթի օրը, երբ տունէն ելլելով դպրեվանք կ՚երթայի, յանկարծ Սուճինին յստակ ձայնը լսեցի որ կ՚ըսէր, «Պապա՛, այսօր եկեղեցի երթալու օր չէ՞»։ Անիկա դարձեալ վերագտած էր իր գիտակցութիւնը։

«Շ ն ո ր հ ա կ ա լ ե մ Տ է ՛ ր Ա ս տ ո ւ ա ծ, Դ ո ւ ն պատասխանեցիր աղօթքս եւ Սուճինը վերագտաւ իր գիտակցութիւնը»։ Երբ դասերէն ետքը տուն վերադարձայ, Սուճինը եկեղեցի գացեր էր Չորեքշաբթի օրուայ արարողութեան ներկայ ըլլալու համար։

Իմ Երկրորդ Աղջիկս Բեռնակառքի Արկած Ունեցաւ

1981-ին, իմ երկրորդ աղջիկս՝ Միքյանկը, երթեւեկութեան արկածի մը ենթարկուեցաւ: Միքյանկը օթոպիւսէն դուրս ելլելով ճամբուն միւս կողմը կ'անցնէր: Բեռնակառքը քշողը իրեն չէ նկատած եւ Միքյանկը բեռնակառքին զարնուելով գետին նետուած է: Մարդիկ սկսած են հաւաքուիլ եւ վառորդը զինքը հիւանդանոց փոխադրած է:

Երբ տիկինս հիւանդանոց կը հասնի, կը տեսնէ որ Միքյանկին դէմքը այնքան շատ ուռած է կարծէք անիկա երկու ծնօտ ունեցած ըլլար: Բերնին մէջ ամէն բան պատռուած էր: Մէկ խօսքով, շատ սոսկալի էր վիճակը: Բժիշկները ըսին որ անպայման հիւանդանոց պէտք էր մնար, սակայն տիկինս զայն դարձեալ տուն բերաւ: Միքյանքը արիւնով ծածկուած էր եւ չէր կրնար աչքերը բանալ: Իր դէմքը տակնուվրայ եղած էր այդքան շատ վէրքերէն եւ վնասներէն:

Միքյանկը չէր կրնար բան մը ուտել: Անիկա հազիւ թէ կրնար կաթ խմել եւ կամ յարդով քիչ մը ապուր ուտել ումպ ումպ խմելով: Երբ իր բերանը բանալով նայեցայ, շատ սոսկալի կ'երեւէր: Ես ձեռքս վրան դնելով ջերմեռանդութեամբ աղօթեցի: Հակառակ իր բոլոր վէրքերուն, Միքյանկը շարունակեց դպրոց երթալ: Իր ուսուցչուհին ցնցուած էր զինքը այդ վիճակին մէջ տեսնելով եւ ըսեր էր որ անպայման հիւանդանոց երթար: Տիկինս եւ ես ամբողջ գիշերը ծոմապահութեամբ աղօթեցինք: Միքյանկը շարունակեց դպրոց յաճախել եւ մէկ օր ետք իր դէմքը սկսաւ կապուտնալ կարծէք ճզմուած ըլլար: Հինգ օր ետք սպիները դուրս ինկան եւ ան կատարելապէս առողջացաւ: Անոր բերանը դարձեալ իր բնական տեղը եկաւ, ուռեցքը անհետացած էր եւ բերնին մէջը նոյնպէս բոլորովին մաքրուած ու բժշկուած էր:

Այդ տարուայ ամառնային արձակուրդին, մենք նամակ մը ստացանք Միքյանկին ուսուցչուհիէն: Ան կ՚ըսէր թէ ինք անդրադարձեր էր որ Աստուած կենդանի է եւ թէ Աստուծոյ զօրութիւնը մեծ է որովհետեւ ան տեսած էր ինչպէս Միքյանկը այդքան շուտ առողջացած էր, առանց բժշկական դարմանում կամ դեղ ստանալու: Անիկա նամակը կը վերջացնէր ըսելով որ ասկէ յետոյ ինքը եկեղեցի պիտի յաճախէր:

Մեր Առաջին Աղջիկը Բժշկուեցաւ Տիկնոջս Զղջումէն Ետք

1981-ին իմ առաջին աղջիկս՝ Միյանկը, նախակրթարան կը յաճախէր: Ամառնային արձակուրդիս, ես Օսանրի Աղօթքի Տան մէջ ծոմապահութեամբ աղօթք ունեցայ եւ ետքը տուն վերադարձայ: Տեսայ որ Միյանկը ուռեցքներ ունէր ամբողջ մարմնին վրայ: Անիկա այնքան գէշ ձեւով խիտ եւ թանձր կարմրութիւն թափած էր մորթին վրայ, որ իր մորթը կը նմանէր մայրի ծառի մը հաստ կեղեւին: Կարծր, կարմրութիւններով լեցուն եւ կտրտուած մորթին տակը բոլորովին բորբոքած էր: Միյանկին մորթի ճաթռտոցներէն հոսումներ տեղի կ՚ունենային:

Պարզապէս աhռելի տեսարան մըն էր: Եթէ անիկա քիչ մը շարժէր իր մարմինը, արիւնահոսում պիտի ունենար: Այդ պատճառաւ Միյանկը սենեակին մէկ անկիւնը քաշուած պէտք էր մնար:

Քանի որ տիկինս հաւատք ունէր որ Աստուած պիտի բժշկէր Միյանկը, անիկա ոչ մէկ դեղ չէր գործածած, ոչ ալ հիւանդանոց տարած էր զայն: Ես աղօթեցի Միյանկին համար, բայց անիկա չբժշկուեցաւ: Յաջորդ օրը դարձեալ աղօթեցի իրեն համար, բայց ոչ մէկ յառաջացում կար:

«Միթէ Տէրոջը ձեռքը կարող չէ՞ փրկել, կամ անոր ականջը ծանրացա՞ւ, որ չլսէ: Բայց ձեր ու ձեր Աստուծոյն միջեւ բաժանում ձգողը ձեր անօրէնութիւններն եղան: Ձեր մեղքերը անոր երեսը ձեզմէ ծածկեցին, որ չլսէ»: (Եսայեայ 59.1-2)

Ես ինքզինքս քննեցի տեսնելու համար թէ արդեօք բան մը կա՞ր որուն համար պէտք էր զղջայի, բայց չկրցայ խորհիլ որեւէ բանի մը մասին: Ես վստահ էի որ Միյանկը որեւէ սխալ վարմունքի դէպքեր չէր ունեցած: Անիկա միշտ լաւ աղջիկ մը եղած էր: Տիկինս ըսաւ որ շատ զբաղ ըլլալուն համար, ինքը ծուլացած էր առաւօտեան արշալոյսի իր աղօթքներուն մէջ: Յետոյ ան խոստովանեցաւ եւ զղջաց Աստուծոյ առջեւ: Տիկնոջս զղջումէն ետք, ես աղօթեցի Միյանկին համար եւ Աստուած Իր գործը յայտնաբերեց այս ժամանակ: Այդ ծանր կարմրութիւններով լեցուած մորթը, որ դեղնած էր տակը եղող բորբոքումին պատճառաւ, մէկ գիշերուան մէջ ճերմակ դարձաւ եւ վէրքի կեղեւները դուրս թափեցան: Արձակուրդը վերջանալէն առաջ, Միյանկը բոլորովին մաքրուած էր:

Երբ ամբողջովին Աստուծոյ վստահեցանք, Անիկա թոյլ չտուաւ որ մենք որեւէ դժուար կացութիւններ դիմագրաւենք: Մենք անդրադարձանք որ ասիկա հաւատքի փորձութիւն մըն էր, իմ ընտանիքիս հաւատքը աւելցնելու համար, ճիշդ ինչպէս որ Յոբը աւելի կատարեալ անձ մը դարձաւ երբ Աստուած մաքրագործեց զինքը ուռեցքներով: Ասոր վրայ մենք շնորհակալութիւն յայտնեցինք Աստուծոյ Իր սիրոյն համար: Եկեղեցին բանալէն առաջ, Աստուած թոյլ տուաւ մեզի փորձութիւններէ անցնիլ, իմ երեք աղջիկներուս ամէն մէկուն միջոցաւ, որպէսզի Ան աւելի մեծ հաւատք շնորհէր մեզի:

Ինչ Պէտք Է Ընեմ՛

Ես ամէն բաներու մէջ զԱստուած կ'ուզէի ճանչնալ եւ միշտ ուրախութիւն կը գտնէի Իր կամքը փնտռելով ու զայն կատարելով եւ հնազանդելով: Աստուածաշունչը կարդալով, շատ ազդուեցայ տեսնելով թէ ինչպէս Դաւիթ ամէն բանի մէջ Աստուծոյ կ'ապաւինէր:

Դաւիթ Տէրոջը հարցուց ու ըսաւ. «Յուդայի քաղաքներէն մէկը ելլե՞մ»: Տէրը անոր ըսաւ. «Ելի՛ր»: Դաւիթ ըսաւ. «Ո՞ւր ելլեմ»: Տէրը ըսաւ. «Քեբրոն»: (Բ. Թագաւորաց 2.1)

Ու Դաւիթ Տէրոջը հարցուց. «Փղշտացիներուն դէմ ելլե՞մ, զանոնք իմ ձեռքս պիտի մատնե՞ս»: Տէրը Դաւիթին ըսաւ. «Ելի՛ր, քանզի Փղշտացիները անշուշտ քու ձեռքդ պիտի մատնեմ»: (Բ. Թագաւորաց 5.19)

Դաւիթ ամէն բանի համար Աստուծոյ կը հարցնէր, նոյնիսկ շատ փոքր եւ աննշան նիւթերու մասին: Փոքր մանուկի մը նման՝ որ կը հարցնէ իր ծնողներուն թէ ինչ պէտք է ընէ, Դաւիթ կը հարցնէր եւ Աստուած զինքը կ'առաջնորդէր: Ամէն անգամ որ Դաւիթ կը հարցնէր Աստուծոյ, Անիկա կ'ըսէր իրեն թէ ինչ պէտք էր ընէր, առատաձեռն հօր մը նման: Ես ալ ամէն մէկ նիւթի համար Աստուծոյ կամքը կը հարցնէի եւ Աստուած կ'առաջնորդէր ինծի յստակօրէն լսելու Սուրբ Հոգիին ձայնը:

Քառասուն (40) Օրուայ Ծոմապահութիւն

Գոլէճիս Բ. տարուան մէջ, 1981-ին, երբ ես ձմեռնային արձակուրդի մէջ էի, Աստուած սիրտս շարժեց քառասուն օրուայ ծոմապահութիւն մատուցանելու: Աղօթքի կեդրոն մը երթալու համար, Աստուածաշունչս, երգարան մը, եւ մի քանի ուրիշ քարոզչական գիրքեր հաւաքեցի որ հետս տանիմ: Հազիւ թէ պիտի երթայի, Սուրբ Հոգիին շատ զօրաւոր ձայնը լսեցի:

«Աստուածաշունչէն եւ հոգեւոր երգարանէն զատ ուրիշ գիրք մի՛ տանիր հետդ եւ բացի Աստուածաշունչէն, ուրիշ գիրք մի՛ կարդար այդ 40-օրուայ ծոմապահութեան ընթացքին»:

Շուտով դուրս հանեցի բոլոր միւս գիրքերը,

Աստուածաշունչէն եւ հոգեւոր երգարանէն զատ, եւ Օսանրի Աղօթքի Տունը գացի: Քանի որ արձակուրդի ժամանակ էր, հազարաւոր հաւատացեալներ կային հոն: Այդ ժամանակ, 60 տարուայ մէջ առաջին անգամն ըլլալով, ամենացուրտ կլիման էր: Այդ աղօթքի կեդրոնին պաշտօնական բոլոր պաշտամունքի արարողութիւնները յաճախեցի եւ օրական երեք անգամ նշանակեցի աղօթելու համար (առաւօտ կանուխ, կէսօրէ ետք եւ գիշերը ժամը 11-ին): Երբ աղօթքի խցիկ մը գացի եւ ծունկի եկայ աղօթելու, զգացի որ կը սառիմ, սակայն, նոյնիսկ մէկ օր առանց աղօթքի նիստերը փախցնելու, աղօթքով աղաղակեցի Աստուծոյ:

Աղօթքի խցիկը սաստիկ ցուրտ էր եւ խցիկը ինքնին սառոյցի մեծ խորանարդի մը կը նմանէր: Սակայն 30-40 վայրկեաններ աղօթքի մէջ աղաղակելով պայքարելէ ետք, Աստուած ինծի շնորհք տուաւ եւ ես կրցայ երկու ժամ շարունակ աղաղակել աղօթքի մէջ: Նոր հաւատացեալ ըլլալէս ի վեր, ես շատ ծոմապահութիւններ կատարած եմ, 5 օր, 7 օր, 15 օր եւ 20 օր: Ես յաճախ ծոմ կը պահէի եւ միեւնոյն ատեն Աստուաբանական դպրոց կը յաճախէի: Խորհեցայ որ նոյնիսկ 40 օրուայ ծոմապահութիւնը դիւրին պիտի ըլլար եթէ միայն Աստուած օգնէր ինծի: Աղօթեցի Աստուծոյ թագաւորութեան եւ արդարութեան համար եւ խնդրեցի որ Աստուած բացատրէր ինծի Իր խօսքը: Ես կանչուած էի որպէս Աստուծոյ ծառան սակայն իմ անձնական ուժովս չէի կրնար բան մը ընել, ուստի ջերմեռանդութեամբ աղօթեցի որ Աստուծոյ զօրութիւնը ստանայի Իր գործը կատարելու համար: Նախ աղօթեցի եկեղեցի մը բանալու համար եւ Աստուած ինծի եկեղեցիի

մը երազը տուաւ, այն եկեղեցին՝ որ պիտի իրագործէր աշխարհի առաքելութիւնը։

«Շատ հոգիներ կան որոնք հիւանդութիւններով եւ աղքատութեամբ կը տառապին։ Թող քու եկեղեցիդ օգնէ անոնց որոնք պէտք ունին, թող անիկա բժշկէ մարդոց հոգին ու մարմինը եւ վկայ ըլլայ ամբողջ աշխարհին քարոզելու բարի լուրը ու կատարէ աշխարհի առաքելութիւնը։ Թող քու եկեղեցիդ ոտքի ելլէ եւ փայլի։ Ես քեզ ընտրեցի եւ քեզի պիտի առաջնորդեմ սկիզբէն մինչեւ վերջը։ Դուն անգամ մը որ եկեղեցին բանաս, այս եւ այն պիտի ընես»։

Քանի որ երկար ժամանակ տառապած էի ցաւերով եւ հիւանդութիւններով, ես կրնայի հասկնալ հիւանդութիւններով զարնուածներուն վիճակը։ Անհաւատներուն մէջ հաւատք ցանելու համար, շատ մարդիկ իրենց ֆիզիքական տկարութիւններէն եւ հիւանդութիւններէն բժշկելու համար, անիրաւութեան կապերը քակելու համար աշխարհի մարդոց, որոնք մեղքով լեցուն՝ կապուած են այս կապերով, պէտք էր որ մեծ եւ անսահման զօրութիւն ստանայի Աստուածմէ։ Ուստի ես այսպէս աղօթեցի.-

«Տէ՛ր Աստուած, տուր ինծի Քու զօրութիւնդ որպէսզի երբ մարդիկ իմ շուրջս զգան կամ իմ հագուստներուս քղանցը դպչին՝ բժշկուին։ Նաեւ միայն խօսքով հրամայելով, թող որ թշնամի Սատանան անհետանայ»։

Երբ այսքան ջերմեռանդութեամբ կ'աղօթէի, ես ընդունեցի եւ ստացայ Աստուծոյ խոստումը՝ որ Անիկա ինծի իշխանութիւն պիտի տար թշնամի Սատանային ոյժերը դուրս քշելու համար: Իմ երազս այն էր որ աւելի զօրութիւն ստանայի Աստուծմէ՝ Աւետարանին բարի լուրը քարոզելու եւ հաւատք ցանելու անոնց մէջ որոնք չէին ճանչնար Յիսուս Քրիստոսը, եւ որոնք կը տառապէին հիւանդութիւններով, աղքատութիւնով եւ այս աշխարհի հոգերով: Նաեւ աղօթեցի հիմնելու համար այնպիսի եկեղեցի մը՝ որ պիտի աճէր եւ Աւետարանը քարոզէր աշխարհի բոլոր անկիւնները: Աշխարհի առաքելութեան տեսիլքը իրականացնելու համար, ես պէտք էր որ անսահման զօրութիւն ստանայի Աստուծմէ: Ուրեմն ես շատ փափաքեցայ եւ աղօթեցի ստանալու համար այն ուժը որ Աստուծոյ մարդիկը, որոնք ճանչցուած եւ սիրուած էին Աստուծմէ, ինչպէս՝ Մովսէս, Յեսու, Եղիա, Եղիսէ, Պետրոս եւ Պօղոս ունէին, եւ որոնք այդ ոյժը ստացած էին հրաշքներ եւ նշաններ ընելու համար:

Նոյնպէս, որպէս Աստուծոյ ծառան, ես խնդրեցի եւ աղօթեցի ոչ միայն աշխարհի յաղթելու զօրութիւնը եւ իշխանութիւնը ունենալու համար այլ նաեւ Սուրբ Հոգւոյն 12 պարգեւները ստանալու համար: Սակայն 6-րդ օրուընէ սկսեալ, Աստուած չբռնեց զիս: Քանի որ Անիկա չէր օգնէր ինծի, թշնամի Սատանան խանգարեց ինծի: Երբ 7-րդ եւ 8-րդ օրերը անցան, սկսայ գլխու պտոյտ ունենալ, ինչպէս նաեւ կծկումներ՝ ձեռքերուս եւ ոտքերուս մէջ: Ես կը զգայի թէ կը խենթանայի եւ գիշերը չէի կրնար քնանալ: Խորհեցայ որ թերեւս պիտի խենթանայի, ուստի պայքարեցայ դատողութիւնս պահելու համար: Երազի մը մէջ, մէկը ինծի կը ստիպէր բրինձ ուտել: Արթննալէս ետքը, ես զղջացի որ այդ տեսակ երազ մը ունեցեր էի:

Խորհեցայ դադրեցնել ծոմապահութիւնս, որովհետեւ մտածեցի թէ կրնայի նախատինք բերել Աստուծոյ այդ ձեւով: Սակայն եթէ այդ վայրկեանին կեցնէի ծոմս, Դարձեալ պէտք էր սկիզբէն սկսէի: Ուստի ամէն մէկ օր պայքարեցայ այդ ցաւերուն դէմ:

Ինը օր ետք, այս նշանները դադրեցան: Քսան օր ետք, ես նոյնիսկ Աստուածաշունչ կարդալու ուժը չունէի, ուստի հովիւի մը քարոզի գիրքերէն քանի մը հատը գնեցի: Մի քանի հատուածներ կարդացի, բայց աւելի ուժ չունէի կարդալու: Աղօթքի խցիկը գացի, բայց աղաղակելու զօրութիւնը չստացայ: Պէտք էր որ շատ պայքարէի աղօթելու համար: Այսպէս աղօթեցի, «Տէ՛ր Աստուած, ինծի զօրութիւն տուր աղօթքի մէջ աղաղակելու»:

Չեմ գիտեր որքան ժամանակ անցած էր, բայց մինչ տակաւին կը պայքարէի, ձայն մը լսեցի որ սրտիս դուռը զարնելով կ'ըսէր.- *«Ես քեզի ըսի որ Աստուածաշունչէն եւ հոգեւոր երգերէն զատ ուրիշ գիրք չկարդաս: Ինչո՞ւ համար մարդու կողմէ գրուած գիրք մը կարդացիր»:*

Այս ձայնը լսելով՝ ինքզինքիս եկայ եւ ըսի, «Տէ՛ր Աստուած, ես խորհեցայ որ այս ըրածս վնաս մը չունէր, սակայն անհնազանդ եղայ Քեզի: Հաճիս ներէ՛ ինծի»: Դժուար էր Սուրբ Գիրքը կարդալը եւ ես խորհեցայ որ կրնայի ուրիշ գիրք մը կարդալ: Անդրադարձայ որ ասիկա անհնազանդութիւն էր եւ ամբողջովին զղջացի ըրածիս: Ետքը նոր ուժ ստացայ եւ դարձեալ կրցայ աղօթել:

Քսանութերրորդ (28-րդ) օրը, ես միայն մորթ եւ ոսկորներ եղած էի: Կշիռքս զգալիօրէն նուազած էր: Երեսուներրորդ (30-րդ) օրը, աղիքներս չորցան եւ սկսան իրարու փակիլ, ուստի նոյնիսկ ջուրը վար չէր իջնէր եւ ես ուռած կը զգայի ինքզինքս, կարծէք անմարսողութիւն ունեցած ըլլայի: Երբ քիչ մը ջուր խմէի, անմիջապէս ետ դուրս կու գար անիկա: Երբ դուրս տուի, հոն մեռած, սեւ արիւն երեւցաւ: Կը խորհիմ թէ ասոր պատճառը այն էր որ ստամոքսիս մէջ մի քանի երակներ կտրուած էին եւ չորցած արիւնը միասին դուրս կու գար երբ ես կը փսխէի:

Երեսուներկրորդ (32-րդ) օրը, մեծ աղջիկս՝ որ այն ատեն նախակրթարանի աշակերտուհի էր, եկաւ զիս տեսնելու: Այդ ժամանակ, ես ուրիշ մարդոց հետ միասին մէկ սենեակի մը մէջ կը մնայի եւ խորհեցայ որ անոնք կրնային անհանգիստ զգալ իմ դուրս տալս տեսնելով: Ուստի աղջկանս հետ միասին ետ տուն գացի: Այն սենեակին մէջ, զոր վարձած էի մեր տան մօտ, ես շարունակեցի իմ ծոմապահութիւնս: Ասիկա զուտ պայքար մըն էր իմ կամքիս հակառակ: Սակայն երեսունիններորդ (39-րդ) օրը, ժամը գիշերուայ 11-ին, հրաշքի մը նման, բոլոր ցաւերս անհետացան եւ Աստուած զօրութիւն տուաւ ինծի երկինքէն: Ես լման առողջացած մարդու մը նման ուժ ունեցայ: Ուստի լոգանք մը առի եւ հագուստներս փոխեցի: Կէս գիշերին, շնորհակալութեան պաշտամունք մը կատարեցի եւ աւարտեցի ծոմապահութիւնս:

Արծիւի մը Նման որ Իր Փոքրիկները Կը Մարզէ

Յետոյ, ես հետաքրքիր էի թէ ինչո՞ւ Աստուած չէր բռնած զիս 40-օրուայ ծոմապահութեան ընթացքին: Մինչեւ այն ատեն, ես միշտ առանց շատ դժուարութեան ծոմ պահեր էի որովհետեւ Աստուած բռնած եւ օգնած էր ինծի: Ուստի, աղօթքիս մէջ հարցուցի Աստուծոյ թէ ինչո՞ւ պէտք էր միայն իմ անձնական ջանքերովս ծոմ պահէի եւ այդքան ցաւ քաշէի: Աստուած հետեւեալ խօսքը տուաւ ինծի:

«Ես Իմ Դէմքս քեզմէ չդարձուցի, սակայն նպատակով մարզեցի քեզի: Եթէ բաղդատես ծոմապահութիւնը զոր դուն շուտով կը վերջացնես Իմ օգնութեամբս, այն ծոմապահութեան հետ որ դուն կ'ընես միայն քու անձնական ոյժովդ եւ համբերութեամբդ, զօրութեան տարբերութիւնը զոր դուն կը ստանաս, շատ անգամներ աւելի մեծ է»:

Երբ ես միայն իմ անձնական զօրութեամբս եւ կամքի ոյժովս վերջացնէի ծոմը, այն ատեն է որ աւելի զօրութիւն եւ դիմադրողականութիւն կը ստանայի եւ կրնայի որեւէ տեսակ դժուարութիւն յաղթահարել: Երբ այս խօսքերը լսեցի, միտքս եկան Բ. Օրինաց 32.11-12 համարները.-

«Ինչպէս արծիւը իր բոյնը կը խառնէ, կը շարժի իր ձագերուն վրայ, իր թեւերը կը տարածէ, զանոնք վրան կ'առնէ ու թեւերովը կը վերցնէ: Այնպէս ալ Տէրը միայն զանիկա պտըտցուց ու անոր հետ օտար աստուած չկար»:

Արծիւները իրենց բոյնը բարձր ժայռի մը գագաթը կը շինեն: Երբ իրենց փոքրիկները որոշ չափով կը մեծնան, մայր արծիւը իր փոքրիկները բոյնէն դուրս կը հրէ: Երբ փոքրիկ արծիւները կ'իյնան, անոնք բնազդօրէն իրենց թեւերը կը շարժեն վերապրելու համար: Այս ձեւով մարզուելով, փոքրիկ արծիւները կը զօրանան եւ ուստի կարող կ'ըլլան կեանքի մրցումին մէջ շարունակել, բարձր թռչելով երկինքին մէջ: Ես չկրցայ զսպել ինքզինքս հապա արցունքներ թափեցի Աստուծոյ սիրոյն համար, որ ինծի խստօրէն կը վարժեցնէր, ճիշդ ինչպէս որ արծիւը կոպտօրէն կը վարժեցնէ իր փոքրիկներուն:

5

Եկեղեցւոյ Սկզբնաւորութիւն

Երեք Տարի Պատրաստուիլ Աստուծոյ Խօսքին Մէջ

Երբ Աստուած կանչեց զիս որպէս Իր ծառան, Ան ըսաւ. «Ես քեզ զտեցի երեք տարի, ուստի հիմա պատրաստէ ինքզինքդ Խօսքով, երեք տարի»:

Խորհեցայ «3 տարի»-ի նշանակութեան մասին: 1974, Յուլիս 9-ին, հօրս տարեդարձին օրը, այդ դէպքը պատահեցաւ որմէ սկսաւ իմ եւ կնոջս միջեւ ամուսնալուծումը: 1977, Յուլիս 10-ին, մենք Քէյում Հօ Տօնկ Շուկային մէջ խանութ մը բացինք, դրամական կայուն վիճակի մէջ: Ասիկա ճիշդ 3 տարի կ'ընէր, նոյնիսկ առանց մէկ օր տարբերութեամբ: Քանի որ Աստուածաբանական Դպրոցը 4 տարի կը տեւէ, սկիզբը ես չկրցայ հասկնալ թէ ինչո՞ւ Աստուած ինծի ըսած էր թէ Ինք ինծի հետ պիտի ըլլար «նշաններով եւ հրաշքներով», երեք տարի ինքզինքս Աստուծոյ Խօսքին մէջ պատրաստելէս ետքը: Սակայն ես շուտով այս խօսքերուն իմաստն ալ հասկցայ: 1982-

ի Փետրուարին, Մասանի Իլման Եկեղեցւոյ հովիւին խնդրանքով, ես հոն քարոզեցի արթնութեան ժողովի մը ժամանակ: Դպրեվանքի Գ. տարիս աւարտեցի 1982-ի Փետրուարին, ուստի ասիկա ճիշդ երեք տարի կ'ընէր դպրեվանք մտնելէս սկսեալ: Եկեղեցւոյ երէց մը հարցուց ինծի.-

«Պատուելի՛, հաճիս իմ եկեղեցիս եկուր եւ քարոզէ արթնութեան ժողովի մը ընթացքին:»

«Ես նոյնիսկ հովիւ օծուած չեմ տակաւին: Ես միայն դպրեվանքի աշակերտ մըն եմ եւ ինչպէ՞ս կրնամ քարոզել արթնութեան ժողովի մը ժամանակ: Հաճիս ուրիշ մէկու մը հարցուր»:

«Ո՛չ, ես որոշ ատենէ ի վեր կ'աղօթեմ այս արթնութեան ժողովին համար եւ Աստուած քեզի բերաւ միտքս: Աստուծոյ կամքն է որ դո՛ւն խօսիս այս արթնութեան ժողովին»:

«Այն ատեն ես պիտի աղօթեմ այս մասին եւ ետքը քեզի կը պատասխանեմ»:

Քանի որ ասիկա առաջին արթնութեան ժողովն էր եւ տակաւին ես դպրեվանքի աշակերտ մըն էի, շատ ինքնավստահ չէի: Երեք օր ծոմ պահեցի Օսան Րի Աղօթքի Լեռը: Անկէ ետք ես ինքնավստահութիւն ունեցայ: Տուն վերադառնալէս ետք, ծունկի եկայ աղօթելու որպէսզի արթնութեան ժողովներուն քարոզելիք պատգամներս պատրաստէի: Այդ վայրկեանին, յստակ ներշնչումով, Աստուած ինծի 11 պատգամներ տուաւ, իրենց հետ կարդացուելիք հատուածներով եւ խորագիրներով միասին, ամէն մանրամասնութեամբ, ինչպէս նաեւ պատգամներ՝ առաւօտեան արշալոյսի ժողովներուն համար: Աստուծմէ առած այս ներշնչումս յիշեցուց ինծի գիրք մը՝ զոր անկէ առաջ կարդացեր էի: «Դուն կարդացած ես այս գիրքը անկէ առաջ, տո՛ւր զայն որպէս օրինակ»: Ես շատ զգացուած էի: Անգամ մը եւս անդրադարձայ որ Աստուծոյ համար անկարելի բան չկար: Ես բոլոր պատրաստութիւնները վերջացուցի, նախերգանքէն մինչեւ եզրակացութիւն, ամէն մէկ պատգամի համար: Աստուծոյ շնորհիքով, ես քարոզեցի արթնութեան ժողովին եւ առաջնորդեցի այդ ժողովները: Բոլոր անդամները շնորհակալութիւն յայտնեցին ինծի, ըսելով որ իրենք մեծ շնորհիք ստացեր էին այդ պատգամներէն: Շատեր վկայեցին որ անիկա Կեանքի Խօսքն էր, բան մը, որուն իրազեկ չէին եղած անկէ առաջ: Ասիկա իրենց հոգիները փոխած էր եւ իրենց հարցերը լուծուած էին:

Սկսելով այս արթնութենէն, ես շատ եկեղեցիներ հրաւիրուեցայ քարոզելու իրենց արթնութեան ժողովներուն: *«Ամէն անգամ, Սուրբ Հոգին, զօրաւոր եւ պտըտող հովի նման, քարոզները կը հաստատէր Աստուծոյ գործերով, նշաններով եւ հրաշքներով»:*

Յաջող Ծառայութեան Համար

Աստուածաբանական Գոլէճի 4-րդ (վերջին) տարին, իմ դասընկերներս ալ կը պատրաստուէին եկեղեցի մը սկսելու: Անոնք զբաղ էին եկեղեցի մը սկսելու նկատմամբ քիչ մը գիտութիւն եւ տեղեկութիւն հաւաքելով, եկեղեցւոյ աճման ժողովներու մասնակցելով, ինչպէս նաեւ եկեղեցական արթնութիւններու մասին պարագայական սերտողութիւններ ընելով: Դասընկերներս խորհուրդ տուին ինծի ըսելով, «Պատուելի՛, ինչպէ՞ս կրնաս դուն զօրաւոր ծառայութիւն ընել միայն շարունակ ծոմապահութիւն եւ աղօթք ընելով լեռներուն մէջ: Ինչո՞ւ մեզի չես միանար աւելի բաներ սորվելու համար»: Անշուշտ տեղեկութիւն եւ գիտութիւն հաւաքելը եկեղեցի մը սկսելու գործին մէջ օգտակար կրնայ ըլլալ, սակայն ես տարբեր կարծիք ունէի:

Ես եկեղեցւոյ աճումի նկատմամբ ուզեցի սորվիլ ոչ թէ մարդոց ձեւերը, այլ Աստուծոյ ձեւը, որը կը գտնուի Աստուածաշունչին մէջ: Մինչ կը կարդայի Աստուածաշունչը, կը տեսնէի որ հաւատքի հայրերը, ինչպէս Պետրոս եւ Պօղոս, միշտ ջանք կը թափէին ամէն վայրկեան աղօթելու: Ես Աստուծոյ խօսքը հասկցայ՝ Աստուածաշունչին վրայ խոկալով եւ ժրաջանութեամբ Աւետարանը քարոզեցի:

Գործք Առաքելոց 8.26-էն անդին, Փիլիպպոս Սուրբ Հոգւոյն առաջնորդութեամբ անապատ գնաց եւ հոն Եթովպիացի ներքինիի մը հանդիպեցաւ որ Եթովպիացիներու Կանդակա թագուհիին պալատական պաշտօնեաներէն մէկն էր: Անիկա թագուհիին բոլոր գանձերուն վրայ պատասխանատու էր: Ներքինին Եսայի մարգարէին գիրքը կը կարդար Աստուածաշունչէն եւ կ'ուզէր Աստուծոյ խօսքին հասկացողութիւնը ունենալ: Ուստի Փիլիպպոս սորվեցուց անոր Յիսուսի մասին եւ մկրտեց զայն: Նմանապէս, Պօղոս Առաքեալ ուզեց Ասիայի մէջ քարոզել, բայց Սուրբ Հոգին թոյլ չտուաւ իրեն քարոզելու Ասիայի մէջ, այլ զինքը դէպի Մակեդոնիա առաջնորդեց (Գործք Առաք. 16.6-10):

Աստուծոյ խօսքին վրայ խոկալով յայտնաբերուեցաւ որ Աստուած Ինքնին Իր ծառաները կ'ուղղէ եւ կ'առաջնորդէ: Յաջող ծառայութեան մը համար, ես անդրադարձայ որ շատ կարեւոր էր խորունկ յարաբերութեան մէջ ըլլալ Աստուծոյ հետ եւ Իր կամքին հետեւիլ: Ասոր համար է որ երբ ժամանակ ունենայի ես կ'աղօթէի եւ կը փորձէի Աստուծոյ Խօսքը հոգեւորապէս հասկնալ:

Տիկինս Սիրով Հոգ կը Տանէր Հոգիներու

1982-ի Մարտին, երբ 40-օրուայ ծոմապահութիւնս աւարտած էր, նոյնպէս երբ վերջացուցած էի կազդուրման կերակուրի շրջանս, ակադեմական նոր տարեշրջանը սկսաւ: Նոր տարուան մէջ, բջիջային աղօթքի խումբերը դարձեալ կազմակերպուեցան այն եկեղեցւոյն մէջ ուր ես կը յաճախէի: Տիկինս բջիջային խումբին սպասարկութեան առաջնորդը եղաւ եւ Սարկաւագուհի Այժա Ահն այդ խումբին առաջնորդն էր: Մենք հինգ անդամներ ունէինք մեր բջիջային խումբին մէջ: Ապրիլին՝ բջիջային խումբի անդամներուն թիւը բարձրացաւ քսանհինգի:

Տիկինս ժրաջանօրէն կ'աւետարանէր ժողովուրդին եւ հոգ կը տանէր անդամներուն: Նոյնպէս, ամիկա օրուայ մէջ նշանակուած ժամ մը ունէր երբ կ'աղօթէր Սարկաւագուհի Այժա Ահնի հետ մեր տան մէջ: Այս աղօթքի ժողովի ժամուան միջոցաւ, ընտանիքներու մէջ եղող հարցերը լուծուեցան եւ աւելի շատ ընտանիքի անդամներ աւետարանուեցան, ուստի մեծ արթնութիւն տեղի ունեցաւ: Աւելին, քանի որ տիկինս լաւ խոհարարուհի էր, ամէն ժողովի ատեն անիկա համով ճաշեր կ'եփեր եւ կը մատուցէր անդամներուն:

Կիրակի առաւօտ, մենք մեր երեք աղջիկները ամէն մէկ ընտանիքի տունը կը ղրկէինք հետեւեալ պատգամով, «Այսօր եկեղեցի երթալու օրն է, ուրեմն հաճիք մեր տունը եկէք ժամը 10-ին»: Եթէ անոնք առաւօտ ժամը 10-ին չգային, իմ փոքրիկ աղջիկներս նորէն կ'երթային անոնց տուները եւ տուներուն դռները կը զարնէին, զանոնք մղելով որ իրենց հետ միասին եկեղեցի երթային: Կարգ մը պարագաներու մէջ, մարդիկ չէին կրնար մերժել աղջիկներուս խնդրանքը եւ կու գային: Ուստի, Կիրակի օրերը, իմ բջիջային խումբիս մէջ եղող մօտ 30 անդամներ կը յաճախէին եկեղեցի: Տիկինս սիրով կը հոգար իրենց եւ այդ ձեւով է որ ան ինքզինքը մարզեց որպէս հովիւի մը կինը:

Եօթը Ամերիկեան Տոլարով

Հիանալի Բան Մը Պատահեցաւ

Մինչ ես Մարտ 1-ին Աստուածաբանական դպրոցին մէջ Դ. տարուայ աշակերտ եղայ, խանութս՝ որ միշտ յաճախորդներով լեցուն էր, յանկարծ կորսնցուց իր բոլոր յաճախորդները: Անիկա բոլորովին պարպուեցաւ: Սկիզբը ես եւ տիկինս քննեցինք թէ արդեօք որեւէ մեղքի պատ մը ունէ՞ինք Աստուծոյ դէմ եւ խորհեցանք որ յաջորդ օրը ամէն մինչ լաւ պիտի ըլլար: Սակայն տակաւին նոյնն էր: Ես եւ տիկինս աղօթեցինք Աստուծոյ, բայց պատասխան չկար: Քանի որ մենք եկամուտ չունէինք, խանութին ամսական վարձքը ապահովագրական կանխավճարէն նուազեցուցինք: Ետքը գիտցանք որ ասիկա Աստուծոյ նախասահմանութիւն էր: Յուլիս 25-ին գոցեցինք խանութը՝ եկեղեցի մը սկսելու համար, եւ այդ ժամանակ, բոլոր ապահովագրական կանխավճարը անհետացած էր: Բոլոր տուրքերը վճարելէ ետք, մենք միայն 7 տոլար ունէինք մեր ձեռքին մէջ: Ամէն ինչ որ շահած էինք աշխարհի մէջ, Աստուած ոչինչի դարձուց եւ միայն 7 տոլարով մեզ մղեց եկեղեցի սկսելու:

Մարդիկ Կու գային Հիւանդութիւններով

«Ինչո՞ւ համար Միյանկին մաման միշտ ուրախ է»:

Քանի որ ես ատեն մը մահուան դուռը հասած էի եւ կը սպասէի որ մեռնէի, տիկինս իր Քրիստոնէական կեանքը սկսաւ վկայելով թէ ես ինչպէս բժշկուած էի իմ բոլոր հիւանդութիւններէս: Հիմա ան միշտ ուրախ էր եւ ցնծութեամբ լեցուն: Հակառակ որ բան մը չունէինք ուտելու յաջորդ օրը, մենք տակաւին շնորհակալ էինք: Պնակները լուացած ատեն կամ ինչ որ ալ ընէր, ան միշտ փառաբանութեան երգեր կ'երգէր: Որու որ հանդիպէր, անիկա կը վկայէր թէ ինք ինչպէս հանդիպած էր կենդանի Աստուծոյն եւ Աւետարանը կը քարոզէր: Ան իր ամէն մէկ օրը կ'անցընէր Սուրբ Հոգւոյն լեցունութեամբը:

Եկեղեցի բանալէն առաջ, իմ ընտանիքիս մասին լուրը տարածուեցաւ եւ երթալով մարդիկ շատցան, որոնք կու գային աղօթքս ընդունելու: 1982-ի Ապրիլին, հաւատացեալ քոյր մը այցելեց ինծի: Ան այնքան նիհար էր որ կը թուէր թէ միայն մորթ եւ ոսկորներ ունէր: Անիկա ըսաւ որ չէր կրնար արագ քալել սրտի ժառանգական (բնածին) հիւանդութեան պատճառաւ:

«Պատուելի, զաւակիս ծնունդ տալէս երեք օր ետք,

մարմինս ուռեցաւ եւ վիճակս վատթարացաւ: Ես նոյնիսկ չեմ կրնար մանկիկս շալկել»:

«Ընդունէ՛ աղօթքը հաւատքով: Աստուած պիտի բժշկէ քեզ»:

Անիկա մէկ անգամ աղօթք ընդունելով բժշկուեցաւ իր սրտի հիւանդութենէն: Անիկա Աւագ Սարկաւագուհի Մէօնկ Ճա Քիմն է, ներկայիս մեր եկեղեցւոյ աղօթքի խմբակի նուիրեալ անդամներէն մէկը: Ուրիշ օր մը, միջին տարիքի կին մը այցելեց խանութս: Անիկա ըսաւ որ լսեր էր իմ ընտանիքիս լուրը եւ գտեր էր զիս: Անիկա քսան տարեկան աղջիկ մը ունէր որուն ազդրի ոսկորը տեղէն ելած էր: Անոր ոտքերը իրարմէ տարբեր էին երկարութեան չափով, ուստի չէր կրնար օրինաւոր ձեւով քալել: Այն ցաւը որ կ'ունենար՝ այն աստիճան շատցած էր որ ան մորֆինով կը դարմանուէր: Հիմա, անիկա մոլի դարձած էր մորֆինին եւ ալ այդ մորֆինը ազդեցութիւն չէր ունենար իր վրայ: Նոյնիսկ շատ զօրաւոր ցաւ կեցնող դեղեր ազդեցութիւն չէին ունենար իր վրայ: Անոր մայրը ինծմէ խնդրեց որ աղօթեմ իր աղջկան վրայ: Ես իր տան մէջ պաշտամունքի արարողութիւն ունեցայ: Սուրբ Հոգին զիս մղեց որ ես այդ ընտանիքին վրայ 21օր աղօթէի:

Այդ ժամանակ դպրեվանք կը յաճախէի եւ ամբողջգիշերուայ աղօթքներով ալ զբաղ էի, բայց տակաւին ես Աստուծոյ Խօսքը կը քարոզէի իրենց եւ 21 օր շարունակ աղօթեցի իրենց համար: Յետոյ, այս աղջիկը սկսաւ կամաց-կամաց հաւատք ունենալ եւ ձգեց բոլոր այն դեղերը՝ որ կ'առնէր: Ան սկսաւ միայն Աստուծոյ վստահիլ: 20-րդ օրը, իր ցաւը բոլորովին անհետացաւ: Յաջորդ օրը, անիկա այսպէս վկայեց.-

«Պատուելի, այս տունը այնքան հին է ու շատ առնէտներ կան շտեմարանին մէջ եւ առաստաղը: Ուստի, անոնք միշտ ձայներ կը հանէին: Գիշերը, այդ առնէտները նոյնիսկ սենեակները կը մտնէին եւ աղմուկ կը հանէին: Ես դժուար ժամանակ կ'ունենայի այդ պատճառով: Սակայն անցեալ գիշեր երազ մը տեսայ եւ երբ առտու կանուխ արթնցայ, հիանալի բան մը պատահեցաւ»:

Այնքան շատ առնէտներ կային այդ տան մէջ, որ իրենք առնէտի թոյներ եւ շատ ուրիշ բաներ գործածեցին որպէսզի ազատագրուէին այդ առնէտներէն, բայց ոչ մէկ բան օգուտ չէր տար: Աւելին, անիկա միշտ ջղային էր, անհանդարտ, եւ անհանգիստ, այդ ցաւերուն պատճառով: Անիկա չէր կրնար գիշերը քնանալ՝ առնէտներուն աղմուկին պատճառով: Սակայն այդ գիշեր անիկա երազ մը տեսեր էր թէ ինչպէս իմ աղօթքս կ'ընդունէր եւ անմիջապէս որ աղօթած էի իր վրան, տարբեր չափերով առնէտներ խումբերով դուրս կ'ելլէին եւ վերջապէս, շատ մեծ առնէտ մը թագաւորի նման, նոյնպէս դուրս ելած էր: Յետոյ, այդ բոլոր ցաւերը անմիջապէս անհետացեր էին, եւ իսկապէս, շտեմարանին մէջ եղող բոլոր առնէտները նոյնպէս անհետացեր էին: Այս քոյրը այնքան զարմացած եւ հիացած էր Աստուծոյ գործին վրայ որ չէր կրնար իր զգացումները ծածկել: Շատ օրեր ետքը, այդ աղջկան մայրը դարձեալ քովս եկաւ ըսելով, «Պատուելի, աղջիկս կը մեռնի, հաճիս անմիջապէս եկուր եւ աղօթէ իրեն համար»:

Կէս գիշեր էր երբ ես իր տունը հասայ: Աղջիկը գետինը կը գլորէր ցաւի մէջ: Անիկա 3 օր ծոմապահութիւն ըրած էր եւ ծոմէն ետք, փոխանակ օրինաւոր ձեւով դարձեալ 3 օր եւս կազդուրիչ կերակուր ուտելու, անիկա տապկուած հաւ կերեր էր ծոմապահութենէն անմիջապէս ետք: Անիկա սուր անմարսողութիւն ունեցած էր: Երբ ձեռքս վրան դրի եւ աղօթեցի, Սուրբ Հոգւոյն ներշնչումով յստակօրէն տեսայ ոսկոր մը իր ստամոքսին մէջ եւ կրցայ տեսնել որ այդ ոսկորը կը հալէր: Անմիջապէս որ աղօթքը վերջացաւ, անիկա փսխեց իր կերածը: Յետոյ մէկ անգամ խորունկ շունչ մը առաւ եւ իր դէմքը դարձեալ բնական դարձաւ:

Մաքուր Անօթ Մը Ըլլալ

Ես շատ յաճախ ծոմ կը պահէի եւ լաւագոյնս կ'ընէի ու կը պայքարէի ամէն տեսակի չարութիւններ դուրս հանելու եւ Աստուծոյ բոլոր պատուիրանքները կատարելու համար: Ես Սուրբ Հոգւոյն ինը պտուղները ունեցայ եւ անդրադարձայ որ ես հզօր կերպով Սուրբ Հոգւոյն զօրութիւնը եւ պարգեւները կը ցուցաբերէի: Այս ժամանակաշրջանին, այսինքն եօթը տարի շարունակ աղօթելէս ետքը, որպէսզի յստակօրէն հասկնայի Աստուծոյ կամքը, Աստուած մարգարէուհի մը ղրկեց ինծի: 1982-ի Ապրիլին, իգական սեռի անդամ մը, որուն տիկինս աւետարանած էր, այցելեց ինծի եւ ըսաւ.-

«Պատուելի, կէս գիշերին, մէկը անունս կանչեց երեք անգամ, ուստի աչքերս բացի: Լոյսերը այնքան փայլուն էին որ դժուար էր ինծի աչքերս բանալը, եւ Աստուած յայտնուեցաւ ըսելով. *«Ես պիտի ընտրեմ քեզի, պիտի ճանչցնեմ քեզ ազգերուն մէջ, եւ քեզ իմ վկաս պիտի ընեմ ամբողջ աշխարհին»:* Չեմ գիտեր ինչ կը նշանակէ այս բոլորը։

Այդ ժամանակ անիկա նոյնիսկ չէր գիտեր թէ ինչ են Ծննդոցը եւ Մատթէոսը, բայց իր ստամոքսի հիւանդութիւնը աղօթքով բժշկուած էր։ Երբ մենք եկեղեցի սկսելու համար աղօթաժողովներ կ'ունենայինք, Աստուծոյ խօսքը իր շրթունքներէն եկաւ, եւ ես այնքան զարմացած էի լսելով այն նոյն խօսքերը որ Աստուած ինծի տուած էր երբ Ան կանչած էր զիս Իր ծառան ըլլալու, ըսելով։

«Դուն Սուրբ Հոգւոյն 12 պարգեւները չխնդրեցի՞ր։ Ես այդ բոլորը տուի քեզի, ուստի շնորհակալութեան աղօթք մը մատուցանէ»։

Աւելին, այդ մարգարէութեամբ, Աստուած ինծի այն բաները խօսեցաւ որ միայն ես գիտէի։ Կարգ մը բաներ կային որոնցմէ նոյնիսկ տիկինս տեղեակ չէր։ Այս ձեւով, ես անդրադարձայ որ Աստուած ինծի մարգարէութեան պարգեւը տուած էր։ Աստուած թոյլ տուաւ ինծի հաւատալու որ ասիկա իսկապէս Աստուծոյ խօսքն էր որ ինծի տրուած էր։ Մինչեւ այն ատեն ես 12 տեսակ պարգեւներ կը խնդրէի ունենալ, Սուրբ Հոգիին ինը պարգեւներուն հետ միասին, որոնց մասին գրուած է Ա. Կրնթացիս 12-րդ գլխուն մէջ, նաեւ տեսիլքի պարգեւը, Աստուածային տեսողութեան պարգեւը, եւ սիրոյ պարգեւը։

Ի՞նչ է Մարգարէութիւնը

Աստուածաշունչը մեզի կ'ըսէ թէ այլազան ձեւեր կան

Աստուծոյ ձայնը լսելու: Ձայն մը կայ որ Ինքնին Աստուծմէ կը տրուի, նաեւ Սուրբ Հոգւոյն ձայնը կայ: Նոյնպէս, Աստուած երբեմն մարդու կերպարանքով հրեշտակի մը միջոցաւ կը խօսի մեզի: Նաեւ, Աստուած մեզի կը խօսի մարգարէութեամբ:

«Տէրոջը ձեռքը իմ վրաս եղաւ եւ Տէրը զիս Հոգիով՝ հանեց ու դաշտին մէջ դրաւ: Տէրը ինծի ըսաւ. «Այս ոսկորներուն վրայ մարգարէացի՛ր եւ անոնց ըսէ՛. «Ո՛վ չորցած ոսկորներ, Տէրոջը խօսքը լսեցէ՛ք: Այսպէս կ'ըսէ Տէր Եհովան այս ոսկորներուն. «Ահա Ես ձեր մէջ հոգի պիտի դնեմ ու պիտի կենդանանաք» եւ ձեր վրայ ջիղեր պիտի դնեմ ու ձեզ միսով պիտի պատեմ ու ձեզ մորթով պիտի ծածկեմ եւ ձեր մէջ շունչ պիտի դնեմ ու պիտի կենդանանաք».... Ես մարգարէութիւն ըրի ինչպէս ինծի հրամայուեցաւ, եւ հազիւ թէ մարգարէացայ...»: (Եզեկիէլ 37.1-7)

«Վասն զի Յիսուսին վկայութիւնը Մարգարէութեան Հոգին է»: (Յայտնութիւն Յովհաննու 19.10)

Մարգարէութիւն կը նշանակէ ուրիշ մէկու մը համար խօսիլ: Մարգարէներուն մէջ մի քանիներ կան որոնք մարդու մը կողմէ կը խօսին կամ ալ Աստուծոյ կողմէ: Աստուած Մովսէսին իր եղբայրը՝ Ահարոնը տուաւ որպէս մարգարէ: Ահարոնը Աստուծոյ համար մարգարէ չէր հապա՝ Մովսէսի համար:

Եզեկիէլ 37-րդ գլխուն մէջ կը տեսնենք որ Աստուծոյ Հոգին Եզեկիէլի հետ էր եւ Աստուած Եզեկիէլի շրթունքներէն խօսեցաւ: Քանի որ Աստուած մարդու մը շրթունքներէն կը խօսէր, նախադասութիւնները հրամայական եղանակով էին: Մարգարէութիւնը մարդոց կողմէ չտրուիր, հապա Աստուծոյ Հոգիէն կը տրուի, այսինքն Սուրբ Հոգիէն: Սուրբ Հոգին մարդու մը մէջէն ներդաշնակ կ'աշխատի որպէսզի Աստուծոյ կամքը փոխանցէ: Ուրեմն անիկա ճշմարիտ խօսք է՝ ընդունուած եւ երաշխաւորուած Աստուծմէ: Ի՞նչ է ուրեմն մարգարէութեան հոգին:

Եթէ դուն Սուրբ Հոգւոյն միջոցաւ ճշմարտութիւն խօսիս, դուն վկայած կ'ըլլաս Յիսուսի, որ ինքնին ճշմարտութիւնն է: Ուստի, քանի որ Յիսուսի հոգին կը վկայուի մարդուն մէջէն որ կը խօսի Սուրբ Հոգւոյն միջոցաւ, այդ մարդը մարգարէութիւն ըրած կ'ըլլայ: Ասիկա է մարգարէութեան հոգին: Ճիշդ ինչպէս որ Եզեկիէլ մարգարէն հնազանդեցաւ Աստուծոյ խօսքին եւ մարգարէութիւն ըրաւ, եթէ մէկը կայ որ կրնայ Աստուծոյ խօսքը մարգարէանալ, մենք շատ յայտնութիւններ կրնանք ստանալ այս ձեւով: Կը տեսնենք որ Յիսուս կ'ուզէ որ մենք յայտնութիւններ ստանանք, ինչպէս որ Ինք ըսաւ Մատթէոս 11.27-ին մէջ, *«... Մէկը չի ճանչնար Որդին, բայց Հայրը եւ մէ՛կը չի ճանչնար հայրը, բայց Որդին եւ ան՝ որուն Որդին կ'ուզէ յայտնել»:* Նոյնպէս Պօղոս Առաքեալ 2-րդ Կորնթացիս 12.1-ին մէջ ըսաւ. *«Պարծենալը իրաւցընէ օգուտ է. միայն թէ Տէրոջը տեսիլքներուն ու յայտնութիւններուն հասնիմ»:*

Եթէ Պօղոս Առաքեալի նման կարենանք Աստուծոյ յայտնութիւնը ստանալ, մենք յստակօրէն կը հասկնանք Աստուծոյ եւ նոյնիսկ կրնանք գալիք բաները հասկնալ: Միայն այն ատեն երբ ապագայի գալիք բաները գիտնանք, մենք կրնանք պատրաստուիլ Յիսուսի երկրորդ գալստեան որ պիտի գայ գողի մը նման:

Եկեղեցի Բանալու Պատասխանը Ստանալ

Մինչ կը պատրաստուէի եկեղեցի բանալու, մենք բազմաթիւ աղօթքի ժողովներ ունեցանք: Մենք բժշկութեան ժողով մը ունեցանք Սարկաւագուհի Այճա Ահն-ի տան մէջ եւ տունը խուռներամ բազմութեամբ ժողվուած էր: Երկրորդ աղօթաժողովը իմ խանութիս մէջ տեղի ունեցաւ: Մարդ մը, որուն բազուկը կոտրուած էր եւ ձոյլով (ճիքսին) փաթթուած, բժշկուեցաւ եւ հանեց ձոյլը: Կին մը որ չէր կրցած յղանալ եւ մանուկ ծնանիլ, եկաւ եւ աղօթք ընդունեց: Վերջը շուտով լսեցի որ այդ կինը յղացած էր: Երրորդ ժողովը լերան կողմը եղաւ: Քառասունէ աւելի մարդիկ ներկայ էին հոն: Անոնցմէ մի քանին դպրեվանքի աշակերտներ եւ հովիւներ էին: Կին մը կար որ ողնահարի գործողութիւն ունեցած էր, բայց հարցը նորէն կրկնուած էր: Կ'ըսուէր որ անիկա շատ վտանգաւոր վիճակի մէջ էր, սակայն տակաւին ան կ'ուզէր ներկայ ըլլալ աղօթաժողովին: Անդամներէն մէկը հազիւ թէ կարողացաւ շալկել զինքը դէպի լեռը տանելով զայն: Աղօթքի պահուն ես աղօթեցի այդ կնոջ համար: Անիկա ամբողջովին բժշկուեցաւ այդտեղ՝ լերան վրայ եւ առանձինը լեռնէն վար իջաւ:

Չորրորդ աղօթաժողովը ուրիշ լերան մը վրայ տեղի ունեցաւ եւ հոն շատ աշակերտներ ներկայ եղան Աստուածաբանական դպրոցէն: Աստուծոյ խօսքը մեզի եկաւ ըսելով.-

«Այս ժողովէն ետք, քեզի փորձութիւն մը պիտի պատահի: Սակայն մի մտահոգուիր, այլ միայն հաւատայ ինծի եւ աղօթէ: Ես քեզի պիտի վարձատրեմ օրհնութիւններով»:

Շուտով, փորձութիւն մը եկաւ վրաս: 1982-ի Յունիսին, ես տարեվերջի քննութիւններս աւարտեցի եւ տուն վերադարձայ: Սակայն փրոֆէսորներէն մէկը ետեւէս եկաւ իմ տունս: Ես զգացի որ ասիկա պարզ բան մը չէր որ սովորաբար կ՚ըլլար:

Անիկա սկսաւ ըսել.- «Ես շատ լեռնային աղօթքի ժողովներու ներկայ եղած եմ եւ շատ աղօթած եմ, ուրեմն բաւական լաւ կը հասկնամ հոգեւոր աշխարհին ալ: Դուն հոգեւոր խորունկութիւն ունիս եւ ես գիտեմ որ դուն շատ հոգեւոր պարգեւներով օժտուած ես: Քանի որ եկեղեցի բանալու վրայ ես, թշնամի Սատանան քու դէմդ ելաւ: Պատուելի, կը խորհիմ որ աւելի լաւ կ՚ըլլայ եթէ դուն կեցնես եկեղեցի բանալու ծրագիրդ: Մենք փրոֆէսորներու ժողով ունեցանք այսօր եւ անոնք որոշեցին քեզի արտաքսել: Ես գիտեմ որ դուն այդ տեսակի անձ մը չես, բայց.... »:

Թշնամի Սատանային Գործերը որոնք Կը Խանգարէին Եկեղեցւոյ Բացումը

Մինչ ես մտիկ կ'ընէի իր մանրամասն բացատրութիւններուն, ոչ միայն ինծի ուղղութիւն տուող փրոֆէսորը, այլ նաեւ իմ եկեղեցւոյ հովիւս ալ քիչ մը անհասկացողութիւն ունէր իմ մասիս: Ինծի հարցուեցաւ, «Պատուելի՛, լեռնային աղօթաժողովներուն ընթացքին դուն ըսի՞ր որ դուն Քրիստոսն ես: Դուն հետդ կին հովի՞ւ մըն ալ տարիր, նաեւ դուն ուրիշ հովիւներու վրա՞յ ալ ձեռք դրիր»:

Ես երբե՛ք չէի ըսած թէ ես Քրիստոսն էի, եւ ես երբե՛ք ձեռք չէի դրած ուրիշ հովիւներու վրայ:

Քանի որ շատ բժշկութիւններ կ'ըլլային երբ ես ժողովներու ընթացքին կ'աղօթէի ժողովուրդին վրայ, դասընկերներէս մէկը, որ կը նախանձէր ասոր համար, սխալ զրպատութիւններով տեղեկագիր մը պատրաստեր էր ինծի ուղղութիւն տուող փրոֆէսորին, այսպիսի բաներ ըսելով, ինչպէս «Պատուելի Ճէյրոք Լին այնպիսի բաներ կ'ընէ որ աղմուկ եւ բաժանումներ կը ստեղծէ: Անիկա կ'ըսէ թէ ինք Քրիստոսն է»:

Ամբողջովին կեղծ տարաձայնութիւնները շատ կարճ ժամանակի մը մէջ տարածուեցան: Աւելին, այն փրոֆէսորները որոնք չորս տարի շարունակ սորվեցուցած էին ինծի, որոշեցին արտաքսել զիս, միայն այս տարաձայնութիւնները լսելնուն վրայ հիմնուելով, առանց նոյնիսկ որեւէ բան լսելու ինձմէ: Բայց տակաւին, ես ինքզինքս պաշտպանելու որեւէ փորձ չըրի եւ մարդոց չայցելեցի կամ չխօսեցայ իմ անմեղութիւնս յայտարարելու համար: Ես զգացի որ ասիկա դժուար պարագայ մըն էր, բայց երբ աղօթեցի Աստուծոյ, Ան ինծի ըսաւ որ շնորհակալութիւն յայտնէի եւ ցնծայի ու սիրով աղօթէի այդ մարդոց համար:

Սեպտեմբերին, նոր տարեշրջանը սկսաւ: Երբ դպրեվանք գացի, լսեցի որ դասընկերներս կը վիճաբանէին իմ հարցիս նկատմամբ: Անոնք ըսին որ այն դասընկերը որ սխալ ձեւով զրպարտած էր զիս, որոշած էր չարձանագրուիլ այդ տարեշրջանին համար, զղջումի պատճառով: Ուստի ես այցելեցի իրեն եւ մղեցի զինքը որ արձանագրուի, քանի որ ես որեւէ դժգոհութիւն կամ անհասկացողութիւն չունէի իրեն դէմ: Աստուած այնպէս մը գործեց որ բոլոր հարցերը սահուն ձեւով լուծուեցան: Նոյնիսկ այն անձը որ սուտ զրպարտութիւն ըրած էր ինծի հանդէպ՝ լոյսին բերուեցաւ: Եկեղեցին բանալէս ետք, ինչպէս նաեւ զայն հիմնելու արարողութիւնը կատարելէս ետքը, շատ փրոֆէսորներ, նաեւ անոնք որոնք զիս սխալ հասկցեր էին, եկան եւ միասին տօնակատարութիւն ըրինք: Շրջանաւարտից հանդէսի ժամանակ, իմ եկեղեցւոյս մէջ, մենք շնորհակալական խնճոյք կատարեցինք փրոֆէսորներուն համար:

Պատասխան մը ստանալ, «Մէնմին (Բոլոր Ստեղծուածներ) Եկեղեցի»

Որովհետեւ բաւական մեծ տարիքիս միացայ Աստուածաբանական դպրոցը, ես ուզեցի շուտ սկսիլ եկեղեցին: Որովհետեւ ես արդէն շատ երիտասարդ չէի, աղօթեցի եկեղեցւոյ անունին համար, դպրեվանքի Ա. տարիէն իսկ, սակայն պատասխան չկար: Միայն եկեղեցի բանալէս անմիջապէս առաջ էր որ պատասխանը եկաւ:

«Զայն կոչէ «Մէնմին Եկեղեցի»: Երբ ժամանակը գայ եւ դուն ուխտագնացութեան երթաս, այն ատեն պիտի հասկնաս թէ ես ինչո՞ւ այս անունը տուի քեզի «Մէնմին»:

Յետոյ, 1989-ին ես ուխտագնացութեան գացի դէպի Սուրբ Երկիրը: Գեթսեմանիի մէջ, Յիսուս այնքան աղօթեց մինչեւ որ Իր քրտինքը փոխուեցաւ արեան կաթիլներու, որոնք գետին իյնալով խաչին նախասահմանութիւնը կը կատարելագործէին, բոլոր ազգերու ժողովուրդները փրկելով: Այս տեղը, այնքան մեծ զգացումներով, ես տեսայ «Բոլոր Ազգերու Եկեղեցին»: Աստուած Իր Որդին՝ Յիսուս Քրիստոսը ղրկեց որպէս Քաւութեան պատարագ, փրկելու համար բոլոր ազգերը եւ բոլոր ժողովուրդները: Վերջին օրերուն մէջ, Աստուած կ'ուզէ կատարելագործել Իր նախասահմանութիւնը, եւ Ան կ'ուզէ կատարել աշխարհի առաքելութիւնը՝ սրբութեան Աւետարանով, եւ Ան մեզի «Մէնմին» անունը տուաւ, որ կը նշանակէ «Բոլոր Ստեղծուածներ»:

Եկեղեցւոյ սկզբնաւորութեան, մենք եկեղեցին կոչեցինք «Մէնմին Եկեղեցի», բայց քանի որ կ'ակնկալէինք շատ մը մասնակի եկեղեցիներ հիմնել, մենք դարձեալ անուանեցինք զայն ըսելով, «Մէնմին Կեդրոնական Եկեղեցի»:

Ինչո՞ւ Կ'ուզես Դժուար Ձեւով Ընել Զայն

«Պատուելի, ինչո՞ւ համար կ'ուզես եկեղեցի սկսիլ: Գիտե՞ս որքան դժուար է եկեղեցի մը սկսիլը»: «Դուն տարիներով միայն ապուր պէտք է ուտես: Դուն զաւակներ չո՞ւնիս որոնք պէտք է ուսում առնեն: Գիտե՞ս որքան դժուար է հաւատացեալներ հաւաքել այս օրերուն»: Խորհուրդը շարունակուեցաւ, «Նաեւ, դուն գիտե՞ս թէ այս օրերուն որքան անհնազանդ են հաւատացեալները: Թող որ մենք միասին աշխատինք այս եկեղեցիին մէջ»: «Պատուելի, անմիջապէս որ եկեղեցի սկսիս, դուն շատ արցունքներ պիտի թափես»:

Հազիւ թէ ես եկեղեցի պիտի բանայի, այնքան շատ մարդիկ կային շուրջս որոնք փորձեցին կեցնել զիս: Իրականութիւն էր որ շատ նոր եկեղեցիներ կային որոնք այս տեսակի հարցեր ունէին: Կարգ մը հովիւներ եկեղեցի կը բանան դրամ փոխ առնելով շէնքին եւ ուրիշ սպասարկութիւններու շինութեան համար: Սակայն երբ եկեղեցին ակնկալուածին համեմատ չէր աճեր, անոնք այդ պարտքէն կը տառապէին: Անոնցմէ շատերը յուսահատութեան եւ անկարողութեան զգացումներով աղին-անդին կը թափառէին: Սակայն քանի որ ես կը հաւատայի ամենակարող Աստուծոյն, իմ սիրտս բնաւ չցնցուեցաւ: Ես չէի կրնար պարզապէս չհամաձայնիլ, ճիշդ իրենց երեսին առջեւ, բոլոր անոնց հետ որոնք ինծի խորհուրդ կու տային, որովհետեւ չէի ուզեր շփոթեցնել զիրենք: Ես ինծի միայն այսպէս պատասխանեցի, «Անգամ մը որ եկեղեցի բանամ, անիկա յաջող պիտի ըլլայ եւ որեւէ հարցեր պիտի չըլլան հոն: Շատ հոգիներ պիտի փրկուին եւ եկեղեցին շուտով պիտի աճի: Այն ատեն մենք մեծապէս պիտի փառաւորենք զԱստուած»:

Ես Աստուծոյ Խօսքին վրայ ապավինեցայ, որ Փիլիպպեցիս 4.13-ին մէջ կ'ըսէր. *«Ամէն բանի կարող եմ Անով որ զիս զօրացուց»:* Նոյնպէս Մատթէոս 9.29 կ'ըսէ. *«Ձեր հաւատքին պէս ըլլայ ձեզի»:* Նաեւ Մատթէոս 13.8-էն վստահութիւն ունեցայ որ եթէ մենք ցանենք, Աստուած մեզի կը խոստանայ վարձատրել ցանուածէն 30, 60 կամ 100 անգամ աւելի: Եթէ դուն Աստուծոյ սիրելի ծառաներուն նայիս, որովհետեւ Աստուած իրենց հետ էր, Մովսէս եւ Պօղոս Առաքեալ աստուծոյ պէս երեւցան ժողովուրդին աչքին (Ելից 7.1, Գործք Առաքելոց 14.11):

Եթէ Աստուած մեզի հետ է, բան մը անկարելի չըլլար: Ես հաւատացի ասոր: Ես կը հաւատայի, թէ որպէս Աստուծոյ ծառան, եթէ Խօսքին վրայ կեդրոնանայի, աղօթէի եւ Իր կամքին հետեւէի, այն ատեն Աստուած պիտի պատասխանէր ինծի եւ պիտի հոգար բոլոր դրամական հարցերը, վայրը, եւ եկեղեցւոյ գործաւորները: Որովհետեւ ես հաւատք ունէի որ կրնայի ամէն ինչ ընել Անով որ զիս կը զօրացնէր, տեսիլք մը ունեցայ: Ես մանրամասնութեամբ աղօթեցի այն տեսիլքին եւ երազին համար որ ունէի եւ զայն իմ շրթունքներովս խոստովանեցայ:

Սուրբ Հոգւոյն Առաջնորդութեան Հնազանդիլ

1982-ի Մայիսին, երբ կիզիչ արեւ կար, Աստուած ինծի ըսաւ որ ես պէտք էր եկեղեցի սկսէի եւ Ան զիս առաջնորդեց Շինտայպանկի ստորաբաժանմունքը, Սէուլ քաղաքի Տօնկճաք նահանգին մէջ, տեղ մը՝ զոր ես երբեք չէի լսած անկէ առաջ: Որովհետեւ այդ շրջանը չէի գիտեր, շատ մարդոց հարցուցի հոն երթալու համար: Որովհետեւ այդ ժամանակ շրջանը շատ յառաջացած չէր, հոն շատ շէնքեր չկային եւ խճողումը թեթեւ էր: Տեղ մը կար 900 քառակուսի ոտք տարածութեամբ: Ամսական վարձքը 150,000 ուօն էր (150 տոլար), պահանջուելով 3 միլիոն ուօն (3,000 տոլար) որպէս ապահովագրական կանխավճառ: Ես տանտիրոջը հանդիպեցայ համաձայնագիրը ստորագրելու համար եւ անիկա վարձքը իջեցուց 120,000 ուօնի:

Աստուած Եկեղեցի Բանալու Դրամը Պատրաստեց

Աստուած եկեղեցի բանալու համար պէտք եղած գումարը հայթայթեց Սարկաւագուհի Այճա Ահնի միջոցաւ: Անիկա օրական հինգ ժամ կ'աղօթէր: Իր տղան ինքնաշարժի արկածի հետեւանքով 3 միլիոն ուօն ստացեր էր որպէս հատուցում: Անիկա ուխտած էր այս գումարը Աստուծոյ տալ որպէս եկեղեցւոյ շինութեան ընծայ: Բայց քանի որ իր անհաւատ ամուսինը այդ դրամը ուրիշ նպատակի մը համար գործածեր էր, Սարկաւագուհին միշտ այդ բեռը ունէր իր սրտին մէջ: Ան միշտ կը խորհէր որ ինքը պէտք էր 3 միլիոն ուօն տար որպէս շինութեան ընծայ: Մինչ այդ անիկա իմ ընտանիքիս հանդիպեցաւ եւ միացաւ ինծի երբ ես եկեղեցին բացի:

Որովհետեւ իր ամուսնոյն կահ-կարասիի գործարանը լաւ չէր քալէր, իր տունը կալուածագրաւի դրուած էր: Եթէ իրենք պարտքը չվճարէին, տունը շատ ցած գինով պիտի ծախուէր: Ուստի իրենք 20 միլիոն ուոնի (20,000 տոլար) ծախու դրին տունը, բայց մէկը չէր հետաքրքրուած այդ տունը տեսնելու: Անոնք իջեցուցին գինը 15 միլիոն ուոնի, բայց տակաւին մէկը չկար որ ուզէր գնել զայն: Մինչ այդ, Աստուծոյ խօսքը եկաւ Սարկաւագուհի Այճա Ահնի, Սէմ Կաք Լեռնային աղօթքի ժողովի ժամանակ, ըսելով.-

«Երեք օրուայ ծոմապահութիւն մատուցանէ եւ ծախու դիր տունդ: Գինը բարձրացուր քու հաւատքիդ չափով եւ Ես պիտի գործեմ: Այդ բարձրացուցած գինէդ 3 միլիոն ուոնը գործածէ եկեղեցին բանալու համար»:

Անոնք ծախու դրին իրենց տունը, բայց տարիներէ ի վեր մէկը չկար որ ուզէր այդ տունը գնել: Անոնք խորհեցան որ եթէ բարձրացնէին գինը, կալուածի գործակալները պիտի խնդային իրենց վրայ: Սարկաւագուհի Այճա Ահն ուշադրութեամբ մտածեց այդ մասին եւ վերջապէս 3 միլիոն ուոն աւելցուց գինին վրայ: Ուրեմն անիկա 18 միլիոն ուոնի ծախու դրաւ տունը: Կալուածի գործակալը զարմանքէն շշմած կը թուէր ըլլալ:

Սակայն երբ Սարկաւագուհի Այճա Ահն կալուածի գործակալին գրասենեակէն տուն կը վերադառնար, մէկը հետեւեցաւ իրեն եւ նայեցաւ տունին: Անիկա ըսաւ որ ինքը իր ամենէն շատ սիրած տունը գտած էր եւ անմիջապէս ստորագրեց համաձայնագիրը 18 միլիոն ուոնի: Սարկաւագուհին ցաւ զգաց որ ինքը կրնար 20 միլիոն ուոնի ծախել այդ տունը եթէ քիչ մը աւելի հաւատք ցուցաբերած ըլլար: Աստուած գործեց իրեն համար որ ան կարենար ծախել իր տունը, որ այդքան երկար ժամանակէ ի վեր չէր ծախուած: Այս ձեւով Այճա Ահն կրցաւ իր ընտանիքին պարտքը վճարել եւ 3 միլիոն ուօն նուիրեց որը պէտք եղած գումարն էր եկեղեցի բանալու համար։

Ամբողջ Սրտովս Լման Ձղջալով՝ Մարդոց Վստահելուս Յամար

Մինչ կը պատրաստուէի եկեղեցի բանալու, ես ձեւով մը կ'ակնկալէի որ նուազագոյնը 40 հոգի կ'ունենամ շուրջս, որոնք իմ հետս պիտի ըլլային երբ եկեղեցին սկսէի։ Ես պարզապէս կը խորհէի որ անոնք սկիզբէն եկեղեցի պիտի յաճախէին որովհետեւ կը խորհէի որ անոնք զիս լաւ կը ճանչնային եւ կը սիրէին զիս։ Սակայն իրականութիւնը տարբեր էր։ 1982, Յուլիս 25-ին, մենք եկեղեցւոյ բացման արարողութիւնը կատարեցինք, սակայն այդ մարդոցմէն որեւէ մէկը ներկայ չեղաւ արարողութեան, հակառակ իմ ակնկալութեանս։ Երբ տեսայ որ նոյնիսկ իմ լաւ քոյրերս, որոնք խոստացած էին ներկայ ըլլալ, չեկան արարողութեան, անդրադարձայ որ Աստուած կեցուցած էր զիրենք։ Աստուած չէր ուզեր որ ես քոյրերէս կամ եղբայրներէս որեւէ մէկուն վրայ վստահէի։ Ես աղօթեցի «Տէ՛ր Աստուած, շնորհակալ եմ որ դուն ինծի թոյլ տուիր որ անդրադառնամ թէ ես կը փափաքիմ իմ ազգականներուս վրայ վստահիլ։ Հաճիս ներէ՛ ինծի մարդոց վրայ վստահելուս համար։ Հիմա ես կ'անդրադառնամ թէ ինչ է Քու Կամքդ։ Ես որեւէ մէկուն վրայ պիտի չվստահիմ, բացի Քեզմէ Տէր Աստուած, եւ ամէն բան աղօթքով պիտի ընեմ»։

Բացման արարողութենէն ետք, անդրադարձայ որ տակաւին ես պէտքը կը զգայի մարդոց վրայ վստահելու եւ անոր համար արցունքներով՝ ամբողջովին զղջացի Աստուծոյ առջեւ: Աղօթեցի Աստուծոյ որ եկեղեցւոյ անդամներ ղրկէ եւ իսկապէս սրբարանը լեցուեցաւ հաւատացեալներով որոնք Աստուծմէ կը ղրկուէին ամէն շաբաթ:

Ոչինչէն Սկսելով

Ինը Չափահասներ եւ Չորս Երեխաներ

Երբ մենք բացման արարողութիւնը կատարեցինք, շէնքը տակաւին լման շինուած չէր: Պատուհանի փեղկեր չկային, բեմ չկար, եւ գետինը ծածկող գորգեր չկային: Անպտուղ հողի մը կը նմանէր: Մենք այդ տարածութիւնը երկուքի բաժնեցինք վարագոյրով մը: Մէկ կողմը գործածուեցաւ որպէս տուն՝ իմ ընտանիքիս համար եւ միւս կէսը գործածուեցաւ սրբարանին եւ աղօթքի սենեակի համար: Բացման արարողութեան ժամանակ, իմ ընտանիքիս հետ միասին, հոն ինը չափահասներ եւ չորս երեխաներ կային միայն: Ընտանիքի անդամներէս զատ, միայն մի քանի ներկաներ կային: Ես քարոզեցի պատգամը՝ հետեւեալ վերնագիրով «Հաւատքը Ամենէն Արժէքաւոր Գանձն է»: Մէնմին Կեդրոնական Եկեղեցւոյ պատմութիւնը ոչինչէն սկսաւ: Քանի որ անիկա դեռ նոր բացուած էր, մենք դրամ չունէինք, բայց շատ ծախսեր ունէինք: Սակայն ես բնաւ դրամ փոխ չառի իմ ազգականներէս կամ ուրիշ որեւէ մէկէն: Ես միայն աղօթեցի Աստուծոյ: Ես նոյնիսկ պատրաստ էի ծոմապահութիւն ընելու եթէ Աստուած չհայթայթէր ինծի: Սակայն երբ մենք ուտելու բան մը չունենայինք, Աստուած ձեւով մը մեզի ուտելիք կու տար մէկու մը ձեռքով: Ես նոյնիսկ ամբողջ ամառը կրցայ ձմեռուկ ունենալ, զորը կը սիրեմ:

Օրական 5-6 Ժամ Աղօթել Միասին

Բացման արարողութենէն ետք, շաբթուայ նուիրատուութիւնը մօտաւորապէս երեսուններ քառասուն հազար ուօն էր, սակայն այս դրամով ես նոյնիսկ սրբարանին վարձքը չէի կրնար վճարել: Չորսէն հինգ անդամներ քով-քովի գալով օրական 5-6 ժամ կ'աղօթէին, քրտնելով տաքութեան մէջ: Որովհետեւ եկեղեցւոյ անդամներ չկային, ես պէտք չունէի իրենց այցելելու, իրենց հոգ տանելու համար: Մինչ մենք աղօթքի սենեակներուն մէջ կ'աղօթէինք, քրտինքներու մէջ կը մնայինք տաքութենէն: Երեմեայ 33.3 կ'ըսէ. *«Ինծի կանչէ ու քեզի պատասխան տամ եւ քեզի մեծ ու խորհրդաւոր բաներ պատմեմ, որոնք դուն չես գիտեր»:* Երբ մենք այսպէս աղօթքով աղաղակեցինք Աստուծոյ, Աստուած մեզի հաւատացեալներ ղրկեց եւ անոնց միջոցաւ եկեղեցիին մէջ պէտք եղած բաները հայթայթեց:

Տէ՛ր Աստուած, Մանրաձայն Գործիք Տուր Մեզի

Մէկ շաբաթ աղօթելէ ետք, մենք մանրաձայն գործիք մը ունեցանք: Յաջորդ շաբաթը, մենք հեռախօսի պէտք ունեցանք ու աղօթեցինք անոր համար, եւ ստացանք զայն: Քանի որ այդ ժամանակ եկեղեցւոյ մէջ շատ անդամներ չկային, Աստուած Ուրբաթ օրուայ, ամբողջ-գիշերուայ արարողութեան միջոցաւ գործեց: Ուրիշ անդամներ, որոնք մեր Ուրբաթ օրուայ գիշերային աղօթքի արարողութիւններուն ներկայ եղան, շատ շնորհք ստացան եւ անոնք մէկ առ մէկ եկեղեցիին բոլոր կարիքները հոգացին, պէտք եղած բաները նուիրելով եկեղեցիին: Այսպէս, մենք վարագոյրներ ունեցանք, ամպլիոն մը, դաշնամուր մը, ելեքտրական հովահարներ եւ նոյնիսկ զանգակատուն մը, խաչով միասին: Բացումէն երկու ամիս ետք, արդէն մենք բոլոր պէտք եղած բաները ունեցանք:

Գործք Առաքելոցի մէջ կը կարդանք թէ Աստուծոյ ծառան պէտք է որ կեդրոնանայ Աստուծոյ խօսքին եւ աղօթքի վրայ: Ուստի, եկեղեցւոյ պահպանութեան վերաբերեալ բոլոր գործերը անդամներուն յանձնեցի եւ ես միայն Աստուծոյ խօսքին եւ աղօթքի վրայ կեդրոնացայ: Որովհետեւ այդ ժամանակ ես այդքան շատ չէի գիտեր Աստուծոյ խօսքը, ես կը քարոզէի ինչ որ հասկցած էի Աստուծոյ կամքին մասին: Սուրբ Հոգւոյն ներշնչումով ես կը քարոզէի Ուրբաթ օրուայ ամբողջ-գիշերուայ եւ Կիրակի օրուայ արարողութիւններուն ընթացքին:

Հակառակ որ ճառախօսութեան մէջ հմուտ չէի, լսողները կեանք եւ հաւատք կը ստանային քարոզներէն, քանի որ անոնք մաքուր եւ հոգեւոր պատգամներ էին: Արարքներ եւ նոյնպէս ուրիշ բաներ կը յաջորդէին Աստուծոյ Խօսքէն ետք: Երբ անդամները գործի կը դնէին խօսքը, իրենց հաւատքը կ'աճէր եւ անոնք կը սկսէին աղօթքի պատասխաններ ստանալ: Եկեղեցւոյ բացումէն սկսեալ, Աստուած ամէն շաբաթ նոր հաւատացեալներ կը ղրկէր եւ անոնք կեանք կը ստանային պատգամներուն միջոցաւ: Տեսնելով Աստուծոյ հրաշքները որոնք կը կատարուէին Ուրբաթ օրուայ ամբողջ-գիշերուայ պաշտամունքի արարողութիւններուն մէջ, անոնք շնորհք կը ստանային եւ իրենց հաւատքը կ'աւելնար:

Պատասխանը Աստուածաշունչին Մէջ Գտնել

Երբ ես եկեղեցին սկսայ, Աստուածաշունչին մէջ փնտռեցի օրինակելի եկեղեցի մը, որուն կրնայինք հետեւիլ, եւ այդ եկեղեցին Գործք Առաքելոց գրքին մէջ գտնուող առաջին եկեղեցին էր:

Քանի որ սկիզբի եկեղեցիները հաստատուած էին առաքեալներուն կողմէ, որոնք ուղղակիօրէն Յիսուսէն սորված էին, այդ եկեղեցիները Աստուծոյ կամքին հետեւեցան եւ Աստուած կը հաճէր անոնցմով եւ անոր համար փրկուածներուն թիւը կ'աւելցնէր իրենց անդամներուն վրայ: Սկիզբի առաջին եկեղեցիները իմ նպատակս եղան եւ ես զանոնք ընտրեցի որպէս նախատիպար՝ իրենց հետեւելու համար:

Լաւագոյն եկեղեցին որ Աստուած կը փափաքի, պարզապէս մեծ շէնք ունեցող կամ շատ անդամներ ունեցող եկեղեցի չէ, բայց այն եկեղեցին է որ կը նմանի սկիզբի առաջին եկեղեցիներուն: Երբ մենք այդ առաջին եկեղեցիներուն օրինակը առնենք, որոնք զԱստուած հաճեցնելու ետեւէ կ'ըլլային, այն ատեն Աստուած կ'օրհնէ մեզի որպէսզի շարունակական արթնութիւն ունենանք եկեղեցիին մէջ:

«Ամէն մարդու վրայ վախ ինկաւ եւ առաքեալներուն ձեռքով շատ հրաշքներ եւ նշաններ գործուեցան: Բոլոր հաւատացեալները մէկտեղ էին եւ ամէն բաներնին հասարակաց էր: Ստացուածքնին եւ ունեցած բաներնին կը ծախէին ու անոնց գինը կը բաժնէին ամենուն, որու որ բան մը պէտք ըլլար: Ամէն օր միաբանութեամբ տաճարը երթալու ետեւէ էին եւ տուներնին հաց կը կտրէին ու կերակուրնին կ'ուտէին ուրախութեամբ եւ սրտի միամտութեամբ: Աստուած կ'օրհնէին ու բոլոր ժողովուրդին առջեւ շնորհք կը գտնէին: Տէրը օրէ օր փրկուածներ կ'աւելցնէր եկեղեցիին»: (Գործք Առաքելոց 2.43-47)

Առաջին եկեղեցիներու օրինակին հետեւելով, որոնք ամէն օր կը փորձէին հաւաքուիլ սրբարանին մէջ, մենք ամէն օր աղօթքի ժողովներ կ'ունենայինք եւ Աստուծոյ խօսքը կը տարածէինք, սիրոյ հացը ստանալով, այսինքն Աստուծոյ Խօսքը (Յովհ. 6.48) եւ գործնականապէս կը կատարէինք զայն: Աստուած մեզի հետ էր Իր նշանները եւ հրաշքները ցոյց տալով, եւ որովհետեւ ամէն շաբաթ նոր հաւատացեալներ կ'արձանագրուէին, եկեղեցին շատ շուտով աճեցաւ եւ մեծցաւ:

Միայն Խօսքին Վրայ Ապաւինելով

Եկեղեցին բացուելէն ետքը, մենք պէտք էր ամէն մէկ լումայ խնայէինք: Սակայն, ես գիտէի օրհնութիւններ ստանալու գաղտնիքը, ինչպէս գրուած է Ղուկաս 6.38-ի մէջ, որ կ'ըսէ. *«Տուէ՛ք ու ձեզի պիտի տրուի: Աղէկ չափով՝ կոխուած, ցնցուած, լեփլեցուն պիտի տրուի ձեր գոգը. քանզի այն չափով՝ որով դուք կը չափէք, ձեզի պիտի չափուի»:* Ես կը փորձէի պէտք ունեցողներուն օգնել՝ Խօսքին վրայ ապաւինելով:

Այդ ժամանակ մենք տասը Աստուածաբանական Դպրոցի աշակերտներ ունէինք մեր եկեղեցիին մէջ եւ մենք պէտք էր օգնէինք անոնց: Դիւրին չէր նոյնիսկ սրբարանին վարձքը վճարել, որ 120,000 ուօն էր (120 տոլար): Եկեղեցւոյ բացումէն քանի մը շաբաթներ ետք, մենք կարգ մը նուիրատուութիւններ ունեցանք, եւ ուրեմն, այն հաւատաքով որ Աստուած մեզի պիտի օրհնէր, մենք այդ ընծաներէն մաս մը առինք եւ մեր յարանուանութեան մէջ գտնուող ուրիշ նոր եկեղեցիներու ղրկեցինք: Հիմնադրութեան արարողութենէն սկսեալ, ամէն մէկ անդամ ուխտեց մէկ միլիոն ուօն (1,000 տոլար) տալ սրբարանի շէնքին յարանուանութեան՝ որուն մենք կը պատկանէինք: Մեր լաւագոյնը ընելով, մենք այնպիսի եկեղեցի մը եղանք որ կ'օգնէր ուրիշներուն, Աստուծոյ Խօսքին վրայ հիմնուելով:

Մինչեւ Որ Դուք Ժողովուրդ՝ Նշաններ եւ Հրաշքներ Չտեսնէք, Դուք Պարզապէս Պիտի Չհաւատաք

Հիմնադրութեան Արարողութիւն

Երբ կ'աղօթէի հիմնադրութեան արարողութեան համար, Աստուած ինծի խօսք մը տուաւ ըսելով.-

«Հիմնադրութեան արարողութիւնը կատարէ երբ բոլոր բերքերը հասուննան, առաջին սաստիկ ցուրտէն (սառնահարութենէն) առաջ»:

Ուրեմն, 1982, Հոկտեմբեր 10-ին, հիմնադրութեան արարողութիւնը կատարեցինք, եւ արդէն մենք 100-է աւելի անդամներ ունէինք: Եկեղեցւոյ բացումէն սկսեալ, Աստուած շատ անդամներ ղրկեց մեզի եւ սրբարանը արդէն շատ փոքր էր տեղաւորելու բոլորին: Ուրբաթ օրուայ ամբողջ-գիշերուայ արարողութեան ընթացքին, 100-է աւելի ներկաներ կային միայն 540 քառակուսի

Հիմնադրութեան Արարողութիւն

ոտք տարածութեան մէջ: Ուրեմն մարդիկ ստիպուած էին կենալու աղօթքի սենեակներուն մէջ եւ, ինչպէս նաեւ աստիճաններուն վրայ: Ուստի, հիմնադրութեան արարողութենէն սկսեալ, մենք շէնքին ամենէն վարի յարկն ալ՝ այսինքն ստորահակն ալ վարձեցինք:

Երբ ես Ծնունդի յայտագիրին համար աղօթեցի, Աստուած մեզի շատ տաղանդաւոր մարդիկ ղրկեց, որոնք Սուրբ Գրային թատրերգութիւն մը պիտի պատրաստէին, որպէսզի մենք շատ լաւ յայտագիր մը ունենայինք: Աստուած մեզի անձ մը ղրկեց որ շատ վարպետ էր ծաղկայարդարման մէջ, նաեւ դերասանուհի մը՝ որ լաւ պարող էր: Անիկա Կիրակնօրեայ դպրոցին մէջ կարգ մը պարեր եւ ձեռքի շարժումներ սորվեցուց: Անմիջապէս, անդամները իրենք-իրենց կարողացան պատրաստուիլ այդ յայտագիրներուն: Այդ ժամանակ, ես պէտք էր 10-է աւելի պատգամներ տայի մէկ շաբթուայ մէջ, տարբեր արարողութիւններու համար, առաւօտեան արշալոյսի աղօթքի պահերուն հետ միասին: Նոյն ատեն ես տակաւին Աստուածաբանական դպրոց ալ կը յաճախէի քանի որ ասիկա դպրեվանքէն շրջանաւարտ ըլլալէս քիչ մը առաջ էր: Նաեւ, մենք միշտ գիշերային աղօթքներ կ'ունենայինք, սակայն առաւօտ կանուխ ժամը 4-ին, ես նաեւ միշտ առաւօտեան արշալոյսի աղօթքները կ'առաջնորդէի: Երբ լուրերը տարածուեցան որ շատ բժշկութեան գործեր տեղի կ'ունենային եկեղեցիին մէջ, շատ հիւանդներ եկան երկրին բոլոր կողմերէն, եւ ես անոնցմէ ամէն մէկուն համար աղօթեցի, օրուան մէջ քանի մը անգամներ:

Ընտանիքին Մէջ Փոփոխութիւն Մը

Պր. Եանկսուգ Քիմ, Յիսուսը ճանչնալէն առաջ, շատ ծանր խմող մըն էր: Երբ իր հազերը չկեցան, անիկա հիւանդանոց գնաց եւ ախտաճանաչուեցաւ թոքախտով՝ իր աւշային դրութեան մէջ: Ան պէտք էր գործողութեան ենթարկուէր եւ մէկ տարիէն աւելի հանգիստ պէտք էր ընէր: Սակայն ան կարող չէր հայթայթելու այս բոլորը:

Իր տիկինը միզապարկի բորբոքումէ կը տառապէր: Անիկա այնքան յուսահատած էր որ փորձած էր անձնասպան ըլլալ, բայց բարեբախտաբար ազատած էր: 1982-ի Հոկտեմբերին, Եանկսուգ Քիմ, լսեց մեր եկեղեցւոյ լուրը եւ արձանագրուեցաւ որպէս անդամ: Ան ուխտեց 10-օրուայ առաւօտեան ծոմապահութիւն եւ արշալոյսի աղօթքներ մատուցանել: Անիկա շատ բարձր տաքութիւն ունէր եւ ծանրօրէն կը հազար: Սակայն տեսնելով որ շատ ուրիշ հիւանդներ կը բժշկուէին, ան հաւատք ունեցաւ որ ինքն ալ կրնար բժշկուիլ: Ես յաճախ կ'աղօթէի իրեն համար: 10-րդ օրը, տաքութիւնը թեթեւցաւ եւ հազը կեցաւ: Անիկա բժշկուած ըլլալու վստահութիւնը ունեցաւ եւ երբ դարձեալ ախտաճանաչման համար քննուեցաւ, բժիշկները ըսին որ այլեւս անիկա թոքախտ չունէր: Ան Սուրբ Հոգիին կրակով ամբողջովին բժշկուած էր: Այդ օրուընէ սկսեալ, իր կինն ալ արձանագրուեցաւ եկեղեցիին մէջ եւ շուտով ան ալ բժշկուեցաւ միզապարկի բորբոքումէն: Իրենց աղջիկն ալ քաջառողջ եղաւ: Եանկսուզ Քիմ սկսաւ Աստուածաբանութիւն ուսանիլ, Աստուծոյ շնորհքին համար շնորհակալ ըլլալով: Անիկա հիմա կը ծառայէ որպէս հովիւ:

Ուրբաթ Օրուայ Ամբողջ-Գիշերուայ Արարողութիւն՝ Աստուածաշունչին Մէջի Հրաշալի Նշաններով

Ուրբաթ գիշերուայ արարողութիւններուն եկեղեցին կը խճողուէր երկրին բոլոր կողմերէն եկող մեծ բազմութեամբ: Անիկա ներ-յարանուանական արարողութեան պէս բան մը եղաւ: Նեղ սրբարանը ժողովուրդով կը յորդէր: Սուրբ Հոգւոյն տաքութիւնը այնքան զօրաւոր էր, որ առաստաղը ջուրի կաթիլներով լեցուած էր: Մինչ ներկաները մեծ եռանդով զԱստուած կը փառաբանէին եւ կ'աղօթէին, արարողութիւնը, որ գիշերուայ ժամը 11-ին կը սկսէր, կը շարունակուէր մինչեւ առտուայ ժամը 6-ը: Ամէն Ուրբաթ օրուայ ամբողջ-գիշերուայ պաշտամունքի ատեն, մինչ անոնք կը վկայէին, շատ հիւանդներ կը բժշկուէին եւ ոտքի ելլելով կը քալէին ու կը ցատքէին, եւ աւելի ու աւելի ժողովուրդ կու գար:

Անոնք որոնք մահուան դատավճիռներ ստացած էին հիւանդանոցներէ, անմիջապէս որ եկեղեցի գային, կը բժշկուէին, եւ անոնք որոնք անթացուպերով կու գային, կը սկսէին քալել եւ ցատքել: Կոյրերը կու գային տեսնելու, համրերը՝ խօսելու, եւ անոնք որոնք չէին կրնար երեխայ ունենալ շուտով կը յղանային: Մէկը եկաւ որուն ձեռքը կոտրուած էր եւ աղօթք ընդունելէն ետք սկսաւ ազատօրէն շարժել իր ձեռքը:

Արիւնախտի Հիւանդ Մը Բժշկուեցաւ

Անգամ մը, շատ դեղնած դէմքով կին մը եկաւ ինծմէ աղօթք ընդունելու:Ան ինծի ըսաւ որ իր բժիշկը իրեն ըսեր էր թէ միայն 15 օր կեանք ունէր: Հետեւեալը իր կեանքի պատմութիւնն է: Անիկա Կիրակնօրեայի օրերէն ի վեր, շատ կանուխ ատենէն Քրիստոնեայ եղած էր: Սակայն ժամանակի ընթացքին, որոշ ատեն մը, ամուսնութեան առաջարկ ստացեր էր մարդէ մը որ անհաւատ էր: Անիկա ըսեր էր որ ինքը միայն հաւատացեալի հետ կրնար ամուսնանալ, եւ ուրեմն այդ մարդը որոշ ատեն մը եկեղեցի յաճախեց եւ արձանագրուեցաւ:

Կինը խորհեցաւ որ իր ամուսինը լաւ Քրիստոնէական կեանք մը պիտի առաջնորդէր, սակայն քանի մը ամիսներ ետք, իր կեսուրը ստիպեց զինքը Պուտտային հաւատալ ըսելով. «Մեր ընտանիքը դարերէ ի վեր Պուտտայական ընտանիք եղած է, ուրեմն դուն ալ պէտք է Պուտտայիզմի դառնաս»: Որովհետեւ անիկա չհետեւեցաւ իր կեսրոջը, անոր ամուսինն ալ իր մօրը միացաւ եւ ստիպեց զինքը որ եկեղեցի չյաճախէ: Անիկա ծեծեց զինքը եւ հալածեց զայն: Երբ որեւէ հարց պատահէր ընտանիքին մէջ, անոնք բոլորն ալ իր վրայ կը դնէին յանցանքը:

Անիկա շատ անգամներ տունէն դուրս նետուած էր, բայց այդ բոլորին համբերած էր: Սակայն երբ իր ամուսինը ուրիշ կնոջ մը հետ սիրաբանութիւն սկսած էր ունենալ, անիկա այլեւս չկրնալով համբերել, դադրած էր եկեղեցի յաճախել: Ան գիտէր որ պէտք էր եկեղեցի յաճախէր, սակայն յուսահատութեան մէջ կ'ապրէր եւ վերջապէս արեան քաղցկեղ ունեցաւ:

Հակառակ որ ինքը այլեւս եկեղեցի չէր երթար, իր ամուսինը տակաւին կը շարունակէր միւս կնոջ հետ յարաբերիլ, նաեւ կը շարունակէր ծեծել զինք:

Հակառակ որ ան արիւնախտէ կը տառապէր, իր ամուսինը եւ իր կեսուրը շատ պաղ կը վերաբերէին իրեն հետ եւ անոնք նոյնիսկ հիւանդանոց չէին տաներ զինքը:

Երբ անիկա մահացու հիւանդ ըսուելով յայտարարուեցաւ հիւանդանոցին մէջ, եւ մահուան դատավճիռը ստացաւ, անիկա լսեց մեր եկեղեցւոյ լուրը եւ եկաւ աղօթքս ընդունելու, որպէս վերջին յոյս Աստուծոյ յարելու: Աստուած բժշկեց այս կնոջ: Որոշ ատեն մը ետք, անիկա քովս եկաւ առողջ դէմքով եւ շնորհակալութիւն յայտնելով ինծի, դարձեալ իր տունը վերադարձաւ:

Յիսուս բժշկեց հիւանդները եւ ողջնցուց մեռածները: Անիկա բազմաթիւ հրաշքներ ցոյց տուաւ Իր ծառայութեան շրջանին: Անիկա ըսաւ. *«Եթէ նշաններ ու հրաշքներ չտեսնէք, բնաւ պիտի չհաւատաք»:* (Յովհաննու

4.48)

Հրաշքը Աստուծոյ գործ մըն է որ արագ փոփոխութիւն կը ստեղծէ կամ կը պատճառէ օդի եղանակի պայմաններուն մէջ: Յեսուի ժամանակ, իրենք Գաբաւոնի դէմ պատերազմ ունեցան, եւ արեւը երկինքին մէջ իր տեղը կայնեցաւ (Յեսուայ 10.13): Եսայի մարգարէին ժամանակ, արեւին շուքը տասը աստիճան ետ դարձաւ (4-րդ Թագաւորաց 20.11), եւ Յիսուսի ժամանակ, երեք մոգերը Բեթլէհէմ գացին շարժող աստղին հետեւելով (Մատթէոս 2):

Երկու տարբեր տեսակ նշաններ

Նշանները Աստուծոյ այն գործերն են որոնք տեսանելի հետք եւ ապացոյց կը ձգեն: Նշաններ գործելու մէջ, երբեմն Հայր Աստուած բուն դերը Ինք կը խաղայ: Այս պարագաները Հին Կտակարանի նշաններն են, նաեւ այն մէկը որ արձանագրուած է Յայտնութիւն Յովհաննու 15.1-ի մէջ: Մարկոս 13.22 կ'ըսէ. *«Վասն զի սուտ Քրիստոսներ եւ սուտ մարգարէներ պիտի ելլեն ու նշաններ եւ հրաշքներ պիտի ցուցնեն, որպէսզի եթէ կարելի ըլլայ, ընտրեալներն ալ մոլորեցնեն»:* Այս համարը կ'ըսէ. «Եթէ կարելի ըլլայ» ըսելու համար թէ այդ գործողութիւնը իրականին մէջ անկարելի է: Այսինքն, սուտ մարգարէները զօրութիւն չունին նշաններ ընելու, սակայն *«Եթէ կարելի ըլլայ»,* անոնք պիտի փորձեն ընել զայն ժողովուրդը խաբելու համար, նոյնիսկ ընտրեալները: Հայր Աստուծոյ բրած նշաններէն օրինակներ են՝ Եգիպտոսի Տասը Աղէտները (Բ. Օրինաց 6.22), եւ այն բոցը որ դէպի երկինք վեր կ'ելլէր (Դատաւորաց 13.19-20):

Ուրիշ տեսակ նշան մը կայ որ կը կատարուի երբ Տէրը եւ Սուրբ Հոգին միասին կը կատարեն բուն դերը, որպէսզի որոշ հետք մը ձգեն ետեւը: Այս նշանները մեծ մասամբ կը գտնուին Նոր Կտակարանին մէջ: Օրինակներ են, Յիսուսի կատարած նշաններէն՝ ջուրը գինիի փոխելը, հիւանդներ բժշկելը եւ մեռածները ողջնցնելը, նաեւ կոյրերուն տեսնելը, խուլերուն լսելը եւ համրերուն խօսիլը: Այս նշանները անկարելի է որ մարդոց ձեռքով կատարուին (Յովհաննու 6.2): Յիսուս, Աստուծոյ խօսքը քարոզելէն ետքը, նշաններ կատարեց որպէսզի անոնք որոնք կը վկայէին անոնց մասին, կարենային հաւատալ որ Աստուծոյ խօսքը բացարձակապէս ճշմարիտ է: Անշուշտ աւելի օրհնաբեր է հաւատալ նոյնիսկ առանց տեսնելու այդ ապացոյցները, սակայն դիւրին չէ ճշմարիտ հաւատք ունենալ առանց տեսնելու: Երբ մեղքը աւելի իշխէ, մարդոց սրտերը աւելի կը կարծրանան եւ աւելի դժուար կ'ըլլայ իրենց համար ճշմարիտ հաւատք ունենալը: Ներկայիս, աւետարանը տարածելու եւ հոգիներ փրկելու համար, աւելի օգտակար եւ աւելի ազդեցիկ է քարոզելը՝ նշաններով եւ հրաշքներով:

Այս Նշանները Անոնց Հետ Պիտի Երթան, Որոնք Կը Հաւատան

Կարգ մը հաւատացեալներ չեն հաւատար, կամ կը խորհին որ տարօրինակ է, երբ մենք կ'ըսենք որ Աստուածաշունչին մէջի նշանները տակաւին կը կատարուին այսօր: Ուրիշներ կասկածներ կ'ունենան խորհելով. «Ես հաւատքով աղօթեցի եւ ինչո՞ւ համար Աստուծոյ գործը տեղի չունենար»:

Սակայն Յիսուս վստահաբար ըսաւ. *«Անոնք որ կը հաւատան, այս նշանները անոնց հետ պիտի երթան, Իմ անունովս դեւեր պիտի հանեն, Նոր լեզուներ պիտի խօսին: Ձեռքերնին օձեր պիտի բռնեն եւ եթէ մահաբեր դեղ մը խմեն, իրենց պիտի չվնասէ, հիւանդներու վրայ ձեռք պիտի դնեն ու անոնք պիտի առողջանան»* (Մարկոս 16.17-18): «Անոնք որ կը հաւատան» ըսելով հոս կ՚ակնարկէ անոնց որոնք կատարեալ հոգեւոր հաւատք ունին: Հռովմայեցիս 12.3-ին մէջ կը կարդանք որ հաւատքի չափ մը կայ հոն, ճիշդ ինչպէս որ ընթացք մը կայ սերմի մը համար մինչեւ որ անիկա ծիլ տայ, աճի, ծաղկի, եւ պտուղ տայ: Անգամ մը որ հաւատքի սերմը ցանենք մեր մէջը, հաւատքը տարբեր ձեւերով պիտի աճի՝ կախում ունի ինչպէս մենք անոր հոգ կը տանինք: Ասոր համար է որ ամէն մէկուն հաւատքի չափը միւսէն տարբեր է: Այն չափով որ մենք կը կատարենք խօսքը եւ մեր սրտերը կը փոխենք ճշմարիտ սրտի մը, Աստուած այդ չափով մեզի հոգեւոր հաւատք կու տայ երկինքէն (Եբրայեցիս 10.22): Ուրեմն, եթէ մենք աճինք՝ Յիսուս Քրիստոսի սրտին նմանող կատարեալ հաւատք ունենալու համար, այդ նշանները մեզի պիտի ընկերանան:

Այսինքն, մենք Յիսուս Քրիստոսի անունով դեւեր դուրս պիտի հանենք եւ նոր լեզուներով պիտի խօսինք: *«Օձեր պիտի բռնեն»* հոգեւոր իմաստով կը նշանակէ թէ մենք Սատանային գործերը պիտի քանդենք Աստուծոյ Խօսքով: Նաեւ, անոնք որոնք կատարեալ հաւատքի մակարդակը հասած են, որեւէ հիւանդութենէ կամ մանրէներէ պիտի չհարուածուին, եւ եթէ նոյնիսկ անոնք անկախ իրենց կամքէն որեւէ մահացու թոյն խմեն, ատիկա պիտի չվնասէ իրենց որովհետեւ Աստուած կ'այրէ զայն Սուրբ Հոգւոյն կրակովը: Այս տեսակ պարագայ մըն էր երբ Պօղոս Առաքեալ թունաւոր օձէ մը խայթուեցաւ Մելիտէ կղզիին մէջ (Գործք Առաքելոց 28.5): Սակայն եթէ դուն զԱստուած փորձես, գիտնալով որ անիկա թոյն է, Աստուած այն ատեն չկրնար պաշտպանել քեզ: Նաեւ, կատարեալ հաւատքով, մենք կրնանք Աստուծոյ ոյժով բժշկութեան գործեր ցոյց տալ երբ նոյնիսկ անբուժելի հիւանդութիւններու համար աղօթենք:

Ինչ Ըսել Է «Նոր Լեզուներ»

Հոս ի՞նչ կը նշանակէ «Նոր Լեզուներ»ը: Ուրիշ լեզուներով խօսիլը Սուրբ Հոգւոյն պարգեւներէն մէկն է զոր Աստուած կ'ուզէ որ բոլոր իր զաւակները ունենան (Ա. Կորնթացիս 14.5): Սովորաբար մենք Աստուծոյ կ'աղօթենք մեր լեզուովը: Ասիկա սրտի աղօթք է: Սակայն երբեմն ալ մենք լեզուներով կ'աղօթենք, որը Հոգիի աղօթք մըն է (Ա. Կորնթացիս 14.15):

Երբ մենք անդրադառանանք որ մեղաւորներ ենք, զղջանք եւ ընդունինք Յիսուսը մեր սրտին մէջ, Աստուած Սուրբ Հոգին կու տայ մեզի որպէս նուէր եւ շատ պարագաներու Անիկա մեզի լեզուներ խօսելու պարգեւը կու տայ, որ Սուրբ Հոգւոյն պարգեւներէն մէկն է: Երբ մենք Սուրբ Հոգին կը ստանանք, այն Սուրբ Հոգին որ մեռած էր Ադամի սկզբնական մեղքին պատճառով՝ կը վերակենդանանայ: Եթէ մենք լեզուներ խօսելու պարգեւը ստանանք, այս հոգին ինքնին կ'աղօթէ Աստուծոյ: Ուստի, որպէս Քրիստոնեայ, եթէ մենք լեզուներ խօսելու պարգեւը ստանանք եւ աղօթենք, աւելի զօրութիւն պիտի ստանանք եւ մեր հոգին պիտի բարգաւաճի:

Քանի որ ես նոր հաւատացեալ մըն էի, ամբողջ-գիշերուայ աղօթքներուն մէջ ես իմ ամբողջ սրտովս կ'աղօթէի, եւ երբ սկսայ հոգիով աղօթել, այսինքն ուրիշ լեզուներով, աղօթքը տեղափոխելով ետեւ եւ առջեւ, ես Սուրբ Հոգւոյն ներշնչումով սկսայ երգել ուրիշ լեզուներով: Երբ աւելի կը խորանայի ուրիշ լեզուներով փառաբանութեան երգեր երգելու մէջ, երբեմն անգիտակցաբար ձեռքերս վեր կ'ելլէին եւ մի քանի պարեր կը կատարէի: Այս կէտէն սկսեալ, երբ աղօթքի աւելի խորունկ մակարդակի կը հասնէի, ես կը սկսէի նոր լեզուներով խօսիլ: Նոր լեզուներով խօսիլը շատ հզօր եւ ազդեցիկ աղօթք մըն է:

Երբ Ես Յիսուսի Անունով Հրամայեցի

Նոյնիսկ Բոյսերը Չփորձել

Ինչ շնորհակալ պէտք է ըլլանք որ Աստուծոյ հիանալի գործերը որ Յիսուս ցոյց տուաւ աւելի մօտ 2,000 տարիներ առաջ, տակաւին նոյն ձեւով կը պատահին ամէն անոնց համար որոնք հաւատքով կ'աղօթեն: Ես նոր հաւատացեալ ըլլալէս ի վեր, անհամար աղօթքներ դիզած եմ որպէսզի կարելի ըլլար ինծի կատարել բոլոր այն զօրութեամբ լեցուն Աստուծոյ գործերը որոնք կը կատարուէին մարգարէներուն եւ առաքեալներուն կողմէ: Եկեղեցին սկսած ատենս, այդ նշանները որոնք կ'ընկերանան անոնց՝ որ կը հաւատան, արդէն տեղի կ'ունենային:

1982-ին, եկեղեցին սկսելէն անմիջապէս ետք, մենք մօտաւորապէս երեսունէն քառասուն հազար ուօն ունէինք (30-40 տոլար), որպէս շաբաթական նուիրատուութիւն: Մենք ուզեցինք բեմին վրայ մի քանի ծաղիկի զարդարանքներ ունենալ, սակայն մենք ո՛չ յարմար անձը ունէինք այդ ընելու, ոչ ալ բաւական դրամ ունէինք ծաղիկները գնելու: Սակայն Օգոստոս ամսուն, մէկը թաղար մը բերաւ պզտիկ ծառով մը, որ շատ տերեւներ ունէր: Հակառակ որ ծաղիկի զարդարանքներ չունէինք, մենք այդ թաղարը ունէինք եւ անիկա սիրուն էր ու թանկագին: Սակայն մօտ երկու շաբաթ ետք, տերեւները դեղնեցան եւ ան սկսած էր մեռնիլ: Ես գէշ զգացի որովհետեւ այդ սիրուն ծառը կը մեռնէր: Եթէ Աստուած մեռած մարդ մը կ'ողջցնէ, արդեօք Ան պիտի պատասխանէ՞ր ինծի եթէ ես այս ծառին համար աղօթէի: Մտքիս մէջ այս խորհուրդին յանկարծակի ծագումով, ես ձեռքս դրի ծառին վրայ եւ աղօթեցի, «Վերակենդանացի՛ր Յիսուս Քրիստոսի անունով»:

Յաջորդ օրը, երբ սրբարան եկայ առաւօտեան աղօթքի պահը առաջնորդելու համար, դեղին տերեւները դարձեալ կանանչ դարձած էին: Անոր յաջորդող օրը, ծառը բոլորովին վերակենդանացած էր՝ թարմ կանանչ տերեւներով: Անդամները՝ որ տեսան այս եղածը, ինծի հետ միասին ուրախութեամբ ցնծացին եւ Աստուծոյ փառք տուին: Ես շատ ուրախ էի եւ հաճոյք զգացի տեսնելով որ մեռնող ծառը վերակենդանացած էր: Սեպտեմբերին, ոսկեծաղիկ թաղար մը նուիրուեցաւ եկեղեցիին: Այդ գեղեցիկ ծաղիկներուն նայելով, ես ուզեցի փորձել եթէ այդ ծաղիկները պիտի մեռնէին երբ աղօթէի անոնց համար՝ որ մեռնէին: Երբ Յիսուս թուզի ծառը անիծեց, անիկա չորցաւ: Ուրեմն, եթէ աղօթէի եւ հրաման տայի որ այս ոսկեծաղիկը մեռնէր, անիկա պիտի չմեռնէ՞ր:

Ես աղօթեցի եւ հրամայեցի որ այդ ոսկեծաղիկը մեռնէր, պարզապէս միայն այդ փորձառութիւնը ունենալու համար: Սակայն ետքը անհանգիստ զգացումներ ունեցայ սրտիս մէջ: Երբ այդ իրիկուն աղօթեցի, լսեցի Աստուծոյ խօսքը որ զիս խստօրէն կը յանդիմանէր, հակառակ որ ոչ ոք տեսած էր այդ բոյսին անիծելս:

«Ո՜վ իմ ծառաս, նոյնիսկ մէկ բոյս մը իր կեանքը ունի ու Աստուած կ'աճեցնէ զայն, եւ դուն ինչպէ՞ս կ'անիծես զանիկա: Դուն զի՞ս կը փորձես: Ո՜վ իմ ծառաս, դուն չար ես: Դարձի եկուր: Դուն չես կրնար որեւէ ատեն պարզապէս օրհնել կամ անիծել: Դուն այդ պէտք է ընես միայն այն ատեն երբ Սուրբ Հոգին սիրտդ շարժէ»:

Ես այնքան զարմացայ որ կը քրտնէի: Անմիջապէս երեք օրուայ ծոմապահութիւն սկսայ եւ ամբողջովին զղջացի ըրածիս: Անկէ ի վեր, նոյնիսկ երբ մարդիկ ըլլային որոնք հալածէին, խայտառակէին եւ անիծէին զիս, ես չէի ատեր զիրենք եւ կամ ատելութեամբ չէի աղօթեր իրենց համար: Ինչպէս Աստուծոյ խօսքը կ'ըսէ, ես կ'աղօթէի անոնց համար որոնք կը հալածէին զիս եւ կ'օրհնէի զանոնք՝ սիրոյ հոգիով:

Աշխարհի Առաքելութեան Պարտականութիւնը

«Ինծի կանչէ՛ ու քեզի պատասխան պիտի տամ եւ քեզի մեծ ու խորհրդաւոր բաներ պիտի պատմեմ, որոնք դուն չես գիտեր» (Երեմեայ 33.3): Այս համարէն կախուելով, ես շատ աղօթեցի, Աստուծոյ հետ մարտնչելով Յակոբի պէս՝ որ կը մարտնչէր Յաբոկ գետին ծայրը: Մինչ աղօթքի մէջ

կ'աղաղակէի Աստուծոյ եւ հնազանդելով ծոմապահութիւն կ'ընէի ու կը փորձէի Աստուծոյ խօսքով ապրիլ, Աստուած կ'իրագործէր Իր խոստումները: Ես սկսայ լսել Աստուծոյ ձայնը, եւ ատեն ատեն, մեծ ու հզօր բաներ սկսայ տեսնել: Երբեմն Աստուած ինծի թոյլ կու տար սկիզբէն գիտնալու թէ ինչ պիտի պատահէր երկրին մէջ՝ աշխարհի դէպքերուն հետ առընթեր: Եկեղեցւոյ բացման ժամանակ, Աստուած մեզի իմացուց որ մեր եկեղեցիին միջոցաւ Ինք մեծապէս աշխարհի առաքելութիւնը պիտի իրագործէր եւ թէ մենք Իրեն համար Մեծ Սրբարանը պիտի շինէինք:

Աստուծոյ ծառան կանչուելէս ի վեր, ես կ'աղօթէի որ այնպիսի ծառայ մը ըլլայի որ կարող ըլլար Աւետարանը տարածել բոլոր ժողովուրդներուն եւ շատ հոգիներ փրկել: Յետոյ, Աստուած ինծի Աշխարհի Առաքելութիւնը իրագործելու պարտականութիւնը տուաւ, եւ ես ընդունեցի խօսքը որ կ'ըսէր, *«Դուն լեռները, գետերը, եւ ծովերը պիտի անցնիս եւ նշաններ ու հրաշքներ պիտի կատարես»:* Նաեւ, Ան ինծի աւետարանը քարոզելու պարտականութիւնը տուաւ՝ ընտրեալ ժողովուրդին, Իսրայէլի, վերջին օրերուն մէջ: Աստուած ինծի թոյլ տուաւ իմանալու որ Աւետարանը պիտի վերադառնար իր ծննդավայրը եւ նոյնիսկ հրեաներ որոնք չէին դաւաներ Յիսուսը որպէս իրենց Փրկիչը, դարձի պիտի գային եւ պիտի ապաշխարէին:

Մեծ Սրբարանի Շինութեան Տեսիլքը

Եկեղեցւոյ բացումէն անմիջապէս ետք, մենք բժշկութեան նստաշրջաններ կ'ունենայինք ամէն Ուրբաթ օրուայ ամբողջ-գիշերուայ արարողութեան ընթացքին, եւ ամէն շաբաթ Աստուած մէկ անդամի մը տեսիլք տեսնելու պարգեւը կը շնորհէր: Ես անձամբ կը քննէի ամէն մէկ անդամ տեսնելու համար թէ արդեօք այդ պարգեւը որ ստացեր էին իսկապէս Աստուծմէ՞ էր: Աստուած մեզի Սուրբ Հոգւոյն պարգեւները կու տայ, որովհետեւ անոնք օգտակար են մեզի համար, սակայն երբեմն, մարդիկ կը ստանան բան մը որ Աստուծոյ պարգեւը չէ, եւ ասիկա կը ստանան Սատանայի գործերով ու բոլորովին տարօրինակ բան մը կը տեսնեն: Ասոր համար է որ մենք շիտակ ձեւով պէտք է կարենանք զանազանել հոգիները:

Օր մը, 1982-ի Սեպտեմբերին, Աստուած 17 անդամներու տեսիլք մը ցոյց տուաւ Մեծ Սրբարանին մասին որ մենք պիտի շինէինք: Մէկը տանիքը տեսաւ, ուրիշ մէկը՝ ներսի մասը տեսաւ, ուրիշ մը՝ ետեւի կողմը տեսաւ, եւ տակաւին ուրիշ մը՝ գեղեցիկ մարմարէ սիւները տեսաւ: Առաստաղին կեդրոնը խաչի ձեւով կը բացուէր որպէսզի արեւու լոյսը ներս մտնէր: Մեծ Սրբարանին բեմը սրբարանին կեդրոնը զետեղուած էր եւ կամաց-կամաց կը դառնար: Անդամներէն մէկը տեսաւ որ ես հոն կը քարոզէի, մինչ սրբարանը խուռներամ բազմութեամբ լեցուած էր:

Մեր անդամներուն բոլոր այս տեսածները հաւաքելով, մենք մասնագէտ անձի մը խորհուրդը առինք եւ թռչունի աչքով դիտուած սրբարանը շինեցինք: Նոյնիսկ հիմա, մենք Մեծ Սրբարանին օդային տեսարանի պատկերը ունինք մեր շաբաթական տեղեկագիրին առաջին էջին վրայ: Իրականացնելու համար այն երազը որ եկեղեցւոյ սկզբնաւորութեան Աստուած մեզի տուած էր, մենք շարունակաբար մինչեւ հիմա հաւատքով կ՚աղօթենք:

Աստուած բացատրեց մեզի թէ ինչո՞ւ համար վերջին ժամանակներու մէջ Մեծ Սրբարանը պէտք պիտի ըլլար եւ ցոյց տուաւ թէ ինչպէս պիտի շինուէր անիկա: Այն Մեծ Սրբարանը որուն միջոցաւ Աստուած կ՚ուզէ փառաւորուիլ, չկրնար շինուիլ պարզապէս անոր համար որ մենք դրամ ունինք: Աստուած կ՚ուզէ որ Իր Սրբարանը շինուի Իր զաւակներուն միջոցաւ՝ որոնք մեծ խանդով կը սիրեն զԱստուած եւ իրենց սրտերը թլփատած են ու սրբացած են:

Առաջին Արթնութիւնը Ծննդավայրին Մէջ

1983-ի Փետրուարին, ես առաջին արթնութեան ժողովը առաջնորդեցի իմ ծննդավայրիս մէջ: Ասիկա տեղի ունեցաւ Մուանի, Չիօլլա Նամտօ նահանգի ՀէՃէ գիւղաքաղաքի եկեղեցիին մէջ: Սակայն նոյն եկեղեցւոյ անդամները ինքնին ներկայ չեղան ժողովին: Փոխարէնը, գիւղին մէջէն կարգ մը ուրիշ մարդիկ լեցուցին եկեղեցին:

Անոնք խղճալի պատմութիւն մը ունէին: Դրացի գիւղին մէջ ուրիշ եկեղեցի մը կար որ մեծ յարանուանութեան մը կը պատկանէր եւ այս եկեղեցին դրամով փորձութեան կ՚ենթարկէր մեր գիւղաքաղաքի եկեղեցւոյ անդամներուն, եւ ուրեմն անդամներուն մեծ մասը կ՚ուզէին տեղափոխուիլ եւ միւս եկեղեցին յաճախել: Այս պատճառաւ, եկեղեցւոյ հովիւը արթնութեան այս ժողովները կը կազմակերպէր որպէսզի պահէր այն անդամները որոնք կ՚ուզէին ձգել եկեղեցին: Սակայն եկեղեցւոյ անդամները ոչ միայն չգործակցեցան հովիւին հետ, այլ նաեւ անոնք ներկայ չեղան ժողովներուն: Արթնութեան ժողովները չյաճախելնուն պատճառը այն էր, որ իրենց հովիւը հոչակաւոր անձ մը չէր հրաւիրած որպէս քարոզիչ, այլ ան հրաւիրած էր «Ճէյրոք Լի» կոչուած, տակաւին չօծուած եւ անծանօթ հովիւ մը:

Առաջին ժողովէն իսկ, Աստուած մեծ հրաշքներ ցոյց տուաւ: Կին մը՝ որ 10 տարիներէ ի վեր չէր կրցած քալել, եւ իր ոսկորներուն սուր ցաւին պատճառով չէր կրնար քնանալ, մտիկ ըրաւ պատգամը եւ հաւատք ստացաւ: Աղօթքի միջոցաւ անիկա սկսաւ ոտքի ելլել, քալել եւ ցատկել: Անմիջապէս այս լուրը տարածուեցաւ բոլոր երկրամասի գիւղերը, եւ յաջորդ օրուընէ սկսեալ, հովիւներ եւ եկեղեցւոյ անդամներ սկսան հեռու տեղերէ, մինչեւ 18 մղոն հեռաւորութենէ, յաճախել ժողովները: Արթնութեան ժողովները շարունակուեցան եւ եկեղեցին լեցուն էր մեծ բազմութեամբ որոնք տարբեր տեղերէ կու գային:

Ծեր կին մը կար որուն կռնակը 90 աստիճան ծռած էր: Անիկա միշտ եւ միայն գետինը նայելով պէտք էր քալէր: Այս ծեր կինը ինծի կը ծառայէր, որ խօսողն էի, տաք խմիչքներ հրամցնելով ամէն մէկ աղօթքի ժողովի ընդմիջումին, առտու, կէսօր եւ իրիկուն, նոյնիսկ պաղ օդին: Իրականութեան մէջ ես չէի սիրեր այն խմիչքի տեսակը որ ան ինծի կը բերէր, սակայն տակաւին ես կը խմէի զայն, նկատի առնելով անոր թափած ճիգը: Արթնութեան ժողովներուն վերջին օրը, այս կնոջ կռնակը ամբողջովին շտկուեցաւ: Ասկէ զատ, շատ ուրիշ մարդիկ Աստուծոյ բժշկարար գործերը տեսան եւ փառք տուին

Իրեն: Այն ատեն էր որ այդ եկեղեցւոյ անդամները Աստուծոյ մեծ գործերը ճանչցան եւ անդրադարձան որ իրենք սխալած էին եւ ուրեմն անոնք զղջացին իրենց հովիւին դիմաց ու սկսան արթնութեան մնացեալ ժողովները յաճախել:

Ածխածնային Կազին Հրամայել՝ Յիսուս Քրիստոսի Անունով

Այդ ժամանակ շատ տուներու մէջ փայտածուխի ածխաքար կը գործածէին տաքնալու համար: Ուստի ձմրան մէջ, շատ արկածներ կը պատահէին: Ամէն օր մենք կը լսէինք այն մարդոց լուրերը որոնք մեռած էին կամ հիւանդանոց փոխադրուած՝ կազի թունաւորման պատճառով: Փետրուար 12, 1983-ին, Ուրբաթ օրուայ ամբողջ-գիշերուայ արարողութիւնը տեղի ունեցաւ, ճիշդ Լուսնային Նոր Տարիէն առաջ: Այդ ժամանակ շէնքին ստորահակը կը գործածուէր որպէս իմ բնակարանս: Հոն ննջասենեակներ կային, նստասենեակ մը, դռնապանին սենեակը, եւ գրասենեակներ:

Ուրբաթ օրուայ ամբողջ-գիշերուայ արարողութիւնը սկսելէն առաջ, երիտասարդ մը՝ Սուք-Քի-Բարք անունով, խորհեր է թէ, որովհետեւ արարողութեան յաջորդ օրը Լուսնային Նոր Տարուայ արձակուրդ էր, կը մտադրէր Կիրակի օրուայ պաշտամունքին ներկայ չըլլալ, հապա փոխարէնը՝ իր ընկերներուն հանդիպիլ: Այդ վայրկեանին անիկա քնատ զգացեր է եւ ուզեր է թեթեւ քուն մը առնել որոշ ատեն մը եւ ետքը վերադառնալ արարողութեան: Անիկա վար իջեր է, ուր իմ բնակարանս էր:

Խորհելով որ միայն կարճ ժամանակ մը պիտի հանգչէր, անիկա խորունկ քունի մէջ մտեր է: Բնակարանիս ննջարանին մէջ, իմ երեք երիտասարդ աղջիկներս կը քնանային: Սրբարանը, որ միայն 540 քառակուսի ոտք էր տարածութեամբ, 150 հոգիէ աւելի մարդոցմով լեցուած էր, ուստի երեխաներու համար տեղ չկար: Եկեղեցին խուռներամ բազմութեամբ լեցուած էր, որոնք եկած էին արարողութեան ներկայ ըլլալու համար: Անոնք նոյնիսկ աղօթքի սենեակներուն մէջ եւ սրբարանին դուրսը եղող աստիճաններուն վրայ կեցած էին: Քանի որ այդ օրը երկինքը ծանրօրէն ամպերով ծածկուած էր, փայտածուխէն ելած ածխածնային կազը օրինաւոր ձեւով դուրս չէր ելլեր: Որովհետեւ Ուրբաթ օրուայ ամբողջ-գիշերուայ արարողութիւնը գիշերը ժամը 11-ին կը սկսէր եւ կը վերջանար առտուայ ժամը 6-ին, այդ երիտասարդը եւ իմ երեք աղջիկներս 7 ժամէն աւելի այդ մահառիթ կազին ենթարկուած էին: Երիտասարդը ըսաւ որ մէկ անգամ ինքը գտած էր իր գիտակցութիւնը, սակայն որովհետեւ իր մարմինը արդէն պնդացած էր, ան չէր կրցած շարժիլ: Արարողութենէն ետք, երբ անդամները տուն կը վերադառնային, դռնապանը վար իջնելով, առաջին ականատեսը եղած էր այդ տեսարանին: Գտնելով զանոնք, դռնապանը պոռաց. «Անոնք մեռա՛ծ են»: Այս ստիպողական կանչին վրայ, անոնք որոնք սրբարանին մէջ էին, հոն հաւաքուեցան: Եկեղեցւոյ անդամները իմ երեք աղջիկներս եւ այդ երիտասարդը, սրբարան բերին: Անոնք բոլորն ալ կորսնցուցած էին իրենց գիտակցութիւնը: Իրենց աչքերը ճերմակ դարձած էին եւ իրենց բերաններուն մէջ պղպջակի պէս փրփուր կար:

Իմ երեք աղջիկներս, տակաւին հազիւ թէ կը շնչէին, բայց այդ երիտասարդը, Սուք Քի-Բարքը, ալ չէր շնչեր: Իր մարմինը արդէն քարացած էր: Անիկա իրականին մէջ արդէն դիակի մը վերածուած էր: Ես շատ լաւ գիտէի ածխածնային կազի վտանգը, բայց քանի որ այդ տեսակի փորձառութիւն մը երբեք չէի ունեցած անկէ առաջ, ես խորհեցայ որ անոնք կրնային վերակենդանանալ: Գրեթէ աներեւակայելի բան մըն էր որ Աստուած կենդանացնէր զանոնք իմ աղօթքիս միջոցաւ: Նոյնիսկ եթէ անոնք հիւանդանոց փոխադրուելով դարմանում ստանային եւ վերակենդանանային, անոնք մտքով կամ մարմնով թերած պիտի դառնային կամ նոյնիսկ մարդկային խոտի պէս պիտի ապրէին իրենց կեանքին մնացեալ օրերուն մէջ:

Ես հազիւ թէ նոր սկսած էի իմ ծառայութիւնս, եւ եթէ մէկը արկածի մը հետեւանքով մեռնէր եկեղեցւոյ բացումէն անմիջապէս ետքը, ինչպէ՞ս պիտի կարենայի շարունակել իմ հոգեւոր ծառայութիւնս: Ես պիտի չկարենայի դիմանալ այդ տեսակ պատահարով նախատինք բերելու Աստուծոյ: Բեմ ելայ եւ աղօթեցի, «Տէ՛ր Աստուած, Դուն ես որ կեանք կու տաս կամ ետ կ'առնես զայն: Ես շնորհակալ եմ Քեզմէ որ իմ աղջիկներս երկինքը Տէրոջը հետ են, այնտեղ՝ ուր ոչ արցունք կայ, ոչ ցաւ, ոչ ալ տառապանք: Սակայն այս երիտասարդ տղան եկեղեցւոյ անդամ մըն է եւ եթէ ան մեռնի, ասիկա ամօթ պիտի սեպուի Քու առջեւդ: Հաճիս թոյլ տուր որ այս երիտասարդը դարձեալ ապրի»:

Աղօթքով Աստուծոյ շնորհակալութիւն յայտնելէս ետքը, եկեղեցւոյ շատ անդամներ՝ ծունկի եկած կ'աղօթէին Աստուծոյ որ անոնք վերակենդանանային: Առաջ ես այդ մեռած երիտասարդին քով գացի, ձեռքս դրի անոր վրայ եւ աղօթեցի, «Ես կը հրամայեմ Յիսուս Քրիստոսի անունով, ածխածնային կազ, անհետացի՛ր: Հա՛յր, վերակենդանացուր այս երիտասարդին հոգին եւ փառաւորուիր»: Ետքը ես երեք աղջիկներուս վրայ, մէկ առ մէկ, աղօթեցի: Երիտասարդին վրայ աղօթելէս ետքը, իմ ամենափոքր աղջկանս՝ Սուճինին համար աղօթեցի: Մինչ կ'աղօթէի Սուճինին համար, երիտասարդ տղան ոտքի ելաւ եւ երգչախումբի նստարաններուն քովը նստաւ: Կը թուէր թէ ան չէր գիտեր թէ ինչ պատահած էր, քանի որ անիկա միայն կը յիշէր այն ժամանակը երբ քնանալու գացեր էր ստորահակը: Յետոյ, երբ ես երկրորդ աղջկանս համար կ'աղօթէի, իմ երրորդ աղջիկս՝ Սուճինը, իր գիտակցութիւը գտաւ եւ ոտքի ելաւ: Իմ երեք աղջիկներուս վրայ աղօթելէս նոյնիսկ մէկ վայրկեան չանցած, անոնք բոլորն ալ ոտքի ելան: Անդամները, որոնք կը դիտէին այս եղածը, մեծ զգացումով, հոգիով լեցուած, փառք տուին Աստուծոյ եւ զԱստուած փառաւորեցին: Յետոյ այդ երիտասարդը ըսաւ որ իր հոգին, որ ելած էր իր մարմինէն, օդին մէջ կը դիտէր ինչ որ վարը կը պատահէր: Անիկա նոյնպէս կը դիտէր երբ դռնապանը իր մարմինը շալկելով սրբարան տարած էր եւ ինք աղօթք ստացեր էր ինձմէ:

Քանի որ ածխածնային կազը ուղեղին բջիջները կը փճացնէ, բացայայտ էր որ 7 ժամ այդ կազը շնչելով՝ անոնք պիտի մեռնէին: Նոյնիսկ եթէ հիւանդանոց տարուէին եւ ողջ մնային, անոնք պիտի տառապէին ետքը եկող արդիւնքներէն: Սակայն, քանի որ Աստուած բժշկած էր զիրենք եւ մաքրած էր այդ կազէն եւ որեւէ յետագայ արդիւնքներու կարելիութիւններէն, այդ երիտասարդը եւ իմ երեք աղջիկներս առողջ կեանքեր ապրեցան առանց յետագայ արդիւնքներու: Երբ այս տեսակի փորձութիւն մը եկաւ իմ վրաս, ես մի միայն Աստուծոյ վրայ ապաւինեցայ եւ նոյնիսկ մտքէս չանցաւ աշխարհի վրայ ապաւինիլ: Այս քննութիւնը շնորհակալութեամբ անցընելէս ետքը, ես անդրադարձայ որ Աստուած ինծի ուժ տուած էր հակակշռելու եւ իշխելու նոյնիսկ անկենդան բաներու վրայ, ինչպէս՝ածխածնային կազը:

Այս դէպքէն ետք, Աստուած սորվեցուց ինծի թէ ինչպէս պէտք էր դուրս քշէի ածխածնային կազը: Քանի որ այդ կազը սկիզբը կ'անդամալուծէ ուղեղի բջիջները եւ ետքը ամբողջ մարմնին ջիղերը, վնասուած անձը առաջ իր գիտակցութիւնը կը կորսնցնէ եւ ետքը իր մարմինը կը սկսի քարանալ: Ուստի, անոնց համար որոնք կազի թունաւորում կ'ունենան, Աստուած ինծի սորվեցուց որ այսպէս պէտք էր աղօթէի, ըսելով. «Յիսուս Քրիստոսի անունով կը հրամայեմ որ անմիջապէս դուրս ելլես ռունգերէն, բերնէն եւ երկու ականջներէն, ինչպէս նաեւ բոլոր բջիջներէն»: Այս ձեւով այդ կազը, որ ամբողջ մարմինը անդամալուծած է, պիտի հնազանդի հրամանին որ ազատ արձակէ մարմինը եւ շուտով դուրս պիտի ելլէ:

Տասը Բորոտներ Զմաքրուեցա՞ն: Սակայն Ինն, Ո՞ւր են Անոնք

Ես Աղօթեցի եւ Աստուած Ցոյց Տուաւ Ինծի

Եկեղեցւոյ բացումէն սկսեալ մինչեւ երկու տարի, ես անձնապէս կ'այցելէի եւ հոգ կը տանէի անդամներուն: Եթէ կարգ մը անդամներ Կիրակի օրուայ պաշտամունքին ներկայ չըլլային եւ կամ եթէ որեւէ զրկանքէ կամ դժուարութենէ տառապէին, ես ամբողջ գիշերը ծոմապահութեամբ աղօթք կ'ընէի անոնց համար, եւ իրենց տեղը լալով կը զղջայի: Շատ մը հաւատացեալներ եկեղեցիէն բաւական հեռու տեղեր կ'ապրէին: Նաեւ անոնց մեծ մասը դրամական տեսակէտով լաւ վիճակի մէջ չէին, իսկ անոնցմէ մաս մը սնանկացած էին եւ յուսահատութեան մէջ կ'ապրէին:

Երբ անդամներուն թիւը մինչեւ հարիւրներու մէջ էր, ես կրնայի մէկ հայեացքով տեսնել թէ ով բացակայած էր Կիրակի օրուայ պաշտամունքէն: Ես ծոմ կը պահէի անդամներուն համար եւ երբ անձնապէս ինծի դժուար ըլլար այցելել իրենց, կարգ մը ուրիշ աշխատակիցներ կը ղրկէի որ իմ տեղս իրենք այցելութեան երթային անոնց: Ես կը փորձէի նոյնիսկ մէկ հատիկ հոգի մը չկորսնցնել, որուն Աստուած ինծի վստահած էր:

Խորհուրդ Տալ՝ Սիրոյ Հոգիով

Ես երբեմն Սիրոյ հոգիով խորհուրդ կու տայի կամ բան մը ցոյց կու տայի եկեղեցւոյ անդամներուն, այն փափաքով որ անոնք փոխուէին կամ հաւատքի մէջ աճէին: Երբ անդամի մը մասին մտահոգուէի եւ եթէ այդ անձին համար 10 վայրկեան աղօթէի, Աստուած ցոյց կու տար ինծի եւ թոյլ կու տար ինծի այդ մարդուն ընտանիքին հետ կամ իր աշխատած տեղին հետ կապուած հարցերը:

Կիրակի օր մը, անդամ մը, որ երբեք բացակայ չէր ըլլար ժողովներէն, այդ օրը ներկայ չէր: Ես չկրցայ ինքզինքս զսպել անոր մասին մտահոգուելէ: Ուստի աղօթեցի, «Տէ՛ր Աստուած, այս մանայատուկ անձը ներկայ չեղաւ Կիրակի օրուայ պաշտամունքին: Ի՞նչ պատահած է իրեն: Աստուած ցոյց տուաւ ինծի որ անիկա խմիչքի ըմպելարանի մը մէջ էր Կիրակի օրով: Որոշ ժամանակ մը ետքը, ես իրեն ըսի թէ ինչ տեսած էի, որովհետեւ համոզուած էի որ անիկա պիտի չվշտանար կամ պիտի չգայթակղէր եթէ ըսէի իրեն: Յետոյ, անոր դէմքը կարմրեցաւ բայց ընդունեց եղելութիւնը:

Անդամ մը կար որ միայն առտուայ արարողութեան

ներկայ եղած էր եւ ես չէի կրցած գտնել զինքը իրիկուայ ժողովին: Անիկա անձ մըն էր որ նոյնպէս օրինաւոր ձեւով Շաբաթը կը պահէր: Երբ կ'աղօթէի իրեն համար, Աստուած ինծի ցոյց տուաւ, որ անիկա կը խմէր պսակի մը ընդունելութեան ժամանակ: Քանի մը օրեր ետք ըսի իրեն. «Անձ մը որ որոշ գոյնի հագուստ հագած էր, ստիպեց քեզի խմել քանի մը անգամներ: Դուն սկիզբը մէկ-երկու անգամ մերժեցիր, բայց վերջաւորութեան զիջեցար եւ խմեցիր»: Անոր դէմքը կարմրեցաւ եւ ան շատ նեղը մնացած զգաց ինքզինքը:

Ամէն պարագայի, մինչ ես այս տեսակի խրատներ կու տայի, կը զգայի որ այն անդամները որոնք մեղքեր կը գործէին, կը սկսէին վախնալ ինձմէ եւ կը փորձէին ինձմէ փախուստ տալ: Քանի որ կը տեսնէի անդամներ՝ որոնք մեղքեր կը գործէին եւ կը խաբէին, իրենց այս անառակ գործերը եւ շնութիւնները տեսնելով՝ սիրտս կը կոտրուէր եւ ես արցունքներով կ'աղօթէի Աստուծոյ:

Օր մը, աղօթքի մէջ, լսեցի Տէրը որ կը խօսէր ինծի ըսելով.-

«Մի նայիր քու անդամներուդ ներկայ վիճակներուն: Անոնց նայիր հաւատքի աչքերով եւ այն ակնկալութեամբ որ ապագային անոնք պիտի փոխուին: Եթէ անոնք խաբեն քեզ, պարզապէս մտիկ ըրէ իրենց եւ մի փորձէր աւելի բաներ յայտնաբերել: Եթէ դուն միայն քու անդամներուդ ներկայ վիճակին նայիս, քու սիրտդ պիտի կոտրուի, քու հոգիդ պիտի մաշի եւ առողջութիւնդ պիտի կորսնցնես, ու այս ձեւով դուն պիտի չկարենաս քու պարտականութիւնդ կատարել»:

Այդ ատենէն սկսեալ, ես ամէն բան Աստուծոյ ձեռքերուն մէջ դրի եւ դադրեցայ աղօթելէ գիտնալու համար թէ անդամներս ի՛նչ կ՚ընէին:

Եկեղեցի յաճախող ժողովուրդը, որոնք երկրին բոլոր կողմերէն կու գային, ոչ միայն անոնք էին որոնք կու գային բժշկութիւն ստանալու, այլ նաեւ կային մարդիկ՝ որոնք հոգեւոր ծարաւ ունենալով, կեանքի խօսքը կը փնտռէին: Կային անձեր, որոնք Աստուծոյ կը ծառայէին եւ իրենք-զիրենք Աստուծոյ կը նուիրէին, երկնային վարձատրութիւններ փնտռելով, իրենց հարցերը լուծուելէն եւ բժշկուելէն ետքը: Մինչ ուրիշներ դարձեալ աշխարհ կ՚երթային՝ իրենց անձնական շահերը փնտռելով:

Կուռքերը Թափել եւ Լոյսին Գալ

Քյոնկսուն Բարք այնպիսի ընտանիքէ մը կու գար՝ որոնք կուռքեր կը պաշտէին իր եկեղեցի յաճախելէն առաջ: Անոր կեսուրը տկարամիտ աղջիկ մը ունէր եւ մայրը ամիսը գոնէ մէկ անգամ ոգիներ դուրս հանելու ծէս մը կը կատարէր, պարզապէս իր աղջիկը բժշկելու համար:

Նաեւ, անիկա կահ-կարասիին վրայ, բարձերուն մէջ եւ նոյնիսկ առաստաղին փակած շատ տեսակի բախտի հմայքներ եւ բժժանքներ կը դնէր: Անիկա այս հմայնքները տան ամէն մէկ անկիւնը դրած էր:

Եկեղեցւոյ բացումէն ոչ շատ վերջը, ես այս տունը այցելեցի, ընտանեկան պաշտամունքի արարողութեան մը համար եւ կրցայ տեսնել դեւերու կերպարանքները, ուստի ըսի իրեն, «Կը խորհիմ որ դուն տակաւին մի քանի բժժանքներ ունիս տան մէջ մնացած»: Անիկա պնդեց ըսելով. «Պատուելի՛, ոչ, չկան: Ես արդէն ամէն տեղ փնտռեցի եւ բոլոր եղածները թափեցի»: Ես նորէն ըսի իրեն. «Տան մէջ դեւ մը կայ որ չուզեր ելլել: Անպայման աւելի բժժանքներ պէտք է ըլլան տունը: Գտիր զանոնք եւ այրէ»:

Երբ Քյոնկսուն Բարք դարձեալ փնտռեց տան անկիւնները, անիկա քանի մը ուրիշ բժժանքներ եւս գտաւ: Ամբողջ ընտանիքը միասին թափեցին այդ կուռքերը, արձանագրուեցան եկեղեցիին եւ Յիսուսի հետեւող կեանքեր ապրեցան: Քյոնկսուն Բարք բժշկուեցաւ իր սրտի հիւանդութենէն, որմէ կը տառապէր երկար ատենէ ի վեր: Անոր կեսուրն ալ բժշկուեցաւ իր ստամոքսի հարցերէն:

Երիտասարդ Մարդ Մը՝ Մահացու Թոքախտով

Այդ ժամանակ շատ մարդիկ, իրենց թոքերուն մէջ, կը տառապէին թոքախտով: Քուանկճույէն եկած երիտասարդ մը, Տայիի Չօ անունով, թոքախտ ունեցած էր երկրորդական վարժարան եղած ժամանակ: Անիկա ժողովրդային բժշկական կեդրոնէն դեղեր առնելով առողջութիւնը վերագտած էր, սակայն երբ համալսարան սկսեր էր յաճախել, անիկա ինքզինքը խմիչքի եւ ծխախոտի մղած էր, ուստի թոքախտի հիւանդութիւնը դարձեալ եկած էր իր վրայ: Երբ թոքախտը կրկնուեցաւ, անիկա դարձեալ դեղեր առաւ, բայց բան մը չօգնեց իրեն:

Իր մայրը՝ «լաւ դարման» ըսուած ամէն բան բերած էր իր տղուն հիւանդութեան համար եւ տուած էր իրեն: Այս «դարմաններ»ուն մէջ կային օձեր, կատուներ, թարմ լեարդ, մարդոց կղկղանքին հիւթը, եւ նոյնիսկ բորոտներու դեղ: Նաեւ անոնք դիւահանութիւններ ըրած էին եւ գերեզմանատան մէջի դիակի մը միսը կերցուցած էին անոր, որովհետեւ մէկը ըսած էր որ ատիկա «լաւ էր դեղի նման»:

1982-ի Յունուարին, անիկա Յօնսէյի համալսարանի Սէվըրընս Հիւանդանոցին մէջ ախտաճանաչման ենթարկուած էր: Անոր թոքը արդէն փճացած էր եւ դարման գտնելու յոյս չկար: Ան հիւանդանոց փոխադրուած էր, բայց չէր բուժուած: Անոր մայրը յուսահատեով ուզած էր հիւանդանոցէն դուրս հանել զայն: Այս ժամանակ, ընտանիքին մեծ մայրը եկած էր զինք տեսնելու: Այս ծեր կինը Մէնմին եկեղեցւոյ մօտ կ'ապրէր: Հակառակ որ անիկա երբեք եկեղեցի չէր յաճախած, ան տեսեր էր թէ ինչպէս հիւանդ մարդիկ կու գային եւ կը բժշկուէին: Ան տեսեր էր ինչպէս անոնք առողջ մարմիններով հոս-հոն կ'երթային: Անոր համար այս մեծ մայրիկը մղեց իր թոռնիկին որ Մէնմին Եկեղեցին երթար: 1983, Մարտ 13-ին, Տայհի Չօ Ուրբաթ օրուայ ամբողջ-գիշերուայ աղօթքի արարողութեան ներկայ եղաւ: Անիկա զգաց որ ասիկա իր վերջին յոյսն էր: Ան այնքան նիհարցած էր որ իր աչքերը դուրս ցցուած էին:

Այդ վիճակին մէջ, ան իր մօրը հետ միասին ամէն օր հիւանդներու համար եղած ժողովները կը յաճախէր, եւ անիկա երեք օր ծոմ պահեց: Ծոմապահութեան երրորդ օրը, Աստուած իրեն ապաշխարութեան հոգին տուաւ, եւ անիկա երեք անգամ շարունակ լման եւ կատարեալ խոստովանութիւն ունեցաւ: Իր եկեղեցի գալէն առաջին օրէն հաշուելով, 13-րդ օրը, Տայհի Չօ համոզուած էր որ ինքը բժշկուած էր: Արշալոյսի աղօթաժողովէն ետք, անիկա բաղնիք գնաց եւ թքեց: Արիւն չկար: Հակառակ որ անկէ նոյնիսկ մէկ օր առաջ, անիկա արիւն փսխած էր: Սակայն այդ օրը թուքը առանց արիւնի էր: Կուրծքին մէջի սուր ցաւը անհետացած էր եւ խուխ կամ արիւն չկար: Յետոյ անիկա կանչուեցաւ որպէս Աստուծոյ ծառայ մը եւ հիմա ան իր ծառայութիւնը կ'ընէ որպէս մեր եկեղեցւոյ օգնական հովիւներէն մէկը:

Աղօթեցի Բոլոր Հիւանդներու Բժշկութեան Համար

Սկիզբը երբ հիւանդներ կու գային եկեղեցի, ես կ'աղօթէի իրենց անմիջական բժշկութեան համար: Կը խորհէի որ ասիկա լաւագոյն ձեւն էր որպէսզի իրենք համտեսէին Աստուծոյ շնորհքը եւ ազատ արձակուէին հիւանդութիւններու լուծէն: Ես պարզապէս կ'աղօթէի, «Տէ՛ր Աստուած, բոլոր հիւանդները բժշկէ անմիջապէս որ անոնք հոս գան»: Արդարեւ, Աստուած կը պատասխանէր երբ ես կ'աղօթէի: Որեւէ հիւանդ մը որ եկեղեցի գար, անմիջապէս կը բժշկուէր: Սակայն շուտով անդրադարձայ որ փրկութեան պտուղ չկար, որ ամենէն կարեւոր բանն էր: Անոնցմէ շատերը մոռցան զԱստուած իրենց բժշկուելէն ետքը:

Անգամ մը, ամուսնացած զոյգ մը կային որոնք Ուրբաթ օրուայ ամբողջ- գիշերուայ ժողովը յաճախեցին: Ինծի ըսուեցաւ որ ամուսինը իր նեարդը վնասած էր ինքնաշարժի արկածի մը մէջ: Ան չէր կրնար լաւ քալել եւ այնքան շատ ցաւ ունէր որ նոյնիսկ չէր կրնար նստիլ ժողովի ատեն: Սուրբ Հոգին շարժեցաւ եւ ես իմ ձեռքս դրի իր վրայ: Աղօթքէն անմիջապէս ետքը, անիկա ոտքի ելաւ եւ ցատքեց: Սակայն քանի մը անգամ յաճախելէ ետք, դադրեցաւ եկեղեցի գալէ:

Եկեղեցիէն հովիւ մը այցելեց զինքը եւ ան ըսաւ հովիւին, «Չի՞ բաւեր որ քանի մը անգամներ ներկայ եղայ ժողովներուն շնորհակալ մտքով՝ բժշկութեան համար: Եթէ ես եկեղեցի յաճախեմ, մէկը ինծի դրամ պիտի տա՞յ»: Այս ըսելով անիկա ալ երբեք եկեղեցի չեկաւ: Անիկա չէր զգար որ այլեւս եկեղեցի պէտք էր երթար նորէն, քանի որ ինք արդէն առողջ էր: Եթէ Աստուած բժշկած չըլլար զինքը, անիկա պիտի չկարենար աշխատիլ: Աստուած կեանք եւ շնորհք տուաւ իրեն եւ բժշկեց զինքը, բայց քանի որ ան իր մէջը կեանքի խօսքը չունէր, անիկա միայն իր անձնական շահը փնտռեց:

Ամուսնացած զոյգ մը կային որոնք իրենց մանկիկը 7-րդ ամիսը ծննդաբերեցին: Երեխան երեք ամիս հիւանդանոցին մէջ յատուկ գործիքի մը մէջ պահուած էր, եւ սակայն անիկա չէր լաւացած: Բժիշկը ըսած էր թէ յոյս չկար: Երբ ծնողքը անդրադարձաւ որ բժշկական գիտութիւնը չէր կրցած օգնել իրենց, անոնք իրենց երեխան եկեղեցի բերին: Մանկիկը աղօթք ստանալով՝ բժշկուեցաւ եւ 15 օրուայ մէջ կատարելապէս առողջացաւ:

«Պատուելի, շատ շնորհակալ եմ: Մեր երեխային առաջին տարեդարձին ես քեզ պիտի հրաւիրեմ, նոյնպէս բոլոր եկեղեցւոյ անդամները, եւ մեծ խնձոյք մը պիտի ունենանք մեր տան մէջ»:

«Լաւ, հաճիս ըրէ այդպէս»:

Երեխային հայրը այնքան ուրախ էր այդ ժամանակ, որ ինքնիրմէ առաջարկեց այդ խնճոյքը սարքել: Սակայն անիկա կամաց-կամաց սկսաւ փախուստ տալ Կիրակի օրուայ եկեղեցւոյ պաշտամունքներէն եւ երբ մանկիկին առաջին տարեդարձը եկաւ, անիկա սարքեց խնճոյքը, բայց միայն իր ազգականները եւ իրեն ծանօթ աշխարհային մարդիկը հրաւիրեց այդ խնճոյքին:

Գանկ-ուօն Տօյէն երիտասարդ մարդ մը եկաւ: Անիկա մարմնով առողջ էր, սակայն չափազանց պարծենկոտ: Բայց երբ ան եկեղեցիին մէջ մտիկ ըրաւ պատգամներուն, դարձի եկաւ: Երբ այս երիտասարդին համար կ՚աղօթէի որպէսզի իր մէջէն չար ոգիները դուրս հանէի, անիկա սկսաւ պղպջակներ ունենալ իր բերնին մէջ եւ գետին ինկաւ: Երբ չար ոգին դուրս ելաւ իրմէ, անիկա բնական մարդ մը դարձաւ, մեղմ բնաւորութեամբ: Սակայն ետքը տուն վերադարձաւ եւ ալ չտեսնուեցաւ:

Նաեւ, ծեր կին մը իր տեսողութիւնը կորսցուց կոյր ըլլալու աստիճան: Մեր եկեղեցիին մասին լսելով, ան իր ընտանիքի անդամներուն հետ միասին եկեղեցի եկաւ եւ իր տեսողութիւնը դարձեալ ստացաւ: Սակայն իր բժշկութենէն անմիջապէս ետքը, անոնք ձգեցին եկեղեցին:

Ալ Մեղք Մի՛ Գործեր

Աստուածաշունչին մէջ, Յիսուս հիւանդ մարդ մը բժշկելէ ետք, տաճարը գտելով զայն, ըսաւ անոր, *«Ահա բժշկուեցար, ալ մեղք մի՛ գործեր, որ ա՛լ աւելի չար բան մը չպատահի քեզի»:* (Յովհաննու 5.14)

Քանի որ անոնք Աստուծոյ սիրովը եւ Աստուծոյ ոյժովը բժշկուած էին, անոնք հիմա Իր խօսքով պէտք էր ապրէին եւ փառք տային ու շնորհակալ ըլլային Աստուծոյ այդ շնորհքին համար: Սակայն եթէ իրենք դարձեալ մեղք գործէին, ինչպէ՞ս Աստուած պիտի պաշտպանէր զիրենք: Որովհետեւ Աստուած Իր երեսը դարձուցեր էր իրենցմէ եւ չէր կրնար պահել զիրենք, անոնք դարձեալ այդ հիւանդութիւնը ունեցան Սատանային գործովը եւ որովհետեւ իրենք Աստուծոյ շնորհքը ձգեցին, անոնք առաջուընէ աւելի լուրջ եւ վտանգաւոր հիւանդութիւններ ունեցան:

Երբ Խօսքին Մէջ Ապրինք, Մենք Կրնանք Պաշտպանուիլ

Այս տեսակի դէպք մը տեղի ունեցաւ 1982-ի Նոյեմբերին: Այդ այն ժամանակն էր երբ մենք Ուրբաթ օրուայ ամբողջ գիշերուայ պաշտամունքը կ'ունենայինք որ կը շարունակուէր մինչեւ առտուայ ժամը 6-ը: Կէս գիշերէն անմիջապէս ետք, զոյգ մը եկաւ սրբարանը, հինգ տարեկան աղջիկ մը գրկած: Աղջիկը կ'աղաղակէր, չկրնալով դիմանալ իր ցաւերուն: Անիկա Պուսանի մէջ կ'ապրէր եւ ախտաճանաչուած էր ստամոքսի գեղձի մահացու քաղցկեղով:

Բժիշկները փորձեցին գործողութիւն ընել, սակայն ուռը այնքան մեծ էր որ չկրցան ընել այդ գործողութիւնը: Նաեւ, որովհետեւ ուռը կը մեծնար ստամոքսին մէջ, վտանգաւոր էր կարելը: Բժիշկը պարզապէս դերձանի նմանող յատուկ թել մը թոյլ ձեւով դրած էր անոր ստամոքսին վրայ: Աւիկա շատ ահռելի տեսարան մըն էր:

Անոր անունը Ուռնմի էր: Անիկա օրական քանի մը անգամներ մորֆին կ'առնէր: Աւիկա միակ միջոցն էր անոր՝ իր ցաւը շալկելու: Թթուածինի դիմակը վրան դրուած, Ուռնմին մեռնելու վրայ էր: Ուռնմիին հօրաքոյրը, համոզած էր անոր ծնողներուն, ըսելով. «Եղբայր, Սէուլի մէջ եկեղեցի մը կայ որ Աստուծոյ շնորհիքով լեցուն է: Եկէք հոն երթանք եւ թող որ Ուռնմին աղօթք ստանայ: Աստուած պիտի բժշկէ Ուռնմին: Անոր ծնողքը արդէն յանձնուած էին եւ ոչ մէկ յոյս չունէին, ուստի մտիկ ըրին անոր ըսածը: Անոնք առին Ուռնմին եւ Սէուլ՝ եկեղեցի եկան:

Ես 15 օր շարունակ աղօթեցի աղջկան համար: Երբ անիկա առաջին անգամէն ընդունեց աղօթքը, իր ցաւը անհետացաւ: Քանի մը օրեր ետք, տեսանելի կերպով բժշկութիւն եղած էր: Ցաւը անհետացած էր, եւ ուռած ստամոքսը բնական դարձած էր: Յետոյ, անոր ծնողքը սկսան հաւատք ունենալ: Ես իրենց յանձնարարեցի հիւանդանոց երթալ եւ այդ թելերը հանել տալ, սակայն անոնք հիւանդանոց չգացին, հապա հաւատքով իրենք անձամբ հանեցին այդ թելերը: Զարմանալիօրէն, քանի մը օր ետք, Աստուած թոյլ տուաւ, որ բաց վէրքը բժշկուի եւ գոցուի:

Ուոնմին անտանելի ցաւերու մէջ կը մեռնէր, սակայն հիմա անիկա մօտ 10 օրուայ մէջ բժշկուած էր: Անիկա Կիրակնօրեայ դպրոցին մէջ փառաբանութեան երգերը եւ պարերը սորվեցաւ, եւ երգեց ու պարեց իր ընկերներուն հետ միասին: Անոնք որոնք զինքը կը դիտէին, բնականաբար շատ ուրախ էին զայն տեսնելով: Անիկա ճարպիկ էր եւ շատ մը անդամներու կողմէ սիրուեցաւ:

Անոնք 15 օր եկեղեցի մնացին աղօթք ընդունելով, եւ ետքը իրենց ծննդավայրը վերադարձան: Երբ ես Ուոնմիին ծնողքին համար աղօթեցի, Աստուծոյ խօսքը եկաւ, ըսելով.-

«Երբ անոնք տուն վերադառնան, անոնք պէտք է Տասը Պատուիրանքները պահեն, եւ իրենց աղջիկը առողջութեամբ պիտի մեծնայ: Սակայն եթէ իրենք չպահեն Տասը Պատուիրանները, Աստուած Իր երեսը պիտի դարձնէ իրնցմէ»:

Ես իրենց ըսի. «Դուք Շաբաթը պէտք է պահէք, օրինաւոր ձեւով տասանորդ պէտք է տաք, եւ լաւ պէտք է ծառայէք Աստուծոյ: Դո՛ւք ծնողներ, պէտք է պահէք Տասը Պատուիրանները որպէսզի երեխան միշտ առողջ մնայ»: Ուոնմիին հայրը ըսաւ. «Շնորհակա՛լ եմ պատուելի: Անշուշտ մենք այդպէս պէտք է ընենք: Ես չեմ խորհիր որ եկեղեցին տակաւին մեծ օթոպիւս մը ունի: Երբ տուն վերադառնամ, ես մեծ օթոպիւս մը պիտի դրկեմ եկեղեցիին»:

Սակայն անկէ անմիջապէս ետքը, լսեցի որ երեխան մեռած էր: Ուոնմիին ծնողքը տուն վերադառնալէն ետքը, սկիզբը յաճախեցին եկեղեցի, սակայն երբ ժամանակ անցաւ, կը թուէր թէ իրենք չէին պահեր Տէրոջը Օրը: Սակայն շնորհակալ ըլլալիք բան մը կար որ Ունմիին Հոգին փրկուած էր եւ անիկա յաւիտեան ուրախ պիտի ապրէր երկնային թագաւորութեան մէջ ուր ոչ արցունք կայ, ոչ ալ ցաւ:

«Տէ՛ր Աստուած, Բժշկէ Զանոնք Իրենց Հաւատքին Համեմատ»:

Քանի որ իմ ծառայութեանս սկզբնաւորութիւնն էր, սիրտս շատ կոտրուած էր տեսնելով որ մարդիկ կը լքէին Աստուծոյ շնորհքը, կը ձգէին եկեղեցին եւ աշխարհ կը վերադառնային:

«Հա՛յր Աստուած, անոնք հանդիպեցան Քեզի, տեղեկացան Քու գործիդ մասին եւ բժշկուեցան, եւ հիմա ինչպէ՞ս կրնան պարզապէս ձգել Քեզ այս ձեւով»: Ես շատ արցունքներ թափելով կու լայի իմ աղօթքիս մէջ, կոտրած սրտով: Օր մըն ալ լսեցի Տէրոջը ձայնը:

«Ո՛վ իմ ծառաս, երբ ես տասը բորոտները բժշկեցի, անոնցմէ ինն ձգեցին գացին եւ միայն մէկը վերադարձաւ Աստուծոյ փառք տալու համար: Նոյն ձեւով, երբ դուն կը խնդրես Հօրմէն եւ կը բժշկես զանոնք քու հաւատքովդ, եթէ անոնք ճշմարտութիւն եւ կեանք չունին իրենց մէջ, անոնք պիտի լքեն շնորհքը եւ պիտի ձգեն եկեղեցին: Ուրեմն եթէ անոնք մտիկ ընեն խօսքը եւ հաւատք ունենան, պիտի չձգեն: Յետոյ, երբ իրենք՝ իրենց հաւատքով բժշկուին, պիտի չձգեն եկեղեցին: Որովհետեւ դուն աղօթեցիր,

Ես բժշկեցի զանոնք քու ոյժովդ, սակայն հիմա փոխէ աղօթքին պարունակութիւնը: Դուն պէտք է աղօթես որ անոնք՝ իրենց հաւատքին համեմատ բժշկուին»:

Քրիստոնէական կեանք ապրելու եզրափակիչ նպատակը մեր հոգիին փրկութիւնն է եւ որպէսզի երկնային թագաւորութիւն երթանք: Ուստի ամենէն կարեւոր բանը Աստուծոյ կամքը գիտնալն է եւ հաւատքը ունենալ՝ երկնային թագաւորութիւն կարենալ մտնելու համար: Երբ Յիսուս տասը բորոտները բժշկեց, միայն անոնցմէ մէկը դարձեալ Յիսուսի եկաւ եւ Աստուծոյ փառք տուաւ (Ղուկաս 17.11-19) Մնացեալ ինը բորոտները որոնք բժշկուած էին՝ ձգեցին զԱստուած եւ աշխարհ գացին: Միայն մէկ հոգի փկրուած էր:

Մարդիկ եկեղեցի կու գան, որովհետեւ հարցեր եւ հիւանդութիւններ ունին, սակայն երբ անոնք պաշտամունքի արարողութեան ներկայ ըլլան, պատգամը մտիկ ընեն եւ Աստուծոյ կամքը հասկնան, անոնք հաւատք եւ կեանք կը ստանան: Աստուծոյ կամքն է բժշկել զանոնք երբ անոնք Սուրբ Հոգին ստանան, երկինքի եւ դժոխքի հաւատան, եւ հաւատք ունենան փրկուելու: Եթէ անոնք առանց հաւատք ունենալու բժշկուին, բացի անոնմէ որոնք շատ լաւ խիղճեր ունին, անոնցմէ մեծ մասը դարձեալ աշխարհ պիտի երթան: Վերջաւորութեան՝ անոնք պիտի չփրկուին: Ուրեմն, այն ատենէն սկսեալ, ես փոխեցի աղօթքի պարունակութիւնը ըսելով, «Տէ՛ր Աստուած, բժշկէ զանոնք իրենց հաւատքին համեմատ»: Իսկապէս Աստուած ցոյց տուաւ Իր բժշկարար գործերը երբ անոնք ցուցաբերեցին իրենց հաւատքը:

Հաւատք՝ Որ Օդի Վիճակը Կը Կառավարէ

1983, Օգոստոս 1-ին, մենք առաջին ամառնային բանակումը ունեցանք Տայպու Կղզիին մէջ, Ինչոնի մօտ: Սակայն բանակումէն մէկ գիշեր առաջ շատ զօրաւոր կերպով կ'անձրեւէր՝ որոտումով եւ կայծակով: Տայպու Կղզի գացող նաւը օրական միայն մէկ անգամ կ'աշխատէր: Հարցուցի Աստուծոյ, «Տէ՛ր Աստուած, ինչպէ՞ս կրնանք այդ անձրեւին բանակումի երթալ: Հաճիս կեցուր անձրեւը»:

Մենք ծրագրած էինք առաւօտ կանուխ ժամը 5-ին ելլել եկեղեցիէն, ուստի կարգ մը աշակերտներ որոնք եկեղեցիէն հեռու տեղեր կ'ապրէին, այդ գիշեր սրբարանին մէջ քնացան: Ես ուզեցի բնակարանին մէջ քիչ մը քնանալ, սակայն չկրցայ քունի մտնել փոթորիկին պատճառած զօրաւոր աղմուկին պատճառաւ: Չկրնալով քնանալ, ես միայն երկնցած էի: Պարզապէս սրտիս մէջ կ'աղօթէի, երբ առտուայ ժամը 3-ին Սուրբ Հոգիին ձայնը լսեցի որ ինծի կ'ըսէր չմտահոգուիլ: Սրբարան գացի որպէսզի առտու կանուխ ժամը 4-ին, առաւօտեան արշալոյսի աղօթքի ժողովը առաջնորդէի, եւ հոն կարգ մը երիտասարդ չափահաս անդամներ կային: Առաւօտեան աղօթքէն ետք, ժամը 4:55 էր, սակայն փոթորիկը աւելի սաստկացաւ: Նոյնիսկ աւելի որոտում եւ կայծակ կար, իսկ զօրաւոր անձրեւը պատուհաններուն փեղկերը կը զարնէր:

Ըսի իրենց. «Եկէ՛ք աղօթենք միասին որ այս անձրեւը կենայ»: Քանի որ անոնք շատ հրաշալի նշաններու եւ հրաշքներու ականատես եղած էին Ուրբաթ օրուայ ամբողջ-գիշերուայ ժողովներուն մէջ, աշակերտները եւ երիտասարդ չափահասները լաւ հաւատք ունէին:

Անոնք որոնք սրբարանն էին, քանի մը վայրկեաններ ջերմեռանդութեամբ աղօթեցին, սակայն որոտումը եւ կայծակը շարունակուեցան:

Ըսի իրենց. «Մի՛ մտահոգուիք, ձեր ճամբու պայուսակը առէք եւ առաջին յարկը իջէք: Երբ ձեզմէ մէկը գետին կոխէ, անձրեւը պիտի կենայ»:

Երբ ես համարձակութեամբ յայտարարեցի ասիկա, բոլորն ալ պատասխանեցին «Ամէն» ըսելով: Անոնք բոլորը ոտքի ելան եւ վարը, առաջին յարկ իջան: Երբ շարքի կեցողներէն առաջին անձը դուրսը գետինը կոխեց, այդ զօրաւոր անձրեւը անմիջապէս կեցաւ եւ որոտումը ու կայծակը դադարեցան: Այս փորձառութեամբ, Աստուած մեզի մեծ հաւատք շնորհեց որպէս պարգեւ:

Դժուար Հատուածներու Բացատրութիւններ Ստանալ եւ «Խաչին Պատգամը»

Եկեղեցւոյ բացումէն ետք, ես շատ մը արթնութեան ժողովներու հրաւիրուեցայ՝ քարոզելու համար: Խօսքը կը քարոզէի ներկաներուն ամէն մէկուն մէջ հաւատք ցանելու եւ առիթ տալու անոնց որ հասկնային Աստուծոյ սէրը: Երբ կ'աղօթէի հիւանդներուն համար, շատ մարդիկ կը բժշկուէին: Կաղերը սկսան քալել եւ կոյրերը սկսան տեսնել: Շատ հրաշքներ տեղի ունեցան: Նաեւ Աստուած սորվեցուց ինծի թէ ինչ պէտք էր քարոզէի այդ արթնութեան ժողովներուն ընթացքին: Ես քարոզեցի Յիսուս Քրիստոսի մասին, Հայր Աստուծոյ, Ճշմարիտ հաւատքի, յաւիտենական կեանքի, հրաշքներու, յարութեան, Տէրոջը Երկրորդ Գալստեան եւ երկնային թագաւորութեան մասին:

Ժողովները սովորաբար Երկուշաբթիէն մինչեւ Հինգշաբթի կ'երկարէին: Ժողովը կը սկսէր իրիկուայ ժամը 6-ին, եւ ժամը 7:30-ին կը սկսէր պատգամը: Ես սովորաբար կը շարունակէի մինչեւ գիշերուայ ժամը 11-ը կամ մինչեւ կէս գիշեր, որովհետեւ հովիւը կամ ներկաները ինծմէ կը խնդրէին որ շարունակէի քարոզել: Իրիկուայ նստաշրջանէն ետք, քանի մը ժամ կը քնանայի եւ յետոյ առաւօտեան արշալոյսի աղօթաժողովը կ'առաջնորդէի: 1983-ին, երկրին բոլոր կողմերը կը շրջէի արթնութեան ժողովներու մէջ քարոզելու համար: Օր մը Տէրը ինծի ըսաւ որ դադրէի քարոզելէ արթնութեան ժողովներուն եւ դէպի լեռնակողմը երթայի աղօթելու համար:

Տէրը ինծի կ'ուզէր բացատրել Աստուածաշունչին այն հատուածները որոնք դժուար էին մեկնաբանել: Ես 7 տարիէ ի վեր կ'աղօթէի այդ դժուար հասկցուելիք հատուածներուն բացատրութիւնները ստանալու համար, եւ վերջապէս պատասխանը ստացայ Տէրոջմէն: Ուստի, 1983-ի Մայիսէն, ես դադրեցայ քարոզել արթնութեան ժողովներուն եւ Քուանկճու, Քյօնկ-կի Տօյի մէջ, Քուանկճու Աղօթքի Լեռը ելայ: Կիրակի օրուայ իրիկուայ արարողութենէն ետք, ես հոն կ'երթայի ամբողջ օրը աղօթելու համար, եւ Ուրբաթ օր դարձեալ եկեղեցի կու գայի որպէսզի Ուրբաթ օրուայ ամբողջ-գիշերուայ արարողութիւնը առաջնորդէի: Այս կեանքը տարիներ շարունակուեցաւ այս ձեւով:

Պայքարիլ Ձմրան Պաղին Եւ Ամառուայ Տաքին

Ամառը՝ արեւը շատ կիզիչ էր, իսկ ձմեռը՝ ջերմաստիճանը զէրոյէն վար նուազ 10(°C) աստիճանէն մինչեւ նուազ 15(°C) աստիճան կ'իջնէր: Սակայն ես միայն մէկ երես հաստ ծածկոց կը դնէի ժայռին վրայ եւ բարձրաձայն դէպի երկինք կ'աղաղակէի աղօթքով: Նոյնիսկ ձմեռը պաղ ցուրտին լեռ կ'ելլէի եւ ամբողջ օրը մինչեւ իրիկուն կ'աղօթէի: Ես ամբողջ օրը կը պայքարէի պաղ եղանակին մէջ: Եթէ ջերմաստիճանը զէրոյէն վար նուազ 10(°C) աստիճանէն աւելի իջնէր, ես չէի քրտնէր երբէք, նոյնիսկ եթէ աղաղակէի եւ ամբողջ ոյժովս պայքարէի աղօթքով:

Որովհետեւ դրամ չունէի, չէի կրնար տաքուկ կացարան մը ապահովել հոն: Ես միայն կրնայի փայտածուխի աղիւս մը ապահովել օրուան մէջ տաքնալու համար: Սենեակին օդը պաղ էր: Թուղթէ պատուհանը պատռուած էր եւ ցուրտ հով կը մտնէր ներսը: Սենեակին մէջ ես մելան ունէի որով կը գրէի այն բացատրութիւնները որ Տէրը ինծի կու տար Աստուածաշունչի դժուար հատուածներուն մասին: Սենեակը այնքան ցուրտ էր որ մելանը սառած էր: Ես ձեւով մը պէտք էր հալեցնէի զայն որպէսզի կարենայի գրել: Որովհետեւ, օրինաւոր վերմակ մը չունէի, ես անհանգիստ ձեւով կը քնանայի, ինքզինքս միայն բանակի մէկ ծածկոցով մը ծածկելով: Առտու կանուխ կ'ելլէի եւ սրբարան կ'երթայի որպէսզի առաւօտեան արշալոյսի աղօթաժողովին ներկայ ըլլայի: Նախաճաշէն ետք դարձեալ լեռ կ'ելլէի եւ ամբողջ օրը կ'աղօթէի:

Բացատրութիւններ՝ Աստուածաշունչի Դժուար Հատուածներուն Մասին, Որոնք Շատ Իմաստներ Կը Պարունակեն Իրենց Մէջ

Երբեմն ես սառը կը կտրէի եւ պաղ ջուրով կը լուացուէի: Ետքը կ'աղօթէի եւ ամբողջ օրը Աստուածաշունչը կը կարդայի: Իրիկունը ժամը 7-ին, ժողովուրդը իրիկուայ նստշրջանի ժողովը կը յաճախէին, ուստի աւելի հանդարտ կ'ըլլար: Յետոյ աղօթքի խցիկս կ'երթայի եւ աղօթքով կը պայքարէի, քրտինքներու մէջ: Տէրը բացատրեց ինծի Աստուածաշունչի այն համարները որոնց համար աղօթած էի օրուան մէջ: Անիկա ինծի բացատրեց սկսելով Աստուածաշունչի այն հատուածներէն, որոնք ինծի համար ամենէն դժուարն էին հասկնալը, եւ ահա բացատրութիւնը մեղրէն աւելի քաղցր էր: Մասնաւորաբար, այդ համարներուն մէջ, կը գտնուէր Աստուծոյ անիմանալի եւ անվերջանալի կամքը: Թոյլ տուէք տեսնել այդ դժուար հատուածներէն մէկը որ Տէրը բացատրեց ինծի: Աւետարան Ըստ Յովհաննու երկրորդ գլխուն մէջ, Յիսուս Կանայի մէջ հարսանեկան խնճոյքի մը գնաց եւ հոն ջուրը գինիի փոխեց: Սովորաբար, հարսանեկան խնճոյքը տեղ մըն է ուր մարդիկ խմիչք կը գործածեն եւ չափէ դուրս թոյլատու կ'ըլլան այս ուղղութեամբ: Մէկը կրնայ միայն զարմանալ թէ ինչո՞ւ համար Յիսուս, որ եկաւ մարդկութիւնը փրկելու, այս տեսակ հարսանեկան խնճոյքի մը գնաց եւ Իր ծառայութեան առաջին նշանը հոն ցոյց տուաւ:

Հարսանեկան խնճոյքը կը ներկայացնէ վերջին ժամանակը երբ մարդիկ կ'ուտեն եւ կը խմեն եւ մեղքը կը տիրէ ամէն տեղ: Այս առաջին նշանը որ Յիսուս ըրաւ խորհրդանշանական ձեւով, նախապատկերը կու տայ Յիսուսի սկզբնական եւ վերջնական ծառայութեան: Յիսուս Կանայի հարսանեկան խնճոյքին հրաւիրուած էր, եւ ասիկա կը նշանակէ թէ երբ աշխարհային մարդիկը

Յիսուսը հրաւիրեցին, իրենց նպատակը Զինքը խաչել էր: Ջուրը կը խորհրդանշէ յաւիտենական կեանքի ջուրը (Յովհաննու 4.14), եւ այս ջուրը Աստուծոյ Խօսքն է որ յաւիտենական կեանք կու տայ: Խօսքը Յիսուս Քրիստոսն է, որ եկաւ այս աշխարհը մարդկային մարմինով: Գինին կը խորհրդանշէ Յիսուսի թանկագին արիւնը: Անիկա ցոյց կու տայ որ Յիսուս, Աստուծոյ Խօսքը, որ մարդկային մարմինով աշխարհ եկաւ, խաչին վրայ պիտի կախուի եւ իր թանկագին արիւնը պիտի թափէ ապագային: Յիսուս, որ մեղքով լեցուն այս աշխարհը եկաւ, Իր Սուրբ Մարմինը պիտի զոհէ խաչին վրայ եւ Իր բոլոր արիւնը եւ ջուրը պիտի թափէ: Այս համարը ցոյց կու տայ մեզի Տէրոջը անսահման սէրը մեզի հանդէպ:

Ջուրը գինիի փոխելը կը նշանակէ թէ՝ արիւնը որ Յիսուս խաչին վրայ պիտի թափէր, պիտի ըլլայ արիւնը՝ որ յաւիտենական կեանք կու տայ: Գինին, որ Յիսուս պատրաստեց հարսանեկան խնճոյքին, պարզապէս զուտ խաղողի հիւթ էր, առանց որեւէ նիւթի որ մարդոց կը գինովցնէ: Նաեւ, մարդիկ համտեսեցին ջուրէն շինուած գինին եւ ըսին որ անիկա լաւ գինի էր: Ասիկա կը խորհրդանշէ որ մարդիկ ուրախ պիտի ըլլան երբ իրենց մեղքերը մաքրուին՝ Յիսուսի արիւնը խմելով եւ երկնային թագաւորութեան յոյսը ունենալով:

Վերջապէսան կ'ըսէ, *«Յիսուս հրաշքներուն սկիզբը այս ըրաւ Գալիլիայի Կանա քաղաքին մէջ եւ Իր փառքը յայտնեց ու իր աշակերտները հաւատացին իրեն»* (Յովհաննու 2.11): Հոս, *«Իր փառքը յայտնեց»*ը կապուած է չորս աւետարաններուն հետ, յիշատակելով որ Յիսուս խաչը պիտի ընդունի, բայց Իր թաղման երրորդ օրը Անիկա պիտի կտրէ մահուան իշխանութիւնը եւ յարութիւն պիտի առնէ Իր փառքը յայտնելու համար: Ուրեմն այս պարզ արտայայտութիւնը շատ մը իմաստներ կը պարունակէ իր մէջ:

Երբ Յիսուս խաչուեցաւ, առաքեալները տարածուեցան եւ նոյնիսկ մարդիկ, որոնք տեսած էին յարութիւն առած Տէրը, երբ անոնք ըսին առաքեալներուն որ Յիսուս յարութիւն առած էր, առաքեալները չհաւատացին: Միայն երբ իրենք անձամբ հանդիպեցան յարութիւն առած Տէրոջը, այն ատեն հաւատացին: Առաքելաները Յիսուսի հաւատացին, ոչ թէ Յիսուսի ծառայութեան առաջին նշանը տեսնելէն ետքը, այլ անոնք հաւատացին Յիսուսի երբ Տէրը Իր փառքը յայտնեց խաչուելէն, մահուան իշխանութիւնը կտրելէն եւ յարութիւն առնելէն ետքը: Յիսուսի այս առաջին նշանով, որ Ան ցոյց տուաւ մեզի, կրնանք հիմա անդրադառնալ որ ասիկա չէր նշանակեր պարզապէս օգնել տօնելու համար հարսանեկան խնճոյք մը, որ այս ֆիզիքական աշխարհին մէջ տեղի կ՚ունենար:

«Խաչին Պատգամը», Ժամանակը Սկսելէն Առաջ Պահուած Գաղտնիքը

Երբ ես սկսայ Աստուծոյ շնորհքը եւ սէրը հասկնալ, մինչ կը կարդայի չորս Աւետարանները որոնք կը գրեն Յիսուսի ծառայութեան մասին, չէի կրնար շարունակել կարդալը, որովհետեւ քիթս կը վազէր եւ շատ արցունքներ կը թափէի: Ես կը սկսէի արցունքներ թափել այն տեսարանին առջեւ երբ Յիսուս կը կենար Պիղատոսին ատեանին մէջ: Մինչ կը կարդայի Յիսուսի մասին որ կը խարազանուէր, Իր գլխուն վրայ փուշէ պսակ կը դրուէր եւ կը խաչուէր, ես շատ լացի, եւ երկար ժամանակ: Ես չէի կրնար դադրիլ լալէ, եւ պէտք էր գոցէի Սուրբ Գիրքը:

Հակառակ որ փորձեցի զսպել ինքզինքս, շատ օրեր պիտի առնէր միայն չորս Աւետարանները կարդալը: Երկար տարիներ, եկեղեցւոյ բացումէն ետք, ես արցունքներ կը թափէի երբ Սուրբ Գիրքը կը կարդայի: Նմանապէս, հազիւ թէ կը կարողանայի Սուրբ հաղորդութեան մասնակցիլ, իմ լալու փափաքս զսպելով: Սակայն անկէ յետոյ, ես կրնայի զսպել արցունքներս երբ ամբողջովին հասկցայ թէ որքան շնորհակալ ըլլալիք բան է եւ թէ որքան օրհնութիւն է մեզի համար որ Յիսուս խաչին ճամբան առաւ եւ թէ ատիկա մեր փրկութեան ճամբան էր: Հիմա ես կրնայի կարդալ Սուրբ Գիրքը եւ ուրախութեամբ ու շնորհակալութեամբ կը մասնակցէի Սուրբ Հաղորդութեան: Երբ «Խաչին Պատգամը» ստացայ Տէրոջմէն, որ Ինքը ներշնչումով սորվեցուց ինծի, ես աւելի խորունկ ձեւով անդրադարձայ Տէրոջը սիրոյն:

1983-ին էր, մինչ Քուանկճու Աղօթքի լերան վրայ կ'աղօթէի, երբ Աստուած ինծի «Խաչին Պատգամին» մասին ալ բացատրեց: Անիկա ինծի բացատրեց թէ ինչո՞ւ Յիսուս մեր միակ Փրկիչն էր, թէ ինչո՞ւ մենք կրնայինք փրկուիլ երբ հաւատայինք թէ Յիսուս է Փրկիչը, եւ թէ ինչո՞ւ Աստուած բարիի ու չարի գիտութեան ծառը դրաւ եւ թէ ինչո՞ւ Աստուած մեզ՝ մարդկութիւնը կը մշակէ այս աշխարհին վրայ: Աստուած բացատրեց ինծի «Խաչին Պատգամը» որ պահուած գաղտնիք մըն էր ժամանակը սկսելէն առաջ: Անիկա նոյնպէս ցոյց տուաւ եւ բացատրեց ինծի Ծննդոց Գիրքին մէջ արձանագրուած հոգեւոր իշխանութեան մասին:

Նաեւ Աստուած թոյլ տուաւ ինծի որ ամբողջովին հասկնամ եւ խորունկ ձեւով արձանագրեմ նշանակութիւնները եւ ձեւերը որով կրնանք մասնակից դառնալ աստուածային բնութեան «Սուրբ Հոգոյն Ինը Պտուղներուն» միջոցաւ: Նաեւ Ան բացատրեց ինծի «Ճշմարիտ Երանութիւնները» եւ «Հոգեւոր Սէրը»:

Ինչպէ՞ս Կրնամ Յօտը Կերակրել Յոգեւոր Խօսքով

Եթէ ես նոյն տեղը երկար ժամանակ մնայի եւ աղօթէի, լուրը կը տարածուէր եւ մարդիկ քովս կու գային աղօթքս ստանալու: Քանի որ երթալով աւելի ու աւելի ժողովուրդ կը ճանչնային զիս, ես պէտք էր ուրիշ տեղ մը փոխադրուէի, աղօթքով Աստուծոյ հետ յարաբերութեան մէջ ըլլալու համար: Ճիշդ ինչպէս Յովհաննէս առաքեալ Յայտնութեան Գիրքը արձանագրեց Պատմոս Կղզիին վրայ, ես ալ միայնակ տեղ մը պէտք ունէի, հեռու՝ աշխարհային բաներէ:

Ուրեմն, Քանկուօն Տօյի մէջ տեղ մը գացի, եւ Ճօչիուօն: Երբ ամառուայ տաք օրերուն առանց ելեկտրական հովահարի կ'աղօթէի, քրտինքներու մէջ կը մնայի, սակայն դժգոհութիւն կամ գանգատ չէի յայտներ:

Ես երկու հարցումներ ունէի: «Ինչպէ՞ս կրնամ հօտին Աստուծոյ կամքը շիտակ ձեւով հասկցնել եւ ինչպէ՞ս կրնամ հոգեւոր պատգամներ հայթայթել իրենց, որպէսզի կարենամ հոգեւորապէս սնունդ տալ իրենց որ կատարեալ հաւատք ունենան», եւ «Ինչպէ՞ս կրնամ աւելի շատ աղօթել եւ Աստուծոյ ոյժը ստանալ ինչպէս որ առաքեալները եւ մարգարէները ունէին, որպէսզի կարենամ աշխարհի առաքելութիւնը մեծապէս կատարելագործել եւ Մեծ Սրբարանը շինեմ»: Որովհետեւ այնքան շատ կեդրոնացած էի այս երկու նպատակները իրագործելու մասին, ես ժամանակ չունէի ուրիշ բաներու մասին մտածելու:

1984-ի Մայիսին, իմ տարեդարձէս քանի մը օրեր առաջ, Աւագ Սարկաւագուհի Կէյումսուն Վին, որ ներկայիս Կիներու Միացեալ Մեծ Առաքելութեան Խումբին առաջնորդն է, ինծի ծանօթացուց իր ազգականներէն մէկուն տունը՝ Քանկուօն Տօյի մէջ, եւ ես հոն որոշ ատեն մը աղօթեցի: Ասիկա տեղ մըն էր ուր ես թիավարող նաւով պէտք էր երթայի:

Ուրբաթ օր, ես պէտք էր Սէուլ վերադառնայի եւ այդ օրուայ ամբողջ-գիշերուայ եւ Կիրակի օրուայ պաշտամունքներուն պատգամները քարոզէի: Սակայն Աստուած սիրտս շարժեց հոն մնալու եւ երեք օր ծոմ պահելու: Երեք օրուայ ծոմապահութենէն ետք, Աստուած ինծի սորվեցուց խորունկ հոգեւոր իշխանութեան մասին եւ երկնային թագաւորութեան մասին, ամէն մանրամասնութեամբ: Ես կրնայի իմ տարեդարձս ուրախութեամբ անցնել եկեղեցւոյ անդամներուն հետ, սակայն անոր փոխարէն, աւելի թանկագին եւ աւելի ուրախալի բան մըն էր ինծի համար Աստուծմէ մեծ պարգեւ մը ստանալ, աղօթելէ եւ ծոմ պահելէ ետք: Երկնային թագաւորութեան նիւթին պարունակութիւնը որ Տէրը ինծի սորվեցուց, ընդարձակ պատգամի մը պէս էր: Անիկա շատ մը կրկնուած համարներ՝ որոնք արձանագրուած են Աստուածաշունչին մէջ, քով-քովի բերաւ:

Նոյնիսկ Շուկային Մէջի Դրացիները Կ՚ըսէին «Մէնմին Եկեղեցին Գնա»

Եկեղեցւոյ կից, շուկայ մը կար: Քանի որ եկեղեցին շուկային ծայրը կը գտնուէր, շատ մարդիկ, օթոպիւսի կայանը հասնելով, շուկային մէջէն պէտք էր անցնէին եկեղեցի երթալու համար: Ուստի, շուկային մէջի վաճառականները յաճախ կը տեսնէին մարդիկ որոնք կեանքի դէմ սպառնացող վիճակներու մէջ եղող երեխաներ գրկած էին, ինչպէս՝ երթեւեկի արկածի ենթարկուած ըլլալնէն ետքը:

Ներկայիս հաշմանդամի կառքերը յաճախ կը տեսնուին, բայց այն ատեն Քորէայի մէջ ասիկա շատ սովորական բան մը չէր: Երբ որ վաճառականները անակնկալ հիւանդներ տեսնէին, կ՚ըսէին, «Անոնք կ՚երթան Մէնմին Եկեղեցւոյ հովիւին հանդիպելու»: Երբ այդ նոյն մարդիկը մէկ կամ երկու օր ետք առողջանային եւ շուկայէն գնումներ ընէին, վաճառականները զարմացած կ՚ըսէին.-

«Դուն անիկա չե՞ս որ երէկ քեզ հիւանդակառքով կը տանէին»:

«Այո, ես եմ»:

«Հապա ինչպէ՞ս եղաւ որ դուն այսպէս կը քալես»:
«Ես աղօթքով բժշկուեցայ երէկ»:

Որովհետեւ վաճառականները այս տեսակ բաներ յաճախ կը տեսնէին, անոնք անդրադարձան որ Աստուած կենդանի է: Սակայն երբ մենք Աւետարանը քարոզէինք իրենց, անոնք կ'ըսէին որ իրենք գիտէին թէ Աստուած կենդանի է, բայց իրենք շատ զբաղ էին իրենց ապրուստին ետեւէն երթալով եւ պիտի չկարենային եկեղեցի յաճախել: Թէպէտ իրենք եկեղեցի չէին երթար, բայց երբ հիւանդ մը տեսնէին, անոնք կը յանձնարարէին այդ հիւանդներուն որ Մէնմին եկեղեցի երթան:

Տէրը Մեզի Հետ Գործեց

Երկրորդ Սրբարանը Փոխադրուիլ

Բացման արարողութենէն մօտ մէկ տարի ետք, արդէն սրբարանին մէջ բաւարար տեղ չկար աւելի շատ մարդոց համար: Երբ պաշտամունքի արարողութիւն կ'ունենայինք, աղօթքի բջիջները, միջանցքը եւ նոյնիսկ նստասենեակը ժողովուրդ կը լեցուէր: Բացարձակապէս աւելորդ տեղ չկար այլեւս: Ուստի, մենք սկսանք աղօթել աւելի մեծ տեղ մը փոխադրուելու համար:

Մենք 7,000 քառակուսի ոտնաչափ տեղ պէտք էր ունենայինք, սակայն եկեղեցւոյ անդամներուն հաւատքը բաւարար չափով մեծ չէր: Երբ ես աղօթեցի նոր սրբարանի մը համար, Աստուծոյ խօսքը տրուեցաւ հետեւեալ կերպով.-

«Գնա՛ եւ ժամանակաւոր ապաստանարան մը շինէ պարապ տարածութեան մը մէջ: Անիկա պիտի փլի ու տապալի, ուստի դարձեալ շինէ զայն: Յետոյ անիկա նորէն պիտի փլի: Անկէ ետքը, Իմ նախասահմանութիւնս պիտի յայտնուի»:

1984-ի Սեպտեմբերին, շուկային մօտ, մէկ յարկանի շէնքի մը տանիքը պարապ տարածութիւն մը կար: Աստուած մեզի ըսաւ որ այդ տեղը ժամանակաւոր շէնք մը կառուցենք, բայց Ան ինծի թոյլ չտուաւ որ եկեղեցւոյ անդամներուն լուր տամ որ այդ ձեռնարկը պիտի ձախողէր: Անշուշտ օրինական ձեւով արտօնուած չէր տանիքին վրայ տեւական շէնք մը շինել: Ես իրենց միայն բացատրեցի որ Աստուծոյ կամքն էր ժամանակաւոր շէնք մը շինել հոն եւ թոյլ տուի որ անոնք սկսին շինարարութեան: Շէնքին տէրը համաձայն գտնուեցաւ եւ ըսաւ որ տեղական կառավարական գրասենեակը պիտի երթար պէտք եղած արտօնութիւնը առնելու՝ ժամանակաւոր շէնք մը շինելու համար:

Մարդկային խորհուրդի մտածումի ձեւերը գործածելով, դժուար բան մըն էր ընդունիլը՝ ժամանակաւոր կառուցուածք մը բարձրացնելու շէնքի մը տանիքը եւ զայն որպէս սրբարան գործածելու: Սակայն քանի որ Աստուծմէ տրուած էր խօսքը, ես միայն հնազանդեցայ: Նաեւ գիտէի որ այդ ժամանակաւոր շէնքը շինուելուն պէս պիտի տապալէր: Երբ անդամները շաղախուած աղիւսները դրին, կառավարական գրասենեակէն քաղաքային գործաւորներ եկան եւ անմիջապէս փլցուցին զայն: Երբ մենք դարձեալ շինեցինք զայն, անոնք նորէն փլեցին շէնքը: Այս ընթացքին կարգ մը անդամներ զանգատեցան, սակայն անդամներուն մեծ մասը Աստուծոյ դիմեցին որ ամէն ինչ բարիի գործակից դարձուց եւ անոնք ջերմեռանդութեամբ եւ միաբանութեամբ աղօթեցին Աստուծոյ: Տեղացի բնակիչները որոնք այս բոլոր եղածը տեսան այսպէս խորհեցան, «Պէ՞տք է որ կառավարութիւնը այսքան շատ միջամտէ այս հարցին, եւ անոնք սկսան խղճալ մեր եկեղեցիին վրայ: Նոյնիսկ շուկային մէջ գտնուող վաճառականները շատ լաւ տեղեակ էին Աստուծոյ գործերուն որոնք Մէնմին եկեղեցւոյ միջոցաւ կը կատարուէին: Մինչ մեր անդամները այս դժուար կացութենէն կ՚անցնէին, նոր սրբարան ունենալու փափաքը աւելի զօրացաւ եւ մեր բոլորին սրտերը մէկ սրտի պէս միացան իրարու: Այս ձեւով, Աստուած նոր շէնքը արդէն սկսած էր պատրաստել:

Մինչեւ այն ատեն որեւէ յարմար շէնք մը չկար զոր կրնայինք գործածել մեր եկեղեցւոյ համար: Սակայն մօտակայ շրջանի մը մէջ մօտ 7,000 քառակուսի ոտնաչափ շէնք մը կար որ շինուած վերջացած էր եւ մենք կրնայինք գործածել զայն: Աստուած մեզի ըսաւ որ այդ շէնքը փոխադրուինք: Մենք այդ ժամանակ մօտ 300 անդամներ ունէինք եւ նուիրատուութիւններու գումարը նոյնիսկ միսիոնարական նպատակներու համար բաւարար չէր: Շատ մը անդամներ շատ հարուստ չէին, եւ ուրեմն նոյնիսկ քանի մը միլիոն ուօն պատրաստելը դիւրին չէր մեզի համար: Ուրեմն, եթէ ես սկիզբէն անդամներուն առաջարկած ըլլայի որ 7,000 քառակուսի ոտնաչափ շէնք մը պիտի փոխադրուէինք, անոնք շատ պիտի զանգատէին: Միայն տեղը վարձելու համար մենք 40 միլիոն ուօնի պէտք ունէինք (40,000 Ամերիկեան տոլար):

Ուրիշ 20 միլիոն ուոնի ալ պէտք ունէինք սրբարանի վերածելու համար զայն: Ասիկա դժուար բան մըն էր իրագործելը մեր անդամներուն հաւատքով: Սակայն երբ անդամները փորձութեան շրջանէն անցան, նոր սրբարան մը ունենալու ծարաւը մեծցաւ իրենց մէջը եւ իրենք խանդավառ սրտերով ու միացած մտքով եւ զօրութեամբ կ'աղօթէին: Այնպէս կը թուէր թէ վայրկեանի մը մէջ մենք պիտի հաւաքէինք պէտք եղած գումարը՝ մեր սրբարանը փոխադրելու համար: Վերջապէս, 1984-ի Դեկտեմբեր 31-ին, Տայէ-Պահնկ Տօնկ, Տօնկ-Ճաք Կույի մէջ գտնուող շէնքը վարձու առինք, եւ մեր առաջին արարողութիւնը հոն կատարեցինք: Աստուած այս տեսակի փորձութեամբ՝ աւելցուց մեր անդամներուն հաւատքը:

Եկեղեցական Կազմակերպութիւններ Հաստատել

Եկեղեցւոյ չափը շուտով սկսաւ մեծնալ երբ Աստուած շատ թիւով նոր անդամներ սկսաւ ղրկել: Անդամներուն հաւատքն ալ սկսաւ շուտով աւելնալ Աստուծոյ հզօր գործերուն պատճառաւ, որոնք մեզի հետ կ'ընկերանային նշաններով եւ հրաշքներով, որոնք շարունակ տեղի կ'ունենային: Մի քանիներ եկեղեցի կու գային միայն բժշկութիւն ստանալու համար, սակայն նաեւ շատեր կային որոնք կու գային կեանքի խօսքի ծարաւով եւ զայն փնտռելով:

1983-ի Հոկտեմբերին, Մէնմին Աղօթքի Կեդրոնը հաստատուեցաւ: Աստուած առաջնորդեց որ իմ կինս՝ Պոքնիմ Լին, ամէն օր բժշկութեան ժողովներ կատարէր, շատ հիւանդներ՝ հոգեպէս եւ մարմնապէս բժշկելու համար։ Տէրը զայն նշանակեց աղօթքի կեդրոնի նախագահի պարտականութեան վրայ։ Տիկինս ամէն օր բժշկութեան ժողովներ կը գումարէր եւ ան կը կեդրոնանար խորհրդատուութեան, անդամներ այցելելու հոգատարութեան, եւ աղօթքներու վրայ։ 1984-ի Յունուարին, «Ջերմեռանդ Աղօթքի Նուիրուածներու Առաքելութիւնը» հաստատուեցաւ, որուն պարտականութիւնն էր աղօթել Աստուծոյ թագաւորութեան եւ արդարութեան համար։ Աղօթքի նուիրուածներու խումբի անդամները ոչ միայն կ՚աղօթէին, այլ նաեւ բժշկութեան ժողովներ կը կատարէին եւ հիւանդներուն կ՚օգնէին իրենց աղօթքներով։ 1984-ի Մարտին, Մէնմին Մանկապարտէզը բացաւ երեխաներու առաքելութեանը։ Եկեղեցւոյ բացումէն միայն երկու տարիներ ետք եկեղեցական կազմակերպութիւններու ձեւը եւ կազմուածքը արդէն սկսած էին ձեւաւորուիլ։

1985-ի Հոկտեմբերին, մինչ տիկինս աղօթքի կեդրոնի նախագահի պարտականութիւնը կը կատարէր, անիկա մի քանի անձերու հետ միասին սկսաւ գիշերուայ աղօթքի ժողովներ ունենալ։ Այս աղօթաժողովները Դանիէլի Աղօթքի ժողովներու սկզբնաւորութիւնը եղան, որով ներկայիս հազարաւոր անդամներ կը հաւաքուին եւ ամէն գիշեր կ՚աղօթեն։ Նախագահուհի Պոքնիմ Լի կեդրոնացաւ ծոմապահութեան եւ աղօթքներու վրայ։ Տիկինս պարզապէս իր անձնական ուրախութիւնը չէ որ կը փնտռէր ընտանիքէն, այլ անիկա կ՚ապրէր ուրիշ հոգիներու համար։ Աստուած Սուրբ Հոգւոյն յստակ ձայնով աշխատեցաւ եւ օրհնեց զայն շատ հզօր գործեր յայտնաբերելու համար։ Մինչեւ հիմա ամէն գիշեր տիկինս Դանիէլի Աղօթաժողովները կ՚առաջնորդէ։

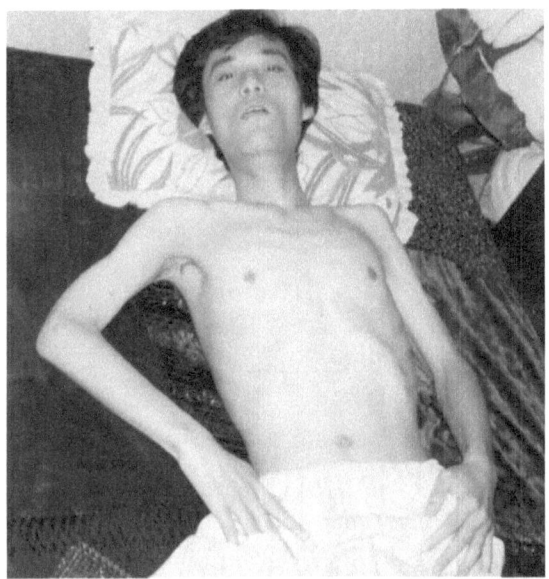

Սույօլ Չօ՝ Թոքախտէ կը Տառապէր

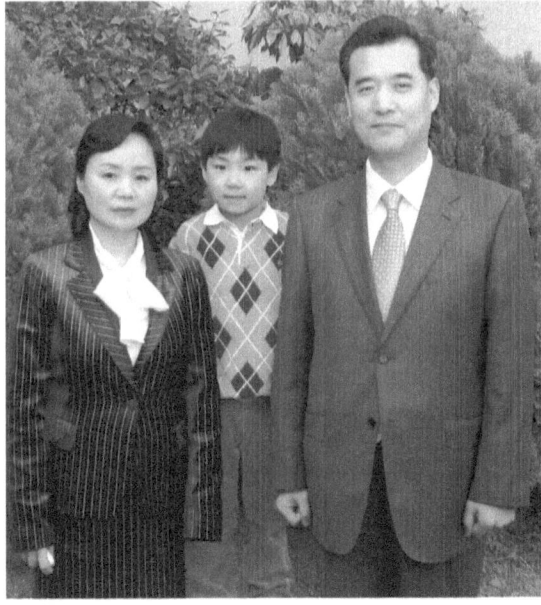

Հիմա Անիկա Առողջ Հովիւ Մըն է

Շատ անդամներ Աստուծոյ զօրութեան փորձառութիւնը կ'ունենան եւ պատասխաններ կը ստանան որոնք կը տրուին սրբարանին մէջ իրենց աղօթած կամ փառաբանութիւն ըրած ժամանակ: Այս Դանիէլի Աղօթի ժողովներու միջոցաւ, եկեղեցւոյ անդամներուն հոգիները կը բարգաւաճին: Ասիկա եկեղեցական արթնութեան մղիչ ոյժն է:

Անոնք որոնք սրտանց կը փափաքէին կեանքի խօսքը ունենալ, կու գային եւ հոգեւոր պատգամները մտիկ կ'ընէին եւ անոնք խաղաղութիւն ու հանգստութիւն կը գտնէին: Անոնք որոնք իրենց հարցերուն պատասխաններ եւ լուծումներ կը ստանային եկեղեցիին մէջ կը մնային եւ եկեղեցին զօրաւոր կերպով կը հաստատուէր:

Բժշկական Դպրոցի Աշակերտ՝ Ուղեղի Քաղցկեղով

Սույէօլ Չօ Քրիստոնեայ ընտանիքի մը մէջ ծնած էր: Անիկա հիւանդութիւն մը ունեցած էր որ կը կոչուէր «Քիթակոկորդային նեարդ»: Անոր քիթին մէջի արեան երակները մեծնալով՝ ուռի վերածուած էին: Ետքը անիկա զարգանալով ուղեղային քաղցկեղի վերածուած էր:

Այդ ժամանակ Սույէօլ Չօյի ազգականներէն մէկը Սէուլի Ազգային Համալսարանի Հիւանդանոցին փոխ-տնօրէնն էր: Սույէօլ Չօն 8 ժամ տեւող մեծ գործողութեան ենթարկուած էր: Սակայն նոյնիսկ գործողութենէն ետք, անիկա տակաւին քիթի խափանում ունէր: Բայց երբ անիկա սկսաւ համալսարան յաճախել, ան սկսաւ աշխարհային կեանքի հետեւիլ եւ իր ախտանշանները աւելի բարդացան: Գործողութենէն երեք ամիսներ ետք, իր քիթը գոցուեցաւ եւ դարձեալ սկսաւ շատ արիւնահոսութիւն ունենալ քիթէն: Անիկա հիւանդանոց գնաց եւ բժիշկը ըսաւ որ հիւանդութիւնը նորոգուած էր:

Նախորդ գործողութենէն առաջ բժիշկը ըսեր էր որ մեծ կարելիութիւն կար որ ուռը ուղեղին տարածուէր, եւ այդ ուռին արմատը արդէն ուղեղին մէջն էր, եւ հիմա անիկա ուղեղի ուռ ունէր: 1984-ի Դեկտեմբերին, անիկա անդրադարձաւ որ ինքը բժշկական գիտութեամբ չէր կրնար դարմանուիլ: Ան լսեց մեր եկեղեցւոյ մասին եւ իր ընտանիքի անդամներուն հետ միասին եկաւ եւ արձանագրուեցաւ:

1985-ի Յունուարին, անիկա շնորհք գտաւ արթնութեան ժողովներուն մէջ եւ իր առողջական վիճակը աւելի լաւացաւ: Այդ ժամանակ բժիշկները ուրիշ գործողութիւն մը առաջարկեցին ընել եւ ինքը տակաւին որոշ չափով կը խորհէր թէ կրնար դարմանուիլ նոյնիսկ բժշկական դարմանումով:

Սակայն 1986-ին երբ անիկա 10 անգամէն աւելի, մեծ քանակութեամբ արիւն դուրս տուաւ, այն ատեն ամբողջովին անդրադարձաւ որ ինք միայն Աստուծոյ շնորհքով կրնայ ապրիլ: Անիկա երկու անգամ աղիքային նախադի առատ արիւնահոսումի դրուագներ ունեցաւ, որոնք սպառեցին զինքը:

Մինչ շաբթուայ օրերուն Ճօշիւօնի մէջ կ'աղօթէի, օր մը, իմ աղօթքներուս մէջ, անբացատրելիօրէն մեծ վիշտ զգացի սրտիս մէջ եւ անդրադարձայ որ Սույէօլ

Չօն չափազանց վտանգաւոր կացութեան մէջ էր: Ես արցունքներով աղօթեցի Աստուծոյ:

Այդ ժամանակ սարկաւագուհի մը, որ շատ կ'աղօթէր մեր եկեղեցիին մէջ, տեսիլք մը ունեցաւ ուր ան ջերմեռանդութեամբ Յիսուսի պատմուճանին ծայրը բռնած կ'աղաչէր այս երիտասարդին կեանքին համար: Նոյնիսկ անկէ ետք, ամէն անգամ որ այս երիտասարդը կեանքի դէմ սպառնացող վիճակի մէջ ըլլար, Սուրբ Հոգին ինծի թոյլ կու տար գիտնալ այդ մասին, եւ անիկա այդ ճգնաժամային վայրկեանները կ'անցընէր, ընդունելով աղօթքս: Այն ատենէն սկսեալ, Սույէօլ Չօ սկսաւ հոգեւոր հաւատք ունենալ եւ այդ չափով ալ անիկա լաւացաւ:

Եթէ ան չաղօթէր եւ ամբողջովին Սուրբ Հոգիով չլեցուէր, իր քիթին մէջի ուռեցքը շատ կը մեծնար եւ իր կոկորդը կը գոցուէր, կամ լեզուի նման բան մը ելլելով իր բերանը կ'երթար, եւ կամ ալ այդ ուռեցքը իր քիթի ծակերէն դուրս կ'ելլէր: Այդ ատենները, երբ ան զղջար եւ աղօթքս ընդունէր, կը մաքրուէր: Այս ընթացքով, երիտասարդը իր մէջ եղող չարութիւնը եւ մարմնաւոր խորհուրդները յայտնաբերեց եւ ծոմ պահելով խորհեցաւ ըսելով. «Եթէ մեռնիմ, թող մեռնիմ»:

Անիկա իր լաւագոյնը ըրաւ ինքզինքը փոխելու համար եւ վերջապէս ան կատարելապէս առողջ մարդ մը եղաւ: Ներկայիս անիկա եկեղեցիին մէջ կը ծառայէ որպէս օգնական հովիւներէն մէկը: Անիկա ուրախ ընտանիք մը ունի իր տիկինով եւ մէկ տղայ զաւակով:

Մարմինը Պնդացած՝ Ածխածնային Կազի Թունաւորումով

1985-ի Փետրուարին, Շաբաթ կէսօրէ վերջ մը, ես կ'աղօթէի սենեակիս մէջ: Դրնէն դուրս, խռովութիւն մը կար մարդոց մէջ եւ լսեցի մէկը որ կը պոռար, ըսելով թէ անձ մը մահացած է: Երբ աղօթքէն ետք դուրս ելայ, հոն եկեղեցւոյ անդամներէն հաւատացեալ քոյր մը կար որ ածխածնային կազի թունաւորումով մահացած էր: Անիկա Ուրբաթ օրուայ ամբողջ-գիշերուայ արարողութենէն ետք տուն երթալով, փայտածուխի ածխաքար մը վառելով, քնացեր էր:

Սակայն Շաբաթ առաւօտ ժամը երկուքին, անիկա

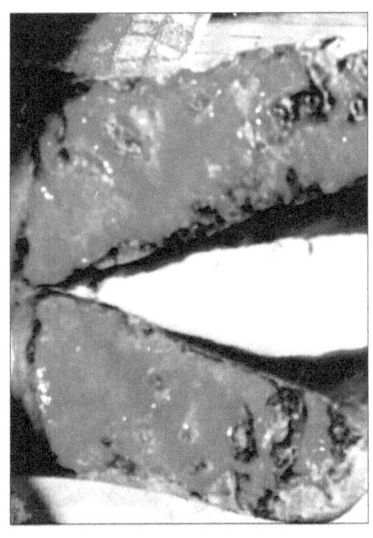

3-րդ Աստիճանի Այրուածքէ Բժշկուած

կազէն թունաւորուած գտնուած էր։ Երբ զինքը գտած էին, անիկա արդէն ժամերով շնչած էր այդ կազը, ուրեմն իր մարմինը արդէն անդամալուծուած էր եւ պղպջակներ կային իր բերնին մէջ։ Անոր դրացիներէն մէկը զինքը գտնելով իմ բնակարանս փոխադրած էր զայն, սակայն անիկա այնպէս կը թուէր թէ մեռած էր։ Անիկա իր ուշքը կորսնցուցած էր եւ իր մարմինը արդէն շատ կարծրացած եւ պաղած էր։

Ես ձեռքս դրի իր վրայ եւ աղօթեցի, «Յիսուս Քրիստոսի անունով կը հրամայեմ, ածխածնային կազ, դո՛ւրս ելիր։ Դուրս ելիր աչքերէն, ռունգերէն, բերնէն, ինչպէս նաեւ ամբողջ մարմնի բջիջներէն։ Այն վայրկեանին որ աղօթքս

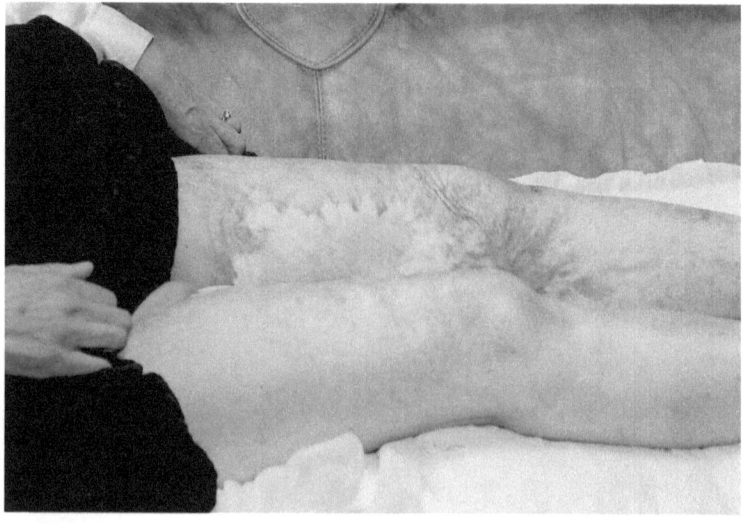

Ամբողջովին բժշկուած եւ նոր միս կազմուելու վրայ՝ աղօթելէ ետք

վերջացուցի եւ ձեռքս իր վրայէն վերցուցի, քոյրը սկսաւ քիչ մը տաքութիւն զգալ իր մարմնին մէջ եւ կամաց-կամաց բացաւ աչքերը: Յետոյ, իր քարացած մարմինը սկսաւ կակուղնալ: Շուրջը գտնուող ժողովուրդը երկու վայրկեան շփեցին անոր մարմինը եւ անիկա սկսաւ վերագտնել իր մարմնի շարժումները: Յետոյ անիկա ելլելով նստեցաւ եւ իր առողջութիւնը վերագտաւ, առանց յետագայ անախորժ ազդեցութիւններու:

Եթէ այդ քոյրը այդ վիճակին մէջ գտնուած ժամանակ հիւանդանոց փոխադրուէր, շատ քիչ կարելիութիւն պիտի ըլլար բուժուելու: Նոյնիսկ եթէ ապրէր, անիկա իր ամբողջ կեանքի ընթացքին հոգեցնցիչ եւ տկարացնող ուղեղի կորուստէ պիտի տառապէր: Սակայն ամենակարող Աստուած, որ նոյնիսկ մեռածները կը կենդանացնէ, Իր զօրութիւնը ցոյց տուաւ եւ անիկա միայն երկու վայրկեանէն ամբողջովին բնական դարձաւ: Այս քոյրը Մինսուն Լին է, որ ետքը մեր եկեղեցւոյ հովիւներէն՝ Ճէօն-հուան Չա հովիւին հետ ամուսնացաւ:

«Չաճիս, Շինտայպանկ Տօնկ Գնա»:

Երբեմն ես աղօթած եմ անոնց վրայ որոնք նոյնիսկ դադրած են շնչելէ: 1985-ի Յունիսին, բան մը պատահեցաւ սարկաւագ Սէօքիի Չօյի երկու տարեկան աղջկան՝ Սէյունկ-աիի: Անոր մայրը քիչ մը երշիկ եփած ատեն, աղջիկը քովը գալով ձեռքը երկարած էր: Ուստի մայրը երշիկի փոքրիկ կտոր մը տուած էր իրեն: Սակայն շուտով ան չէր զգացած թէ ինչպէս իր աղջիկը ուրիշ սենեակ մը գացեր էր եւ հոն Սէյունկ-աի կը մեռնէր՝ իր բերնին մէջ պղպջակներ ունենալով: Անիկա հեւալով կը փորձէր շունչ քաշել եւ իր մորթին գոյնը սկսած էր կապոյտ դառնալ:

Ասիկա երկու վայրկեանի մէջ պատահած էր, անոր համար մայրը շատ զարմացած էր: Անիկա անմիջապէս աղջիկը կոնակը առնելով վարձու ինքնաշարժ մը կեցուցեր էր: Որովհետեւ ան լսեր էր թէ ինչպէս անբուժելի հիւանդութիւններ կը բժշկուէին եւ թէ ինչպէս մեռածները կը վերակենդանանային եկեղեցիին մէջ, ան իր հաւատքը ցոյց տուաւ Աստուծոյ առջեւ: Անիկա ինքնաշարժի վարորդին ըսեր է որ Շինտայպանկ Տօնկ երթայ: Վարորդը պատասխաներ է ըսելով, որ այդ տեղն ալ շատ հիւանդանոցներ կային, ուրեմն ինչո՞ւ համար այդքան հեռու տեղ պիտի երթար:

«Ոչ, հոն Շինտայապանկ Տօնկի մէջ շատ կարող բժիշկ մը կայ»:

Այն վայրկեանին որ ան հասաւ, ես տունն էի, ուստի կրցայ աղօթել իրեն համար: Իմացայ որ փոքրիկ աղջիկը արդէն դադրած էր շնչելէ եւ անոր մարմինը արդէն պաղած էր ինքնաշարժին մէջ: Ես ջերմեռանդութեամբ աղօթեցի Աստուծոյ որ մեռած երեխային հոգին ետ բերէ: Անմիջապէս որ աղօթքը վերջացաւ, փոքրիկը արթնցաւ եւ նորէն սկսաւ շնչել: Այդ ատենէն ի վեր, անիկա բնական կերպով մեծցած է առանց յետագայ բարդութիւններու: Ճիշդ հիմա, անիկա կ՚ուսանի Քյունկ-հի համալսարանին մէջ եւ իր ծնողքը կը ծառայէ Սաչէօնի Ճինճումուն Մէնմին եկեղեցւոյ մէջ որպէս հովիւ, Քէյօնկ-նամ նահանգին մէջ:

Երրորդ Աստիճանի Այրուածք՝ Աստուածոյ Զօրութեամբ Բժշկուած

Կիրակի օր, Ապրիլ 6, 1986-ին, Աւագ Սարկաւագուհի Էյուն-տիւք Քիմ, որ այն ատեն 62 տարեկան էր, արկած մը ունեցաւ եկեղեցւոյ խոհանոցին մէջ աշխատած ատեն: Շատ մեծ կաթսայ մը կար խոհանոցի կազի կտուցին վրայ եւ իրենք ջուր կ'եռացնէին անոր մէջ, չորցուած խմոր եփելու համար:

Երբ ան սահեցաւ, սխալմամբ կազի կտուցին վրայ գտնուող կաթսային կոթը քաշեց զայն բռնելով, եւ ասոր որպէս հետեւանք, այդ մեծ կաթսային մէջի եռացած ջուրը դուրս թափեցաւ: Ջուրը իր կուրծքին, փորին, թեւերուն եւ սրունքներուն վրայ ինկաւ, խիստ լուրջ այրուածքներ ձգելով: Բարեբախտաբար անոր գլուխը եւ դէմքը չէին այրած:

Այս լուրը լսելով, ես խոհանոց գացի: Մինչ անիկա գետինը պառկած էր, ես աղօթեցի իրեն համար: Այրուածքները այնքան ծանր էին որ իր մորթը եփած էր եւ իր հագուստներուն փակած էր: Անիկա տակաւին շատ թեթեւ գիտակցութիւն ունէր: Տաքութիւնը անտանելի էր իրեն համար, սակայն երբ աղօթեցի իրեն համար, անիկա ըսաւ որ զգացեր էր թէ տաքութիւնը իր մարմնէն դուրս կ'ելլէր: Տաքութիւնը իր կուրծքի ձախ վանդակէն եւ աջ վանդակէն դուրս ելլելով վար իջաւ եւ իր աջ ոտքէն ելլելով մարմնէն դուրս ելաւ:

Թէպէտ տաքութիւնը անհետացած էր, այրուած մասերը խորոված միսի կը նմանէին եւ ուր որ հագուստը մորթին փակած էր, միսը փրթած էր: Պարզապէս շատ խղճալի տեսք մըն էր: Եթէ անիկա այդ վիճակին մէջ հիւանդանոց երթար, անոր կեանքը երաշխաւորուած պիտի չըլլար: Նոյնիսկ եթէ ան ապրէր, տարիներ պիտի առնէր մորթ ներմուծելը: Նոյնիսկ շատ գործողութիւններէ ետք, անիկա լեցուն բարդութիւններ եւ վէրքի հետքեր պիտի ունենար մարմնին վրայ: Էյուն-տիւք Քիմ իմ բնակարանս տարուեցաւ եւ ես իրեն համար օրական մէկ անգամ կ'աղօթէի: Անիկա նոյնիսկ որեւէ դեղ կամ ներարկումներ չառաւ, սակայն Աստուծոյ գործով ան շատ շուտով ապաքինեցաւ:

Ամբողջովին եփուած եւ մեռած բջիջները սպիացան ծառի մը կեղեւին նման եւ շուտով կեղեւը դուրս թափեցաւ երբ նոր միս սկսաւ գալ: Այն մասերէն որոնք այրած էին նոր միս դուրս կու գար եւ արեան նոր երակներ սկսան կազմուիլ: Մեռած մորթը վերակենդանացաւ: Եկեղեցւոյ այն անդամները որոնք եկած էին զինքը այցելելու, տեսան ինչպէս այս լման ընթացքը տեղի կ'ունենար: Աւագ Սարկաւագուհի Էյուն-տիւք Քիմ ամբողջովին բժշկուեցաւ արկածէն միայն երեք ամիս ետք: Անիկա ամբողջովին բնական դարձաւ: 2007 թուականէն աղին, անիկա 82 տարեկան է եւ ժրաջան Քրիստոնէական կեանք մը կ'ապրի:

Անարժան Ծառայ մը Ըլլալ

«Արդ Տէրը անոնց հետ խօսելէն ետքը երկինք համբարձաւ, ու Աստուծոյ աջ կողմը նստաւ: Եւ անոնք ելան ու ամէն տեղ կը քարոզէին, եւ Տէրը անոնց գործակից

էր, ու խօսքը կը հաստատէր, այն նշաններով որոնք անոնց հետ կ'երթային: Ամէն:» (Մարկոս 16.19-20)

Երբ առաքեալները գացին Աւետարանը քարոզելու, Տէրը անոնց գործակից էր: Նոյն ձեւով, կը թուի թէ ես ձեռքերս կը դնեմ հիւանդներուն վրայ, բայց իրականութեան մէջ, փոխարէնը Տէրոջը արիւնով ներկուած ձեռքերն են որ կը դրուին անոնց վրայ: Անոնք որոնք տեսիլքներ տեսնելու պարգեւը ունին կամ անոնք որոնք հոգեւոր բաներ կը տեսնեն, վկայեցին որ երբ ես կ'աղօթէի, Տէրը Ինքը իմ հետս միասին Իր ձեռքերը կը դնէր հիւանդներուն մարմնին հիւանդ մասերուն վրայ:

Ամէն տեսակի պաշտամունքի արարողութեան ժամանակ, ես կ'աղօթեմ հիւանդներուն համար եւ շատ մարդիկ կը տեսնեն որ կրակի զանգուած մը դուրս կ'ելլէ իմ թեւերէս: Այս կրակը, որ Սուրբ Հոգիին կրակն է, ամէն մէկ անդամի վրայ երթալով կ'այրէ իր հիւանդութիւնները ամէն մէկուն իր հաւատքին համեմատ: Անոնց վրայ իմ ձեռքերս դնելով, ես ջերմեռանդութեամբ ամբողջ սրտովս եւ հաւատքով կ'աղօթէի որպէսզի անոնք բժշկուէին եւ իրենց հարցերը լուծուէին, եւ Աստուած կը պատասխանէր այս աղօթքները, Սուրբ Հոգիին կրակէ գործերուն միջոցաւ:

Ապագայի Բաներ Ըսել՝ Սուրբ Հոգւոյն Ներշնչումով

Յովիւ Օծուիլ

1986-ի Մայիսին, եկեղեցւոյ բացումէն չորս տարիներ ետք, ես հովիւ օծուեցայ: Յունիսին մենք Եկեղեցւոյ Յանձնառութեան Արարողութիւնը ներկայացուցինք: Այդ օրը, եկեղեցւոյ անդամները ոսկիէ մեծ բանալի մը տուին ինծի, որպէս նշան իրենց սիրոյն եւ վստահութեան: Ասիկա կը նշանակէր թէ, որպէս հովիւ, եկեղեցւոյ վերաբերող ամբողջ հեղինակութիւնը ինծի կը տրուէր եւ թէ իրենք պիտի վստահէին եւ հնազանդէին ինծի: Տակաւին ես կը պահեմ եկեղեցւոյ անդամներուն կողմէ ինծի իրենց անկեղծութեամբ տրուած այս նուէրը՝ գանձի մը նման:

Օծումէն ետքը, Տէրը զիս առաջնորդեց որ 21 օրուայ Դանիէլի աղօթք մատուցանեմ Իրեն: Ես փորձեցի Աստուծոյ հետ հաղորդակցիլ աղօթքով եւ ծոմապահութեամբ, իմ աղօթքի տեղս՝ Ճօչիուօնի մէջ: Յետոյ Տէրը սկսաւ ինծի բացատրել Յայտնութեան Գիրքին մասին որը կը տեղեկագրէ այն բաները որոնք տեղի պիտի ունենան վերջին օրերուն մէջ:

1986, Յուլիս 20-ի Կիրակի առաւօտեան արարողութենէն սկսեալ, ես սկսայ Յայտնութեան Բանախօսութիւններու շարքը: Այդ շարքը նոյն ձեւով շարունակուեցաւ մօտ չորս տարի մինչեւ Դեկտեմբեր 20, 1989: Անոնք որոնք նոյնիսկ շատ քիչ բան գիտէին հոգեւոր աշխարհին մասին, մեծ ուրախութեամբ մտիկ ըրին պատգամները, որովհետեւ անոնք կարօտը ունէին աւելի շատ գիտնալու հոգեւոր աշխարհին մասին:

Ուրբաթ Օրուայ Ամբողջ-Գիշերուայ Արարողութիւն, Երկրին Բոլոր Կողմերէն Եկող Ժողովուրդով Լեցուն

Երբ մենք նոր շէնք մը փոխադրուեցանք եւ արթնութեան ժողով մը ունեցանք, շուտով ամբողջ եկեղեցին դարձեալ լեցուեցաւ: Քանի որ արթնութիւնը շատ արագ ձեւով կ'ընթանար, մենք ժամանակ չունեցանք եկեղեցական որեւէ ուրիշ շէնքեր շինելու:

1987-ին, մենք Շինտայպանկ Տօնկ, Տօնկճաք Կույի մէջ շէնք մը վարձեցինք եւ հոն փոխադրուեցանք: Ասիկա մեր 3-րդ սրբարանն էր: Երեք ամիս ետքը, երբ արդէն վերջացուցած էինք արթնութեան ժողովները եւ նոր շէնքը փոխադրուելու յիշատակի տօնակատարութիւնները կը կատարէինք, ամբողջ եկեղեցին դարձեալ լեցուեցաւ բազմութեամբ: Արձանագրուող անդամներուն թիւը այդ ժամանակ անցաւ 3,000-ը: Մենք 2-րդ եւ 3-րդ յարկերը միասին երկուքը գործածեցինք որպէս սրբարաններ, բայց չկրցանք ամէն ոքի տեղ տալ քանի որ պարզապէս բաւարար տեղ չկար բոլորին համար: Ժողովուրդէն մի քանիներ, որոնք եկած էին, պէտք էր ետ դառնային:

1989-ի Յունիսին, մենք իսկայ եկեղեցի մը եղած էինք՝ 6,000 արձանագրուած անդամներով: Եկեղեցւոյ բացումէն սկսեալ, ես միայն կ'ուզէի Աստուծոյ խօսքին վրայ կեդրոնանալ եւ աղօթքի վրայ, որպէսզի կարենայի ամբողջովին իրագործել Աստուծոյ կողմէ ինծի տրուած պարտականութիւնս: Ուստի, անդամներուն հոգատարութիւնը օգնական հովիւներու յանձնեցի: Նախկին եկեղեցիներու օրերուն, քանի որ առաքեալները աւելի շատ գործ ունէին ընելիք եկեղեցիներու աճման պատճառաւ, եօթը սարկաւագներ ընտրեցին որպէսզի եկեղեցական գործերը անոնք ընէին: Իսկ առաքեալները կեդրոնացան միայն Աստուծոյ խօսքին եւ աղօթքներու վրայ (Գործք Առաքելոց 6.3-4): Նոյն ձեւով, ես եկեղեցւոյ ելեւմուտքի տնտեսական հարցերով չզբաղեցայ, այլ մենք տարբեր տեսակի բաժանմունքներ ունեցանք եւ իւրաքանչիւր բաժանմունք իրեն յատուկ գործեր յանձն կ'առնէր:

Մենք տարեկան մէկ կամ երկու անգամներ հովիւներու խորհրդաժողովներ կը գումարէինք, հովիւները քաջալերելու եւ զանոնք հզօր ծառայողներ դարձնելու համար: Ես անկեղծօրէն կ'ուզէի հզօր հովիւներ ունենալ որոնք Աստուծմէ սիրուած ըլլային, նաեւ, որ ինձմէ աւելի սիրուէին եկեղեցւոյ անդամներուն կողմէ: Ուստի լաւագոյնս ըրի որպէսզի օգնական հովիւներ մէջտեղ բերէի:

Ամբողջ երկրին մէջ լաւ ճանչցուած էր որ Ուրբաթ օրուայ ամբողջ գիշերուայ արարողութիւնները Սուրբ Հոգիով լեցուն ծառայութիւններ կ՛ըլլային եւ շատ ժողովուրդ ներկայ կ՛ըլլային, հոգ չէ թէ ինչ համայնքի պատկանէին անոնք: Ինչ լաւ է երբ անոնք Սուրբ Հոգիով լեցուին գիշերը եւ վերադառնան իրենց պատկանեալ եկեղեցիները՝ ծառայելու իրենց եկեղեցիին մէջ Կիրակի օրերը: 1986-ի Դեկտեմբեր 12-էն սկսեալ Ուրբաթ օրուայ ամբողջ-գիշերուայ արարողութիւններուն մէջ ես սկսայ պատգամել Յոբի Գիրքին մասին, ինչպէս որ Տէրը բացատած էր ինծի: Այդ քարոզչութեան շարքը վերջացաւ 1992, Դեկտեմբեր 11-ին, Ուրբաթ օրուայ ամբողջ-գիշերուայ արարողութեան ժամանակ:

Ասոնք հոգեւոր պատգամներ էին որոնք տարբեր էին Յոբի գրքին վրայ եղած ուրիշ մեկնաբանութիւններէ: Ասիկա արժէքաւոր պատգամ մըն էր որ կը վերլուծէր Յոբ կոչուած անձի մը սիրտը: Այս գիրքը տրուած էր որպէսզի մենք կարենայինք մեր սրտին չարութիւնը գտնել եւ մեր անիրաւ սիրտը ճանչնալ: Նաեւ, 1989-էն սկսեալ, Տէրը սկսաւ մանրամասնութեամբ սորվեցնել մարդոց «Հոգիին, Մտքին եւ Մարմնին» մասին: Անկէ յետոյ Ան ինծի սորվեցուց տարբեր «Տարածութիւններու» մասին: Երբ ես այս պատգամներով կը սորվեցնէի անդամներուն, անոնց հոգեւոր աչքերը բացուեցան եւ ես յստակօրէն կրնայի տեսնել իրենց մէջ եղող փոփոխութիւնները: Այն հաւատքին չափով որ իրենց մէջ կ՛աւելնար, ես նոյն չափով պէտք էր նոր բաներ սորվեցնէի իրենց: Ուստի, ես պէտք էր շարունակէի աւելի խորունկ մակարդակներու երթալ՝ հոգեւոր աշխարհին մէջ:

Նոյնիսկ Մէկ Հոգի Աւելի Ցորենի Փոխել

Օր մը, երբ ես կ'աղօթէի, Տէրը ողբալով ըսաւ ինծի.-

«Ով իմ ծառաս, շուտով հրատարակէ գիրքերը այն պատգամներով որոնք սորվեցուցի քեզի: Այսօր շատ քիչեր կան որոնք ճշմարիտ հաւատք ունին եւ որոնք կրնան փրկուիլ: Անոնք կ'ըսեն թէ կը հաւատան, սակայն անոնք օրինազանցութիւն կ'ընեն: Անոնք դարձեալ կը խաչեն Զիս: Անոնք չեն հաւատար, այլ անոնք սխալ կը հասկնան թէ հաւատացած են»:

Յիսուս ըսաւ, *«Բայց Որդին Մարդոյ երբ գայ, արդեօք հաւատք պիտի գտնէ՞ երկրի վրայ»* (Ղուկաս 18.8): Ներկայիս մեղքը եւ օրինազանցութիւնը այնքան շատ կը տիրապետեն որ շատ դժուար է այնպիսի մարդիկ գտնել, որոնք ճշմարիտ, հոգեւոր հաւատք ունենան ինչպէս Աստուած կ'ուզէ:

Երբ հողագործները կը հնձեն, անոնք միայն ցորենը կը հաւաքեն, իսկ յարդը միայն պիտի այրուի կրակով: Նմանապէս, Աստուած կը փափաքի ունենալ մէկ հատիկ ցորեն մը, քան թէ որեւէ մեծ քանակով յարդ: Անիկա միայն ցորենը կը հաւաքէ Իր թագաւորութեան մէջ (Մատթէոս 3.12): Ան կ'ուզէ որ մենք ժրաջանօրէն աղօթենք, Իր խօսքին համեմատ գործենք որպէսզի մարմնաւոր փափաքները հեռացնենք մեր վրայէն եւ Տէրոջը սրտին փափաքը իրականացնենք, որն է՝ ամբողջ Հոգին (Ա. Թեսաղոնիկեցիս 5.23):

Երբ Եկեղեցւոյ անդամները լսեցին «Հոգի, Միտք եւ Մարմին» եւ «Տարածութիւններ» պատգամները, անոնք սկսան հասկնալ իրենց հիմերը եւ փորձեցին ձերբազատուիլ մեղքերէ: Եթէ մէկը չխօսի մեզի մեղքի մասին, շատ հաւանաբար մենք քիչ բան պիտի գիտնանք մեղքի մասին: Երբ մարդիկ քաջատեղեակ չըլլան աշխարհի հետ փոխ-զիջումի մասին, հաւանական է որ անոնք վերջաւորութեան յարդի-նման հաւատացեալներ կ'ըլլան որոնք չեն կրնար փրկուիլ: Ուրեմն, հովիւները շատ լաւ պէտք է սորվեցնեն հաւատացեալներուն թէ ինչ են մեղքերը:

Միայն Աստուծոյ Յենիլ՝ Պատգամներու Համար

Երբ Յիսուս Իր առաքեալները կը ղրկէր, Անիկա ըսաւ. *«Բայց երբ ձեզ մատնեն, հոգ մի ընէք թէ ինչպէս կամ ի՞նչ պիտի խօսիք, վասն զի ձեզի պիտի տրուի այն ժամուն՝ ինչ որ պիտի խօսինք: Վասն զի ոչ թէ դուք էք որ պիտի խօսիք, հապա ձեր Հօրը Հոգին՝ որ ձեր ներսիդին կը խօսի»:* (Մատթէոս 10.19-20)

Այն տարին որ եկեղեցին բացի, տակաւին ես դպրեվանքին մէջ վերջին տարուայ ուսանող էի: Ես դպրոց յաճախելով իմ պարտականութիւններս պէտք էր ընէի: Նաեւ, պէտք էր որ տասը պատգամներ պատրաստէի ամէն մէկ շաբաթ, առաւօտեան արշալոյսի աղօթքի ժողովներուն համար, որոնք տեղի կ'ունենային ամէն առտու Ուրբաթ օրուայ ամբողջ գիշերուայ արարողութեան համար, ինչպէս նաեւ Կիրակի օրուայ առտուայ եւ իրիկնային արարողութիւններուն համար: Նաեւ, պէտք էր որ այցելէի եւ խորհուրդ տայի անդամներուն, եւ ես անձամբ պէտք էր աղօթէի հիւանդներուն համար, եւ ուրեմն ես միշտ զբաղ էի:

Ես նոյնիսկ ժամանակ չունէի յուշատետրի մը մէջ գրելու իմ տալիք պատգամս, սակայն երբ աղօթէի, Աստուած ինծի կու տար պատգամին վերնագիրը եւ կարդացուելիք համարը: Երբ ես կ'աղօթէի այդ նիւթին մասին, Աստուած քարոզի ատեն կը ներշնչէր ինծի: Երբ բեմին վրայ կը կենայի, Աստուծոյ խօսքը կը հոսէր մտքիս մէջէն:

Ներկայիս, պաշտամունքի արարողութիւնները ուղղակի կերպով կը հեռասփռուին ամբողջ երկրին մէջ, ինչպէս նաեւ ուրիշ երկիրներ՝ արբանեակով կամ համացանցով, եւ ուրեմն ես սկիզբէն պատրաստած կ'ըլլամ իմ նօթագրութիւններս: Սակայն եկեղեցին սկսելէն մինչեւ հեռասփռումի պատգամներուն սկսիլս, ես առանց որեւէ նօթագրութեան կամ առանց որեւէ յուշագրութեան՝ կը քարոզէի:

Ես Պարզապէս Անարժան Ծառայ Մըն Եմ

Օր մը, 1987-ի Ապրիլին, ես չկրցայ բաւարար չափով աղօթել ժամանակ չըլլալուն համար, եւ այս պատճառաւ ներշնչում չստացայ քարոզի ժամանակ: Ես նոյնիսկ զգացի որ քարոզը լաւ չէր սահէր: Քարոզէն ետք ես շատ ներողութիւն խնդրեցի Աստուծոյ առջեւ որ քարոզը աւելի աղօթքներով չէի պատրաստած: Երբ որ այս տեսակ պարագայի մը դիմաց կը գտնուէի, շատ խորունկ ձեւով կը զգայի որ ես բան մը չէի կրնար ընել, թէ ես ոչինչ եմ եթէ Աստուած հետս չըլլայ: Եթէ Աստուած լքէր զիս, ես երբեք պիտի չկարենայի պատգամ մը փոխանցել, որեւէ տեսակի բժշկութեան գործեր պիտի չըլլային նոյնիսկ եթէ աղօթէի, եւ Սուրբ Հոգին պիտի չգործեր երբ քարոզէի, ուստի եկեղեցւոյ անդամները պիտի փոխուէին: Հակառակ որ ես կարողացեր եմ կարգ մը բաներ իրագործել, տակաւին ես անարժան ծառայ մըն եմ Աստուծոյ առջեւ: Ուրեմն, նոյնիսկ եթէ ես մեծ զօրութիւն ստացած եմ վերէն եւ գործածուած եմ որպէս գործիք մը՝ Աստուծոյ համար, ես երբեք չեմ կրնար ամբարտաւան ըլլալ այդ ուղղութեամբ:

1987-ի Ապրիլին, իմ վկայութիւններուս յուշագրութիւնները, *Համտեսել Յաւիտենական Կեանքը՝ Մահուընէ Առաջ* հրատարակուեցաւ: Այս գիրքը դարձեալ հրատարակուեցաւ շարունակաբար եւ անխախտ ծախուող գիրք մը եղաւ: Ճիշդ հիմա, անիկա շատ տարբեր լեզուներու թարգմանուած է եւ աշխարհի բոլոր կողմերը շատ երկիրներու մէջ կը բաժնուի: Այս գիրքին միջոցաւ, բազմաթիւ մարդիկ հաւատացած են կենդանի Աստուծոյն, բժշկող Աստուծոյ, հարցերու պատասխան տուող Աստուծոյ, եւ սիրող Աստուծոյն:

Սուճանկ Մայէնկ Գերմանիոյ մէջ կ՚ապրէր երբ այս գիրքը ստացաւ հոչակաւոր հովիւի մը կողմէ՝ Գերմանիոյ մէջ: Անիկա շատ լաւ տպաւորուեցաւ գիրքին վրայ: Երբ ան Քորէա այցելեց, Սուճանկ Մայէնկ մեր եկեղեցին եկաւ պաշտամունքի արարողութեան ներկայ ըլլալու համար եւ վերջապէս անիկա եկեղեցւոյ օրինաւոր անդամ մը եղաւ: Անիկա իր կեանքի փոփոխութեան փորձառութիւնը ունեցաւ՝ կեանքի խօսքին միջոցաւ: Սուճանկ Մայէնկ նախանձախնդրութեամբ լեցուեցաւ Աւետարանը քարոզելու, եւ ճիշդ հիմա անիկա կը գործէ որպէս միսիոնարուհի Ուաշինկթըն Տի. Սի.-ի մէջ, ինքզինքը նուիրելով Աւետարանի տարածումին:

«Անիկա էյ, էմ 837 Քիզ Քրիստոնէական հեռասփռումի Դրութիւնն է: Այսօր, «Դուն իմ հետս ես», յայտագիրին մէջ ձեզի պիտի պատմենք Վեր. Ճէյրոք Լիի պատմութիւնը, որ Մէնմին Կեդրոնական Եկեղեցւոյ հովիւն է»:

Յունիս 1-էն մինչեւ Յունիս 30-ը, «Դուն իմ հետս ես» յայտագրին մէջ, Սի.Պի.Էս. (CBS) ռատիօկայանէն, իմ վկայութիւնս կը ձայնասփռուէր թատերական զգայացունց պատահարներու շարքով: Մէկ ամիս շարունակ, անիկա օրական երկու անգամ կը ձայնասփռուէր, առտու եւ իրիկուն: Այս յայտագրին միջոցաւ, երկրին բոլոր կողմերէն շատ մարդիկ Աստուծոյ շնորհքը ստացան այդ վկայութեան ընդմէջէն եւ իմ անունս յիշեցին: Կարգ մը մարդիկ ըսին որ իրենք այդ պատճառաւ հաւատացած էին Աստուծոյ:

Օգոստոս 18-ին, Սի.Պի.Էս. (CBS) ռատիօկայանէն, «Նորոգէ Զիս» յայտագրէն երեւցայ եւ իմ վկայութիւնս տուի: Այն ատեն բեմադրիչը ինձմէ խնդրեց որ չյիշէի որ Աստուած բժշկած էր զիս: Անիկա ըսաւ որ կարգ մը առարկութիւններ պիտի ըլլային եթէ մենք հրաշքներու մասին խօսէինք: Ես չէի կրնար այդ բանին վրայ համաձայնիլ, ուստի միայն ժպտացի որպէս պատասխան: Վերջաւորութեան, մինչ ձայնասփռումը կ'արձանագրէի, ես իմ բոլոր պատմութիւնս պատմեցի եւ թէ ինչպէս Աստուած բժշկեց զիս այդ ընթացքին: Սակայն նոյնիսկ որոշուած թուականը անցնելէն ետքը, իմ պատմութիւնս տակաւին չէր ձայնասփռուած, ուստի հարցուցի ձայնասփռողին այդ մասին: Ճիշդ այն ատեն ձայնասփռումի երիզը պիտի ջնջուէր, սակայն մենք ուրիշ անձի մը օգնութեամբ հազիւ թէ կրցանք գտնել արձանագրուած երիզը եւ կարողացանք մէկ ժամ ձայնասփռել զայն: Ես զգացի որ շատ լաւ պիտի ըլլար եթէ անոնք ճշմարտութիւնը ձայնասփռէին ճիշդ այնպէս՝ ինչպէս որ էր:

Մարգարէութիւններ՝ Սուրբ Հոգւոյն Ներշնչումով, Հաւատք Ներմուծելու Համար

Աստուած մեզի Սուրբ Հոգիին պարգեւները կու տայ մեր օգուտին համար (Ա. Կորնթացիս 12.7): Ա. Կորնթացիս 14.1-5 կ'ըսէ, *«Սիրոյ ետեւէն գացէք, ու հոգեւոր պարգեւներուն նախանձաւոր եղէք, մանաւանդ մարգարէութիւն ընելու: Վասնզի ան որ օտար լեզուով կը խօսի՝ ոչ թէ մարդոց կը խօսի, հապա Աստուծոյ. վասն զի մէկը չկայ որ իմանայ, բայց անիկա հոգիով խորհուրդներ կը խօսի: Սակայն ան որ կը մարգարէանայ, մարդոց կը խօսի՝ շինութիւն ու յորդորանք եւ մխիթարութիւն տալու: Ան որ օտար լեզուով կը խօսի՝ իր անձին շինութիւն կ'ընէ, ու ան որ կը մարգարէանայ՝ եկեղեցիին շինութիւն կ'ընէ: Կ'ուզեմ որ դուք ամէնդ լեզուներ խօսիք, բայց մանաւանդ որ մարգարէութիւն ընէք, վասն զի ա՛լ աղէկ է ան՝ որ կը մարգարէանայ, քան թէ ան՝ որ լեզուներ կը խօսի, միայն եթէ թարգմանելու ըլլայ, որպէսզի եկեղեցին շինութիւն առնէ»:*

Պօղոս առաքեալ կ'ուզէր որ Աստուծոյ բոլոր զաւակները լեզուներ խօսելու պարգեւը ստանան, եւ անիկա մասնաւորապէս կը մղէր հաւատացեալները՝ մարգարէութեան պարգեւը ստանալու: Երբեմն, Սուրբ Հոգւոյն ներշնչումով, ես կ'ըսէի եկեղեցւոյ անդամներուն թէ ինչ պիտի պատահէր: Ասիկա կ'ընէր իրենց շինութեան համար եւ իրենց մէջ աւելի հաւատք ներմուծելու համար: Մինչ ես առաւօտեան արշալոյսի աղօթաժողովի ատեն կ'աղօթէի, այսպէս աղօթեցի, «Հայր Աստուած, որոշ թիւով յաճախողներ ղրկէ մեզի գալ շաբաթ»: Յետոյ ես յայտարարեցի որ որոշ թիւով մարդիկ ներկայ պիտի ըլլային յաջորդ շաբաթ: Այդ ժամանակ եկեղեցւոյ անդամներուն թիւը շատ արագ կ'աւելնար:

«Գալ շաբաթ 50 հոգի ներկայ պիտի ըլլան արարողութեան»:

Յաջորդ Կիրակի մեր անդամներուն համրել տուի ներկաներուն ընդհանուր թիւը: Անոնց թիւը ճշգրիտ 50 հոգի էր:

«Գալ շաբաթ 65 հոգի պիտի գան»:

Ամէն շաբաթ ներկաներուն թիւը կ'աւելնար եւ ես ամէն Կիրակի կը մարգարէանայի: Յաջորդող Կիրակին, անդամները կը համրէին ներկաներուն թիւը եւ անոնք միշտ զարմացած կը գտնուէին:

Սակայն երբ ներկաներուն թիւը 80-ի հասաւ, քանի մը շաբաթներ այդ թիւը չէր աւելնար: Երբ աղօթեցի անոր համար, անդրադարձայ որ թշնամի Սատանան կը խանգարէր որպէս զի այդ թիւը 100-ը չանցնի: Ես ծոմ պահեցի եւ աղօթեցի անդամներուն հետ միասին եւ դուրս քշեցի թշնամի Սատանան, եւ այդ շաբթուընէ սկսեալ ներկաներուն թիւը դարձեալ սկսաւ աւելնալ եւ Հոկտեմբեր 10-ին, եկեղեցւոյ հաստատման օրը, անոնց թիւը 100-ը անցաւ:

Կարգ մը բացառիկ պարագաներու մէջ, Աստուած սկիզբէն ինծի կը յայտնէր թէ ինչ պիտի ըլլար նուիրատուութիւններու գումարը: Եկեղեցւոյ բացումէն անմիջապէս ետքը, մենք ամէն շաբաթ վեց միլիոն ուօն (6,000 ԱՄՆ տոլար) կ'ունենայինք: Քանի որ միշտ կը կեդրոնանայինք աշխարհի առաքելութեան վրայ, մենք պէտք էր եկամուտէն աւելի ծախսէինք: Մենք միշտ պակաս ունէինք եւ մեր եկեղեցին դրամական լաւ վիճակի մէջ չէր: Ես սկսայ աղօթել Աստուծոյ այդ մասին: Երբ ջերմեռանդութեամբ աղօթեցի, Տէրը յատուկ կերպով աշխատեցաւ այդ դժուար կացութիւնը շտկելու համար: Սուրբ Հոգւոյն յստակ ներշնչումով, Աստուած ինծի թոյլ տուաւ գիտնալու նուիրատուութիւններու ճշգրիտ գումարը:

«Յաջորդ շաբաթ, նուիրատուութիւններու գումարը պիտի ըլլայ 33 միլիոն ուօն (33,000 ԱՄՆ տոլար)»

Ես պատասխանը ստացայ եւ աշխատողներուն ըսի, որոնք եկեղեցւոյ դրամական հարցերուն պատասխանատու էին, թէ ինչ պիտի ըլլար հաւաքուած ճշգրիտ գումարը: Այս իրենց ըսի, որպէսզի աւելի շատ հաւատք ներմուծէի իրենց մէջ: Սակայն անոնք որեւէ յատուկ պատասխան չտուին որովհետեւ չէին կրնար հաւատալ ինծի: Անոնք կասկածոտ կը թուէին ըլլալ, խորհելով որ ինչպէս կրնար նուիրատուութիւնը մէկ շաբթուայ մէջ հինգ անգամէ աւելի աւելնալ:

Սակայն յաջորդ Կիրակի կէսօրէ ետք, դրամական յանձնախումբի աշխատակիցները հաշուեցին նուիրատուութիւնները եւ ինծի տեղեկացուցին որ գումարը ճիշդ 33 միլիոն ուօն էր: Այն ատենէն սկսեալ միշտ կ'աղօթէի Աստուծոյ ամէն ատեն որ դրամական դժուարութիւն ունենայինք եւ ամէն անգամ Աստուած մեզի մեծապէս կ'օրհնէր, ուստի մենք կարող կ'ըլլայինք յաղթահարել դժուարութիւնները Աստուծոյ շնորհքով: Մանաւորաբար երբ Ան շատ անգամներ մեզի սովորականէն աւելի կու տար, Աստուած կը յայտնէր ինծի եւ ես սկիզբէն կ'ըսէի այդ մասին դրամական յանձնախումբին: Ես կրցայ տեսնել թէ ինչպէս իրենց հաւատքը կ'աճէր այս տեսակի փորձառութիւններ ունենալով շատ անգամներ:

Ինծի Ապագայի Բաներ կը Յայտնուէր՝ Քորէայի եւ Աշխարհի Մասին

Ես միշտ աղօթքի մէջ կ'աղաղակէի Աստուծոյ եւ Սուրբ Հոգւոյն լեցունութեամբ կ'ապրէի: Եւ Տէրը ատեն-ատեն ինծի թոյլ կու տար գիտնալու գալիք բաներու մասին, նաեւ մեծ եւ գաղտնի բաներ: Տէրը Պետրոսին տեսիլք մը տուաւ՝ իրեն ապագայի բաներ ըսելու համար (Գործք

Առաքելոց 10-րդ գլուխ), եւ Ստեփանոս Աստուծոյ փառքը տեսաւ ու Տէրը Աստուծոյ աջ կողմը կայնած էր: Նոյնպէս, Աստուծոյ զօրութիւնը որեւէ բան կրնայ իրագործել: Ըլլայ Հին Կտակարանին մէջ կամ Նոր Կտակարանին մէջ, եւ հիմա, Անիկա նոյն ձեւով կը գործէ:

Ամովսայ 3-րդ գլխուն, 7-րդ համարը կ'ըսէ. *«Յիրաւի Տէր Եհովան բան մը չըներ, Մինչեւ Իր գաղտնիքը Իր ծառաներուն, մարգարէներուն, չյայտնէ»:*

Ինչպէս ըսուած է, մինչ կ'աղօթէի, Աստուած ինծի սկիզբէն թոյլ տուաւ գիտնալու մեր եկեղեցւոյ անդամներուն մասին, մեր երկրին մասին եւ աշխարհի վիճակի մասին:

Հոկտեմբեր 26, 1979-ին, երբ դպրեվանք կը յաճախէի, յանկարծ առտու կանուխ անհանգիստ զգացում մը ունեցայ եւ աղօթեցի անոր համար: Յետոյ, Տէրը ինծի յայտնեց որ մեր երկրին մէջ աստղ մը պիտի իյնար: Անիկա ինծի թոյլ տուաւ գիտնալու որ Նախագահ Բարք Չանկ Հի պիտի մահանայ: Ես տիկնոջս ըսի որ մեծ աղէտ մը տեղի պիտի ունենար եւ դպրեվանքի դասերուս գացի: Իմ սիրտս տակնուվրայ էր: Ամբողջ օրը պարզապէս կը շարունակէի արցունքներ թափել: Յաջորդ առտու, լսեցինք որ Նախագահ Բարք Չանկ Հի մէկ գիշեր առաջ սպաննուած էր:

Մինչեւ Իր Գաղտնիքը Իր Ծառաներուն եւ Մարգարէներուն Չյայտնէ

Աստուած սկիզբէն ինծի թոյլ տուաւ գիտնալու թէ ինչպէս աշխարհի դրութիւնները պիտի ընթանան, եւ երբեմն ալ Անիկա ինծի թոյլ տուաւ գիտնալու կարգ մը շատ կարեւոր անձնաւորութիւններու մասին: 1984-ին, Աստուած ինծի յայտնեց որ Ա. Բ. Կանտին, որ Հնդկաստանի իգական սեռի պատկանող Վարչապետն էր, պիտի մահանար: Աստուած ասիկա ինծի յայտնեց անոր մահանալէն երկու ամիս առաջ եւ ես փոխանցեցի զայն իմ եկեղեցւոյ անդամներուս: Այդ տարուան Հոկտեմբերին, թերթի յօդուած մը կը կարդայի որ կ'ըսէր թէ անիկա սպաննուած էր կարգ մը Սիխերու կողմէ:

Նոյն տարին, Աստուած ինծի յայտնեց որ Նախագահ Րէյկըն եւ Վարչապետ Թաթչըր նորէն պիտի ընտրուէին: Անիկա նոյնպէս ինծի բացատրեց թէ ինչու համար անոնք պիտի վերընտրուէին: Մարկրէթ Թաթչըր այր մարդոց նման քաջութիւն ունէր, նաեւ ան իր խոնարհութեամբ եւ հեզութեամբ, փորձեց անպարտ ըլլալ Աստուծոյ առջեւ: Անիկա իր միտքը հարստութեան կամ հեղինակութեան վրայ չդրաւ, եւ սիրով ծառայեց իր ժողովուրդին: Աստուած ինծի բացատրեց որ այս երկու անձերը սիրուած էին ժողովուրդին կողմէ որովհետեւ անոնք կը սիրէին իրենց երկիրը եւ կը սիրէին իրենց ժողովուրդը:

1985-ին, Սովետական Միութեան Ընդհանուր Քարտուղար, Ք. Ց. Չէրնէնքօ մահացաւ: Սակայն դէպքէն քանի մը ամիսներ առաջ, 1984-ին, Աստուած տեսիլքով մը ցոյց տուաւ ինծի անոր մասին: Մեր անդամներուն մէջ հաւատք ներմուծելու համար, այդ ժամանակ ես իրենց պատմեցի տեսիլքս: Անկէ քանի մը ամիսներ ետք, թերթին մէջ յօդուածներ գրուեցան անոր հիւանդութեան մասին, եւ վերջապէս անիկա մահացաւ:

6/29-ի Յայտարարութիւնը եւ Ժողովրդավարութեան Ընթացքը

Յունիս 29, 1987-ին, Պր. Թայուու Րօհ, ժողովրդավար Արդարութիւն Կուսակցութեան նախագահը 6/29 Յայտարարութիւնը հրատարակեց: Փետրուար 12, 1985-ին, Ընդհանուր Ընտրութիւններէն ետք, Ընդդիմադիր Կուսակցութիւնը Նախագահ Տուհուան Չունի հարազատութեան չգոյութեան մասին քննադատեց: Տուհուան Չուն անուղղակի ընտրութեամբ ընտրուեր էր եւ ուրեմն այդ կուսակցութիւնը ուզեց որ ուղղակիօրէն կատարուի նախագահական ընտրութիւնը: Անոնք պնդեցին երկրի ժողովուրդին որ ուղղակի իրենք ընտրեն նախագահը:

Այս շարժումներուն հակառակ, նախագահ Տուհուան Չուն, Ապրիլ 13, 1987-ին, «Սահմանադրութեան Պաշտպանութիւնը» հրատարակեց, որպէսզի Սահմանադրութիւնը փոխելու մասին եղող բոլոր խօսակցութիւնները դադրեցնէ եւ ներկայ օրէնքին համեմատ յանձնէ կառավարութիւնը: Յունիս 10-ին, անիկա ժողովրդավար Արդարութիւն Կուսակցութեան համագումար մը կատարեց եւ Թայուու Րօհը ընտրեց որպէս կուսակցութեան նախագահական թեկնածու, փորձելով զինուորական կառավարութիւնը տարածել: Այս վիճակին մէջ, համալսարանի աշակերտ մը՝ Ճօնկչէօլ Բարք անունով, ոստիկանութեան կողմէ տանջուելէ ետք՝ մահացաւ: Յունիս 10-էն սկսեալ, մեծ ցոյցեր տեղի ունեցան երկրին բոլոր կողմերը: Յունիս 26-ին, 37 քաղաքներու մէջ, մէկ միլիոնէ աւելի ժողովուրդ ցոյց կատարեցին մինչեւ ուշ գիշեր: Որովհետեւ բաւական ոստիկաններ չկային ցոյցերուն հակակշռելու համար, կառավարութիւնը մէկ անգամ մտածեց զինուորական ուժ ներս մտցնել: Սակայն վերջապէս չափաւորները յաղթեցին: Անոնք որոշեցին ժողովուրդին պահանջքը ընդունիլ՝ ուղղակիօրէն ընտրելու կապակցութեամբ, եւ ասիկա 6/29-ի Յայտարարութիւնն էր:

1987, Յունիս 15-ին, Պուբյօնկի Չէյիլ Եկեղեցւոյ մէջ արթնութեան ժողով մը կ՚առաջնորդէի: Յունիս 18-ին, Աստուած յանկարծ ինծի ներշնչում եւ տեսիլք տուաւ: Աստուած ինծի բացատրեց թէ Յայտարարութիւն մը պիտի հրապարակուէր, եւ Անիկա ինծի յայտնեց այդ Յայտարարութեան պարունակութիւնը: Քանի որ Տէրը

Սուրբ Հոգւոյն զօրաւոր ներշնչումով ինծի յայտնեց որ մեծ փոփոխութիւն մը տեղի պիտի ունենար երկրին մէջ, ես հասկցայ որ հարցերը շատ արագ կ'ընթանային:

Յաջորդ օրը, Յունիս 19-ին, այս մասին ես իմ եկեղեցւոյ անդամներուս միայն կարծանունով փոխանցեցի, եւ այդ կարծանունները եկող Կիրակի օրուայ շաբաթական տեղեկագրին մէջ տպել տուի: Կառավարութեան անդամները այդ մասին գաղտնաբար կը խօսակցէին իրենց մէջ, սակայն որպէս սովորական քաղաքացի, ասիկա շատ դժուար էր պատկերացնելը:

Սկիզբէն Հրապարակել 1987, Յունիս 21-ի Յառաջդիմութիւնները՝ Շաբաթական Տեղեկագրին վրայ

Այդ ժամանակի բռնապետական կառավարութեան քաղաքական վիճակները նկատի առնելով, ես եկող Կիրակի օրուայ շաբաթական տեղեկագրին վրայ կարծանունները հակառակ ուղղութեամբ տպել տուի: Մենք տակաւին այս տեղեկագիրը ունինք մեր քովը: Կարծանունները հետեւեալներն էին, Հանկուլ, Քորէական գիրերով, «Մին, Կէյ, Յաք, Սէի, Տայ, Կյէ, Չօնկ, Մօ, Րօհ, Հյու Տայ»: Ես այդ կարծանուններուն մանրամասնութիւնները բացատրեցի Յուլիս 5-ին, Կիրակի օրը, Կիրակի օրուայ արարողութեան ժամանակ:

Անիկա կը նշանակէր թէ «Նախագահ (Տայ) Չուն հրատարակեց «Սահմանադրութեան Պաշտպանութիւնը» որպէսզի պաշտպանէ նախագահական թեկնածու

(Հյու) Թայուու Րոհը (Րoh): Բայց քանի որ մարդ մը իր գլխէն (Մo) զարնուած էր (Չօնկ), «Սահմանադրութեան Պաշտպանութեան» բոլոր ծրագիրները (Կյէ)՝ պիտի ձախողին: Նախագահին (Տայ) ազդեցութիւնը (Մէի) տկարացած էր (Յաք) ժողովուրդին դիմադրութեան պատճառաւ, եւ ժողովուրդին պահանջքը ընդունելու համար, անիկա 6/29 Յայտարարութիւնը պիտի հրատարակէ: Բարեփոխութիւն (Կէյ) պիտի կատարուի Սահմանադրութեան մէջ որպէսզի ուղղակիօրէն ըլլայ ընտրութիւնը, եւ այս ձեւով պիտի սկսի ժողովրդավարութիւնը (Մին)»:

Ձեր տեղեկութիւններուն համար, 6/29 Յայտարարութեան 8-ը պայմանները հետեւեալներն են.-

1) Կառավարութեան խաղաղութեամբ յանձնումը Փետրուար 1988-ին, սահմանադրական բարեփոխումներով:

2) Սահուն եւ արդար ընտրութեան կարգադրութիւն, նախագահական ընտրութեան օրէնքներու բարեփոխումով:

3) Պր. Տայճունկ Քիմի ընդհանուր ներում շնորհել՝ որպէս քաղաքական յանցապարտ:

4) Մարդկային արժանապատուութիւնը յարգել եւ մարդկային իրաւունքներու գործունէութիւնը յառաջացնել:

5) Խօսքի ազատութեան թոյլտուութիւն:

6) Տեղեկան ինքնավարութիւն, համալսարաններու ազատութիւն, եւ կրթութեան ուսման ինքնավարութիւն:

7) Տարբեր կուսակցութիւններու գործունէութեանց ապահովում:

8) Ընկերային մաքրագործումի վճռական գործունէութիւններ:

Նախագահական Ընտրութիւններու Արդիւնքը

1987-ի Դեկտեմբերին, 13-րդ նախագահական ընտրութենէն առաջ, ես աղօթեցի այդ մասին: «Տէ՛ր Աստուած, ի՞նչ է Քու կամքդ: Ո՞վ է ամենէն յարմար նախագահը Քու կամքիդ համաձայն: Ո՞վ իսկապէս նախագահ պիտի ըլլայ»:

Աստուած ինծի թոյլ տուաւ գիտնալու որ Թայուու Րօհ թեկնածուն այդ ընտրութեան մէջ նախագահ պիտի ըլլար: Յետոյ, Աստուած ինծի ցոյց տուաւ թեկնածու Յունկսամ Քիմը՝ ծաղիկէ վակոնով, որ դէպի Կապոյտ Տուն կ'երթար, նախագահական պալատ, Պր. Րօհի ետեւէն, եւ Տայճունկ Քիմ թեկնածուն նոյնպէս Կապոյտ Տուն կ'երթար ծաղիկէ վակոնով:

Աստուած նոյնպէս բացատրեց ինծի որ եթէ Յունկսամ Քիմ եւ Տայճունկ Քիմ միանային իրարու հետ, թեկնածու Յունկսամ Քիմը առաջ նախագահ պիտի ըլլար, եւ ետքը Տայճունկ Քիմը պիտի ըլլար նախագահ: Մինչ Տէրը ինծի այս տեսիլքը ցոյց կու տար, Անիկա բացատրեց ինծի թէ Աստուծոյ կամքն էր որ այս երկու թեկնածուները միանային, սակայն որովհետեւ անոնք այս ընտրութեան մէջ պիտի չմիանային իրարու, թեկնածու Թայուու Րօհը պիտի ըլլար նախագահը:

Նաեւ, Աստուած ինծի թոյլ տուաւ գիտնալու որ

թեկնածու Րօհ յուսացուածէն աւելի քուէներ պիտի շահէր, երկրորդը պիտի ըլլար թեկնածու Յունկսամ Քիմը, երրորդը՝ թեկնածու Տայճունկ Քիմը, իսկ չորրորդ թեկնածու՝ Ճոնկբիլ Քիմը միայն քիչ քուէներ պիտի ստանար: Աստուած նոյնպէս ինծի մանրամասնութեամբ իմացուց թէ ինչպէս թեկնածուներ Յունկսամ Քիմ եւ Տայճունկ Քիմ կրնային միանալ եւ եթէ միանային, թեկնածու Յունկսամ Քիմը առաջ նախագահ պիտի ըլլար:

Ես այս բովանդակութեամբ նամակ մը գրեցի եւ իմ եկեղեցւոյ անդամներէս մէկուն միջոցաւ այդ նամակը յանձնեցի թեկնածու Յունկսամ Քիմին, Սանկտօ Տօնկի իր բնակարանին մէջ: Եկեղեցւոյ այդ անդամը թեկնածու Յունկսամ Քիմի բնակարանը գնաց, սակայն անիկա Պուսան գացեր էր ընտրական արշաւի դասախօսութեան համար, ուստի մեր եկեղեցւոյ անդամը նամակը յանձներ էր անոր տիկնոջ: Անիկա վայրկեանական կարդացեր էր նամակը, ըսելով որ զայն իր ամուսնոյն պիտի յանձնէր: Տակաւին մենք այդ նամակին օրինակը ունինք մեր քովը եկեղեցիին մէջ: Վերջաւորութեան, քանի որ այդ երկու թեկնածուները իրարու հետ չմիացան, թեկնածու Թայուու Րօհը նախագահ ընտրուեցաւ:

6

Եկեղեցւոյ Աճումը եւ Փորձութիւններ

Խօսելու Իրաւունքէն Զրկուիլը եւ Կոտրուած Մուրճը

Այն յարանուանութիւնը որուն իմ եկեղեցիս կը պատկանէր՝ Քորէայի Սրբութիւն Եկեղեցւոյ Միութիւնն էր: Եկեղեցւոյ բացումէն սկսեալ, ես իմ լաւագոյնս ըրի այդ յարանուանութեան հետ գործակցելու համար, եւ իմ եկեղեցիս շարունակաբար կը մեծնար:

Ուրիշ Յարանուանութեան Հետ Միանալէն Ետք

Սակայն 1988-ի Դեկտեմբեր 13-ին, մեր յարանուանութիւնը եւ Անյանկի մէջ գտնուող Քորէայի Սրբութիւն Եկեղեցին իրարու միացան: Ասիկա այն ատենն էր երբ իմ դպրեվանքի ուսուցչապետ՝ Թայքկու Սոհն հովիւը, Սրբութեան Եկեղեցւոյ նախագահն էր եւ իր թելադրութեամբ եկեղեցիները իրարու միացան: Այդ ժամանակ իմ եկեղեցիս շատ աչքառու կերպով կը մեծնար: Երբ մեր եկեղեցւոյ 5-րդ մասնաճիւղը հաստատուեցաւ Սուուօնի մէջ, յարանուանութեան Ընդհանուր Հաւաքը մեր եկեղեցւոյ մասնաճիւղին անունին մասին առարկութիւն ըրին: Անոնք ըսին որ «Մէնմին» անունը կրելը մեր եկեղեցւոյ մասնաճիւղին համար հարց էր, եւ մենք պէտք էր որ այդ անունը փոխէինք «Սուուօն Տէօքուու Եկեղեցի» ըսելով:

1989-ի Դեկտեմբերին, ես պաշտօնական նամակ մը ստացայ Ընդհանուր Հաւաքէն թէ քննութիւն մը պիտի կատարուէր, ուստի ես առտուայ ժամը 11-ին հոն ներկայ պէտք էր ըլլայի: Դեկտեմբեր 18-ին, առտուայ ժամը 10:30-ին հասայ ժողովի սենեակ, սակայն որեւէ փոփոխութեան ազդարարութիւն չկար մինչեւ կէսօր: Կէսօրը բաւական անց էր երբ ես կանչուեցայ դէպի ուրիշ ժողովի սենեակ մը: Հոն վեց հովիւներ կային որոնք Ընդհանուր Հաւաքի անդամներ էին: Անմիջապէս որ զիս տեսան, անոնք սկսան ինծի հարցումներ հարցնել: Ես խորհեցայ որ մենք աղօթքով կամ պաշտամունքով պիտի սկսէինք որովհետեւ ասիկա հովիւներու ժողով մըն էր: Սակայն ես յուսախափ եղայ քանի որ իրականին մէջ այդպէս չէր: Անոնք սկսան հարցումներ եւ զրպարտութիւններ ընել.-

«Ես լսեցի որ դուն ըսեր ես թէ Յիսուս 3-4 տարիէն պիտի վերադառնայ, եւ ասիկա ճիշդ է՞»:

«Ես երբե՛ք այդպիսի բան մը չեմ ըսած...»:

«Դուն սո՛ւտ կը խօսիս, դուն ստախօս հովիւ ես...»:

Ես բոլորովին շշմած էի այդ հարցումներէն: Անոնք

ինծի ըսին որ ես պէտք չէր որ բացատրէի, այլ պէտք էր միայն «Այո» կամ «Ոչ» պատասխանէի:

«Դուն շատ լաւ կը ստես այս ձեւով, եւ անոր համար դուն հազարաւոր ոչխարներ կը խաբես: Դուն կը խորհիս որ մենք չե՞նք կրնար այդքան շատ անդամներ ունենալ մեր եկեղեցիին մէջ, այդպէս սուտ խօսելով: Անոնք կ'ըսեն որ դուն յայտնութիւններ կը ստանաս... ուրեմն դուն Սուրբ Գրքի 66 գիրքերէն զատ ուրիշ որեւէ խօսք ունի՞ս....»:

«Այդ երբե՛ք չէ պատահած»:

«Ստախօս... Դուն եկեղեցւոյ անդամները գործի երթալէ կը կեցնես եւ դուն քու աշակերտներուդ կ'ըսես որ չսորվին»:

«Ես երբե՛ք այդպիսի բան չեմ ըրած...»:

«Դուն վհուկի պա՞ր կը պարես բեմին վրայ....»:

«Ես երբե՛ք այդպիսի բան մը չեմ ըրած...»:

Արտառոց հարցումները շարունակուեցան: Բոլոր այդ հարցումները անհասկացողութիւններէ յառաջ կու գային: Անոնք ինծի որեւէ ժամանակ չտուին բացատրելու այդ զրպարտութիւններէն որեւէ մէկը: Որոշ հովիւ մը, որուն ես պիտի կոչեմ «Ս. Հովիւ», որ կը հարցաքննէր զիս, ինը պարբերութիւններ տուաւ ինծի, որոնք սկիզբէն պատրաստուած էին: Ես նոյնիսկ չէի գիտեր որ այդ անիմաստ հարցումները դատական քննութեան մը մաս կը կազմէին որպէսզի դատաստան կատարուէր: Այս ինը պարբերութիւնները իմ եկեղեցիս ղրկուած էին: Անոնք ըսին որ եթէ ես այս ինը կէտերը չջնջէի, անոնք քննութեան ժողովին դատաստանը պիտի ընէին: Ինը պարբերութիւններուն բովանդակութիւնը հետեւեալն էր.- արգիլել իմ վկայութիւններուս յուշագիրներուն ծախուիլը, այսինքն *Համտեսել Յաւիտենական Կեանքը Մահուընէ Առաջ* գիրքը, արգիլել՝ քարոզներուս երիզները ծախելը, արգիլել «Մէնմին» անունը գործածելը մասնաճիւղ եկեղեցիներու հաստատման ատեն, եւ արգիլել սուրբ պարերը (փառաբանութեան երգերու պարերը): Այս բոլոր բաները անընդունելի էին ինծի համար:

Այս «պաշտօնական նամակ»-ին կապակցութեամբ, ես պատասխաններ ներկայացուցի, մանրամասն բացատրութիւններով: Ես աւելցուցի որ այդ նամակը գրած էի որովհետեւ Աստուծոյ խօսքին դէմ որեւէ բան չէի գտած, եւ եթէ որեւէ սխալ մը կար, ըսի որ ինծի տեղեկացնէին: Քանի մը ամիսներ ետք, ընդհանուր ժողովը ինծի պատասխան մը ղրկեցին ըսելով որ իրենք որոշեր էին չընդունիլ իմ պատասխաններս առանց որեւէ պատճառ մը տալու թէ ինչո՞ւ:

Խօսելու Իրաւունքէն Զրկուիլ

Յարանուանութեան Ընդհանուր Հաւաքը երկու օր տեւեց, Ապրիլ 30-էն մինչեւ Մայիս 1-ը: Ես հաւաքոյթի ներկայացուցչական խորհուրդի անդամ մըն էի, եւ ուրեմն յաճախեցի այդ ժողովները: Այդ խումբին մէջ ուրիշ երկու անդամներ ալ կային, որոնք երէցներ էին իմ եկեղեցիիս մէջ: Սակայն մենք իմ անունովս աթոռ մը չգտանք հոն: Անդրադարձայ որ ծրագիր մը կար զիս արտաքսելու: Փորձեցի անունս փնտռել աջին-անդին, բայց չկրցայ գտնել զայն: Իմ անունս խորհուրդի անդամներու ցանկին մէջ ալ չկար: Աթոռ չունենալ, կը նշանակէր թէ ես խօսելու իրաւունք չունէի: Սակայն քանի որ կ'ուզէի որ իրենք ճշմարտութիւնը գիտնային, ես խորհրդաժողովը կը դիտէի ետեւի աթոռէ մը:

Երբ Ընդհանուր Հաւաքը սկսաւ Մայիս 1-ին, իմ անունս այն ատեն յիշուեցաւ: «Ս» հովիւը, քննութեան յանձնախումբին գլուխը, սկսաւ ինծի դատապարտող բաներ խօսիլ: Անոնք խորհուրդին առջեւ զրկեցին ինծի իմ խօսելու իրաւունքէս, եւ յետոյ, իրենց սկիզբէն պատրաստած յայտագրին համեմատ, անոնք շարունակեցին ժողովը: Բոլոր ինծի դէմ խօսուած նիւթերը ճշմարտութիւն չէին, ինչպէս.-

«Ճէյրոք Լի հովիւը ըսած է թէ ինք գիտէ Տէրոջը գալուստին թուականը: Իր վկայութեան գիրքի այս եւ այն էջին մէջ գրուած է»:

Ես երբէ՛ք չեմ ըսած թէ գիտէի Տէրոջը գալուստին թուականը: Ես իսկական թուականը չեմ գիտեր եւ անշուշտ այսպիսի բան մը գրուած չէր իմ վկայութեան գրքիս մէջ, բայց որովհետեւ ներկաները այդ ժամանակ չէին կրցած այդ վայրկեանին իմ գիրքս կարդալ, անոնք պարզապէս հաւատացին ինչ որ ներկայացուած էր եւ պէտք էր մասնակցէին քուէարկութեան: «Քանի որ Հովիւ Ճէյրոք Լին շատ սխալ է, եկէ՛ք արտաքսենք զինքը:

Հաճեցէք ձեր ձեռքերը բարձրացնել եթէ դուք համաձայն էք»:

Ձիս արտաքսելու քուէարկութեան ժողովին մէջ, 300 խորհուրդի անդամներուն մեծ մասը ձգեցին իրենց աթոռները եւ միայն մօտ 90 անդամներ մնացին: Անոնց մէջէն, մօտ 30 հոգի բարձրացուցին իրենց ձեռքերը, եւ անոնք այն անձերն էին որոնք սկիզբէն համաձայնած էին այդպէս ընել: Մեր ժողովուրդը սկսան համրել ձեռք բարձրացնող մարդոց թիւը: Անոնք միայն 30 հոգի էին, սակայն ատենապետը յայտարարեց, «Քառասուն-ութը անդամներ բարձրացուցին իրենց ձեռքերը, որ կէսէն աւելի է, ուստի քուէն վաւերացուած է»: Յետոյ անիկա ատենապետի մուրճը զարկաւ, եւ ես արտաքսուեցայ երբ խորհուրդի 300 անդամներէն միայն 30-ը համաձայն գտնուեցան:

Կոտրուած Մուրճը

Սակայն երբ ատենապետը մուրճը զարկաւ, մուրճին վիզը կտրուեցաւ եւ գետին ինկաւ: Բացայայտ էր որ ասիկա սովորական բան մը չէր: Պարզապէս տեսնելով մուրճին վիզին կտրուիլը, մենք զգացինք որ Աստուծոյ աչքին առջեւ այս դատավճիռը բնաւ ճիշդ չէր: Ես, որպէս կենդանի զոհ, թոյլատրուած չէի խօսք մը խօսելու: Այդ վայրկեանին, Պօազ Ճունկհօ Լի Երէցը հազիւ թէ իրաւունք ստացաւ խօսելու եւ ըսաւ.-

«Ինչ որ մինչեւ հիմա ըսուեցաւ ճիշդ չէ: Ինչպէ՞ս կրնաք դուք դատել զինքը առանց իրմէ նոյնիսկ մէկ անգամ լսելու: Ինքը, հոս ներկայ է, ուրեմն պէտք չէ՞ որ իրեն մտիկ ընենք թէ ի՞նչ ունի ըսելիք»:

«Այն ատեն մենք իրեն խօսելու իրաւունք պիտի տանք: Վերադարձիր քու աթոռդ»:

Ամէն պարագայի, ատենապետը ինծի բնաւ առիթ մը չտուաւ ինքզինքս պաշտպանելու, հակառակ իր խոստումին: Նոյնիսկ երբ Լի Երէցը իր աթոռը վերադարձաւ, ես որեւէ առիթ չստացայ խօսելու եւ անիկա սկսաւ բարձր ձայնով վիճաբանիլ.-

«Ատենապե՛տ, ես իմ տեղս վերադարձայ պարզապէս որովհետեւ դուն ըսիր որ առիթ պիտի տայիր Ճէյրոք Լի հովիւին խօսելու իրաւունքի, սակայն դուն ինչո՞ւ համար իրեն իրաւունք չես տար խօսելու»:

Ատենապետը պարզապէս նկատողութեան չառաւ Երէց Լիի առարկութիւնը: Ամէն բան շուտով վերջացաւ: Խօսելու միայն մէկ առիթ մը ունենալու համար, ես առաւօտ կանուխէն հոն նստած կը սպասէի, դիմանալով այդքան մեծ անարգանքի, եւ սակայն ինծի երբե՛ք առիթ չտրուեցաւ խօսելու մինչեւ վերջը: Նոյնիսկ մահուան դատապարտուած յանցապարտի մը առիթ կու տան ինքզինքը պաշտպանելու: Նոյնիսկ բռնապետական պետութեան մը մէջ կամ համայնավար կուսակցութեան կողմէ կատարուած դատաստանի մը մէջ, անոնք մտիկ կ'ընեն կասկածելի անձին: Սակայն ինծի բնաւ որեւէ առիթ չտրուեցաւ խօսելու, հակառակ որ ես սխալ ձեւով կը թաղուէի յարանուանութեան մէջ:

Դատավարութիւն՝ Ինչպէս որ Աստուածաշունչը Մեզի Կը Սորվեցնէ

Աստուածաշունչը մեզի կը սորվեցնէ որ գոնէ երկու վկաներ ունենանք նոյնիսկ երբ երէց մը կը դատապարտենք (Ա. Տիմոթէոս 5.19)։ Եւ Աստուծոյ ծառայի մը, հովիւի մը համար, անոնք բացայայտօրէն ինծի առիթ մը պէտք էր տային ինքզինքս պաշտպանելու համար, սակայն անոնք բոլորովին արգիլեցին ինծի նոյնիսկ բառ մը ըսելէ եւ միասնաբար, միակողմանի կերպով դատապարտեցին զիս։ Հարցը աւելի բարդացնելու համար, իրենց զրպարտութիւնները բոլորովին սուտ էին, եւ միայն հնարուած շինծու պատմութիւններ էին անոնք։

Երբ Դաւիթ կը հալածուէր Սաւուղ Թագաւորին կողմէ, որ կը նախանձէր իրեն, Դաւիթ անգամ մը առիթը ունեցաւ սպաննելու Սաւուղ Թագաւորին, սակայն ան չսպաննեց Սաւուղը։ Դաւիթ ըսաւ. *«Աստուած չընէ որ Տէրոջը օծեալին դէմ ձեռքս երկնցնեմ, քանի որ անիկա Տէրոջը օծեալն է»* (Ա. Թագաւորաց 24.6)։ Հակառակ որ Սաւուղ լքուած էր Աստուծմէ, բայց անիկա ատեն մը օծուած էր Աստուծմէ։ Միայն Աստուած կրնայ Իր կողմէ օծուած Իր ծառային հետ հաշուեկցիլ, սակայն անոնք պարզապէս իրենց կամքով արտաքսեցին զիս։

Ես Կրնայի Խուսափիլ Մէկ Անգամ ,Այոե Ըսելով

Կարգ մը հովիւներ որոնք ժողովին մէջ էին, շատ նեղուեցան ինծի համար եւ իրենց խորհուրդը տալով ըսին ինծի, «Պատուելի, քանի որ քու եկեղեցիդ մեծապէս կ'աճի, անոր համար դուն նախանձի առարկայ դարձած ես: Ինչո՞ւ համար դուն մէկ անգամ միայն «Այո» չես ըսեր այն բանին որ ուրիշ աւագ հովիւներ քեզի կ'ըսեն: Դուն պարզապէս մէկ անգամ «Այո» ըսէ, եթէ անոնք ըսեն որ cola-ն խնձորի օղի է, «Ամէն» ըսէ, եւ եթէ անոնք խնձորի օղիին cola ըսեն, նորէն «Ամէն» ըսէ»: Ես անիրաւութեան հետ փոխ-զիջում չըրի, բայց միայն շիտակ ճամբուն հետեւեցայ: Յիշեցի Դանիէլը երբ անիկա առիւծներու գուբը պիտի նետուէր եւ նոյնիսկ այն ատեն անիկա անիրաւութեան հետ փոխ-զիջում չըրաւ: Յետոյ խորհեցայ այն ժամանակ երբ Դանիէլ երեք ընկերները փոխզիջում չըրին երբ իրենք բորբոքած կրակի հնոցին մէջ կը նետուէին: Երբ ես խորհեցայ այդ մասին, ես վստահութիւնս չդրի այս աշխարհին վրայ, այլ միայն՝ Աստուծոյ:

Երբ այս լուրը տարածուեցաւ մեր եկեղեցւոյ մէջ, հարիւրաւոր անդամներ այդ երկու հովիւներուն քով գացին, որոնք ինծի արտաքսելու շարժումը առաջնորդած էին, եւ անդամները բողոքեցին անոնց դէմ: Յետոյ, յարանուանութեան նախագահը ինձմէ խնդրեց որ հանդիպիմ իր հետը: «Ես առանց նկատելու պիտի անտեսեմ բոլոր պատահած բաները: Միայն թէ մէկ բան ըսէ ինծի», ըսաւ ան, «Յետոյ, ես նորէն քու անունդ պիտի հաստատեմ եւ մենք դարձեալ մեր սկզբնական յարաբերութեան պիտի դառնանք, որ ասկէ առաջ ունէինք: Միայն ինծի ըսէ որ «Այո» պիտի ըսես այդ ինը պարբերութիւններուն եւ պիտի ընդունիս զանոնք»: Սակայն ես չէի կրնար ընդունիլ այն ինչ որ ճիշդ չէր: Ինչպէ՞ս կրնայի ընդունիլ փոխ-զիջում կատարել անհրաւութեան հետ պարզապէս վախնալով արտաքսումէն: Ես այնքան տխուր եւ վշտացած էի ամբողջ շաբաթը որ չորս քիլոկրամ կորսնցուցի կշիռքէս: Երբ կը խորհէի այդ երկու հովիւներուն մասին, որոնք միաբանութեամբ դատապարտեցին զիս, չէի կրնար ինքզինքս զսպել վիշտի զգացումէն, նաեւ ես շատ կը ցաւէի իրենց համար: Հովիւներէն մէկը, որուն ես պիտի կոչեմ «Գ. հովիւ», որը նոյնպէս այդ յարանուանութեան նախագահներէն մէկն էր, յաճախ կ'ըսէր, «Մէնմին Կեդրոնական Եկեղեցին Սուրբ Գրային տեսակէտով հաւատքէն շեղած հերետիկոս չէ»:

Ես գիրք մը հրատարակեցի որ կը կոչուէր, *«Երկինքը Պիտի Յայտարարէ Արդարութիւնը»* եւ զայն դրկեցի եկեղեցիներուն, անկախ իրենց յարանուանութիւններէն, ամբողջ Քորէայի մէջ: Այս բանը տեղի ունենալէն ետք, երբ կ'աղօթէի, Աստուած այս խօսքերը ըսաւ ինծի.-

«Դուն կրնայիր ընտրել որ անձամբ դուրս ելլէիր այդ համայնքէն եւ արտաքսուելու անպատուութենէն չանցնիլ: Սակայն դուն չընտրեցիր այդպէս ընել որպէսզի դուն քու կողմէդ դաւաճանած չըլլայիր քու յարանուանութեանդ: Ես ճիշդ այս տեսակի ծառաներ կամ զաւակներ կ'ուզեմ ունենալ: Դուն շիտակ ձեւը ընտրեցիր եւ շուտով դուն եկեղեցական միութիւններու գլուխը պիտի ըլլաս»:

Աստուած առաջնորդեց որ մենք նոր յարանուանութիւն մը հաստատենք որպէսզի անիմաստ խափանումներէ խուսափէինք եւ մեր ամբողջ ոյժով աշխատէինք Աստուծոյ թագաւորութեան համար: Յուլիս

1, 1991-ին, Քորէայի Միացեալ Սրբութեան Եկեղեցւոյ Ընդհանուր Հաւաքը հաստատուեցաւ, եւ ես ընտրուեցայ որպէս նախագահ։ Այսպէս, մեծ փորձութիւն մը անցընելէ ետք, ես կը զգայի որ Աստուած աւելի մեծ զօրութիւն կը պարգեւէր ինծի։

Արթնութեան Ժողովներ Առաջնորդել Երկրին Բոլոր Կողմերը

1986-ին որպէս հովիւ օծուելէս ետքը, ես երկրին բոլոր կողմերէն հրաւէրներ կը ստանայի որպէսզի քարոզէի արթնութեան ժողովներու համար: 1987-էն սկսեալ, ես ամէն ամիս կը քարոզէի ներ-յարանուանական արթնութիւններու համար, ներառեալ՝ Բոհանկ եւ Տայկու քաղաքները: Ամէն բանէ աւելի ես կը խօսէի աղօթքով Աստուծոյ աղաղակելու մասին եւ թէ ինչո՞ւ համար Յիսուս մեր միակ փրկիչն է: Այս երկու նիւթերը արդէն ծածկուած են «Խաչին Պատգամով»:

Արթնութիւններու երկրորդ եւ երրորդ օրերը, հովիւները շնորհք ստացան քարոզուած խօսքէն երբ անոնք Աստուծոյ խօսքին մէջ գտնուող հոգեւոր իմաստները հասկցան, եւ վերջը խոնարհ վարմունքով շնորհակալութիւն յայտնեցին ինծի, բոլորովին տարբեր՝ արթնութեան սկզբնաւորութենէն:

Աւագ Սարկաւագուհի Պունիան Չօ Բժշկուած՝ Օձախտէ

1990-ի Մարտին, Տայկույի մէջ գտնուող եկեղեցւոյ հրաւէրով, ես հոն գացի եւ կրցայ այցելել Սարկաւագուհի Պունիան Չօ՝ իր տան մէջ: Այն ատեն անիկա 77 տարեկան էր եւ շատ կը տառապէր ողնայարի օձախտէ: Այդ ժամանակ իր թոռնիկը՝ Սարկաւագ Ճունիա Հուանկ՝ որպէս բժշկական սպայ, կը գործէր Ճինհայ քաղաքի բանակին մէջ: Նոյն ատեն անիկա կ՚ուսանէր Քորէայի Համալսարանին մէջ բժշկութեան իր Տոքթորի տիտղոսին համար: Սարկաւագ Ճունիա Հուանկ անկեղծ հաւատք ունէր, եւ անիկա շատ անգամներ արձակուրդ առած էր իր մեծ մօրը հոգ տանելու համար: Անոր մեծ մայրը քանի մը անգամներ մեր եկեղեցին ալ յաճախած էր, Աստուծոյ խօսքին փափաքելով: Աւագ Սարկաւագուհի Պունիան Չօ նոյնպէս բորբոքումներ ունէր իր մորթին վրայ, որոնք կը պայթէին, եւ որպէս կողմնակի հետեւանք, անոնք պատճառ կ՚ըլլային որ ան լուրջ յօդացաւեր ունենար: Մանրէներու թոյնը իր ներքին ջիղերուն կը դպչէին եւ ասիկա այնքան շատ ցաւ կը պատճառէր որ անիկա գիշեր-ցերեկ ցաւէն կը ճչար: Անիկա երբէք չէր կրնար շարժիլ եւ ամբողջ ժամանակը անկողնին մէջ երկնցած էր: Իր ոտքերը եւ ձեռքերը կը կծկուէին եւ շատ դժուարութիւն կ՚ունենար ուտելու եւ քնանալու: Անիկա մորթ եւ ոսկոր դարձած էր: Ան կը յուսար շուտով մեռնիլ: Անշուշտ իր ընտանիքի անդամներուն տառապանքն ալ մեծ էր, որոնք կը խնամէին զինքը:

Ես ձեռքս վրան դրի եւ աղօթեցի իրեն համար եւ անմիջապէս որ աղօթքը վերջացուցի, անիկա պոռաց,

«Դեւը դուրս կ'ելլէ», եւ անիկա իր աջ ձեռքը վեր վերցուց: Որովհետեւ անիկա աջ վզին եւ աջ ուսին վրայ օձախտէ կը տառապէր, աւելի դժուար էր աջ բազուկը շարժելը: Սակայն անիկա շուտով ելաւ նստաւ եւ զգաց որ այն դեւը որ այդ հիւանդութիւնը պատճառած էր իրեն, ելած էր իր մէջէն: Անիկա ամբողջովին բժշկուած էր:

Իր փեսային հետ միասին, որ Քյունկբուք համալսարանին մէջ ուսուցչապետ դասախօս էր, իր զաւակները ուզեցին հոգ տանիլ իրեն, սակայն անիկա Սէուլ եկաւ եւ փոքրիկ տուն մը վարձեց եկեղեցւոյ մօտ, եւ բաւական ժամանակ առողջ քրիստոնէական կեանք մը վարեց, Սուրբ Հոգւոյն լեցունութեամբը:

Տայկու Միացեալ Արթնութեան Դէմ Եղող Անկարգութիւններուն Հակառակ

Մայիս 4, 1990-ին, ես Տայկու քաղաքին Ճու Աիմ Լերան Աղօթքի Կեդրոնը հրաւիրուեցայ՝ ժողովի մը ատեն քարոզելու: Ասիկա Քյօնկ Սանկ նահանգի Միսիոնարական Միութեան կողմէ կազմակերպուած էր: Հոն այնքան շատ մարդիկ կային որ անոնք նոյնիսկ ստորին բեմին եւ բարձրագոյն բեմին վրայ նստեր էին: Տակաւին, բաւարար տեղ չկար սրբարանին մէջ որպէսզի ամէն ոք կարենար ներս մտնել: Ուստի, մենք պատուհաններուն փեղկերը հանեցինք անոնց համար որոնք դուրսէն կը հետեւէին արարողութեան: Նոյնիսկ երգչախումբի անդամները չկրցան ներս մտնել եւ անոնք ստիպուած դուրսը երգեցին: Աստուծոյ շնորհիքով ուրիշ շատ հովիւներ ալ յաճախեցին այդ ժողովը եւ շատ տեսակի բժշկութիւններ տեղի ունեցան հոն:

Քանի որ այդ ժողովը շատ յաջող էր, յաջորդ տարի, կազմակերպողը աւելի մեծ ժողով մը կազմակերպեց: Անոնք Տայկու Մարզարանը վարձեցին: Շատ միսիոնարական կազմակերպութիւններ իրենց աղօթքներով զօրավիգ կանգնեցան այս ժողովին: Սակայն զիս դատապարտող յարանուանութիւնը փորձեց խանգարել այս ժողովը: Ժողովէն ճիշդ մէկ շաբաթ առաջ, Ուրբաթ օրուայ ամբողջ գիշերուայ արարողութենէն առաջ, Աստուծոյ խօսքը եկաւ ինծի ըսելով որ բոլոր անդամներէն պահանջէի որ եկող Կիրակի մէկ օր լման ծոմապահութիւն ընէին որպէսզի Սատանային ժողովքը հեռացնէին: Մինչեւ այն ատեն ես չէի գիտեր թէ ինչ տեղի կ'ունենար Տայկուի մէջ: Շաբաթ օրը եկեղեցւոյ գործաւորներէն տեղեկութիւն ստացայ, որոնք Տայկու այցելած էին եւ իմացեր էին թէ հոն ինչ տեղի կ'ունենար:

Այն յարանուանութիւնը, որոնք զիս դատապարտած էին, կարգադիր յանձնախումբի ատենապետին, մամուլին, եւ ուրիշ կապ ունեցող կազմակերպութիւններու պաշտօնական նամակ մը գրած էին, ըսելով որ ես որպէս հերետիկոս դատապարտուած էի եւ արտաքսուած: Անոնք ասիկա ըրին փորձելով ժողովը խանգարել: Յետոյ, այն հովիւներու խումբը որոնք այդ յարանուանութեան կը պատկանէին եւ որոնք սկիզբը զօրավիգ կանգներ էին մեր ժողովին, սկսան իրենց եկեղեցիներուն պաշտօնական նամակներ ղրկել ըսելով, «Որովհետեւ Արժ. Ճէյրոք Լին հերետիկոս է, մենք պիտի դատապարտենք բոլոր անոնք որոնք այս ժողովին զօրավիգ կը կանգնին, որպէս՝ նոյնպէս հերետիկոսներ»: Այս պատճառաւ, շատ մը կազմակերպութիւններ եւ հովիւներ որոնք մեզի կը պաշտպանէին եւ որոնք այս ժողովին համար կ'աղօթէին, չկրցան այլեւս օգնել մեզի: Շատ սխալ տարաձայնութիւններ տեղի կ'ունենային, ներառեալ այն սխալ տարաձայնութիւնը թէ ժողովը ջնջուած էր:

Մարտ 18, 1991-ին, առանց որեւէ առիթ մը ունենալու որ մեր եկեղեցւոյ դիրքին եւ ճշմարտութեան մասին կարենայի խօսիլ, ժողովը սկսաւ: Մեզի զօրավիգ կանգնող այն կազմակերպութիւնները որոնք հաւատացին այդ դրկուած նամակներու բովանդակութեան, իրենց կռնակները դարձուցին մեր դէմը: Սակայն հակառակ այդ յարանուանութեան հաւաքին ճնշումին, շատ հովիւներ տակաւին մասնակցեցան ժողովին: Որքա՜ն շնորհակալ ըլլալիք բան մըն էր ասիկա: Քանի որ Աստուած եկեղեցւոյ անդամներուն սիրտը շարժեց, անոնք Տայկու գացին եւ պատրաստուեցան ժողովին համար: Յանկարծ, այդ ժողովը մեր եկեղեցւոյ կողմէ կը կատարուէր, բայց շատ ներկաներ կային հոն, եւ Աստուծոյ շնորհքով աւարտեցաւ: Թշնամի Սատանան փորձեց ջնջել այս ժողովը եւ մեծ դիմադրութիւն յառաջացուց, բայց որովհետեւ Աստուած ամենագէտ է եւ մարդոց մտքերը եւ ծրագիրները կը ճանչնայ, Անիկա մեզի թոյլ տուաւ որ սկիզբէն ծոմապահութեամբ աղօթէինք: Վերջաւորութեան Աստուած ամէն բան բարիի գործակից դարձուց:

«Ուրեմն ի՞նչ ըսենք այս բաներուն համար,

եթէ Աստուած մեր կողմն է, ո՞վ պիտի ըլլայ մեզի հակառակ...Ո՞վ է որ Աստուծոյ ընտրածներուն դէմ մեղադիր ըլլայ. Աստուած է որ կ՚արդարացնէ. Ուրեմն ո՞վ է որ կը դատապարտէ... Հապա այս ամէն բաներուն մէջ ա՛լ աւելի յաղթող կ՚ըլլանք անով որ մեզ սիրեց» : (Հռովմ. 8.31, 33, 34, 37)*

Հաւատքով՝ Նոր Սրբարան Մը Փոխադրուիլ

1987-ի Մարտին, մենք սրբարանին մէջ բաւական տեղ չունէինք այլեւս եկեղեցւոյ անդամներուն թիւին մեծնալուն համար եւ կ՚աղօթէինք աւելի մեծ եւ նոր տեղ մը ունենալ: Շինտայպահնկ 2 Տօնկի մէջ, ուր որ մեր եկեղեցին սկսաւ, նոր շէնք մը շինուած էր եւ մենք այդ շէնքին երկրորդ եւ երրորդ յարկերը վարձու առինք:

Ապրիլ 13-էն մինչեւ 17-ը, մենք արթնութեան ժողովներ ունեցանք, նոր շէնք փոխադրուիլը յիշատակելու համար: Անոր խորագիրն էր «Ոչ Թէ Ամէն Ով Որ «Տէ՛ր, Տէ՛ր» կը կոչէ Ջիս, Պիտի Մտնէ» եւ ես քարոզեցի Շնորհքի, Սուրբ Հոգւոյն, Հաւատքի եւ Յաւիտենական Կեանքի մասին: Արթնութեան ժողովներէն երեք ամիսներ ետք, մօտ 1,600 քառակուսի կանգուն տարածութիւնը լեցուած էր ժողովուրդով:

Մինչ Մենք Աղօթքի մէջ Կ'աղաղկէինք

Ինչպէս մինչեւ այսօր, մեր եկեղեցւոյ անդամները օրական երեք ժամ կ'աղօթէին Դանիէլի Գիշերային Աղօթքի ժողովի ընթացքին: Մենք պատուհաններուն շրջանակները Styrofoam-ով ծածկեցինք որպէսզի աղմուկը արգիլէինք դուրս ելլել, սակայն որովհետեւ շէնքը ինքնին աղմուկը չթափանցելու յատկութիւն չունէր, մենք չկրցանք աղմուկը դուրս ելլելը բոլորովին կեցնել: Բարեբախտաբար, եկեղեցիին առջեւը միայն շուկայ էր եւ ոչ թէ բնակութեան վայր:

Անգամ մը, այդ շրջանին մէջ գտնուող բնակութեան վայրի մը մէջ երբ ժողով կը գումարէինք, անձ մը եկաւ գանգատելով մեր եկեղեցիէն ելլող աղմուկին համար: Սակայն տիկնանց յանձնախումբի անդամներէն մէկը ըսաւ. «Անոնք նոյնիսկ ամառուայ կիզուն կը գոցեն պատուհանները եւ Styrofoam կը դնեն պատուհաններու շրջանակներուն մէջ: Աղօթքի ձայնը ինծի համար օրօրի պէս կու գայ»: Այս խօսքին վրայ, անոնք այլեւս չխօսեցան այս մասին: Անգամ մը, քաղաքացի մը ոստիկանատուն երթալով գանգատեր էր: Այն ոստիկանը որ այդ գանգատը ստացեր էր, այսպէս ըսած էր, «Դուք կը քնանաք, բայց այս մարդիկը առանց քուն ստանալու այս ազգին համար կ'աղօթեն: Ի՞նչ է ձեր հարցը»: Ասոր վրայ այդ գանգատող մարդը այլեւս բան մը չկրցաւ ըսել:

Աստուծոյ Շնորհքով Ճգնաժամ մը Յաղթահարել

Աստուած չուզեց որ մենք գոհունակ կերպով կենայինք

այդ վիճակին մէջ: Անիկա թոյլ տուաւ մեզի փորձութենէ մը անցնիլ, որը մեզ պիտի մղէր աւելի մեծ տեղ մը փոխադրուիլ: 1988-ի Ապրիլին, ոչ միայն բուն սրբարանը, այլ նաեւ գրասենեակները, աստիճանները, եւ նոյնիսկ միջանցքը լեցուն էին ժողովուրդով, որոնք պաշտամունքի արարողութիւնները կը յաճախէին: Այդ ժամանակ, այդ նոյն շէնքին գետնայարկը հանրախանութներ կային: Որովհետեւ լաւ վաճառք չէր ըլլար, անոնք մէկ առ մէկ կը գոցէին իրենց խանութները: Մենք պայմանագիր մը ունէինք գետնայարկն ալ գնելու, սակայն յանկարծ շուկային մէջի վաճառականները եւ բնակիչները դէմ կեցան ասոր: Անոնք սուտ տարաձայնութիւն մը ըրին ըսելով որ եկեղեցին կը փորձէր բոլոր վաճառականները այդ տեղէն հեռացնել:

Այս մարդիկը կեղծ ծէսեր կը կատարէին եկեղեցւոյ դրան առջեւ Կիրակի օրերը, եւ անոնք շատ բարձր ձայնով աւանդական Քորէական թմբուկներ կը հնչեցնէին: Նոյնիսկ երբ մենք ոստիկանութեան լուր տուինք, ոստիկանները եկան եւ քննեցին միայն այն ատեն երբ ամէն բան վերջացած էր: Քաղաքի կառավարութիւնը ասոր ետին կանգնած էր: Այդ ժամանակ, Պր. «Ս», որ դիմադրողական կուսակցութեան անդամ մըն էր, մեր եկեղեցին այցելեց եւ ինծի հետ հաղորդակցութիւն ունեցաւ: Անիկա ընտրութենէն առաջ իմ աղօթքս ընդունեց եւ ընտրուեցաւ: Յետոյ, մեծամասնութեան կուսակցութեան թեկնածուն որ կորսնցուցած էր ընտրութեան մէջ, խորհեցաւ թէ, քանի որ մեր եկեղեցին զօրավիգ կը դառնար դիմադրողական խումբին, յաջորդ ընտրութեան մէջ իրեն համար դժուար պիտի ըլլար շահիլը: Ուստի, անիկա շրջանի կառավարական գրասենեակին մէջ եւ ոստիկանատուներու մէջ իր ազդեցութիւնը գործածեց մեր եկեղեցին հեռացնելու համար: Միայն երկար ժամանակ ետքն էր որ ես սկսայ հասկնալ այս կացութիւնը: Եկեղեցւոյ գործաւորները ըսին որ անոնք ալ չէին կրնար համբերել այս կացութեան եւ ուզեցին շրջանի կառավարական գրասենեակը երթալ գանգատելու համար: Անոնք նոյնպէս օրինական քայլեր ուզեցին առնել, սակայն ես իրենց համոզեցի որ ոչ մէկ բան ընեն: Ես միայն Աստուծոյ խօսքով համոզեցի զիրենք, որ մեզի կ՚ըսէ բարութեամբ յաղթել չարին:

Եկեղեցւոյ անդամները հնազանդեցան իմ խօսքիս: Անոնք համբերեցին տեղացի բնակիչներէն եկող ընդդիմութիւններուն եւ փորձեցին ծառայել անոնց: Սակայն ժամանակը անցնելով, հալածանքները աւելի սաստկացան: Տեղական «Տօնկ» (պաշտպանութեան) գրասենեակը, շրջանի կառավարական գրասենեակը, տեղական պաշտպանութեան ներկայացուցիչը, տիկնանց յանձնախումբի նախագահուհին, եւ նոյնիսկ տարիքոտ քաղաքացիները հոն բերուեցան որպէսզի պաշտամունքի արարողութիւնը խանգարեն, եւ կրակմարի կայանէն ամէն օր կու գային մեր սրահները քննելու եւ մեզի նեղութիւն կու տային:

Ես պարզապէս ծունկի եկայ Աստուծոյ առջեւ աղօթելու: Եւ օր մը, լսեցի որ անոնք որոնք մեր եկեղեցին կը փորձէին հեռացնել, կ՚ուզէին զիս տեսնել: Երբ ես տեղական պաշտպանութեան գրասենեակի ժողովասրահը գացի, այդ շրջանի տարբեր բաժանմունքներէն տասէ աւելի ներկայացուցիչներ կային հոն:

«Պատուելի՛, ազատէ մեզի: Մենք շատ կը չարչարուինք: Մենք այնպէս կը զգանք թէ դժոխք կ'երթանք... Մենք կ'ուզենք ձգել այս տեղը, սակայն մենք բաւական մեծ տեղ մը չունինք, եւ մենք դրամ ալ չունինք... Պատուելի, ո՞րքան դրամի պէտք ունիս որպէսզի քու սրբարանդ տեղափոխես»:

Անոնք իրենց պատմութիւնը պատմեցին ինծի եւ ես կրցայ տեսնել Աստուծոյ գործը իրենց մէջ: Անոնց մէջէն անոնք որոնք բողոքողներուն առջեւի շարքերը կեցած էին, որպէսզի մեր եկեղեցին հեռանէին մեր վայրէն, անոնցմէ շատերը հիւանդացան եւ տեսակաւոր հիւանդութիւններ ունեցան: Այս պատահարին մասին սկսան շատ շուտով սխալ տարաձայնութիւններ տեղի ունենալ: Մարդիկ կային որոնք վախցած էին այս լուրերը լսելով: Անոնք որոնք գործօն մասնակցութիւն ունեցեր էին այս շարժումը առաջնորդելու մէջ, այնպէս զգացին թէ կարծէք դէպի դժոխք կ'երթային: Որովհետեւ անոնք չէին կրցած այդ վախին դիմանալ, ուզած էին ինծի հետ տեսնուիլ: Այդ ժամանակ անոնք մեզի 300 միլիոն ուօն (300,000 ԱՄՆ տոլար) տուին, որ ճիշդ այն գումարն էր որ մեզի պէտք էր նոր սրբարանը փոխադրուելու համար: Մենք նոյնիսկ մի քանի տասը հազարներով տոլարներ չունէինք մեր քովը, եւ ուրեմն ասիկա մեծ գումար մըն էր:

Երբ Աբիմելէք Թագաւորը Սառան առաւ, խորհելով որ անիկա Աբրահամին քոյրն էր, Աստուած իրեն երեւցաւ երազի մը մէջ եւ ըսաւ որ Սառան Աբրահամի կինն էր եւ հրամայեց որ ետ ղրկէր զայն: Աբիմելէք ոչ միայն Սառան ետ ղրկեց, այլ նաեւ ոչխարներ, կովեր, եւ ծառաներ ղրկեց Աբրահամի (Ծննդոց 20): Երբ Աստուած գործեց, Աբրահամ յաղթահարեց տագնապը եւ լաւ վերաբերմունք ստացաւ: Նոյն ձեւով, մեր եկեղեցին ալ Աստուծոյ միջամտութեամբ յաղթահարեց տագնապը:

Աստուծմէ-Պատրաստուած Հող՝ Մեզմէ Առաջ

Մենք աղօթեցինք, «Տէ՛ր Աստուած, մեզի 54,000 քառակուսի ոտնաչափ տարածութենէ աւելի հող տուր»: Եկեղեցւոյ մօտ շէնք մը կար որ մօտ 6,000 քառակուսի կանգուն մեծութիւն ունէր, եւ մենք շատ կ'աղօթէինք այդ շէնքը փոխադրուելու համար: Սակայն օր մը 1990-ին, Օդային Ուժի Ակադեմիան, որ Պօրամայ Մարզագետնին Կառավայրին մէջ կը գտնուէր, յայտարարեց որ պիտի տեղափոխուէր եւ այդ տեղը զբօսավայր մը պիտի ըլլար: Սէուլ քաղաքի կառավարութիւնը անձնական ներդրողի մը պիտի ծախէր այդ հողը: Ես անդրադարձայ որ Աստուած մեր եկեղեցւոյ համար հողաշերտ մը պատրաստեր էր Պօրամայ զբօսավայրին մէջ: Շատ օգուտներ կային հոն: Ասոր համար էր որ Աստուած զիս դէպի Շինտապահնկ Տօնկ առաջնորդեց եկեղեցին հոն սկսելու համար: Երբ մենք աղօթեցինք Պօրամայ զբօսավայր փոխադրուելու համար, Տէրը մեզի ըսաւ, *«Ես ձեզի տուի հողը, գացէ՛ք եւ առէ՛ք զայն: Հաւատացեալներու բոլոր խումբը հաւատք պէտք է ցուցաբերեն: Այդ օրհնուած հողին տիրանալէ ետք, ամէն բան Ես յանձն պիտի առնեմ»:* Մեր եկեղեցին ալ մասնակցեցաւ գին տալու առաջարկին, սակայն այդ ժամանակ մեր եկեղեցւոյ անդամներուն հաւատքով նոյնիսկ 4,000 քառակուսի կանգուն հող գնելը դժուար էր մեզի համար: Միայն քանի հոգիի չափ անդամներ կային որոնք իսկապէս հաւատք ցուցաբերեցին:

Աստուած Իսրայէլի ժողովուրդը Քանանու երկիրը առաջնորդեց, սակայն անոնք չկրցան մտնել այդ երկիրը որովհետեւ անհնազանդ եղան: Միայն իրենց զաւակները կրցան մտնել այդ երկիրը: Որովհետեւ մենք պէտք եղած չափով հաւատք չցուցաբերեցինք, Աստուած մեզի երկրորդ տեղը առաջնորդեց Կիւրօ Տօնկի մէջ: Անիկա մեզի համար շէնք մը պատրաստեր էր ճարտարարուեստական շրջանի մը մէջ, որ մօտ 10,000 քառակուսի կանգուն տարածութիւն ունէր:

Նոր Սրբարանին Յիշատակութիւնը եւ Շարունականան Խառնակութիւններ

Կիւրօ ճարտարարուեստական համալիրը այնպիսի վայր մըն էր որ Քորէայի արդիւնաբերութիւնը յառաջ մղած էր: Մեր այս չորրորդ սրբարանը, Կիւրօ Տօնկ սրբարանը, իրականութեան մէջ ընկերութիւն մըն էր որ կը կոչուէր Շին Այ Էլէքդրոնիքս: Այս ընկերութիւնը սնանկանալէ առաջ, ես հանդիպեր էի անոր տիրոջը:

Անիկա ինծի ըսեր էր, «Աւագ Պատուելի, ես կ'ուզեմ Մէնմին Կեդրոնական Եկեղեցւոյ սրբարանը այս համալիրին մէջ շինել»: Անիկա պարզապէս առաջին անգամն էր որ ինծի հանդիպած էր, բայց ըսած էր որ ինքը Մէնմին Կեդրոնական Եկեղեցին իր ընկերութեան համալիրին մէջ պիտի շինէր: Ես իր խօսքին վրայ իրեն բռնեցի եւ հաւատացի իր ըսածին: «Ամէն» ըսելով պատասխանեցի իրեն: Յետագային՝ Շին Այ Էլէքդրոնիքսը սնանկացած էր եւ անոր տէրը Միացեալ Նահանգներ փախած էր: Աւագ Սարկաւագուհի Շին Այ Հյոն իր տեղը այդ ընկերութեան ընդհանուր պատասխանատուն եղած էր: Սակայն պարտքի քանակի մեծ գումարին պատճառաւ, գործադուլի, ինչպէս նաեւ գործաւորներու անվճար ամսականներու պահանջներուն պատճառաւ, Շին Այ Հյոն դժուարութիւն կ'ունենար: Ուստի անիկա կ'աղօթէր որ այդ ընկերութեան համալիրը Աստուծոյ թագաւորութեան համար գործածուէր այդ ատենուայ շատ հռչակաւոր հովիւներէն որեւէ մէկուն կողմէ: Ճիշդ անն ատեն, Շին Այ Հյոն ստացաւ պատասխանը Աստուծմէ որ կ'ըսէր իրեն, *«Այդ հողը Արժ. Ճէյրոք Լիին տուր, որուն Ես կը սիրեմ»:* Աղդին-անդին հարցնելով, անիկա վերջապէս գտած էր զիս: Երբ իր կանչը լսեցի, ես իր տեղը գացի ուր ինք արթնութեան ժողովներ կը գումարէր, զինքը պաշտօնապէս ողջունելու համար: Այդ տեղը Յոնկսանի մէջ էր: Ես Աստուծոյ բժշկութիւնը ստացած էի իր եկեղեցիին մէջ, 1974 թուին: Անկէ ետք ես միայն մէկ անգամ պաշտօնապէս հանդիպած էի իրեն: Մենք յետոյ իրարու չէինք հանդիպած նորէն, ուստի անիկա երբեք չէր յիշեր զիս:

Անիկա ինծի բացատրեց այն ընթացքը որուն մէջէն ինք անցած էր զիս գտնելու համար: Աստուած սիրտս շարժեց եւ մենք որոշեցինք գնել այդ համալիրը: Մենք տասը միլիառ ուօն (տասը միլիոն Ամերիկեան տոլար) պէտք ունէինք, իսկ բանուորներուն հետ եղող հարցը լուծելու համար ալ, մենք երկու միլիառ ուօն (երկու միլիոն ԱՄՆ տոլար) պէտք ունէինք:

Նոր Սրբարանին Յիշատակի Արարողութիւնը

1991, Փետրուար 10-ին, մենք Շինտայպանկ Տօնկի եկեղեցին ձգեցինք եւ Կիւրօ Տօնկ գացինք, ու հոն յիշատակի արարողութիւնը կատարեցինք: Մենք բոլոր պահանջատէրերուն վճարումները եւ անվճար ամսականները վճարեցինք եւ ետքը սկսանք շէնքը վերանորոգել՝ եկեղեցական շէնքի մը վերածելով զայն:

Երբ մենք փոխադրուեցանք, միայն 300 միլիոն ուօն (300,000 ԱՄՆ տոլար) ունէինք որ նախորդ շէնքէն ստացեր էինք: Ուստի վիճակին իրականութեան նայելով, մենք նոյնիսկ մէկ քայլ չէինք կրնար առնել, այդքան շատ անդամներ առաջնորդելով: Սակայն որովհետեւ վստահ էինք որ Աստուած էր որ մեզի կ՚առաջնորդէր, հաւատքով ճամբայ ելանք: Մեր փոխադրուելէն մէկ տարի ետքը, դրամատունը զայն դարձեալ աճուրդի դրաւ, սակայն մենք պէտք եղած գումարը չունէինք: Դրամատունը ըսաւ, «Դուք, եկեղեցին, արդէն ընկերութեան դժուար հարցերը լուծեցիք աշխատաւորական միութեան հետ եւ դուք շատ դրամ ծախսեցիք այդ շէնքը եկեղեցիի վերածելու համար: Սակայն ո՞վ կը խորհիք որ այս հողին մէջ չարաշահութիւն պիտի ընէ»: Անոնք մեզի ըսին որ այդ համալիրը գնենք երբ գինը իջնէր, սակայն իրականութիւնը տարբեր էր: Որոշ ընկերութիւն մը գնեց այս համալիրը՝ իրենց անշարժ կալուածի չարաշահութեան ծրագիրներէն որպէս մաս մը: Անոնք մեզմէ խնդրեցին որ շէնքը պարպէինք: Անշուշտ մենք երթալիք ուրիշ տեղ չունէինք, եւ չէինք կրնար ուրիշ որեւէ տեղ երթալ:

1992, Փետրուար 15-ին, այն ընկերութիւնը որ այս

համալիրը գնած էր, դաhիճներ բերել տուաւ եւ անոնք եկեղեցւոյ ստացուածքները դուրս հանեցին: Եկեղեցւոյ գործաւորներէն քանի մը հոգի նոյնիսկ ծեծուեցան երբ անոնք կը փորձէին կեցնել զանոնք: Անշուշտ այդ ընկերութիւնը ոճրային դատավարութիւն բրաւ մեզի դէմ, ըսելով որ մենք օրէնքը բեկանած էինք: Այս բոլորին ընդմէջէն, Աստուած մեր անդամներուն թոյլ տուաւ որ սիրեն եկեղեցին եւ նոյնիսկ աւելի շատ աղօթեն: Յետոյ Աստուած այս համալիրը գնողներուն սիրտը շարժեց եւ իրենք նոր համաձայնագիր մը ստորագրեցին մեր հետը: Յետոյ մենք սկսանք համալիրին գինը դարձեալ վճարել:

Խառնակութիւններ՝ Սէուլի Աւետարանչական Արշաւին Դէմ

1992-ի Մայիսի 18-էն 21-ը, «Սէուլի Աւետարանչական Արշաւը» տեղի ունեցաւ մեր եկեղեցիին մէջ, «1995-ի Ազգային Վերամիացման եւ Յիսնամեայ Յոբելեանի Կարգադիր Յանձնախումբին» կողմէ: Անիկա կատարուեցաւ Ազգային Վերամիացման եւ Աւետարանչական Շարժման միջոցաւ եւ Քուքմին Իլպօյի աջակցութեամբ, ինչպէս նաեւ Ծայրագոյն Արեւելքի Հեռասփռման Կազմակերպութեան Սի.Պի.Էս. (CBS), Քրիստոնէական Օրաթերթի, Քորէական Եկեղեցական Օրաթերթի, եւ Ոստիկանութեան Մատուռի Կղերի Գրասենեակի օգնութեամբ: Թշնամի Սատանան դարձեալ դէմ կեցաւ որպզի ջնջէ այս ժողովը:

Սակայն հոն կարգ մը նշանաւոր հովիւներ կային, ներառեալ Պատուելի Հիյոն Կյուն Շինը եւ Ճայչուլ Հօնկը որոնք օրուան քարոզիչները պիտի ըլլային: Անոնց վրայ ճնշում կը բանեցուէր որպէսզի չքարոզէին այս ժողովին: Դարձեալ կային մարդիկ որոնք կ'ըսէին թէ ես հերետիկոս մըն էի, եւ թէ ես յարանուանութենէն վտարուելու պատմութիւն մը ունեցած էի: Սակայն այդ հովիւները գիտէին թէ ես Յիսուս Քրիստոսի հանդէպ սէր ունեցող եւ Աւետարանի հաւատքին հետեւող հովիւ մըն էի, եւ ուրեմն անոնք չենթարկուեցան այդ ճնշումին: Ժողովները յաջողութեամբ կատարուեցան՝ Սուրբ Հոգւոյն գործերով լեցուն: Նաեւ, նոյն տարուան Սեպտեմբեր 14-էն 17-ը, «Սէուլի Քաղաքացիի Աւետարանչութեան Միացեալ Արշաւը» տեղի ունեցաւ մեր եկեղեցիին մէջ, Քորէայի Քրիստոնէութեան Արթնութեան Համախմբումին կողմէ, եւ ութը հովիւներ, ներառեալ Պատուելի Ճոնկմէն Լի, խօսեցան այս ժողովներուն ընթացքին:

Հաշտութիւն՝ Սրբութիւն Յարանուանութեան հետ (Անյանկ)

1992-ի Փետրուարին, Քորէայի Սրբութիւն Քրիստոնէական Եկեղեցին (Անյանկ), այն համայնքը որ զիս դատապարտած էր, սկսաւ մեր եկեղեցւոյ դէմ միջոցառումներ առնել քանի որ մեր եկեղեցին անկախ համայնք մը կազմած էր եւ շատ արագ կ'աճէր: Պատուելի «Յ» որ այդ համայնքին նախագահը եղած էր այդ ժամանակ, սխալ տարածայնութիւններ կատարած էր շատ անգամներ՝ Քորէայի Քրիստոնէական Խորհուրդին եւ մամուլին: Քանի որ այս տեսակի անարգանք տեղի կ'ունենար, ասիկա ոչ միայն վարկաբեկութիւն էր, սակայն նաեւ անիկա մեծ վնաս հասցուցած էր աւետարանի քարոզչութեան ծառայութեան: Վերջապէս որոշեցինք որ մեր եկեղեցւոյ ներկայացուցիչները դատ բանային այդ «Յ» հովիւին դէմ, իր կատարած անարգանքին համար:

«Յ» Պատուելին հիմա պէտք էր որ տուգանքը վճարէր եւ նաեւ անիկա քիչ մնաց որ բանտարկուէր: Անիկա յուսախաբ եղաւ եւ շատ անգամներ մեզմէ խնդրեց որ դատը ջնջէինք եւ այս խնդրանքը կատարեց իմ դպրեվանքի ուսուցչապետիս միջոցաւ, Պատուելի Թայքնու Սոհնի կողմէ: Պատուելի Թայքնու Սոհն նոյնպէս մեզի աղաչեց որ այդ դատը ջնջէինք եւ հաշտուէինք, քանի որ Պատուելի «Յ»-ն ըսեր էր որ ինքը այլեւս եկեղեցական կազմակերպութիւններու մէջ պիտի չմտնէր նորէն, այլ միայն իր ծառայութեան վրայ պիտի կեդրոնարար:

Պատուելի «Յ»-ն բաւական տարեց էր եւ ես կը խղճայի անոր վրայ: Ուստի, երբ ուզեցի Պատուելի Թայքնու Սոհնի խնդրանքը ընդունիլ դատը ջնջելու համար, այն փաստաբանը որ այս դատին պատասխանատու էր, այդ գաղափարին շատ զօրաւոր ձեւով դէմ կեցաւ: Անիկա խորհուրդ տուաւ ըսելով, «Դուն այս դատը հիմա պէտք չէ որ ջնջես: Ես իրենց նախորդ գործունէութիւնները կը խուզարկէի մինչեւ հիմա, եւ եթէ այս հարցը հիմնական կերպով չլուծուի, անոնք նոյն բանը դարձեալ պիտի կրկնեն»: Հակառակ փաստաբանին անհամաձայնութեան, ես փոխադարձ համաձայնութեան փաստաթուղթը ստորագրեցի եւ ձգեցի դատը:

1993-ի Ապրիլ 20-ն էր երբ մենք երկուքս հանդիպեցանք իրարու եւ ստորագրեցինք համաձայնագիրը: Մենք տակաւին այդ նամակը պահած ենք: Պատուելի «Յ» ստորագրեց գրուած խոստումը՝ ըսելով. «Ես ներողութիւն կը խնդրեմ Արժ. Ճէյրոք Լին վարկաբեկելու եւ Մէնմին Կեդրոնական Եկեղեցիին դէմ վատահամբաւում ընելու եւ այդ տեսակ նիւթեր տարածելու համար: Ես իմ լաւագոյնս պիտի ընեմ որպէսզի ապագային այս տեսակի գործունէութիւններ չունենամ, եւ միայն իմ ծառայութեանս վրայ պիտի կեդրոնանամ»: Մենք դատը ջնջեցինք եւ ներեցինք զինքը, սակայն ինչպէս որ փաստաբանը գուշակեց, փոխանակ մեզի շնորհակալութիւն յայտնելու, անիկա շարունակեց խանգարել մեր եկեղեցին: Անիկա այսպէս պատճառաբանեց ըսելով, «Ես որպէս համայնքին նախագահը չէ որ ներողութիւն խնդրեցի, այլ միայն անձնական մակարդակով»:

Հերետիկոսութիւն՝ Աստուածաշունչին Համաձայն

Այսպիսի արագընթաց արթնութեան պատճառաւ, ես սկսայ յայտնի դառնալ, սակայն նաեւ կարգ մը մարդիկ սկսան իմ մասիս խորհիլ որպէս հերետիկոս, Քորէացի Սրբութիւն Քրիստոնէական եկեղեցւոյ կատարած դատապարտութեան պատճառաւ: Անոնք որոնք երբէք հանդիպած չէին ինծի, երբէք լսած չէին պատգամներս կամ մեր եկեղեցին եղած չէին, մեզ կը դատէին պարզապէս իրենց շուրջը գտնուող ուրիշ մարդոցմէ լսելով: Նոյնիսկ Աստուածաշունչին մէջ, Պօղոս Առաքեալ որ այնքան շատ կը սիրէր Յիսուս Քրիստոսը, եւ իր ամբողջ կեանքով աւետարանը կը քարոզէր, հալածուեցաւ եւ դատապարտուեցաւ որպէս «խելագար», «իսկական համաճարակ մը» եւ որպէս «Նազովրեցւոց աղանդին առաջնորդ» (Գործք Առաքելոց 24.5):

Այս կէտին մէջ մենք պէտք է նկատի առնենք թէ ի՞նչ

կը նշանակէ հերետիկոսութիւն՝ Աստուածաշունչին համեմատ: 2-րդ Պետրոս 2.1 կ'ըսէ. *«Բայց սուտ մարգարէներ ալ կ'ըլլային ժողովուրդին մէջ, ինչպէս ձեր մէջ ալ սուտ վարդապետներ պիտի ըլլան, որոնք գաղտուկ պիտի մտցնեն կորուսիչ հերձուածողութիւններ, ու զիրենք ծախու առնող Տէրը ուրանալով՝ իրենց վրայ պիտի բերեն արագահաս կորուստը»:* Հոս «զիրենք ծախու առնող Տէրը» ըսելով կը վերագրէ Յիսուս Քրիստոսի: Ուրեմն, Յիսուսի խաչելութենէն, յարութենէն եւ Իր պարտականութիւնը որպէս Փրկիչ կատարելէն առաջ, Աստուածաշունչին մէջ «Հերետիկոսութիւն» բառը չենք գտներ: Այս է պատճառը որ «Հերետիկոսութիւն» բառը Հին Կտակարանին մէջ չգտնուիր, ինչպէս նաեւ Աւետարանի Չորս Գիրքերուն մէջ, այսինքն, Մատթէոսի, Մարկոսի, Ղուկասի եւ Յովհաննու:

Չորս Աւետարաններուն մէջ, նոյնիսկ դպիրները, Փարիսեցիները, քահանաները եւ քահանայապետերը «հերետիկոսութիւն» բառը չգործածեցին նոյնիսկ երբ անոնք Յիսուսը կը հալածէին: Միայն այն ատեն երբ Յիսուս յարութիւն առաւ եւ Իր պարտականութիւնը որպէս Քրիստոսը կատարեց, անոնք որոնք ուրացան իրենց «ծախու առնող Տէրը», մէջտեղ ելան, եւ միայն 2-րդ Պետրոսի գրքին մէջ է որ Աստուածաշունչը մեզի կը զգուշացնէ այս տեսակի հերետիկոսներէ: Յիսուս անունը կը նշանակէ *«Անիկա որ Իր ժողովուրդը իրենց մեղքերէն պիտի փրկէ»* (Մատթէոս 1.21), եւ Քրիստոս կը նշանակէ «Օծեալը»: Միայն երբ Յիսուս խաչուեցաւ եւ յարութիւն առաւ, այն ատեն կատարեց Իր պարտականութիւը որպէս Քրիստոս եւ եղաւ մեր Փրկիչը:

Ուրեմն, երբ մենք կը վերջացնենք մեր աղօթքները, փոխանակ ըսելու. «Յիսուսի անունով կ'աղօթեմ», պէտք է ըսենք, «Յիսուս Քրիստոսի անունով կ'աղօթեմ»: Ասիկա հոգեւոր իմաստի մէջ աւելի կը կատարելագործուի: Ա. Յովհ. 2.22-ի մէջ կ'ըսէ. *«Ո՞վ է ստախօս, եթէ ոչ ան որ կ'ուրանայ թէ Յիսուս՝ Քրիստոս չէ. անիկայ է Նեռը որ կ'ուռանայ Հայրը ու Որդին»:* Ուրեմն, ուրանալ Աստուած՝ Երրորդութիւնը (Հայր Աստուած, Որդին՝ Յիսուս Քրիստոսը, եւ Սուրբ Հոգին) կը համարուի որպէս հերետիկոսութիւն: Ուրեմն շիտակ չէ դատապարտել անձ մը կամ եկեղեցի մը որ Աստուծոյ՝ Հօրը կը հաւատայ եւ կ'ընդունի Յիսուս Քրիստոսը որպէս Փրկիչ:

Դատապարտել եկեղեցի մը, ուր Սուրբ Հոգւոյն գործերը տեղի կ'ունենան Յիսուս Քրիստոսի անունով, կը նշանակէ դատապարտել եւ Սուրբ Հոգիին դէմ կենալ: Աստուածաշունչը մեզի կ'ազդարարէ ըսելով որ այս մեղքը երբեք պիտի չներուի: Սուրբ Հոգին Աստուծոյ Երրորդութեան մէկ անդամն է, եւ եթէ մարդիկ ըսեն որ Սուրբ Հոգիին այս գործերը Սատանային գործերն են, ատիկա ըսել է թէ Աստուած Սատանան է եւ հերետիկոս է, եւ այս տեսակ մարդիկ ինչպէ՞ս պիտի փրկուին: Մատթէոս 12.22-էն անդին, Յիսուս մարդ մը բժշկեց որ կոյր եւ համր էր դեւի մը պատճառով: Յետոյ Փարիսեցիները դատապարտեցին Յիսուսը ըսելով. *«Ատիկա ուրիշ բանով չհաներ դեւերը, բայց դեւերուն Բէեղզեբուղ իշխանովը»:* Յիսուս պատասխանեց.- *«Անոր համար կ'ըսեմ ձեզի, Ամէն մեղք ու հայհոյութիւն պիտի ներուի մարդոց, բայց Սուրբ Հոգւոյն դէմ եղած հայհոյութիւնը պիտի չներուի մարդոց: Եւ ով որ Որդւոյ Մարդոյ դէմ բան կ'ըսէ, պիտի ներուի անոր, բայց ով որ Հոգւոյն Սրբոյ դէմ կ'ըսէ, պիտի չներուի անոր, ոչ այս աշխարհի մէջ եւ ոչ գալու աշխարհին մէջ»:* (Մատթէոս 12.31-32)

Երբ Փարիսեցիները դատապարտեցին Սուրբ Հոգիին գործերը, որոնք Աստուծոյ ոյժով եւ Յիսուսի միջոցաւ երեւան կու գային, ասիկա Սուրբ Հոգւոյն գործերուն դէմ հայհոյութիւն ընել նշանակէր: Ասիկա այնքան ծանրակշիռ մեղք մըն էր որ չէր կրնար ներուիլ, եւ անոնք չէին կրնար փրկուիլ:

Մեռնելու Աստիճան Արիւնահոսումի Փորձութիւնը

1992-ի Յունիսին, եկեղեցիին մէջ շատ դժուար հարցերու մէջէն անցնելով, որոնց մասին չէի կրնար որեւէ մէկուն հետ խօսիլ, ես շատ օրեր առանց հանգչելու շարունակեցի գործս, եւ շատ օրեր բնաւ չէի կրցած քնանալ: Յոգնութեանս աստիճանը իմ հսկողութենէս դուրս էր: Մասնաւորաբար, կարգ մը օգնական հովիւներ եւ աշխատակիցներ դադրեցան աղօթելէ եւ անոնք շարունակեցին անհնազանդ գտնուիլ, եւ վերջապէս Աստուած թոյլ տուաւ փորձութիւն մը ունենալ: Որովհետեւ ես այդքան մեծ բեռներ շալկած էի, բոլորը միայն իմ վրաս, ես գրեթէ ուղեղային արիւնահոսումի սահմանը հասած էի: Երբ եկեղեցւոյ անդամները հիւանդանային, ես պարզապէս կրնայի աղօթել իրենց համար: Սակայն ի՞նչ պիտի ըլլար եթէ ես անձնապէս ուղեղի արիւնահոսում ունենայի: Աստուած այնպէս մը գործեց որ ես անակնկալօրէն ուղեղի արիւնահոսում ունենալէս առաջ, Անիկա մեծ երակ մը պայթեցուց քիթիս մէջ որպէսզի ինծի թոյլ տար արիւնելու:

Շաբաթ օր մըն էր, 1992, Յունիս 13-ին: Որովհետեւ պսակի արարողութիւն մը պիտի կատարէի, կը պատրաստուէի դուրս ելլել: Յանկարծ քիթի արիւնահոսում ունեցայ եւ խնդրեցի որ իմ տեղս ուրիշ հովիւ մը կատարէր պսակը: Արիւն կը հոսէր երկու ռնգունքներէս եւ բերնէս: Կէսօրէ ետքի ընթացքին, ես մօտ մէկ ու կէս ժամ արիւնահոսութիւն ունեցայ: Գիշերը ես դարձեալ արիւնահոսում ունեցայ մէկ ժամէն աւելի: Պէտք էր գլուխս վար ծռած՝ նստէի: Եթէ գլուխս վեր դնէի, արիւնը անմիջապէս կոկորդիս ետեւէն վար կ'իջնէր եւ պատճառ կ'ըլլար որ շնչահեղձ ըլլայի:

Կիրակի առտու, հազիւ թէ պիտի լուացուէի, դարձեալ սկսայ արիւնիլ, եւ չկրցայ եկեղեցի երթալ: Մեծ քանակութեամբ արիւն կը վազէր ռնգունքներէս վար, եւ դէպի վիզն ալ կ'իջնէր: Մինչ արիւնահոսում կ'ունենայի, ես զարմացած կը խորհէի թէ այսքան մեծ քանակութեամբ արիւն ուրկէ՞ կու գար:

100-է աւելի օգնական հովիւներ եւ եկեղեցւոյ աշխատակիցներ լսեցին լուրը եկեղեցիէն եւ իմ բնակարանս եկան: Սկիզբը, կարգ մը մարդիկ օգնեցին ինծի որ բարակ կակուղ թուղթերով, եւ յետոյ անձեռոցներով սրբեն արիւնը, սակայն որովհետեւ արիւնահոսումը չէր կենար այլ կը շարունակուէր հոսիլ եւ իրենք չէին կրնար այդ կտորներով ձերբազատուիլ արիւնէն, ստիպուեցայ լուացարանին առջեւ կենալ: Քանի որ ամէն ոք գիտեր թէ իմ հաւատքովս ես երբեք չէի վստահեր աշխարհային միջոցառումներու, հոն ներկայ եղողներէն ոչ մէկը կը խօսէր հիւանդանոց երթալու մասին:

Յանկարծ ես ուզեցի օրհներգներ մտիկ ընել եւ հոն գտնուող մարդոցմէն այդ խնդրեցի: Մէկը եկաւ եւ օրհներգներ սկսաւ երգել: Մինչ մտիկ կ'ընէի այդ երգերը, խաղաղութիւն ունեցայ սրտիս մէջ, եւ մեծ փափաքով ուզեցի երկինք երթալ: Շուտով ամբողջ ոյժս կորսնցուցի եւ սկսայ գիտակցութիւնս ալ կորսնցնել: Սակայն կը զգայի թէ իմ հոգիս աւելի կը յստականար եւ Սուրբ Հոգիով կը լեցուէր:

Կեանքի եւ Մահուան Խաչմերուկին Միջեւ

Այդ վայրկեանին, յստակ ներշնչումով, Աստուած ինծի թոյլ տուաւ գիտնալու հոն հաւաքուած բազմութենէն կարգ մը անձերու ճշգրիտ հոգեւոր վիճակը: Ես ստիպեցի այդ մարդոցը որպէս զի ամբարտաւանութենէ եւ կեղծիքէ ձերբազատուին, բաներ որոնք Աստուած կ'ատէ եւ ես իմ վերջին կտակս ըսի իմ ընտանիքի անդամներուս: Յետագային ես իմացայ որ եկեղեցւոյ հաւատացեալներու բոլոր խումբը սկսեր էին աղօթել ինծի համար:

Իմ բազկերակս կեցաւ զարնելէ, եւ ես շնչելէ ալ դադրեցայ: Այդ վայրկեանին ես իմ գիտակցութիւնս կորսնցուցի, եւ կը զգայի որ իմ հոգիս մարմինէս կ'ելլէր: Ես լսեցի Երէց Բոոս Ճունկհօ Լին եւ ուրիշներ որոնք հոն էին՝ կ'աղօթէին ըսելով. «Տէ՛ր Աստուած, հաճիս թոյլ տուր որ մեր հովիւը դարձեալ վերակենդանանայ»:

Անոնք կ՚աղօթէին լալով եւ արցունքներ թափելով: Անոնք ինծի ըսին որ երբ իմ դաստակս բռներ էին, հոն սրտի բաբախում չկար, եւ երբ անոնք իմ կուրծքս բռներ էին, անիկա պաղ էր: Այդ վայրկեանին Տէրը եկաւ ինծի:

«Իմ ծառաս, ինծի՞ պիտի գաս, կամ դարձեալ պիտի վերադառնաս քու պարտականութիւնդ ամբողջացնելու»:

«Տէ՛ր, ես կ՚ուզեմ Քու քովդ ըլլալ»:

Այդ ժամանակ մենք ամսական վճարովի վարձու տան մը մէջ կը բնակէինք: Ես նոյնիսկ տուն մը կամ որեւէ խնայողութիւններ չունէի դրամատան մէջ: Սակաւին, ես չմտահոգուեցայ իմ ընտանիքի անդամներուս մասին, այլ միայն ուզեցի երկինք երթալ: Յետոյ, Տէրը ինծի երկու տեսարաններ ցոյց տուաւ: Ես Տէրոջը քով երթալէս ետք, թշնամի Սատանան զարկաւ մեր եկեղեցին: Սրբարանը կը փլէր եւ շատ հաւատացեալներ ոչխարներու նման ցիրուցան կ՚ըլլային եւ դարձեալ աշխարհ կ՚երթային, դէպի մահուան ճամբան: Կարգ մը անդամներ դէպի երկինքի դուռը կ՚երթային, սակայն հաւատացեալներու խումբին մեծ մասը կորսնցուցեր էին իրենց ճամբան եւ դէպի աշխարհ կ՚երթային ու դէպի դժոխքի ճամբան: Այդ վայրկեանին ես իմ գիտակցութիւնս դարձեալ ստացայ:

«Տէ՛ր, թոյլ տուր որ ետ դառնամ: Ես Քու առջեւդ կ՚ուզեմ գալ եկեղեցւոյ անդամներուն հետ միասին, Մեծ սրբարանը շինելնէս ետքը»:

Ես աղօթեցի, ապրելու փափաքով: Այդ վայրկեանին, լոյս մը եկաւ վերէն, եւ զօրաւոր ուժ մը եկաւ վրաս: Ես մէկ վայրկեանի մէջ ելայ ու շիտակ նստեցայ եւ ջուր ուզեցի: Յետոյ, ես անդրադարձայ որ այն ջուրը որ խմեցի, մարմնիս մէջ արիւնի վերածուեցաւ: Ես ոտքի կանգնեցայ եւ դուրս ելայ դէպի նստասենեակ: Կարգ մը անդամներ որոնք չէին կրցած սենեակս մտնել, կ'աղօթէին եւ կու լային այդ տեղ: Անոնք շատ զարմացած՝ բայց շատ ուրախ էին: Ես ձեռնուեցայ անոնմէ ամէն մէկուն հետ եւ նոյնիսկ խօսեցայ իրենց հետ: Իմ դէմքս սկսաւ կարմիր դառնալ: Որեւէ նշան չկար որ ես մեռնելու աստիճան արիւնահոսում ունեցած էի: Տակաւին իմ գիտակցութիւնս կատարեալ չէր: Ես միայն կը յիշեմ ինչ որ ուրիշ մարդոցմէ լսեր էի, եւ ամէն բան մանրամասնութեամբ չեմ յիշեր:

Այն ատենէն ի վեր, ես ջուր կը խմէի ամէն անգամ որ արիւնահոսութիւն ունենայի: Աւելի շատ ես առանց ալքոլի խմիչք կը խմէի քան թէ ջուր, բայց կ'ուզէի շատ ջուր խմել: Քանի որ շատ արիւնահոսութիւն ունեցայ, ես պիտի մեռնէի եթէ արեան հայթայթում տեղի չունենար: Սակայն ինչպէս որ Տէրը ջուրը գինիի փոխեց, ես կը հաւատայի որ ջուրը կրնար արիւնի փոխուիլ Աստուծոյ ոյժով, ամէն անգամ որ ջուր խմէի: Որովհետեւ գիտէի որ նոյնիսկ իմ արիւնահոսութիւնս Աստուծոյ նախասահմանութեան մէջ էր, ես երբեք չէի ուզեր այս աշխարհի դեղօրայքին վրայ վստահիլ: Որովհետեւ ես ամբողջովին Ամենակարող Աստուծոյն կը հաւատայի եւ Անոր կը վստահէի, ես պարզապէս ամէն բան Իր ձեռքերուն մէջ ձգեցի:

Ես ոչ մէկ փափաք ունէի հիւանդանոց երթալու կեանքս երկարելու համար: Եթէ Աստուած կ'ուզէր իմ հոգիս առնել, ոչ մէկ պատճառ կար ինծի համար ապրիլ փորձելու: Ես կը նախընտրէի մեռնիլ, միայն եթէ Աստուծոյ կամքն էր ատիկա: Ես ամենակարող Աստուածը ուրիշ որեւէ մէկէն աւելի լաւ կը ճանչնամ եւ Աստուծոյ զօրութեամբ բազմաթիւ հիւանդներ բժշկած եմ, եւ եթէ ես անձամբ հաւատքով պիտի չկարենամ բժշկուիլ, ինչպէ՞ս կրնամ հաւատացեալներուն սորվեցնել հաւատքով բժշկութիւն ստանալու մասին: Ասոր համար է որ կը նախընտրեմ մեռնիլ քան թէ հիւանդանոցներուն վրայ վստահիլ: Ես իմ մահս ուրախութեամբ դիմագրաւեցի, իմ վերջին կտակս խաղաղութեամբ ձգելով իմ ընտանիքի անդամներուս, սակայն քանի որ Աստուծոյ կամքը չէր ինծի համար որ մեռնէի, Աստուած ինծի թոյլ տուաւ որ վերակենդանանայի մէկ վայրկեանի մէջ:

Աբրահամի Քննութեան Մէջէն Անցնիլ Յաջողութեամբ

Քանի որ արիւնահոսումը կեցած էր այդ իրիկուն, ես ընթրեցի եւ իմ աղօթքի տեղս գացի: Սակայն այդ գիշեր ես մօտ մէկ ու կէս ժամ դարձեալ արիւնահոսութիւն ունեցայ, եւ յաջորդ առաւօտ, նորէն արիւնահոսում ունեցայ: Ես չէի կրնար ուտել կամ երկննալ: Եթէ երկննայի, իմ սրտիս մէջի արիւնը վար պիտի իջնէր, ուստի ես պէտք էր որ կողմնակի ձեւով նստէի, գլուխս վար ծռած: Կիրակի օր, ես տակաւին իմ աղօթքի տեղս էի: Ես պաշտամունքի արարողութիւն մը ունեցայ «Աստուած կը Բժշկէ» քարոզին տեսաերիզով, զոր նախապէս քարոզած էի: Երբ «Հիւանդներուն վրայ Աղօթելու» ժամանակը հասաւ, ճիշդ այն ատեն, ես իմ ձեռքերս գլխուս վրայ դրի եւ աղօթքը ընդունեցի, եւ այն ատենէն սկսեալ արիւնահոսութիւնը ամբողջովին դադրեցաւ: Այս փորձառութեան միջոցաւ, ես դարձեալ անդրադարձայ եւ իսկապէս զարմացած էի թէ ինչպէս հիւանդներու վրայ աղօթելը այդքան մեծ ուժ ունէր:

Ես հաշուեցի այն ժամանակամիջոցը որուն ընթացքին արիւնահոսութիւն ունեցած էի: Ութը օր, 30 տարբեր պարագաներու մէջ, ես 24 ժամ արիւնահոսութիւն ունեցեր էի: Ասիկա բաւական ժամանակ էր որ մարմնին մէջի ամբողջ արիւնը դուրս հոսէր քանի մը անգամներ: Երբ ես արիւնահոսում ունենայի, ջուր կը խմէի, եւ այս ջուրը արիւնի կը փոխուէր, եւ ասիկա այսպէս շարունակուեցաւ 8 օր շարունակ: Աստուած 8 օր շարունակ փորձեց զիս, սակայն Յոբի նման ես երբե՛ք չգանգատեցայ կամ չնեղուեցայ: Ես միայն շնորհակալ եղայ: Նոյնիսկ եթէ պէտք էր որ մեռնէի, ես Տէրոջը քով պիտի երթայի, եւ ուրախութեամբ պիտի ապրէի երկինքին մէջ, ուստի պատճառ չկար ինծի համար որ տխրէի:

Որովհետեւ ես աւելի արիւնահոսում կ՚ունենայի երբ երկննայի, ուրեմն պէտք էր որ նստէի՝ գլուխս շարունակ վար ծռած: Ես տարբեր ձեւերով կը մտածէի: Աստուած ինծի շատ զօրութիւն տուած էր, բայց ես հաւատացեալները շատ օրինաւոր ձեւով հաւատքի մէջ չէի առաջնորդած: Ես եկեղեցւոյ աշխատակիցներուն օրինաւոր ձեւով չէի հսկած, եւ մենք տակաւին սրբարանը չէինք շինած: Ես Աստուծոյ առջեւ աւելի եւ աւելի ներողամտութիւն խնդրեցի, մինչ կը շարունակէի խորհիլ: Ես 8 օր շարունակ առանց քնանալու անցուցի, Աստուծոյ առջեւ զղջումի սրտով:

Որովհետեւ շնորհակալութեամբ յօժարեցայ կեանքս

զոհել երբ Աստուած խնդրեց զայն, անոր համար Աստուած վերակենդանացուց զիս 8 օրէն: Յետոյ Աստուած ինծի իմացուց թէ ինչպէս որ Աբրահամ իր միակ որդին Իսահակը զոհելու քննութենէն յաջողութեամբ անցած էր, ես ալ իմ կեանքս զոհելու քննութենէն յաջողութեամբ անցեր էի: Երբ այս տեսակի քննութիւն մը անցուցի, Աստուծոյ վստահութիւնը իմ վրաս աւելի զօրացաւ, եւ Անիկա օրհնեց զիս որպէսզի աւելի հզօր գործեր ցուցնէր իմ միջոցաւ: Այս դէպքը եկեղեցւոյ աշխատակիցներուն եւ անդամներուն համար ալ առիթ մըն էր դարձեալ արթննալու, եւ եկեղեցին ամուր ժայռի վրայ կը հաստատուէր:

Թէպէտ Ես Զգուշացուցի Սահմանուած-Ժամանակի Վախճանաբանութենէն

1984-ին մեր եկեղեցւոյ բացումէն անմիջապէս ետքը, ես քարոզեցի վերջին ժամանակներու նշաններուն մասին, որոնց վրայ կ'անդրադառնայի Աստուծոյ ներշնչումով: Ես բացատրեցի Հարաւային եւ Հիւսիսային Քորէայի միջեւ եղող յարաբերութեան մասին, «666» թիւին մասին, Եւրոպայի միացման մասին որպէս մէկ պետութիւն, եւայլն: Սակայն այդ ժամանակ, հարաւային եւ հիւսիսային Քորէայի միջեւ եղող յարաբերութիւնը գէշ վիճակի մէջ էր, եւ նոյնիսկ credit card-երը տարածուած չէին, ուստի անդամները ձեւով մը անծանօթ կը զգային կարգ մը նիւթերու նկատմամբ՝ որոնց մասին կը խօսէի:

Յիսուս ողբաց ըսելով. *«Երբ Մարդու Որդին գայ, արդեօք Ան հաւատք պիտի գտնէ՞ երկրի մէջ»* (Ղուկաս 18.8): Ուստի լաւագոյնս ըրի հաւատացեալներուն մէջ հաւատք ներմուծելու, որպէսզի այս վերջին ժամանակին մէջ, զանոնք իսկական ցորենի հատիկի վերածէի, որոնք իրական ճշմարիտ հաւատք ունենային: Սակայն մինչ ես պարզապէս կը քարոզէի վերջին ժամանակներու նշաններուն մասին, ես այնպէս մը ճանչցուեցայ, որպէս թէ ես որոշած էի պատմութեան վերջակէտի ժամանակը: Իմ յօդուածներս սկսան գրուիլ թերթերու եւ պարբերութիւններու մէջ եւ հեռասփռումներու ընթացքին, եւ ես դարձեալ ճանչցուեցայ աշխարհէն:

Կարգ մը յօդուածներ որ հրատարակուեր էին, գրեցին այնպիսի բան մը որ ես ըսած չէի, եւ «Լ» հովիւ մը, որ սահմանուած-ժամանակի վախճանաբանութիւն բռած էր, կ'ըսէր թէ ես ալ իրեն հետ միասին նոյն բանը կ'ըսէի: Մամուլին մեծ մասը նպաստաւոր յօդուածներ կը գրէին իմ մասիս, սակայն անձ մը, ամսական պարբերաթերթի մը Պր. «Թ»ին, զիս կը դատապարտէր, ըսելով որ, իրբ թէ ես ըսեր էի թէ գիտէի Տէրոջը գալստեան օրը: Սակայն որովհետեւ ամէն բան իր յարմար ժամանակին պիտի յայտնուէր, անոր համար ես որեւէ օրինական միջոցառումներ չառի կամ որեւէ պատճառաբանութիւններ չտուի:

Իմ բոլոր քարոզներս արձանագրուած են, եւ անոնք միշտ կը ծախուին հասարակութեան: Եկեղեցւոյ սկզբնաւորութենէն ի վեր, ես միշտ սորվեցուցած եմ հաւատացեալներու խումբին որ միշտ արթուն մնան իրենց Քրիստոնէական կեանքին մէջ, Մատթէոս Աւետարանի 25-րդ գլխուն մէջ պատկերացուած հինգ իմաստուն կոյսերուն նման: Հոս մի քանի հատուածներ կան այդ նշանակուած քարոզներու թուականներէն, սկիզբէն մինչեւ 1992-ի կէսը, որոնք այս նիւթին նկատմամբ օրինակներ են իմ ըրած սերտողութենէս:

«Ներկայիս ձեզմէ մի քանիներ կարդացեր են կարգ մը գիրքեր կամ ուրիշ մարդոցմէ լսեր են, եւ կա՞ն ձեզմէ ոմանք որոնք կ'ըսեն կամ կը հաւատան որ Տէրը պիտի գայ Հոկտեմբեր 10-ին կամ 28-ին: Դուք երբեք այդպիսի բան մը պիտի չընէ՛ք: Դուք երբեք լսե՞ր էք որ ես 1992 թուականին մասին կը խօսիմ: Ո՛չ, դուք այդպիսի բան մը լսած չէք: Ես միայն Աստուծոյ խօսքէն սորվեցուցած եմ ձեզի, եւ ես իմ արցունքներովս եւ աղօթքներովս միասին ձեզի սորվեցուցած եմ մեղքերէ ձերբազատուիլ ու լոյսի եւ արդարութեան մէջ ապրիլ, Տէրոջը նմանելու եւ գեղեցիկ հարսի մը նման դուք ձեզի զարդարելու Տէրոջը համար: Նոյնիսկ եթէ Տէրը վաղը գայ, ես ձեզի սորվեցուցած եմ այսօր ցանել խնձորի ծառ մը»:

(Յունուար 19, 1992-ի Կիրակի օրուայ արարողութենէն հատուած մը, «Արթուն եղէք» խորագիրով):

«Մատթէոս 24-րդ գլխուն մէջ, առաքեալները հարցուցին Տէրոջը Իր երկրորդ գալստեան մասին եւ վերջին օրերու նշաններուն մասին: Յիսուս իրենց սորվեցուց Իր երկրորդ գալստեան ժամանակաշրջանի նշաններուն մասին: Ասոր համար է որ մենք վերջին ժամանակի նշաններուն մասին գիտենք... Տեսնելով որ կարգ մը մարդիկ կ'ըսեն թէ իբր թէ

Հոկտեմբեր 1992-ին պիտի գայ Տէրը, կարգ մը մարդիկ կը խաբուին, իսկ ուրիշներ կ՚ըսեն թէ անոնք խենթ են։ Դուք ի՞նչ կը խորհիք։ Եթէ դուք զԱստուած կը սիրէք եւ Իր կամքը գիտէք, դուք որեւէ կապակցութիւն պէտք չէ ունենաք այդ տեսակ խօսքի մը հետ։ Դուք պէտք չէ որ մտիկ ընէք այդ տեսակ խօսքի մը։ Մենք հաւատքով կը փրկուինք, սակայն մենք չենք գիտեր ե՞րբ, ո՞ր ամիսը եւ ամսուն ո՞ր օրը Տէրը պիտի վերադառնայ։ Յիսուս մեր Փրկիչն է եւ Ան կը փրկէ մեզ մեր մեղքերէն, որպէսզի մեր մեղքերը հաւատքով ներուած ըլլան, որ Աստուծոյ զաւակներ ըլլանք եւ երկնային թագաւորութիւն երթանք։ Սակայն անոնք կ՚ըսեն թէ մենք կրնանք փրկուիլ միայն երբ մենք հաւատանք եւ ըսենք որ ամիսը եւ որ օրը, եւ չենք կրնար փրկուիլ եթէ այդ չընենք։ Ի՞նչ ծիծաղելի է ասիկա։ Աստուածաշունչին համեմատ ասիկա երբեք շիտակ չէ։

(Մայիս 31, 1992-ի Կիրակի օրուայ արարողութենէն քաղուածք մը, «Ի՞նչ Պիտի Ըլլայ Նշանը» խորագիրով)

7

Աստուած
Ընդարձակեց
Ծառայութեան

Աշխարհի Աւետարանչութեան Դուռը Բացուած

Աշխարհի՝ Սուրբ Յոգւոյն Աւետարանչութեան Արշաւին

1992-ի Մայիսին, ազգային տարեկան աղօթքի նախաճաշին հրաւիրուեցայ, ուր նախագահը եւ կարեւոր քաղաքական անձնաւորութիւններ ներկայ էին եւ ես հոն գացի մեր Նիսսի նուագախումբին հետ միասին: Նոյն տարուան Օգոստոս 14-ին եւ 15-ին, «1992-ի Աշխարհի Սուրբ Հոգւոյն Աւետարանչութեան Արշաւ»-ին մասնակցեցայ, որ տեղի ունեցաւ Յոյտօ հրապարակին մէջ: Այս արշաւը կատարուեցաւ, «Աշխարհը՝ Սուրբ Հոգիին» խորագիրով եւ անիկա շատ մեծ չափի ժողով մըն էր ուր մէկ միլիոն ժողովուրդէ աւելի բազմութիւն ներկայ էին: Մեր եկեղեցին մասնակցեցաւ 200 հոգինոց երգչախումբով, Նիսսի Նուագախումբով, եւ 400 եկեղեցական անդամներով, որոնք կամաւոր կերպով ծառայեցին՝ երթեւեկը կառավարելով եւ արշաւի հանդիպման վայրի ապահովութիւնը հսկելով:

Ժողովի ատեն ես հանդիպում մը ունեցայ Պատուելի Կուանկսամ Րահի հետ, որ Ուաշինկթըն Տի. Սի.-ի Սուրբ Հոգւոյն Ակումբի Նախագահն էր, ինչպէս նաեւ Սուրբ Հոգւոյն Աւետարանչութեան Արշաւի տեւական վերակացուն: Անիկա իմ բարձրագոյն վարժարանի ընկերս էր եւ իր ծառայութիւնը Ուաշինկթըն Տի. Սի.-ի մէջ կը կատարէր: Մեր շրջանաւարտ եղած ատենէն ի վեր ես չէի տեսած զինքը, եւ մենք հոն իրարու հանդիպեցանք որպէս հովիւներ:

Անիկա ինծի ըսաւ որ խորհեր էր թէ արդեօք ո՞ր եկեղեցիէն էին այդ կամաւորները, եւ զարմացեր էր յայտնաբերելով որ անոնք իմ եկեղեցիէս էին: Այս հանդիպումով, իմ ծառայութիւնս սկսաւ դէպի Ամերիկեան ցամաքամաս երթալ:

Ուաշինկթըն Տի. Սի.-ի Միացեալ Աւետարանչական Արշաւ

1993-ին, Աստուած լայն բացաւ աշխարհի առաքելութեան դուռը: Ես խնդրանք մը ստացայ «Ուաշինկթըն Տի. Սի.-ի Միացեալ Աւետարանչական Արշաւ»-ին համար քարոզելու, որը տեղի կ'ունենար Ուաշինկըթ Տի. Սի.-ի Քորէական Եկեղեցիներու Կազմակերպութեան կողմէ, 1993, Օգոստոս 6-էն մինչեւ Օգոստոս 8-ը: Ուրիշ շատ հրաւէրներ ստացած էի որ ուրիշ երկիրներու մէջ ժողովներ գումարելու համար, բայց չէի կրցած պատասխան տալ անոնց: Սակայն քանի որ ասիկա Ամերիկեան Միացեալ Նահանգներու մայրաքաղաքն էր յ ես զգացի որ հոն Աստուծոյ նախասահմանութիւնը կար եւ որոշեցի երթալ:

Ուաշինկթըն Տի. Սի.-ի Միացեալ Արշաւին կազմակերպիչները ըսին որ իրենք այս ժողովը պատրաստեր էին որպէսզի ճշմարիտ հաւատք ներմուծեն հոն եղող Քորէացիներուն մէջ եւ անոնց թոյլ տան որ փոփոխութիւններ տեսնեն իրենց կեանքերուն մէջ, Սուրբ Հոգւոյն գործերովը: Ժողովը տեղի ունեցաւ Ուիթօն Բարձրագոյն Վարժարանի մարզարանին մէջ, Հիւսիս Արեւելքի 180 եկեղեցիներու միութեան հովանաւորութեամբ, ներառեալ Ուաշինկթըն Տի. Սի.-ն, Նիւ Յորքը, եւ Պալթիմուրը: Այս ժողովները 3 օր շարունակ Սուրբ Հոգւոյն լեցունութեամբ կատարուեցան:

Առաջին օրը, ես «Խաչին Պատգամը» քարոզեցի, երկրորդ օրը՝ «Մարմնաւոր Հաւատք եւ Հոգեւոր Հաւատք»-ի մասին խօսեցայ, իսկ երրորդ օրը՝ «Յաւիտենական Կեանքի Օրհնութիւն»-ը նիւթին շուրջ քարոզեցի: Յաճախորդները խորնարհաբար կը փափաքէին խօսքը լսել եւ «Ամէն» ըսելով ընդունեցին պատգամը:

Ժողովուրդը Մղել՝ Լոյսին Մէջ Բնակելու

Ուաշինկթընի արշաւը յաջողութեամբ աւարտելէ ետք, ես դարձեալ հրաւիրուեցայ որպէս դասախօս եւ պատուոյ նախագահ «1993-ի Լոս Անճելոսի Աւետարանչական Արշաւ»-ին, որ տեղի ունեցաւ Քորէա քաղաքի Քորէական կազմակերպութեան կողմէ, «Քորէա քաղաքի Օր»-ուան 20-րդ տարեդարձը տօնելով, նոյն տարուան Սեպտեմբեր 19-ին: Այս արշաւէն առաջ, Աստուած ինծի թոյլ տուաւ որ ես անոր համար պատրաստուիմ շատ աղօթք ընելով: Ես մասնայատուկ ժամանակ տրամադրեցի այս ժողովին համար աղօթելով: Ես երեք շաբաթ շարունակ լեռնային աղօթքի գացի եւ պատրաստուեցայ այդ ժողովին, աղօթքի մէջ աղաղակելով Աստուծոյ:

«Լոս Անճելոսի Աւետարանչական Արշաւ»-ը կազմակերպողները ինծմէ խնդրեցին որ հոն գտնուող Քորէացիներուն համար մխիթարական պատգամ մը փոխանցեմ, սակայն ես այդպէս չըրի: Անոնց պէտքը մխիթարութիւն չէր: Անոնք պէտք ունէին զղջալու օրինաւոր Քրիստոնէական կեանք չապրելնուն համար, եւ անոնք պէտք էր որ Տէրոջը Օրը սուրբ պահէին եւ օրինաւոր կերպով լոյսին մէջ ապրէին:

Ապրիլ 29, 1992-ին, Լոս Անճելոսի մէջ Ափրիկեան Ամերիկացիներու խուժան մը կար, եւ Քորէացիները խորունկ ձեւով վիրաւորուած եւ զոհ ըլլալու զգացումով կ՚ապրէին հոն: Սկիզբը այդ խառնիճաղանճ վիճակը ճերմակ-սեւ ցեղային ատելութեան պատճառով սկսած էր, սակայն այդ խուժանը սկսաւ առանց զանազանութեան գողութիւն ընել եւ կրակ հրարիրել հոն գտնուող խանութի տէր Քորէացիներու խանութներուն մէջ: Քորէացի շատ ընտանիքներ նիւթապէս եւ մտային տեսակէտով վնասուած էին:

Աստուածաշունչը մեզի կը սորվեցնէ որ եթէ մենք Աստուծոյ խօսքով ապրինք եւ փոխուինք ճշմարիտ սիրտ եւ կատարեալ հաւատք ունենալով, մեր հոգիները պիտի բարգաւաճին, եւ ամէն բան լաւ պիտի ընթանայ մեզի հետ եւ մենք առողջ պիտի ըլլանք: Այսինքն, եթէ մենք Աստուծոյ խօսքը գործի դնենք, մենք շատ տեսակի արկածներէ կամ աղէտներէ կրնանք պաշտպանուիլ: Կարդալու համար, ես գործածեցի Գործք Առաքելոց 4.11-12 համարները, եւ պատգամին խորագիրն էր «Ինչո՞ւ համար Յիսուս մեր միակ Փրկիչն է»: Ես խաչին պատգամը քարոզեցի եւ փորձեցի հաւատք ներմուծել իրենց մէջ: Ես իրենց մղեցի որ ճշմարիտ Քրիստոնեաներ դառնան, ամէն բանէ աւելի բարձր դասելով՝ Աստուծոյ Խօսքով ապրիլը:

Նոյնպէս Իրվին-ի մէջ գտնուող եկեղեցի մը հրաւիրուեցայ եւ հոն ալ պատգամ մը փոխանցեցի: Բոլոր ժողովներէն ետք, Սեպտեմբեր 21-ին, ես Լոս Անճելոս Քաղաքի Խորհուրդը այցելեցի: Խորհուրդի անդամները վայրկեանի մը համար կեցուցին ժողովը եւ ինձմէ խնդրեցին աղօթել, ուստի ես աղօթեցի իրենց վրայ օրհնութիւններու համար: Այդ օրը ես Լոս Անճելոսի Գաւառէն Պատուական Հպատակութիւն ստացայ, եւ լսեցի որ ասիկա առաջին անգամն էր որ իրենք այսպիսի բան մը կ'ընէին: Ես մասնակցեցայ «Ծաղիկի Ծփումի Շքահանդէսին», որը Լոս Անճելոսի Քորէական Օրուայ Փառատօնին ամենէն փայլուն մասն էր, եւ լաստի վրայ նստած՝ շրջագայութիւն ունեցայ: Այն աղօթքը որ ես ներկայացուցի եւ լաստի վրայ թիավարելս KTAN, KATV, KTE ձայնասփռման կայաններու ցանցերէն հաղորդուած եւ ցուցադրուած էր, ինչպէս նաեւ «Հէնքուք» Օրաթերթին եւ «Ճունկ-անկ» Օրաթերթին մէջ, եւ ասիկա առիթ մը եղաւ երբ ես այդ շրջանին մէջ ճանչցուեցայ: Այս բոլորը Աստուծոյ շնորհքն էր:

Պատգամները Աշխոյժօրէն Հեռասփռուեցան

Մարտ 1990-էն սկսեալ, իմ պատգամներս սկսան հեռասփռուիլ «Հեռաւոր Երկիր, Բարի Լուր» կոչուած յայտագրի մը ընդմէջէն, Ծայրագոյն Արեւելքի Հեռասփռման Ընկերութեան կողմէ: Անիկա Չինաստանի եւ Ռուսիոյ կարգ մը շրջաններուն մէջ հեռասփռուեցաւ: Այդ ատենէն ի վեր, ես շնորհակալական նամակներ ստացայ շատ մը Քորէացի Չինացիներու կողմէ, եւ անոնցմէ մի քանիները այցելեցին մեր եկեղեցին:

Այդ տարուայ Օգոստոս ամիսէն սկսեալ, իմ պատգամներս Քորէական ռատիօկայանի միջոցաւ կը ձայնասփռուէին Ուաշինկթըն Տի.Սի. շրջանին մէջ: 1992-ի Դեկտեմբեր ամիսէն սկսեալ, անոնք կը ձայնափռուէին «Այս Աւետարան»-ին կողմէ, որը կը պատկանէր Պուսան Քրիստոնէական Ձայնասփռման Կայանին: Նոյեմբեր 1993-ին պատգամներս հաղորդուեցան Իրի Քրիստոնէական Ձայնասփռման Կայանէն, եւ 1994-ի Փետրուարի սկիզբին, Չէօնկճու Քրիստոնէական Ձայնասփռման Կայանը սկսաւ ամէն շաբաթ իմ քարոզներս հաղորդել: Ամէն տարի, իմ քարոզներուս ամբողջ տեւողութեան ձայնասփռումը երթալով կ'աւելնար, եւ ամէն շաբաթ 900 վայրկեանէ աւելի տեւողութեամբ քարոզներ կը ձայնասփռուէին: Ես ամէն մէկ քարոզ պէտք էր ձայնի արձանագրէի եւ ասիկա դիւրին գործ մը չէր: 1994-ի Մայիս 20-22, ես Ուաշինթըն Տի.Սի.-ի մէջ Քորէացիներու համար պատգամ մը փոխանցեցի ժողովի մը ընթացքին: Պալթիմուրի մէջ, նոյնպէս պատգամ մը փոխանցեցի Ուաշինկթըն Քրիստոնէական Ռատիօկայանէն (WCRS): Ասկէ յետոյ,

Երէց Ցօնկ Հօ Քիմ, Ուաշինկթընի Քրիստոնէական Ռատիօկայանի վերակացուն, շատ մարդոց պատասխանները ղրկեց ինծի, ըսելով որ պատգամները զուտ աւետարան էին: Անիկա շատ ուրախ էր այսպիսի լաւ եւ շատ բարենպաստ պատասխաններ ստանալով ունկնդիրներէն:

Հաւատքը Ցուսացուած Բաներուն Հաստատութիւնն է

Ճանչցուած՝ Որպէս Աշխարհի Լաւագոյն 50 Եկեղեցիներէն Մէկը

1991-ի Փետրուարին, մինչ մենք Կիւրօ Տօնկի մէջ նոր սրբարան մը փոխադրուեցանք, Երկու շաբթուայ Յատուկ Արթնութեան ժողովներ ունեցանք: Արթնութեան վերջին օրը, Ուրբաթ օրուայ ամբողջ գիշերուայ արարողութեան ատեն, արձանագրուող անդամներուն թիւը անցաւ 10,000-ը: Աստուած մեզի շատ տարբեր մարդիկ ղրկեց՝ մշակութային, ընկերային եւ տնտեսական դիրքերէ եկող լայն հատուածով մը: Վեց ամիսներ ետք արդէն սրբարանը լման լեցուած էր: Երեք տարիներ ետք, եկեղեցին այլեւս աւելի մարդիկ չէր կրնար տեղաւորել:

Փետրուար 11, 1993-ին, Քորէայի մեծագոյն օրաթերթերը եւ Քրիստոնէական թերթերը տեղեկացուցին աշխարհի լաւագոյն 50 եկեղեցիներու անունները, Միացեալ Նահանգներու *«Աշխարհի Քրիստոնէական Պարբերաթերթ»*ին միջոցաւ տրուած, եւ մեր եկեղեցին այդ 50-էն մէկն էր: Բացումէն միայն 10 տարիէն քիչ մը անց էր որ ասիկա տեղեկագրուեցաւ, եւ Աստուած արդէն թոյլ տուած էր որ մեր եկեղեցւոյ աճը հասնէր աշխարհահռչակ եկեղեցիներու շարքին: Ասիկա ընողը ես չէի, այլ Աստուած էր որ ըրաւ եւ ես միայն կրնայի շնորհակալութիւն յայտնել եւ փառք ու փառաբանութիւն տալ Հայր Աստուծոյ:

Ինչ Բանի Համար որ Յոյսով Աղօթեցինք

Առակաց 29.18 կ՚ըսէ. *«Առանց մարգարէութեան ժողովուրդը կը խոտորի, բայց օրէնքը պահողը երջանիկ կ՚ըլլայ»:* Յայտնութիւնը այն բանն է որ Աստուած մեզի կը յայտնէ Իր մարգարէներուն միջոցաւ: Եթէ յայտնութիւն չունենանք, մենք կը խոտորինք, այսինքն մենք պիտի անտեսենք Աստուծոյ օրէնքը եւ մեր անձնական կամքովը պիտի գործենք, եւ ուրեմն կործանումի ճամբան պիտի բռնենք:

Երբ ես 40 օր շարունակ ծոմապահութիւն կ՚ընէի եկեղեցւոյ բացումէն ճիշդ առաջ, Աստուած ինծի շատ երազներ եւ տեսիլքներ տուաւ: Աստուած մեր մէջը կը գործէ կամելու եւ գործելու Իր բարի հաճութեան համար: Անիկա ինծի երազներ տուաւ եւ առաջնորդեց զիս: Ես շատ աղօթեցի խնդրելով Աստուծմէ որ երբ եկեղեցին բանայի, թող Աստուած թոյլ տար որ մեր եկեղեցին այնպիսի եկեղեցի մը ըլլար որ ամբողջ աշխարհի մէջ տարածուած՝ աշխարհածաւալ առաքելութիւն ունենար, եւ այնպիսի եկեղեցի մը ըլլար որ շատ սիրուած ըլլար Աստուծմէ:

Աշխարհի առաքելութիւնը իրագործելու համար, առաջին, ես պէտք էր աշխատողներ մշակէի: Ես պէտք էր շատ առաջնորդներ արտադրէի որոնք Աստուծոյ աչքին առջեւ ճշմարիտ անձեր ըլլային, ոչ թէ միայն տեղական առաքելութիւններու համար գործածուելու, այլ նաեւ ղրկուելու որպէս արտասահմանեան միսիոնարներ: Ես աղօթեցի որ շատ գերազանցիկ հովիւներ մշակէի: Երբ ես Աստուածաբանական դպրոց կը յաճախէի, այդ ժամանակ Աստուածաբանական դպրոցի աշակերտները պարզապէս եկեղեցւոյ բաղնիքները կը մաքրէին, շաբաթական տեղեկագիրները կը պատրաստէին եւ հովիւներուն ու եկեղեցւոյ անդամներուն միւս բոլոր դժուար գործերը կ'ընէին: Սակայն անոնք սովորաբար որեւէ գովասանք չէին ստանար: Եթէ որեւէ սխալ մը ընէին, անոնք կը յանդիմանուէին հովիւներէն եւ ամենէն զէշ պարագաներու՝ անոնք եկեղեցիէն դուրս կը վռնտուէին: Ես շատ կը ցաւէի դպրեվանքի աշակերտները այս վիճակին մէջ տեսնելով: Այս եկեղեցին բանալէս ետքը, ես մեր եկեղեցւոյ Աստուածաբանական դպրոցի աշակերտներուն կրթաթոշակի ծախսը կը հոգայի: Ես կ'ուզէի այնպիսի ձեւով մը հոգալ անոնց որ իրենց սիրտը չերթար դէպի աշխարհ, այլ անոնք միայն աճէին դառնալով հզօր Աստուծոյ ծառաներ: Աստուած սիրտս շարժեց որպէսզի շատ հովիւներ արտադրեմ: Սակայն քանի որ մեր եկեղեցւոյ դրամական վիճակը իսկապէս լաւ չէր, ասիկա դիւրին բան մը չէր մեզի համար: Երբեմն այն անդամները, որոնք եկեղեցւոյ դրամական հարցերուն վրայ պատասխանատու էին, կը գանգատէին: Ես համոզեցի իրենց եւ փորձեցի թոյլ տալ որ իրենք հասկնային եղելութիւնը եւ խաղաղութեամբ աշխատէին:

Նաեւ, աշխարհի առաքելութիւնը իրագործելու համար, ես լաւ փառաբանութիւն ընող խումբերու պէտք ունէի, եւ ուրեմն ես այդ երազով աղօթեցի: Երբ քառասուն օր ծոմ կը պահէի, ես կը տեսնէի կարգ մը փառաբանութիւն ընող խումբեր որոնք ամէն ժողովի մէջ փառաբանութեան երգերը կ'առաջնորդէին: Ամէն անգամ կ'աղօթէի, «Տէ՛ր Աստուած, երբ ես եկեղեցի բանամ, ինծի փառաբանութիւն ընող գերազանցիկ խումբեր տուր»: Ես հաւատքով կը սպասէի այդ երազին իրականացման: Յետագային, ես ոչ միայն փառաբանութեան խումբերու համար կ'աղօթէի, այլ նաեւ երաժշտական մեծ նուագախումբի մը համար, Աստուծոյ փառք տալու համար: Ա. Մնացորդաց 23:5 կ'ըսէ. *«Ու չորս հազարը օրհնելու համար (ըսաւ Դաւիթ) իմ շինած նուագարաններովս Տէրոջը օրհնիչներ ըլլան»:* Հոս կը տեսնենք որ չորս հազար ժողովուրդ կային որոնք Աստուծոյ տաճարին մէջ նուագարաններով կը նուագէին, Տէրը փառաբանելով: Սաղմոս 150-ը մեզի կ'ըսէ որ զԱստուած օրհնենք փողի ձայնով, տաւիղով ու քնարով, թմբուկով, լար ունեցող նուագարաններով եւ սրինգով, մեծաձայն ծնծղաներով եւ ցնծութեան ծնծղաներով:

Մինչ կ'աղօթէի մեծ նուագախումբի մը համար, ես տարիներով Աստուծոյ առաջնորդութեան սպասեցի: Աստուած տարբեր տեսակ նուագարաններ նուագող արհեստավարժ երաժիշտներ կանչեց: Աստուած թոյլ տուաւ որ անոնք աճին՝ կեանքի խօսքը տանելով, եւ անոնց սիրտը շարժեց երազ մը ունենալու: Ընդհանրապէս երաժիշտները իրենց յատուկ անձնական նկարագիրը ունին, եւ դիւրին բան չէր իրենց համար՝ զոհել իրենք-զիրենք եւ իրենց գիտելիքները, որպէսզի Աստուծոյ ծառայեն եւ փառքը միայն Աստուծոյ տան: Սակայն տակաւին կային արհեստավարժ երաժիշտներ որոնք ուզեցին միայն Աստուծոյ տալ փառքը եւ շնորհակալ եղան Աստուծոյ շնորհքին համար, եւ անոնք մեծ նուագախումբ մը կազմեցին: Ասիկա Նիսսի Նուագախումբն է: Մարտ 1, 1992-ին, մենք հիմնադրութեան արարողութիւնը կատարեցինք եւ այդ օրէն ի վեր Նիսսի Նուագախումբը շատ ժրաջան կերպով կը գործէ եկեղեցական կազմակերպութիւններու մէջ: Անոնք Յոյտօ Հրապարակին մէջ նուագեցին Յիսնամեակի Արշաւի ընթացքին, ինչպէս նաեւ եկեղեցիներու կողմէ կազմակերպուած ուրիշ նուագահանդէսներու, եւ բարեսիրական այլ նուագահանդէսներու ժամանակ, թէ՛ Քորէայի մէջ եւ թէ՛ Քորէայէն դուրս:

Նաեւ, Աստուած մեզի գեղեցիկ երգչախումբեր տուաւ: Ներկայիս, քանի՛ աւելի փառաբանութեան խումբեր կան մեր եկեղեցւոյ մէջ, եւ անոնք Աստուծոյ փառք կու տան իրենց փառաբանութիւններով, ոչ միայն Քորէայի մէջ, այլ նաեւ ուրիշ շատ երկիրներու մէջ:

Օրհնեցէք Զանիկա Թմբուկով եւ Պարով

Աշխարհի առաքելութեան երազը իրագործելու նպատակը մէջտեղ բերաւ ոչ միայն փառաբանութեան խումբերու հիմնադրութիւնը, այլ նաեւ պարող խումբեր: Ես Աստուածաշունչին վրայ խոկացի գիտնալու համար թէ արդեօք ինչ տեսակի վերաբերմունքը կը հաճեցնէ զԱստուած երբ մենք Ջինքը կը փառաբանենք: Ես պատասխանը ստացայ Դաւիթի գրութիւններէն: Դաւիթ շատ մեծ հրճուանքով պարեց Տէրոջը առջեւ երբ Տէրոջը Ուխտին Տապանակը վերադարձաւ իրեն (2-րդ Թագաւորաց 6.12-23): Սակայն իր կինը՝ Մեղքող անարգեց զինքը իր սրտին մէջ եւ քննադատեց զայն: Ցետոյ Դաւիթ ըսաւ. *«Ես այն Տէրոջը առջեւ խաղացի, որ զիս քու հօրմէդ ու անոր բոլոր տունէն աւելի ընտրեց, ու զիս Տէրոջը ժողովուրդին Իսրայէլի վրայ իշխան դրաւ, այո, ես այն Տէրոջը առջեւ կը խաղամ»* (2-րդ Թագաւորաց 6.21): Մեղքող, որ Դաւիթ Թագաւորը անարգեր էր Աստուծոյ առջեւ պարելուն համար, անիծուեցաւ եւ մինչեւ իր մահուան օրը զաւակ չծնաւ: Յստակ է որ մենք պէտք է հնազանդինք Աստուծոյ խօսքին եւ հաճեցնենք զԱստուած, քան թէ վախնանք թէ ուրիշ մարդիկ մեզի ինչ պիտի ըսեն:

Անոնք Վհուկի Պարեր կ'ընեն

1986-ի Մարտին, «Սուրբ Պարի Խումբը» կազմուեցաւ: Ասիկա Աստուծոյ փառք տալու համար էր, գեղեցիկ եւ ներշնչող պարերով՝ որոնք կը կատարուէին փառաբանութեան երգերով: Ասիկա դիտողներուն թոյլ կու տար երկինքի համար յոյս ունենալու: «Սուրբ Պարի Խումբի» անունը փոխուեցաւ կոչուելով «Արուեստի Առաքելութեան Խումբը»:

Այսօր՝ Քրիստոնէական մշակոյթի մէջ պարելը շատ ընդհանրացած է հաղորդամիջոցներու յառաջացման օգնութեամբ, սակայն այդ ժամանակ ասիկա շատ հազուադէպ էր: Մեր եկեղեցին «Փառաբանութեան Յանձնախումբը» հիմնեց, ինչպէս նաեւ «Արուեստի Առաքելութեան Գործադիր Յանձնախումբը»: Անոնք տարբեր տեսակի յայտագիրներ կը կազմակերպեն եւ արհեստավարժ երգիչներ, պարողներ եւ նուագարան նուագողներ կը մարզեն: Սակայն մինչ մեր եկեղեցին շատ շուտով կը մեծնար, կարգ մը մարդիկ նախանձեցան եւ սկսան սխալ տարաձայնութիւններ ընել եւ սուտեր տարածեցին: Ուստի այս տեսակ տարաձայնութիւն մը սկսաւ, «Անոնք փուկի պարեր կը պարեն ամէն պաշտամունքի արարողութեան ժամանակ» ըսելով: Տարուան մէջ բազմաթիւ անգամներ մենք յատուկ պարեր կը կատարէինք Սուրբ Գրային տօներու յատուկ առիթներով, եւ այդ խումբերը հաւատացեալներու խումբին առջեւ կը կատարէին պարերը: Սակայն կարգ մը սխալ տարաձայնութիւններ տարածուեցան ըսելով որ մենք չար ոգիներէ բռնուած էինք եւ ամէն արարողութեան ժամանակ կը պարէինք:

Հակառակ այս սուտ տարաձայնութիւններուն, մեր «Սուրբ Պարի Խումբը» 1991-ին հրաւիրուեցաւ Պատուելի Հիյօն Կյուն Շինի Ալէլուիա Սովետական Միութեան Արշաւին: Ասիկա իրենց առաջին համաշխարհային կատարումն էր, եւ իրենց պարով Աստուծոյ փառք բերին: Այն ատենէն ի վեր, անոնք իրենց կատարողութիւններով շատ մարդոցմէ սէր եւ շնորհք գտան Քորէայի եւ ուրիշ երկիրներու մէջ: Մինչեւ այսօրս տակաւին անոնք իրենց ծառայութիւնը կը մատուցանեն՝ զԱստուած փառաբանելով:

Իրենց Պարգեւին Համար Ճանչցուած

Այժմ շատ տեսակի արուեստներ կատարող խումբեր կան եկեղեցիին մէջ: Անոնք իրենց Աստուածային պարգեւները յառաջացուցած են եւ շատ աշխոյժ են իրենց ծառայութեան մէջ: Յունիս 1, 1991-ին, մեր եկեղեցւոյ խումբերէն մէկը մասնակցեցաւ «Ազգային 10-րդ Աւետարանի Նուագի Մրցում»-ին, որը կատարուեցաւ Ծայրագոյն Արեւելքի Հեռասփռումի Ընկերութեան կողմէ, եւ մեր խումբը Մեծագոյն Մրցանակը շահեցաւ: «Թեթեւ Նուագախումբի Ձայնը» այդ ժամանակ երեք անդամներէ բաղկացած էր, եւ անոնցմէ մէկը իմ երրորդ եւ կրտսերագոյն աղջիկս՝ Սուճինն էր: Աստուած արդէն զինքը կանչած էր որպէս Իր ծառան երբ դեռ անիկա միայն երեխայ մըն էր տակաւին: Աղջիկս՝ Սուճինը աւարտեց իր Աստուածաբանական դասընթացքը եւ հիմա եկեղեցիին մէջ կը ծառայէ որպէս հովիւ:

Ապրիլ 17, 1993-ին, Քրիստոնէական նուագահանդէս մը տեղի ունեցաւ Հուէդպուլ (Կանթեղ) Սրահին մէջ, երեխաներու համար, որոնք իրենց ընտանիքներու գլուխն էին, եւ մեր Նիսսի Նուագախումբը հրաւիրուեցաւ հոն նուագելու: Նոյն տարին, Նիսսի Նուագախումբը, «Արուեստի Առաքելութեան Խումբ»-ին հետ եւ ուրիշ փառաբանութեան խումբերու հետ միասին՝ հրաւիրուեցան: Անոնք «Դատախազներու Աւետարանչութեան Յատուկ Պաշտամունքի Արարողութեան ընթացքին նուագեցին, որը կատարուեցաւ Գերագոյն Հանրային Դատախազի Գրասենեակի խորհրդաժողովի սենեակին մէջ: Նոյեմբեր 6, 1993-ին, մեր եկեղեցւոյ «Բիւրեղեայ Երգիչներ»-ը մասնակցեցան «Ազգային 4-րդ Աւետարանի Նուագի Մրցումին», որը կատարուեցաւ Քրիստոնէական Հեռասփռման Կազմակերպութեան կողմէ, եւ Ոսկիէ Մրցանակը շահեցան:

Եկեղեցական Միութիւններու Ծառայութիւններու Հետ Գործակցութիւն

Փոխանցումը եւ 93-94-ի Աճումը

Որովհետեւ մեր եկեղեցւոյ անդամները շատ մը Քրիստոնէական ձեռնարկներու կը մասնակցէին եւ կամաւոր գործեր կ'ընէին, զանազան տեսակի կազմակերպութիւններ ուզեցին ինծի բարձր դիրքեր տալ: Սակայն որովհետեւ շատ հովիւներ կային որոնք իմ երէցներս էին եւ նաեւ որովհետեւ ես կ'ուզէի վարագոյրին ետեւէն օգնել իրենց, ես չէի ուզեր իրենց առաջարկած դիրքերը ընդունիլ: Շատ անգամներ ես մերժեցի, սակայն որովհետեւ ես նոյնպէս կը խորհէի թէ անոնք կրնային այնպէս զգալ թէ ես կոշտութիւն կ'ընէի այդքան շատ խնդրանքներ մերժելով, ուստի ես իրենցմէ խնդրեցի որ այդ բարձր պաշտօններէն մէկ աստիճան վար իջեցնէին իմ դիրքս եւ անկէ ետք էր որ ես ընդունեցի իրենց առաջարկները: Ձեռնարկներու ընթացքին, եթէ իմ անունս

1992-ին Աշխարհի Սուրբ Հոգւոյն Պոռթկումի Արշաւին

Տայէկու Աւետարանչական Միացեալ Արշաւ

Դատատէրերու Աւետարանչական Արշաւ

Նուագահանդէս՝ Բանտին Մէջ

Արժ. Դոկտ. Ճէյրոք Լի Կը Քարոզէ՝ Ազգը Ազատեցէք Ծոմապահութեան Աղօթաժողովին

Ալէլուիա Սէուլի Միացեալ Արշաւ (Մէն մին Կեդրոնական Եկեղեցւոյ Մէջ)

1995-ի Յիսնամեայ Արշաւը՝ Քորեայի Խաղաղարար Վերամիացման Համար
(Յոյխոյի մէջ)

աթոռին վրայ գրուած ըլլար, այն ատեն ես պէտք էր նստէի հոն, սակայն եթէ աթոռներուն վրայ անուն նշանակուած չէր, ես միշտ վերջին շարքի նստարաններուն վրայ կը նստէի: Ես շատ կը տագնապէի կեդրոնը նստելու երբ ուրիշ շատ հովիւներ կային որոնք իմ երէցներս էին: Ամենէն աւելի ես հանգիստ կը զգայի վերջին շարքին մէջ նստելով: Նաեւ, նոյնիսկ հիմա, տակաւին ես պէտք է որ մտածեմ եւ կեդրոնանամ Աստուծոյ խօսքին եւ աղօթքներու վրայ, քան թէ առտնին գործառնութիւններ ունենամ: Ուստի շատ պարագաներու մէջ իմ օգնական հովիւներս կամ եկեղեցւոյ երէցները իմ տեղս իրենք կը մասնակցին այդ ձեռնարկներուն: Որովհետեւ ես մարդոց մէջ չեմ մտներ մեծ մասամբ, եւ շատ ժողովներ չեմ յաճախեր, եւ ուրիշ հովիւներու հետ միասին միայն քիչ հաղորդակցութիւն կ'ունենամ, թերեւս դուրսէն եղող կարգ մը մարդիկ որոնք զիս լաւ չեն ճանչնար, կը խորհին որ ես ամբարտաւան մարդ մըն եմ: Սակայն երբ որ ինձմէ խնդրուէր որոշ եկեղեցական կազմակերպութեան ձեռնարկի մը հետ գործակցիլ, ես լաւագոյնս կ'ընէի որպէսզի օգնէի որ այդ ձեռնարկը յաջող ըլլար:

Յունիս 21, 1993-ին, ես յատուկ աղօթքով մը մասնակցեցայ «Ամբողջ Երկրին Շրջանային Ընտրապայքարին եւ Իմճինկազի Մեծ Արշաւին՝ Երկրին Վերամիաւորման համար»: Նիսսի Նուագախումբը, մեր երգչախումբը եւ կամաւորներ ալ մասնակցեցան: Նոյն տարուան մէջ, Հոկտեմբեր 18-21, Սէուլի Շրջանի Աւետարանչական Արշաւը՝ որը կը պատրաստուէր Երկրին Վերամիացման Յիսնամեայ Մեծ Արշաւին, տեղի ունեցաւ մեր եկեղեցւոյ մէջ: Քորէայի չորս շատ նշանաւոր հովիւները այդ արշաւի քարոզիչներն էին, եւ անոնք կը շեշտէին որ մենք բաժնուած երկիրը վերամիացնէինք Յիսուսի Աւետարանով: Այդ տարուան Նոյեմբեր 24-ին, ես հրաւիրուեցայ որպէս խօսնակ՝ Երկրին Վերամիացման Աղօթքի ժողովին որ տեղի ունեցաւ Հէնիօլւան Աղօթքի Լերան վրայ: Ես պատգամը փոխանցեցի եւ աղօթեցի յաճախողներուն վրայ, եւ հոն շատ տեսակի բժշկութիւններ տեղի ունեցան:

Նաեւ ես հետաքրքրուեցայ բանտի մէջ գտնուող եւ կամ բանտէն նոր արձակուածներու քաջալերութեան Շինութեան Առաքելութեամբ: Փետրուար 28, 1994-ին, «Արդարութեան Նախարարութեան Ազգային Շինութեան Յանձնախումբի՝ Քորէական Քրիստոնէական 2-րդ Արշաւը» տեղի ունեցաւ Մյանկ Սանկ Բողոքական Եկեղեցւոյ մէջ, Ազգային Շինութեան Յանձնախումբի Քրիստոնէական Կազմակերպութեան կողմէ, «Խօսք, Սէր, եւ Շինութիւն» խորագիրով: Ես այդ կազմակերպութեան միացեալ նախագահներէն մէկն էի եւ Աստուածաշունչի հատուածը ես կարդացի: Մեր եկեղեցւոյ փառաբանութեան խումբերը եւ Նիսսի Նուագախումբը, եւ պարախումբերը այդ արշաւին մէջ իրենց դերը կատարեցին՝ Աստուծոյ փառքին համար: Նոյն տարուան Մարտ 24-ին, Քրիստոնէական Ձայնասփռման Կայանին Սի.Պի.Էս. (CBS)-ի 40-րդ տարեդարձը յիշատակելով, Սէճօնկ Կեդրոնի մեծ սրահին մէջ «Երգչախումբի Առաքելութեան 11-րդ Փառատօն»-ը տեղի ունեցաւ: Մեր եկեղեցւոյ երգչախումբը եւ Նիսսի Նուագախումբը, միասին կատարեցին այս փառատօնին մէջ: Յունիս 20, 1994-ին, «Ազգային Վերամիացման Իմճինկաց Մեծ Արշաւը» տեղի ունեցաւ Աշխարհի Աւետարանչութեան Կեդրոնական Խորհուրդին կողմէ, որուն նախագահը այդ ժամանակ Պատուելի Հյուն Կյուն Շինն էր, եւ ես ներկայացչական աղօթքը ըրի հոն:

Նախագահ Հովիւ Հյուն Կյուն Շին քարոզեց «Ազգին Վերամիացման Ճամբան՝ Աւետարանի Միջոցաւ» խորագիրով քարոզը, մղելով որ բոլոր եկեղեցիները միանային որպէս մէկ եկեղեցի, հոգ չէ թէ ինչ յարանուանութեան կը պատկանէին անոնք: Մեր անդամներէն հարիւրաւորներ կամաւոր կերպով մասնակցեցան որպէս երգչախումբ, նուագախումբ, նուիրակներ եւ երթեւեկը կազմակերպողներ: Յունիս 20-22 Աշխարհի Աւետարանչութեան Կեդրոնական Խորհուրդի Սէուլի Շրջանի Մեծ Արշաւը տեղի ունեցաւ մեր եկեղեցւոյ մէջ՝ Ազգին Վերամիացման համար: Օրուան բանախօսը Պատուելի Հօմում Լին էր:

Յուլիս 14, 1994-ին, «Սէուլի Սուրբ Հոգւոյ Մեծ Արշաւը» տեղի ունեցաւ Ողիմպիական Մարզարանին մէջ, եւ Պատուելի Ճօնկճին Փի ներկայացուցիչ նախագահն էր այդ արշաւին: Ռէյնհարտ Պօնքէն պատգամը փոխանցեց եւ ես Օրհնութիւնը տուի: Նոյն տարուան Սեպտեմբեր 5-ին, ես մասնակցեցայ «Քրիստոնեայ Կին Առաջնորդներու Արշաւին», որ տեղի ունեցաւ Ողիմպիական Մարզարանին մէջ, Ազգային Վերամիացման Ցինամեայ Արշաւի Յանձնախումբին կողմէ, եւ մասնակցեցայ այդ կազմակերպութեան պատմութեան մասին տեղեկագիր մը պատրաստելով:

Այցելութիւն մը՝ Նախագահական Պալատի ,Կապոյտ Տանէ եւ Յիսնամեայ Արշաւին

Յուլիս 29, 1995-ին, Ազգային Վերամիացման եւ Աւետարանչական Շարժման Կազմակերպութեան տեւական նախագահը ըլլալով, ես յատուկ աղօթք մը ըրի «Ազգին եւ ժողովուրդներուն Ծոմապահութեան Աղօթքի ժողովի» ընթացքին: Նաեւ, Օգոստոս 12, 1995-ին, 10 հովիւներ, որոնք «Խաղաղարար Վերամիացման Յիսնամեայ Արշաւին առաջնորդներն էին, որոնք կը յիշատակէին Քորէայի անկախութեան 50-րդ տարեդարձը, հրաւիրուեցան նախագահական պալատ՝ Կապոյտ Տուն: Ինծի բսուեցաւ որ մենք մէկ ժամ ժամանակ պիտի ունենայինք նախագահին հետ խօսելու եւ թելադրութիւններ ընելու համար: Անկէ մէկ օր առաջ, ես կ'աղօթէի Աստուծոյ Իրմէ խնդրելով թէ ի՞նչ պէտք էր ըսէի նախագահին՝ յաջորդ օրը: Սակայն պատասխան չկար: Ես աղօթեցի այս ժողովին համար, սակայն որեւէ խօսք չստացայ Սուրբ Հոգիէն: Շատ տարօրինակ էր որ Սուրբ Հոգիէն ձայն մը չտրուեցաւ:

Օգոստոս 12-ին, առաւօտ ժամը 11-ին, մենք հաւաքուեցանք Կապոյտ Տան մէջ, եւ ես անդրադարձայ թէ ինչո՞ւ համար իմ աղօթքիս պատասխանը չտրուեցաւ այս ժողովին համար: Մենք ժողով մը ունեցանք նախագահ Յանկ Սէմ Քիմի հետ, բայց մեզի առիթ չտրուեցաւ խօսելու կամ թելադրութիւններ ընելու: Նախագահը պարզապէս շարունակեց խօսիլ եւ ժողովը վերջացաւ: Մենք միայն պէտք էր աղօթէինք եւ վերադառնայինք:

Մենք Յոյտօ հրապարակ գացինք որպէսզի ներկայ

ըլլայինք Խաղաղարար Վերամիացման Յիսնամեայ Արշաւին, որ կը սկսէր կէսօրէ ետք ժամը 2-ին: Ես կը տեսնէի թէ ինչպէս մեր եկեղեցւոյ անդամները կամաւոր կերպով կ'աշխատէին՝ երթեւեկը կանոնաւորելով, կառավայրը, բեմի նուիրակները, եւ ուրիշներ որոնք կը նուագէին Նիսսի Նուագախումբին մէջ:

Ի՞նչ է Եկեղեցւոյ Անունի Գաղտնիքը

Պատուելի Յյօն Կյուն Շինի Յոյսը եւ Տեսիլքը

Դեկտեմբեր 5, 1994-ին, ես հրաւիրուեցայ Ազգային Աւետարանչութեան Շարժման Կազմակերպութեան «Արթնութեան Մարզումի Կեդրոնը» եւ հոն պատգամ մը փոխանցեցի: Իսկ Դեկտեմբեր 8-ին, Սի.Պի.Էս. (CBS)-ի յայտագիրներէն՝ «Նորոգէ Մեզ» յայտագիրին 4,500-րդ յատուկ եւ բացայայտ հեռասփռումը կատարուեցաւ, Սի.Պի.Էս. (CBS)-ի 40-րդ տարեդարձը յիշատակելով մեր եկեղեցիին մէջ: Այդ օրը ես պատգամ մը փոխանցեցի «Ճշմարիտ Ձայնը» խորագիրով, մղելով հեռասփռման կայանը մարգարէի մը նման պարտականութիւն մը կատարելու՝ արդարութիւն եւ խաղաղութիւն իրագործելու ձայնասփռուած պատգամներուն միջոցաւ: Պատուելի Հյուն Կյուն Շին կը սիրէր մեր եկեղեցին, սակայն Պատուելի Հյուն Կյուն Շին ճանչցուած է որպէս

Քորէայի վերազարդման առաջնորդներուն Մեծ Հայրը եւ Քորէական Քրիստոնէութեան մեծ աստղերէն՝ մէկը 40 տարիներէ աւելի: Անիկա շատ կը սիրէր զիս եւ իմ եկեղեցիս: Անիկա իր պատգամներով յոյս եւ տեսիլք կը ցուցնէր Քորէացի եկեղեցականներուն, շեշտը դնելով Սուրբ Հոգիին, եւ Քորէայի Վերամիացման վրայ, գերազանց զուարթամտութեան խառնուածքով: Անիկա շատերէ սիրուած էր, անկախ՝ յարանուանութիւններէ: Քանի որ ան գիտէր որ ես զոհ գացած էի համայնքային հեղինակութեան սխալ գործելակերպին, անիկա 1992-ի Հոկտեմբերին այցելեց մեր եկեղեցւոյ տարեդարձի տօնակատարութեան, եւ Օրհնութեան Աղօթքը կատարեց: Անկէ ի վեր, Պատուելի Հյուն Կյուն Շին զանազան առիթներով եւ ժողովներու ատեն կու գար մեր եկեղեցին եւ մեզ կը քաջալերէր հզօր պատգամներով:

Ի՞նչ է Եկեղեցւոյ Աճումի Գաղտնիքը

Շատ հովիւներ, ոչ միայն Քորէայի մէջ, այլ նաեւ ուրիշ երկիրներէ, շատ տպաւորուած եւ ազդուած են մեր եկեղեցւոյ անդամներուն փայլուն եւ շնորհալի կերպարներէն եւ անոնք սովորաբար ինծի կը հարցնէին եկեղեցական աճումի գաղտնիքը: Յաճախ ինծի կը հարցնէին. «Պատուելի, ես որեւէ յատուկ կազմակերպութիւն կամ կրթութիւն չեմ տեսներ ձեր եկեղեցիին մէջ, եւ սակայն ի՞նչ է ձեր եկեղեցւոյ աճման գաղտնիքը: Ինչպէ՞ս կրնան անդամները այդքան շնորհալի ձեւով կամաւոր գործեր ընել»: Իրականութեան մէջ ես իրենց որեւէ բան մը չէի սորվեցուցած: Անոնք այդ բոլորը Աստուծոյ շնորհիքով կը կատարէին իրենք-իրենց:

Եկեղեցական աճումի մասին տարբեր կարծիքներ կրնան ըլլալ: Կարգ մը հովիւներ կ՚ըսեն. «Աստուած մեզի միայն այսչափ անդամներ կու տայ», կամ «Այս չափը բաւական է իմ եկեղեցիիս համար»: Աստուածաշունչը կ՚ըսէ թէ առաջին եկեղեցիները, որոնցմով Աստուած կը հաճէր, փրկուողներ ունէին որոնց թիւը օրէ օր կ՚աւելնար: Որովհետեւ Աստուծոյ կամքը ամենուն համար փրկութիւն ստանալ է (Ա. Տիմոթէոս 2.4), առաջին եկեղեցիները որոնք Աստուծոյ կամքով կը գործէին, իրենց քով մօտ հաւատացեալներու թիւը ամէն օր կ՚աւելնար (Գործք Առաքելոց 2.47): Երբ լսէի որ որեւէ եկեղեցի մը կ՚աճէր, ես շատ կ՚ուրախանայի: Որովհետեւ ամէն եկեղեցի Տէրոջը արեան վրայ հիմնուած է, ես կ՚աղօթէի այդ եկեղեցիին եւ անոր հովիւին համար:

Փետրուար 23, 1995-ին, Քորէացի Հովիւներու Աղօթքի հաղորդակցութիւնը իրենց 149-րդ Ազգային հովիւներու խորհրդաժողովը կատարեցին մեր եկեղեցիին մէջ: Մօտ 1,000 հովիւներ ներկայ եղան համաժողովին: Ես քարոզեցի եկեղեցական աճման գաղտնիքին մասին: Նաեւ 1996-ին, Հաւայի մէջ եւ Արժանթինի մէջ տեղի ունեցող հովիւներու համաժողովի ընթացքին, ես եկեղեցական աճման համար կարգ մը էական տարրերու մասին խօսեցայ:

Առաջին, Յովիւը եւ Եկեղեցին Պէտք է Սէր Ստանան Աստուծմէ

Առակաց 8.17-ը կ՚ըսէ. «Ես կը սիրեմ զիս սիրողները: Զիս կանուխ փնտռողները զիս կը գտնեն»: ՁԱստուած սիրել կը նշանակէ, Ա. Յովհաննու 5.3 կ'ըսէ. *«որ Անոր Իմ պատուիրանքները պահենք»:* Նաեւ Յիսուս ըսաւ. *«Ան որ Իմ պատուիրանքներս ունի եւ կը պահէ զանոնք, ան է որ Զիս կը սիրէ: Եւ ան որ Զիս կը սիրէ, Իմ Հօրմէս պիտի սիրուի, եւ ես զայն պիտի սիրեմ եւ Ինքզինքս պիտի յայտնեմ իրեն»* (Յովհաննու 14.21):

Երկրորդ, Մենք Պէտք է Աղօթենք

Յաջող ծառայութիւն մը ունենալու համար, մենք Աստուծոյ զօրութիւնը պէտք է վար իջեցնենք՝ աղօթքով: Հաւատքի նահապետները որոնք Աստուծոյ կամքը կատարելագործեցին, բոլորն ալ աղօթքով պատերազմողներ էին: Առաջին եկեղեցիներու առաքեալները ըսին, *«սակայն մենք մեր անձերը յարատեւ աղօթքի եւ խօսքի մատակարարութեան պիտի տանք»* (Գործք Առաքելոց 6.4): Անոնք եկեղեցւոյ բոլոր վարչական գործերը սարկաւագներուն յանձնեցին, եւ իրենք միայն Աստուծոյ խօսքին եւ աղօթքներու վրայ կեդրոնացան: Երբ մենք կ'աղօթենք, պէտք է որ մեր ամբողջ ոյժով եւ կամքով աղաղակենք Աստուծոյ (Երեմեայ 33:3): Ծննդոց 3.17, Աստուած ըսաւ Ադամի, որ մեղք գործեր էր, *«Կեանքիդ բոլոր օրերուն մէջ նեղութիւնով ուտես անկէ»:* Ճիշդ ինչպէս որ մարդիկ բերքը կը քաղեն միայն երբ անոնք ճակտի քրտինքով աշխատին եւ յոգնին, նոյն ձեւով, նոյնիսկ հոգիի մէջ, մենք պատասխան կը ստանանք միայն երբ մենք մեր ամբողջ սրտովը աղօթենք, եւ մեր ճակտի քրտինքով: Այսօր, եկեղեցւոյ անդամներէն հազարաւորներ եկեղեցի կու գան եւ ամէն գիշեր կ'աղօթեն: Նոյն բանը տեղի կ'ունենայ հարիւրաւոր տեղական սրբարաններու, մասնաճիւղային եկեղեցիներու, եւ անձնական տուներու մէջ, ամբողջ աշխարհի ծաւալով:

Երրորդ, Մենք Պէտք է Հոգեւոր Հաւատք Ունենանք

Հաւատքը հոս կ'ակնարկէ այն հաւատքին որ վերէն կը տրուի, որով մենք իսկապէս սրտանց կրնանք հաւատալ: Ասիկա այն հաւատքն է որ ոչինչէն բաներ կը ստեղծէ, եւ այն հաւատքն է որով անկարելի բան չկայ: Մենք չենք կրնար այս տեսակի հաւատք ունենալ միայն Աստուածաշունչը որպէս գիտութիւն ճանչնալով կամ պարզապէս երկար ժամանակ Քրիստոնեայ ըլլալով: Ասիկա կը տրուի Աստուծմէ միայն անոնց որոնք գործի կը դնեն Աստուծոյ խօսքը: Սուրբ Գիրքը կ'ըսէ թէ հաւատքը առանց գործելու՝ մեռած է: Միայն երբ մենք այս տեսակ հոգեւոր հաւատքով աղօթենք, կրնանք որեւէ աղօթքի պատասխան ստանալ, ինչպէս բսուած է Մատթէոս 21.22 *«Ամէն ինչ որ աղօթքի մէջ հաւատքով կը խնդրէք, պիտի առնէք»:* Այն ատեն մենք եկեղեցւոյ աճման պատասխանն ալ պիտի ստանանք:

Չորրորդ, Մենք Պէտք է Լսենք Սուրբ Հոգիին Ձայնը եւ ԱնորԱռաջնորդութիւնը Ստանանք

Սուրբ Հոգին կը բնակի Աստուծոյ այն զաւակներուն սրտերուն մէջ, որոնք փրկուած են եւ Սուրբ Հոգին մեզ կ'առաջնորդէ Աստուծոյ կամքին մէջ: Եթէ մենք յստակօրէն լսենք Սուրբ Հոգւոյն ձայնը եւ Անոր առաջնորդութիւնը ստանանք, այն ատեն մենք պիտի կարենանք տեսնել եկեղեցւոյ աճումի յստակ ձեւը: Սուրբ Հոգիին ձայնը լսելու համար, ամէն բանէ աւելի, հովիւը անձնապէս պէտք է պայքարի մեղքերու դէմ արիւն թափելու աստիճան եւ պէտք է դուրս թօթափէ սրտին բոլոր չար բնութիւնները: Այս է ձեւը բոլոր մարմնաւոր խորհուրդները եւ մտային գործունէութեան ծիրերը կործանելու, որոնք թշնամական են Աստուծոյ հանդէպ եւ հակառակ են Աստուծոյ: Նոյնիսկ եթէ Աստուծոյ խօսքը չհամաձայնիր բանի մը հետ որուն մասին մենք կը խորհինք կամ կը հաւատանք, մենք պէտք է որ հնազանդինք Աստուծոյ խօսքին:

Հինգերորդ, Մենք Պէտք Է Առաջին Եկեղեցիներու Օրինակին Հետեւինք

Գործք Առաքելոցի մէջ, առաջին եկեղեցիները վկայեցին խաչին պատգամը: Անոնք գործի կը դնէին խօսքը եւ շատ նշաններ եւ հրաշքներ կը յայտնաբերէին: Որովհետեւ շատ հզօր Աստուածային գործեր տեղի կ'ունենային առաքեալներուն միջոցաւ, շատ մարդիկ այդ հրաշքները տեսնելով կ'ընդունէին Աւետարանը, եւ եկեղեցին շատ արագ կ'աճէր:

Ներքին եւ Արտաքին Առաքելութիւններ Լեցուն Կեանքով

Առաքելութեան Սկիզբը՝ Ափրիկէի Մէջ

Յունուար 1994-ին, Թանզանիայի Հոգեգալստեան Եկեղեցւոյ Հովիւ՝ Չարլզ Մէյքօմ, մեր եկեղեցին այցելեց: Անիկա ազդուեցաւ պատգամէն, եւ երբ ետ իր երկիրը գնաց, ան խօսեցաւ իմ մասին: 1994, Յուլիս 4-6, ես Թանզանիայի մայրաքաղաք՝ Տար էս Սալամի մէջ քարոզեցի «Ափրիկեան Եկեղեցիներու Առաջնորդներու Համաժողովին», որ կը կատարուէր Թանզանիայի Հոգեգալստեան Եկեղեցիներու Կազմակերպութեամբ: Իմ սիրտս շատ կոտրուած էր տեսնելով որ Ափրիկէի մէջ այնքան շատ մարդիկ կը տառապէին աղքատութենէ եւ տեսակաւոր հիւանդութիւններէ, ներառեալ՝ AIDS-է, քանի որ ես գիտէի թէ որեւէ մէկը կրնայ ազատ արձակուիլ ամէն տեսակի անէծքներէ եւ առողջ կեանք մը ապրիլ, թէ՛ հոգեւորապէս եւ թէ՛ մարմնաւորապէս, եթէ ինքը Աստուծոյ Խօսքով ապրի:

Այս համաժողովի ընթացքին, Աստուած մեզի շատ հրաշքներ ցոյց տուաւ: Երբ մեր խումբը Թանզանիա հասաւ, տեղացի հովիւները կ'ըսէին. «Պատուելի՛, ասիկա շատ տարօրինակ է: Այս ժամանակ մենք երբե՛ք անձրեւ չենք ունեցած, սակայն ճիշդ քու գալէդ առաջ սկսաւ անձրեւել, եւ հիմա, օդը շատ պայծառ է առանց որեւէ փոշիի: Մենք կը տեսնենք որ Աստուած օդի վիճակներն ալ կը կառավարէ»: Այն օրէն որ մեր խումբը օդակայան հասաւ, մինչեւ այն ատեն որ մենք ձգեցինք այդ երկիրը, մենք ուր որ գացինք, Աստուած մեզ ամպերով ծածկեց՝ տաք եւ արեւոտ օրերուն, եւ իրիկունը մեզի անձրեւ ղրկեց, ուստի մենք կրցանք շատ հաճելի օդ վայելել: Որպէսզի եկեղեցւոյ առաջնորդները իսկական հաւատք ունենային, ես «Խաչին Պատգամը» քարոզեցի: Անոնք հասկցան Աստուծոյ խօսքը եւ կեանք զգացին անոր մէջ, եւ անոնք իրենց յատուկ մեղեդիով, ծափահարութեամբ, եւ պարերով կը պատասխանէին: Ես կրնայի տեսնել իրենց մանուկի նման անմեղ վերաբերմունքը: Անոնցմէ

շատերը խոստովանեցան որ իրենց հաւատքը նորոգուած էր եւ որպէս հովիւներ՝ անոնք ինքնավստահութիւն եւ հաւատք ստացան:

Համաժողովէն ետք, մենք Թանզանիայի մէջ գտնուող Մաասայ ցեղը այցելեցինք: Անոնց պետը եւ շատ մը ցեղային ժողովուրդներ դիմաւորեցին մեզի: Անոնք կովու արիւն կը հրամցնեն երբ շատ յատուկ հիւրեր ունենան: Սակայն որովհետեւ իրենք գիտէին որ արիւն խմելը արգիլուած է Աստուծոյ կողմէ, եւ մենք պիտի չխմէինք զայն, անոր տեղ անոնք cola հրամցուցին մեզի:

Իրենց մէջ հաւատք ներմուծելու համար, ես իմ անձնական վկայութիւնս տուի թէ ինչպէս հանդիպեցայ Աստուծոյ: Ասիկա յաջորդաբար թարգմանուեցաւ Անգլերէն, Սուահիլի, եւ Մաասայ լեզուներու: Արժ. Տոքթ. Մայօնկհօ Չիօնկ Անգլերէնի թարգմանեց: Այս ծառայութիւնը սկսելէն առաջ անիկա Հօսէօ համալսարանին մէջ Անգլերէն Գրականութեան փրոֆէսոր եղած էր: Յետագային, անիկա կը կամէր Ափրիկէի Առաքելութեան, եւ Նայրոպի, Քէնիայի մէջ առաքելութեան կեդրոն մը հիմնած էր: Այսօր, Արժ. Տոքթ. Մայօնկհօ Չէօնկ՝ Հինգ ծալքի Սրբութեան Աւետարանը կը քարոզէ 54 Ափրիկեան երկիրներու՝ Ափրիկեցի հոգիներ արթնցնելու համար:

Ճաբոն, Ամուլ Երկիր մը՝ Աւետարանի Համար

Մօտաւորապէս այս նոյն շրջանին էր երբ Ճաբոնի մէջ աւետարանչութեան դուռը բացուեցաւ: Նոյեմբեր

5-8, «Կոշիէնի Արթնութեան Առաքելութեան Հաւաքը» տեղի ունեցաւ Կոշիէնի պէյսպոլի մարզադաշտին մէջ, որը Ճաբոնի ամենամեծ պէյսպոլի մարզադաշտն է, եւ մեր եկեղեցւոյ «Քորէայի Պարախումբը» այնքան շնորհալի կերպով կատարեցին պարերը որ Քորէացի Ճաբոնացիներու սրտին դպան, որոնք հոն ներկայ էին: «Քորէայի Պարախումբը» հրաւիրուած էր Հյօնկյուն Շին հովիւին կողմէ, որպէսզի նոյն տարուան Յուլիսին իրենց պարերը կատարէին «Չինական Արշաւի եւ Պայէքտու Լերան Վերամիացման Աղօթաժողովի» ընթացքին:

Յուլիս 1994-ին, Պատուելի Մէյունկքիլ Րյու Ճաբոն ղրկուեցաւ որպէս միսիոնար, եւ ասիկա Ճաբոնի մէջ մեր առաքելութեան սկզբնաւորութիւնը եղաւ: 1994, Նոյեմբեր 22-էն 23, մենք արշաւ մը ունեցանք Ճաբոնի Կանայի Մշակութային Կեդրոն Իտայի մէջ, մօտ 1,000 ներկաներով, «Սուրբ Հոգւոյն Կրակը Թող Թափի» խորագիրով: Ասիկա կատարուեցաւ Իտայի Եկեղեցւոյ կողմէ (որուն հովիւը՝ Յոշիքաուա Նօպօրուն էր) ինչպէս նաեւ Իտայի մէջ գտնուող կարգ մը ուրիշ եկեղեցիներու օգնութեամբ: Ես պատգամ մը փոխանցեցի, «Յարութեան պատմութեան ապացոյցը» խորագիրով, եւ ներկաները մղեցի որպէսզի Յիսուսի յարութեան վստահութիւնը ունենան եւ յարութեան յոյսով ապրին Քրիստոնէական կեանքը: Երկրորդ օրը, քարոզեցի թէ ինչպէս կենդանի Աստուծոյն հետ կրնանք հանդիպիլ: Պատգամէն ետք, աղօթեցի հիւանդներուն համար, եւ շատ նշաններ տեղի ունեցան յորդառատ կերպով, Սուրբ Հոգւոյն կրակէ գործերովը: Ես միայն շնորհակալութիւն կրնայի յայտնել Աստուծոյ: Պատուելի Յօշիքաուա Նօպօրու որ այս արշաւին վրայ կը նախագահէր ըսաւ. «Ճաբոնցի շատ հաւատացեալներ ազդուեցան Արժ. Դոկտ. Ճէյրոք Լիի խորունկ հոգեւոր պատգամները մտիկ ընելով, եւ ասիկա շատ անսովոր բան մըն է Ճաբոնի մէջ: Շատ Ճաբոնցի հաւատացեալներ կը խորհին որ բժշկութեան գործերը միայն Յիսուսի ժամանակ տեղի ունեցած են: Արժ. Դոկտ. Ճէյրոք Լիի Աստուածային հեղինակութեամբ տրուած պատգամները մտիկ ընելով, շատեր բժշկուեցան եւ Աստուծոյ հանդիպեցան:»

Ես կը յիշեմ հիւանդ մը որ բժշկուեցաւ այս արշաւին ընթացքին: Իր անունը Յօշիքաուա Մօդօհիսա է: Անիկա իր կռնակին վրայ գործողութիւն մը ունեցած էր երբ ինք կ'աշխատէր որպէս տպագրական մամուլի մեքենագէտ: Սակայն յետագայ ազդեցութիւններու հետեւանքներուն պատճառաւ, անիկա դժուարութիւն կ'ունենար քալելու, եւ մեծ ցաւի մէջ՝ այս արշաւին ներկայ եղած էր: Առաջին օրը, անիկա քիչ մը հաւատք ստացած էր՝ պատգամը լսելէն ետք: Յաջորդ օրը, ան իմ պանդոկս եկաւ աղօթք ստանալու: Ես ջերմեռանդութեամբ աղօթեցի իրեն համար, եւ երբ անիկա աղօթքը ստանալէն ետք տուն գնաց, իր ցաւը անհետացած էր եւ իր ծռած կռնակը շտկուած էր:

Ամուլ Զոյգեր Աղօթքի Պատասխաններ Կը Ստանան

Փետրուար 1991-ին, մենք նոր սրբարան փոխադրուելու յիշատակութեան համար արթնութեան ժողովներ ունեցանք, «Մինչ Քու Հոգիդ Կը Բարգաւաճի» խորագիրով: Ես երկու շաբաթ շարունակ 15 պատգամներ փոխանցեցի, նաեւ հիւանդ մարդոց համար յատուկ ժողովներ առաջարկեցի:

1993-ին, մենք սկսանք Երկու Շաբթուայ Յատուկ Արթնութեան ժողովներ ունենալ: Առաջին Երկու Շաբթուայ Յատուկ Արթնութեան ժողովները տեղի ունեցան Մայիսին, «Մեղք, Արդարութիւն, եւ Դատաստան» խորագիրով (Յովհաննու 16.8): Օրական երկու անգամ պատգամներ լսելով, մէկը՝ առտու եւ միւսը՝ իրիկունը, թէ ինչ են մեղքը, արդարութիւնը եւ դատաստանը, ներկաները անդրադարձան թէ մեղքի ինչ պատեր ունէին Աստուծոյ առջեւ: Անոնք քննեցին իրենք-զիրենք եւ հոսող քիթերով եւ իրենց այտերէն վազող արցունքներով ապաշխարեցին: Անոնք փլցուցին մեղքի պատերը Աստուծոյ առջեւ եւ յորդառատ բժշկութիւններ ունեցան:

Անոնք նոյնիսկ չէին գիտեր թէ ինչ էր հաւատքը, սակայն երբ իրենք ամէն մէկ պատգամը մտիկ ըրին, սկսան Սուրբ Հոգւոյն ներկայութիւնը վայելել, հասկցան Աստուծոյ խօսքը եւ աղօթել սորվեցան, եւ փորձեցին Աստուծոյ խօսքով ապրիլ: Շատ ժողովուրդ, տարբեր եկեղեցիներէ՝ երկրին բոլոր կողմերէն եկան, առանց համայնքային տարբերութիւն դնելու: Այն հաւատացեալները որոնք շնորհք ստացան եւ բժշկուեցան արթնութեան ժամանակ, Սուրբ Հոգիով լեցուեցան եւ իրենց մասնայատուկ եկեղեցիներուն աւելի ժրաջանօրէն ծառայեցին: Շատեր բժշկուեցան արգանդի եւ ստամոքսի քաղցկեղէ՝ Սուրբ Հոգւոյն Կրակով: Շատ վկայութիւններ կատարուեցան, ներառեալ՝ անոնք որոնք իրենց լսողութիւնը վերագտած էին եւ իրենց լսողութեան

Անիկա Բժշկուեցաւ եւ Արժ. Ճէյրոք Լիի ժողովնեէն մէկուն մէջ կը քալէ
Անիկա Կը Ծառայէ Առողջ Մարմինով
Հիճին Բարք Անկարողութեան մէջ պիտի ապրէր իր կեանքի մնացեալ օրերուն մէջ

գործիքները նետեր էին, նաեւ անոնք որոնք վերագտած էին իրենց աչքերուն լաւ տեսողութիւնը եւ նետեր էին իրենց ակնոցները, եւ անոնք որոնք ամուլ էին սակայն ետքը յղացած էին:

Մասնաւորաբար, շատ ամուսնացած զոյգեր կային որոնք 5 տարիէ աւելի ամուսնացած ըլլալով, չէին կրցած զաւակ ունենալ, եւ անոնցմէ շատերը յղութեան օրհնութիւնը ստացան: Որովհետեւ շատ անպտուղ զոյգեր բոլորը միասին ինծմէ խնդրեցին որ աղօթեմ իրենց համար, 1993, Մայիս 5-ի Արթնութեան ժողովի երեկոյան, երբ ես հիւանդներու համար կ'աղօթէի, այսպէս աղօթեցի՝ ըսելով, «Անոնք որոնք անպտուղ են, յղութեան օրհնութիւնը կը ստանան հիմա»: Արթնութեան ժողովը վերջանալէն ետք, լսեցի որ շատ զոյգեր իրենց զաւակները ծնանեցան յաջորդ տարին: Ճիշդ հիմա, շատ երեխաներ կան որոնք այդ ժամանակ ծներ էին եւ նոյն տարին անոնք Մէնմինի մանկապարտէզէն շրջանաւարտ եղան:

Պէտք էր որ Ֆիզիքապէս Պարտուած Կեանք մը Ապրէր Բայց...

Մայիս 1994-ին, մենք երկրորդ 2-րդ Երկու-Շաբթուայ Յատուկ Արթնութեան ժողովները ունեցանք, «Ես Պիտի Ընեմ» խորագիրով (Յովհաննու 14.13): Այս ժողովներուն մէջն ալ Սուրբ Հոգիին զօրաւոր գործերը երեւցան: Այս արթնութեան մէջ ներկաներէն շատերը Աստուածային բժշկութիւն ստացան: Կ'ուզեմ խօսիլ Հիճին Բարքի մասին, որ այդ ժամանակ հիւանդանոցն էր երթեւեկի մեծ արկածի մը հետեւանքով:

Հիճին Բարք, 1993, Մայիս 27-ին, երբ գործէն տուն կը վերադառնար, չորս ինքնաշարժերու միջեւ եղող ետեւի բախումներուն մէջ գտնուեցաւ: Անիկա մահաքունի մէջ մտաւ եւ հիւանդանոց փոխադրուեցաւ: Անոր կզակը ճայթեցաւ եւ ծնօտին յօդը կոտրուեցաւ: Անոր ակիքները վնասուեցան: Իրականութեան մէջ անոր ամբողջ

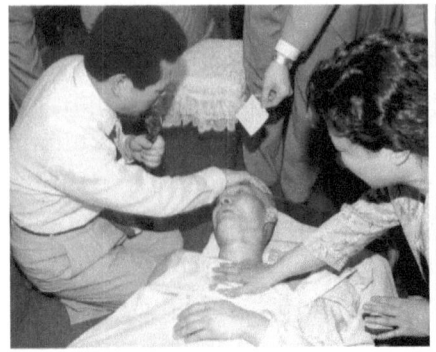

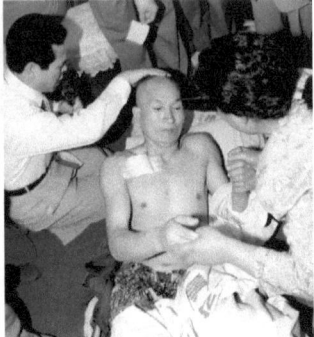

Ուղեղային Կաթուածի Հիւանդ մը Ոտքի Կ'ելլէ Աղօթքէ Ետք

մարմինը վէրքերով ծածկուած էր: Անոր զիստի ոսկորը տեղէն ելլելուն համար, որովայնակոնքը եւ ազդրի յօդերը ճզմուեցան եւ ուռեցան: Անոր աջ սրունքը նոյնպէս թմրած էր, եւ ան չէր կրնար իր ոտքի մատերը կամ բումբը շարժել: Ճարմանդի ջիղի անդամալուծութեան հետեւանքով, անոր սրունքնեէն մէկը 5սմ. աւելի կարճցած էր միւսէն: Բժիշկները ըսեր էին որ անիկա այդ ձեւով պիտի ապրէր իր կեանքի մնացեալ օրերուն մէջ, այդ անկարողութեան մէջ:

1994, Մայիս 10-ին, Հիճին Բարք հազիւ թէ կրցաւ հիւանդանոցէն համաձայնութիւն ստանալ՝ Երկուշաբթուայ Արթնութեան Յատուկ Ժողովներուն ներկայ ըլլալու համար: Անիկա անթացուպերով եկաւ, բայց երբ ես բեմէն աղօթեցի հաւատացեալներու բոլոր խումբին համար, բժշկութիւնը տեղի ունեցաւ: Անոր ծռած սրունքը շտկուեցաւ: Անիկա չէր կրցած յօրանջել կամ բերանը բանալ, սակայն հիմա անիկա շատ անգամներ կը

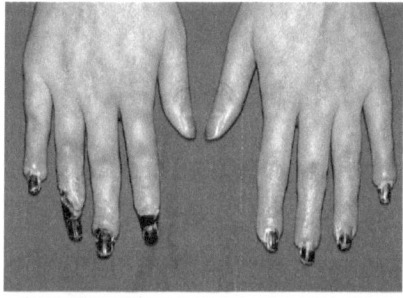

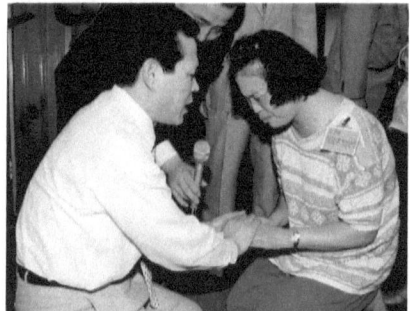

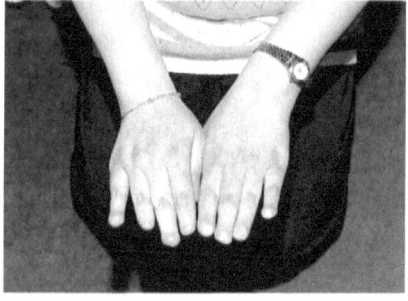

Սէնկ-ի Լի Բժշկուեցաւ Իր Փտող Մատներէն

յօրանջէր առանց ցաւ ունենալու: Երբ ես անձնապէս աղօթեցի իրեն համար, անիկա Սուրբ Հոգիին Կրակը զգաց, եւ մինակը եկաւ քալելով, առանց անթացուպերու: Եկեղեցւոյ անդամները որոնք այս հրաշքի տեսարանը կը դիտէին, այնքան հրճուած էին, որ սարսափելի եւ ահագին ծափահարութեամբ փառք տուին Աստուծոյ: Երկու շաբաթ ետք, Հիճին Բարք ախտաճանաչման համար քննուեցաւ Հէնյանկ համալսարանի հիւանդանոցին մէջ: Անոր աջ սրունքը 5սմ. երկնցած էր, եւ երկու սրունքները հիմա նոյն երկայնքը ունէին:

Անգամ մը, մանկիկ մը՝ որ կը թուէր թէ վերապրելու

որեւէ առիթ չունէր, հրաշքով իր կեանքը վերագտաւ: Սարկաւագուհի Սունիմ Քիմ ժամանակէն առաջ ծննդաբերեց, եւ երեխան միայն 1.2 քկ կը կշռէր: Մանկիկը թուխսի մէջ դրուեցաւ, սակայն սրտին քովի երակները կտրուած էին եւ անիկա ուղեղային արիւնահոսում ունեցաւ, ինչպէս նաեւ տեսողութեան կորուստ: Բժիշկները ըսին որ մանկիկին ուղեղային արիւնահոսումը չէր կրնար դարմանուիլ: Նաեւ, անիկա իր տեսողութիւնը ամբողջովին պիտի կորսնցնէր առանց գործողութեան, սակայն նոյնիսկ յաջող գործողութիւնով անիկա սովորական անձի մը տեսողութեան միայն մէկ երրորդը պիտի ունենար:

1994, Մայիս 7-ին, բժիշկները ծնողներէն խնդրեցին որ երեխան տուն տանէին, քանի որ այլեւս ուրիշ բան չէին կրնար ընել: Բարեբախտաբար, Արթնութեան ժողովները ճիշդ այդ ժամանակ տեղի կ՚ունենային: Սարկաւագուհի Սունիմ Քիմ երեխան եկեղեցի բերաւ: Մանկիկին վիճակը շատ լուրջ էր: Այդքան շատ դարմանումներէ եւ ներարկումներէ չարչարուելէ ետք, երեխան նոյնիսկ մէկ քիլոկրամ չէր կշռէր: Այնպէս կը թուէր որ վերապրելու յոյս չկար: Հայրը արդէն յոյսը բոլորովին կորսնցուցած էր մանուկին վրայ:

Մայիս 8-ին, երբ ես սրտանց աղօթեցի երեխային համար, Աստուած սկսաւ գործել: Աչքերուն բիբերը, որոնք յստակ չէին առաջ, սկսան իրենց սեւ գոյնը ստանալ, եւ երեխան վերագտաւ իր բնական տեսողութիւնը: Մանկիկը նոյնիսկ կաթի շիշը ծծելու ոյժը ստացաւ: Այն ատենէն սկսեալ, երեխան աւելի եւ աւելի ուտելիք ներս առաւ եւ առողջութեամբ

Սէմրունկ Վաճառատունին Փլուզումը

աճեցաւ: Անոր անունը «Աննա» է, եւ ճիշդ հիմա անիկա նախակրթարանի աշակերտ է եւ գեղեցիկ ձեւով կը մեծնայ Տէրոջը մէջ:

Անձ մը՝ Ուղեղային Կաթուածով

1995-ին, 3-րդ Երկու-Շաբթուայ Արթնութեան Յատուկ ժողովները տեղի ունեցան, «Արդարը Հաւատքով Պիտի Ապրի» խորագրով: Արթնութեան վերջին օրը, մինչ հիւանդներու վրայ եղող յատուկ աղօթքը կը կատարուէր, խռովութիւն մը տեղի կ'ունենար սրբարանին մուտքը, եւ մէկը դրուած էր պատգարակի մը վրայ: Կը թուէր թէ ան հիւանդակառքով բերուած էր: Անիկա վտանգաւոր կացութեան մէջ էր: Յետագային իմացայ որ անիկա երէց

Մունքի Քիմն էր, որ ուղեղային կաթուած ունեցած էր: Իր ուղեղին մէջ արեան մեծ երակ մը պայթած էր:

Մունքի Քիմին կինը հովիւ էր: Անիկա նոր բացուած եկեղեցւոյ մը հովիւն էր, եւ ատեն-ատեն մեր եկեղեցին կու գար, Աստուծոյ խօսքը լսելու համար: Երբ իր ամուսինը հիւանդանոց փոխադրուեցաւ, բժիշկները ըսին թէ անիկա վերապրելու քիչ առիթ ունէր: Ուստի, քանի որ այս հովիւը գիտէր որ մեր եկեղեցւոյ մէջ Արթնութիւն տեղի կ'ունենար, ան իր ամուսինը հիւանդակառքով եկեղեցի բերեր էր որպէսզի անիկա հաւատքով բժշկութիւն ստանար:

Ես աղօթեցի այս հիւանդին վրայ, որ գիտակցութիւնը կորսնցուցած էր, եւ անմիջապէս որ աղօթքը վերջացաւ, անիկա ելաւ եւ շիտակ նստեցաւ: Ճիշդ սինեմայի ֆիլմի մը պէս եղաւ ասիկա: Բոլոր անոնք որոնք այս տեսարանը կը դիտէին, սկսան ծափահարել՝ փառք տալով Աստուծոյ:

Բժշկութիւն Գտնել՝ Ձեռքերը Անդամահատուելէ Ճիշդ Առաջ

Այս ժողովներուն ներկայ էր Սարկաւագուհի Սէնկ-ի Լին, որուն ութը մատները կը փտէին, սակայն անիկա բժշկութիւն ստացաւ եւ աղօթքէն ետք վերստին իր բնական մատները ունեցաւ: 1985-ի ձմրան, անիկա սառնահարութենէ տառապած էր: Ան շատ տեսակի դարմանումներ ստացեր էր, ներառեալ՝ ասեղնաբուժումը: Սակայն բան մը չէր յաջողած: Նաեւ անիկա իր ամբողջ մարմնին վրայ յօդացաւեր ունէր: 1990-ին, երբ ան Սէուլ կը գտնուէր, առաջնորդուեցաւ մեր եկեղեցին գալ եւ որոշ ժամանակ մըն ալ յաճախեց: Սակայն յետոյ անիկա դարձեալ իր ծննդավայրը գնաց: Հոն երթալէն ետք, ան հեռացաւ Աստուծմէ եւ ծուլացաւ իր հաւատքի կեանքին մէջ:

1993-ին, անոր մարմինը սկսաւ կծկուիլ եւ վիզը պնդացաւ: Անիկա ախտաճանաչուեցաւ որ յօդացաւային բորբոքումներ ունէր ամբողջ մարմնին վրայ, եւ երբ իր վիճակը վատթարացաւ, ախտանիշերը սկսան երեւնալ: Անիկա Քորէայի Համալսարանի Կիւրօ հիւանդանոցը փոխադրուեցաւ, բայց երկու ամիս ետք, իր ութը մատները սկսան փտիլ, սակայն ոչ բթամատները: Ձեռքերը սկսան սեւնալ, մինչեւ իր դաստակը: Ոչ թէ միայն եղունգները, այլ նաեւ մատներուն ոսկորներն ալ կը փճանային: Բժիշկը ըսաւ որ անոր ձեռքերը պէտք էր անդամահատուէին, մինչեւ իր դաստակը, որպէսզի կեցնէին փտումը յառաջանալէ դէպի արմուկները, եւ արդէն անդամահատութեան թուականը որոշուած էր: Սոսկալի ցաւին պատճառով, Սարկաւագուհի Սէնկ-իի Լի մեծ քանակով ցաւի դէմ դեղեր պէտք էր առնէր: 1994-ի Մայիսին, գործողութենէն ճիշդ մէկ օր առաջ, անիկա Երկու-Շաբթուայ Արթնութեան Յատուկ Ժողովներուն ներկայ եղաւ: Վերջապէս, ան աղօթք ստացաւ ինձմէ, եւ խոստովանեցաւ որ, այդ վայրկեանին իր ձեռքերը տաքցած էին, եւ իր անտանելի ցաւը անհետացած էր: Այդատենէն սկսեալ, անոր վիճակը սկսաւ շատ աւելի լաւնալ, եւ բժիշկը ըսաւ որ ան գործողութեան պէտք չունէր այլեւս, եւ կրնար տուն վերադառնալ:

Փտումը դադրեցաւ, եւ փտած մասը, որ հին ծառի մը կեղեւին կը նմանէր, դուրս ինկաւ եւ անոր տեղը նոր միս սկսաւ կազմուիլ: Նոյնիսկ եղունգները նորոգուեցան: Յաջորդ տարի, Մայիս 1995-ին, անիկա դարձեալ Երկու-Շաբթուայ Արթնութեան Յատուկ ժողովները յաճախեց: Արթնութեան երկրորդ օրը, հիւանդներու վրայ եղած յատուկ աղօթաժողովի ժամանակ, անիկա դարձեալ աղօթք ստացաւ: Աղօթքէն ետք, անիկա շատ թեթեւութիւն զգաց իր ամբողջ մարմնին վրայ, եւ յօդացաւային բորբոքումներէ յառաջացող ցաւը անհետացաւ: Անիկա բոլորովին մաքրուած եւ կատարեալ եղած էր: Ոչ միայն իր մատները, որոնք կը փճանային, այլ նաեւ անոր ամբողջ մարմինը ազատուած էր հիւանդութենէ եւ ցաւէ:

Պաշտպանուած՝ Սէմբունկ Մթերանոցի Փլուզման Ժամանակ

Մեր եկեղեցիին մէջ, մենք միսիոնարական կազմակերպութիւն մը ունինք որ կը կոչուի «Լոյսի եւ Աղի Առաքելութիւն»: Այս առաքելութիւնը անոնց համար է, որոնք կ'աշխատին ճաշարաններու մէջ եւ բաշխելու գործին մէջ: Անոր հիմնուած օրէն ի վեր, 1985-ի Հոկտեմբերին, այդ խումբը տարբեր շրջաններու մէջ պաշտամունքի արարողութիւններ եւ ժողովներ ունեցած է: Անոնք կը գործեն աւետարանչութիւն ընելով ճաշարանի արդիւնաբերութեան եւ բաշխումներու միջեւ: Որովհետեւ «Լոյս եւ Աղ Առաքելութիւն» խումբին անդամները Կիրակի օրերը կ'աշխատին, անոնք արարողութիւնը կը յաճախեն իրենց գործէն ետք, Կիրակի իրիկուն ժամը 9էն մինչեւ 11:

1995, Յունիս 29-ին, իրիկուայ մօտ ժամը 6-ին, մեծ դժբախտութիւն մը պատահած էր: Ասիկա Սէմբունկ Մթերանոցի շէնքին փլուզումն էր: Մեր եկեղեցւոյ անդամներէն մօտ 10 հոգի հոն կ'աշխատէին, եւ Աստուած փախուստի համար տարբեր միջոցներ հայթայթեց իրենց, որպէսզի ազատին: Այս սոսկալի վիճակին մէջ, մենք կարող եղանք հրաշքը վայելել՝ որով անոնք բոլորն ալ ազատեցան:

Քոյր Ճինսուք Հօնկ, որ Սէմբունկ Մթերանոցին մէջ կ'աշխատէր, իր աշխատակիցներուն հետ 3-րդ ստորահակի յարկին թանձր խուրձերուն մէջ բռնուեցաւ, եւ հրաշքով ազատեցաւ: Անիկա գետնէն վար ստորահակի 3-րդ մակարդակին վրայ կ'աշխատէր, պաշտօնեաներու թեթեւ կերակուրի բաժնին մէջ: Երբ իր գործի ժամը վերջացաւ, ան դարմանատուն գնաց կարճ ժամանակով մը հանգստանալու համար: Շէնքը փլեցաւ երբ ինք հոն էր, եւ անիկա հիւանդապահուհիին հետ միասին բռնուեցաւ դարմանատան մէջ: Երբ շէնքը կը փլէր, հիւանդապահուհիին գլուխը վիրաւորուեցաւ եւ ոտքին ոսկորները կոտրուեցան: Որովհետեւ լման մթութեան մէջ էին, անոնք նոյնիսկ մէկ մատնաչափ ալ չէին տեսներ, ուստի անոնք չկրցան երեւակայել որ կրնային դուրս ելլելու միջոց մը գտնել: Երբեմն իրենք կը լսէին ուրիշ մարդոց ճիչերը, որոնք հեռուէն օգնութիւն կը կանչէին:

«Ճինսուք, ես գլուխէս արիւնահոսում կ'ունենամ: Երբ դուն Աւետարանը քարոզեցիր ինծի, ես չսիրեցի զայն, եւ ես միայն փորձեցի խուսափիլ քեզմէ: Ես կը զղջամ բրածիս: Տէ՛ր Աստուած, ես ներողութիւն կը խնդրեմ, ես հիմա պիտի հաւատամ Քեզի»: Հիւանդապահուհին կ'աղաղակէր եւ կը ճչար: Քոյր Ճինսուք Հօնկ հիւանդապահուհիին բռնելով աղօթեց անոր համար եւ մխիթարեց զինքը Աստուծոյ Խօսքով: Օդին մէջի շաղախի փոշին իր կոկորդը կը մտնէր: Քոյր Հոնկը աղօթեց, «Տէ՛ր Աստուած, ազատարարաներ ղրկէ ոչ միայն ինծի համար, այլ նաեւ բոլոր այս ժողովուրդին համար, մի ձգեր որ շէնքը աւելի փլի, եւ մեզի մաքուր օդ ալ տուր»:

Աստուած պատասխանեց այս աղօթքը: Իրենց բանտարկութենէն երեք ժամ ետք, իրիկուայ ժամը 9-ի մօտ, անոնք լոյսի փայլատակում մը տեսան եւ մէկը ըսաւ, «Հոս մէկը կա՞յ»: Անոնք պոռացին, «Հո՛ս» եւ երկու ազատարարներ եկան երբ իրենց ձայները լսեցին: Այս դարմանատունը կը գտնուէր անակնկալ դէպքի ելքին մօտ, եւ բարեբախտաբար անակնկալ դէպքի ելքերը եւ սանդուխարանը փլած չէին: Ցետոյ, երբ ազատարարները այս սանդուխարանէն եկան, անոնք աղօթքներ եւ փառաբանութեան ձայներ լսեցին: Հիւանդապահուհին հիւանդակառքով հիւանդանոց փոխադրուած էր, բայց քոյր Ճինսուք Հօնկ երբեք չէր վնասուած: Յաջորդ օրը այս դէպքը տեղեկագրուած էր մեծ օրաթերթերու կողմէ, ըսելով որ ազատարարները երգելու ձայն լսեր էին եւ մարդիկ գտած էին:

Ո՞վ կրնար երգել այդ ստիպողական եւ կեանքի դէմ սպառնացող վիճակին մէջ: Այդ ձայնը՝ աղօթքի եւ զԱստուած փառաբանելու ձայնն էր եւ Աստուած ազատարարներուն սիրտը շարժած էր երթալու այն տեղը ուր Իր մարդիկը բանտարկուած էին: Ճինսուք Հօնկ ամէն Կիրակի իրիկուն միշտ յաճախած էր պաշտամունքի արարողութեան եւ օրինաւոր կերպով տասանորդներ տուած էր: Երբ մենք Տէրոջը Օրը սուրբ պահենք եւ օրինաւոր կերպով մեր տասանորդները տանք, Աստուած մեզ կը պաշտպանէ արկածներէ եւ հիւանդութիւններէ:

Լոս Անճելոս 1995

Եկեղեցին՝ Լուծուելէ Ճիշդ Առաջ

Ապրիլ 30, 1995-ին, «Լոս Անճելոսի 1995-ի Աշխարհի Առաքելութեան Արշաւը» տեղի ունեցաւ Աշխարհի Աւետարանչութեան Յանձնախումբին եւ Քորէա-Ամերիկա Քրիստոնէական Հոգեւորական Շարժման Յանձնախումբին կողմէ՝ Համագումարի Կեդրոնին մէջ, եւ ես հրաւիրուեցայ որպէս բուն դասախօսը:

Առաքելութեան Արշաւը տեղի ունենալէն առաջ, Ապրիլի 27-էն մինչեւ 29-ը, տարբեր շրջաններու մէջ, շարք մը միացեալ արշաւներ եղան՝ 40-է աւելի եկեղեցիներու միութեամբ, եւ ես արշաւ մը ունեցայ [Հ] Բողոքական եկեղեցիին մէջ, որուն հովիւը [Օ] այդ կազմակերպութեան յանձնախումբի ատենապետն էր: Լոս Անճելոս երթալէս առաջ, մեր եկեղեցւոյ անդամները

Օրհնութեան Աղօթք կու տայ՝ Լոս Անճելոս Քաղաքի Խորհուրդին

Պատուոյ Քաղաքացիութիւն կը ստանայ Լոս Անճելոսէն

Լոս Անճելոսի «Քորէական Օրուան» Թափօրի ժամանակ

ինծի գումար մը հայթայթեցին այս միսիոնարական ճամբորդութեան համար գործածելու: Երթալէս առաջ, մեր եկեղեցւոյ աշխատակիցներէն քանի մը անձերու ըսի. «Աստուած ինծի այս ժամանակ միսիոնարական ընծայի ընտիր գումար մը տուաւ, եւ ես կը հաւատամ որ անիկա անկասկած որոշ նպատակի մը համար պէտք պիտի ըլլայ»: Նախապէս յիշուած Բողոքական Եկեղեցին ուր 3 օրուայ արշաւը ունեցայ, փոքր եկեղեցի մըն էր: Հովիւը, որ արդէն 60-ը անց էր, շատ ծանր աշխատանք կը թափէր եւ առանձինը կ'աշխատէր, առանց որ որեւէ մէկը օգնէր իրեն: Ասիկա փոքր ժողով մըն էր ուր միայն 100 հոգի հաւաքուեցան 3 օր շարունակ, սակայն ես իմ լաւագոյնս ըրի քարոզելու նկատմամբ: Շատ հովիւներ որոնք աւելի մեծ եկեղեցիներու հովիւներ էին, ուզեցին որ ես ըլլայի քարոզիչը, եւ անոնք ջատագովութիւն ըրին որ փախցուցած էին ինծի: Ես կը հաւատայի որ Աստուած պատճառ մը ունէր որ ես այդ արշաւը 3 օր շարունակ կատարէի այդ փոքր եկեղեցւոյ մէջ:

Ապրիլ 29-ին, վերջին ժողովին, եկեղեցւոյ հովիւը կ'աղօթէր եկեղեցիին համար, եւ անիկա կ'ողբար աղօթքի ընթացքին, ըսելով, «Տէ՛ր Աստուած, լուծէ մեր եկեղեցիին դրամական այս հարցը, այս եկեղեցին աշխարհի ձեռքը պիտի անցնի»: Այդ ժամանակ ես արդէն շատ անհանգիստ պարագաներէ անցած էի նոյնիսկ որպէս այդ արշաւին քարոզիչը, սակայն այդ աղօթքը լսելով, իմ սիրտս նոյնիսկ աւելի անհանգստացաւ: Աստուած այդ ժամանակ իմ սիրտս շարժեց:

«Օգնէ՛ այս եկեղեցիին: Այդ միսիոնարական ընտիր գումարը այս տեսակ առիթի մը համար չէ՞ արդեօք: Օգնէ՛

այս եկեղեցիին»:

Երբ այս ձայնը լսեցի, ես այսպէս ըսի պատգամին մէջ, «Չեմ գիտեր թէ այս եկեղեցին որքան պարտք ունի, բայց Աստուծոյ եկեղեցին այս աշխարհի մարդոցմէն պէտք չէ որ տանջուի: Ես փոքր օգնութիւն մը պիտի հայթայթեմ, ուստի թող բոլորս, բոլոր անդամները, մասնակցին հոս միասին», եւ իրենց խոստացայ 20,000 տոլար տալ որպէս նուիրատուութիւն:

Հասկցայ որ Աստուած ինծի այդ եկեղեցին ղրկած էր որովհետեւ ես պարզապէս կարող էի ներս առնելու եւ ծծելու անհանգիստ վիճակները: Ես չուզեցի ծառայութիւն ստանալ որպէս քարոզիչը, այլ իմ սիրտս լեցուած էր փափաքով՝ օգնելու հովիւին եւ հանգստութիւն տալու իր սրտին: Ես լաւագոյնս ըրի որպէսզի հովիւը որեւէ անհանգիստ զգացում չունենայ, եւ իր ժամանակը պարապի չերթայ ինծի համար: Արշաւի ժամանակ, իմ եկեղեցիիս փառաբանութեան խումբը առաջնորդեց փառաբանութեան երգերը: Անոնք նաեւ փորձեցին կարելի եղածին չափ շատ շնորհք եւ Հոգիի լեցունութիւն ցոյց տալ անդամներուն:

Յաջորդ օրը, Կիրակի Ապրիլ 30-ին, հովիւը քովս եկաւ երեսը կախած՝ ըսելով. «Պատուելի՛, մինչեւ երէկ, ուրիշ եկեղեցիներու անդամներ, որոնք կը ճանչնային քեզի, եկան այս ժողովին, սակայն այս օրուընէ սկսեալ, ես վստահ եմ որ մեր բոլոր անդամները պիտի ձգեն երթան: Դուն նոյնիսկ պէտք չունիս եկեղեցի երթալու ասիկա տեսնելու համար»: Ես զարմացայ լսելով իր ըսածը եւ հարցուցի թէ ի՞նչ պատահեր էր: Անիկա ինծի ըսաւ որ

Լոս Անճելոսի 1995-ի Միսիոնարական Արշաւը

Կը հրաւիրուի որպէս Պատուոյ Ատենապետ՝ Լոս Անճելոսի 22-րդ Քորէական Օրուան եւ կը մասնակցի Մշակոյթի Կեդրոնին

այդ եկեղեցիին օգնական հովիւը ձախողած էր հովիւի ձեռնադրութեան քննութեան մէջ, եւ գանգատներ ունէր այս հովիւին դէմ: Անիկա հրաժարեր էր եկեղեցիէն, եւ հոն եկեղեցւոյ երէցներ կային որոնք նոյնպէս դէմ էին այս հովիւին եւ անոնք ալ բաժնուած էին: Եկեղեցին քաոսի մէջ էր: Աւելին, եկեղեցին դրամական հարցեր ունէր պարտքերու պատճառաւ, եւ եկեղեցւոյ անդամները արթնութեան զօրութիւնը կորսնցուցեր էին:

Սակայն երբ ես եկեղեցի գացի, տեսանք որ անդամները չէին ձգած եկեղեցին, այլ ընդհակառակը՝ եկեղեցին լեցուած էր խուռներամ բազմութեամբ: Նոյնիսկ երգչախումբին նստարանները լեցուած էին, եւ իրենց դէմքերը կը փայլէին: Աստուած գիտէր այս եկեղեցիին վիճակը, եւ զայն փրկելու համար, Անիկա զիս հոն ղրկեց Աստուծոյ խօսքը քարոզելու եւ նիւթապէս օգնելու հովիւին:

Լոս Անճելոսի 1995-ի Միսիոնարական Արշաւը

Ապրիլ 30, 1995-ին, Աստուծոյ շնորհքով «1995-ի Աշխարհի Առաքելութեան Արշաւը» յաջողութեամբ կատարուեցաւ: Երկու օր ետք, ես Ամերիկեան Քրիստոնէական Թերթը կարդացի, որ կ'ըսէր.-

«Ապրիլ 30-ին, մօտ 50 վերազարթնումի առաջնորդներ եւ 8,000-է աւելի հաւատացեալներ հաւաքուեցան եւ արթնութեան ժողովներ ունեցան շատ ցեղերու միութեան համար: Արժ. Ճէյրոք Լի, բուն քարոզիչը, քարոզեց հետեւեալ խորագրով, «Թող որ Մենք Մէկ Ըլլանք», եւ ներկաները մղեց ըսելով, «Մենք բոլորս ալ նոյն հաւատքի եղբայրներ ենք, առանց նկատի առնելու շրջանը, ցեղը, եւ մշակոյթը, եւ այս միացեալ հաւատքով թող որ աշխարհի աւետարանչութեան հիմը դնենք»: Բազմութեան ձայնը որոնք այս արշաւին նշանաբանը կը կանչէին, բարձրաձայն կը գոչէր. «Աւետարանը քարոզեցէք աշխարհի բոլոր կողմերը, այս քաղաքը վերածեցէք հրեշտակներու քաղաքի, յաղթութիւնը մե՛րն է», այս կը հնչէր համագումարի ամբողջ սրահին մէջ:

Նաեւ ես ներկայ եղայ աղօթքի նախաճաշին ուր մօտ 300 առաջնորդներ Լոս Անճելոս քաղաքի առաջնորդ շրջանէն յաճախեր էին: Անոնք գնահատեցին մեր եկեղեցւոյ փառաբանութեան խումբերը եւ պարի խումբերը, եւ անոնցմէ մի քանին արցունքներ կը թափէին շատ ազդուած ըլլալով մեր խումբերուն կատարած ելոյթներէն:

Քորէայի Օրուայ Փառատօն

Սեպտեմբեր 1995-ին, ես ներկայ եղայ «Քորէայի Օրուայ 22-րդ Փառատօնին», Լոս Անճելոսի Քորէաղաւնի մէջ՝ որպէս պատուոյ ատենապետ: Ես ներկայացուցի յիշատակի կոթողի մը հիմնադրութեան ներկայացուցչական աղօթքը, եւ «Քորէական Գիշեր»-ուայ ձեռնարկի ատեն կատարեցի բացման աղօթքը: Նաեւ ամբողջ ձեռնարկին կեդրոնական տեղը ըլլալով, մասնակցեցայ փառատօնի թափօրին՝ ծաղիկով զարդարուած լաստերու վրայ նստած: Չորս ձիեր կային մէկ մասնայատուկ լաստի մը համար, եւ անիկա շատ յատուկ հիւրի մը համար էր: Ես հանգիստ չզգացի այդքան շատ մարդոց առջեւ երեւնալով, սակայն տակաւին սրտի անձնական գիտակցութեամբ, ես նշանակուած էի եւ թիավարեցի այս լաստին վրայ: Ուրիշ ինքնաշարժներ եւ լաստեր հետեւեցան լաստին՝ թափօրին մէջ:

Կարգ մը խանգարումներ եւ խառնակութիւններ եղան որոնց նպատակն էր կեցնել զիս այս ձեռնարկին ներկայ ըլլալու որպէս պատուոյ ատենապետ: Լոս Անճելոսի Քորէացիներու Միութիւնը ժողով մը գումարեցին այս ուղղութեամբ եւ ընդդիմացող յայտարարութիւն մը հրատարակեցին այս խառնակութեան դէմ, ըսելով որ եթէ որեւէ մէկը գտնուէր որ իմ մասին սխալ տարաձայնութիւններ կատարէր, պատուոյ ատենապետին դէմ, անոնք օրինական գործառնութիւններ պիտի առնէին այդ մարդոց դէմ: Սատանային գործը այս ձեւով վար դրուեցաւ այն մարդոց կողմէ որոնց Աստուած պատրաստեր էր չակնկալուած տեղ մը:

Շարունակելի (2-րդ Գիրք)

Հեղինակը:
Դոկտ. Ճէյրոք Լիի

Դոկտ. Ճէյրոք Լիի ծնած է Մուանի մէջ, Ճէօննամ Նահանգ, Քորէայի Հանրապետութիւն, 1943-ին: Իր քսանական տարիքներուն, Դոկտ. Լի եօթը տարի շարունակ տառապած է զանազան տեսակի անբուժելի հիւանդութիւններէ, սպասելով մահուան՝ առանց ապաքինման որեւէ յոյս ունենալու: Սակայն օր մը, 1974-ի գարնան, իր քրոջ կողմէ կ'առաջնորդուի եկեղեցի մը, եւ երբ ծունկի կու գայ աղօթելու համար, Կենդանի Աստուած անմիջապէս կը բժշկէ զինք իր բոլոր հիւանդութիւններէն:

Այն վայրկեանէն որ Դոկտ. Լի այդ սքանչելի փորձառութեամբ հանդիպեցաւ Կենդանի Աստուծոյ, ան իր ամբողջ սրտով եւ անկեղծութեամբ սիրեց զԱստուած, եւ 1978-ին կանչուեցաւ ըլլալու Աստուծոյ ծառայ մը: Դոկտ. Լի ջերմեռանդութեամբ աղօթեց որպէսզի կարենար յստակօրէն հասկնալ Աստուծոյ կամքը, ամբողջութեամբ իրագործէր զայն, եւ հնազանդէր Աստուծոյ բոլոր Խօսքերուն: 1982-ին, Դոկտ. Լի հիմնեց Մէնմին Կեդրոնական Եկեղեցին՝ Սէուլի մէջ, Քորէա, եւ անհամար թիւով Աստուածային գործեր, ներառեալ հրաշագործ բժշկութիւններ եւ սքանչելիքներ, տեղի կ'ունենան իր եկեղեցիին մէջ:

1986-ին, Դոկտ. Լի օծուեցաւ որպէս հովիւ՝ Քորէայի Սանկքյուլ Եկեղեցւոյ Յիսուսի Տարեկան Համաքոյթին ընթացքին, եւ չորս տարիներ ետք, 1990-ին, իր պատգամները սկսան հեռասփռուիլ դէպի Աւստրալիա, Ռուսիա, Ֆիլիփփին, եւ շատ ուրիշ երկիրներ՝ Ծայրագոյն Արեւելքի Հեռուստակայանի Ընկերութեան, Ասիոյ Հեռուստակայանի, եւ Ուաշինկթընի Քրիստոնէական Ձայնասփիւռի Համակարգի միջոցներով:

Երեք տարիներ ետք, 1993-ին, Մէնմին Կեդրոնական Եկեղեցին ընտրուեցաւ որպէս «Աշխարհի 50 Լաւագոյն Եկեղեցիներէն մէկը» *Քրիստոնեայ Աշխարհ* կոչուած պարբերաթերթին կողմէ (ԱՄՆ), եւ Արժ. Ճէյրոք Լի ստացաւ Աստուածաբանութեան Պատուոյ Դոկտորի տիտղոս՝ Քրիստոնէական Հաւատքի Գոլէճէն, Ֆլորիտա, ԱՄՆ, իսկ 1996-ին ան ստացաւ Դոկտորի տիտղոս՝ Հոգեւոր Ծառայութեան մէջ, Քինկսուէյ Աստուածաբանական Դպրեվանքէն, Այօուա, Ամերիկեան Միացեալ Նահանգներ:

1993-էն սկսեալ, Դոկտ. Լի առաջնորդ դեր կատարած է աշխարհի առաքելութեան մէջ, արտնին բազմաթիւ հոգեւոր արշաւներու ընդմէջէն՝ Թանզանիայի, Արժանթինի, Լոս Անճելըսի, Պալթիմուր Քաղաքի, Հաւայայի, եւ Նիւ Եորքի (ԱՄՆ), Ուկանտայի, Ճաբոնի, Փաքիստանի, Քէնիայի,

Ֆիլիփփինի, Հօնտուրասի, Հնդկաստանի, Ռուսիոյ, Գերմանիոյ, Բերուի, Գոնկոյի Դեմոկրատական Հանրապետութեան, եւ Իսրայէլի մէջ: 2002 թուականին Դոկտ. Ճէյրոք Լի կոչուեցաւ «համաշխարհային հովիւ»՝ Քորէայի մէջ գտնուող Քրիստոնէական հոչակաւոր օրաթերթերու կողմէ, արտասահմանեան զանազան Հսկայական Միացեալ Արշաւներու մէջ իր կատարած գործին համար:

Մայիս 2013-էն իվեր, Մէնմին Կեդրոնական Եկեղեցին ունի թիւով 100.000-է աւելի անդամներ կամ հաւատացեալներու խումբ, 9.000 տեղական եւ արտնին մասնաճիւղ եկեղեցիներ՝ ամբողջ աշխարհի վրայով, եւ մինչեւ այսօրս աւելի քան 122 միսիոնարներ յանձնառարուած են 23 երկիրներու մէջ, ներառեալ՝ Միացեալ Նահանգներ, Ռուսիա, Գերմանիա, Գանատա, Ճաբոն, Չինաստան, Ֆրանսա, Հնդկաստան, Քէնիա, եւ շատ ուրիշ երկիրներ:

Այս գրքին հրատարակութեան թուականէն իվեր, Դոկտ. Լի գրած է 85 գիրքեր, ներառեալ իր շատ ծախուած գիրքերէն՝ *Համտեսել Յաւիտենական Կեանքը Մահուընէ Առաջ, Իմ Կեանքս Իմ Հաւատքս Ա. եւ Բ., Խաչին Պատգամը, Հաւատքի Չափը, Երկինք Ա. եւ Բ., Դժոխք, եւ Աստուծոյ Զօրութիւնը:* Իր գործերը թարգմանուած են աւելի քան 76 լեզուներու:

Իր Քրիստոնէական սիւնակները կ'երեւնան *Հէնքուք Իլպօյի, ՃունկԱնկ Տէյլիի, Տօնկ-Ա Իլպօյի, Մունհուա Իլպօյի, Սէուլ Շինմանի, Քեունկհեանկ Շինմանի, Հէնքեօրէ Շինմանի, Տը Քորէա էքոնոմիք Տէյլի (The Korea Economic Daily), Տը Քորէա Հէրըլտի (The Korea Herald), Տը Շիսա Նիյուզի (The Sisa News), եւ Տը Քրիսչըն Փրէս (The Christian Press)* օրաթերթերուն մէջ:

Արժ. Դոկտ. Լի ներկայիս կ'առաջնորդէ բազմաթիւ միսիոնարական հաստատութիւններ եւ ընկերակցութիւններ. ներառեալ Ատենապետ՝ Յիսուս Քրիստոսի Միացեալ Սրբութիւն Եկեղեցւոյ, Նախագահ՝ Մէնմին Համաշխարհային Առաքելութեան, Տեւական Նախագահ՝ Քրիստոնէական Արթնութեան Համաշխարհային Առաքելութիւն Ընկերակցութեան, Հիմնադիր եւ Յանձնախումբի Ատենապետ՝ Քրիստոնէական Համաշխարհային Համացանցին (GCN), Հիմնադիր եւ Յանձնախումբի Ատենապետ՝ Քրիստոնեայ Բժիշկներու Համաշխարհային Համացանցին (WCDN), ինչպէս նաեւ Հիմնադիր եւ Յանձնախումբի Ատենապետ՝ Մէնմին Միջազգային Դպրեվանքին (MIS):

Ուրիշ ազդեցիկ գիրքեր՝ նոյն հեղինակին կողմէ

Երկինք Ա. եւ Բ.

Մանրամասն ուրուագիծ մը կեանքի հոյակապ միջավայրին մէջ ուր երկնային քաղաքացիները կը վայելեն, եւ գեղեցիկ նկարագրութիւն մը երկնային թագաւորութիւններու տարբեր մակարդակներու մասին:

Իմ Կեանքս Իմ Հաւատքս Ա. եւ Բ.

Ամենէն անուշահոտ բոյրը՝ քաղուած կեանքէ մը՝ որ ծաղկեցաւ Աստուծոյ հանդէպ ունեցած իր սիրոյ անմրցելի հոգիէն, անցնելով մութ ալիքներու ընդմէջէն, ցուրտ լուծէն, եւ ամենախորունկ յուսահատութենէն:

Համտեսել Յաւիտենական Կեանքը՝ Մահուընէ Առաջ

Դոկտ. Ճէյրոք Լիի վկայութիւններու յուշերը: Դոկտ. Լի վերստին ծնունդ ունեցաւ եւ փրկուեցաւ մահուան շուքի հովիտէն, եւ մինչեւ հիմա օրինակելի ու կատարեալ Քրիստոնէական կեանք մը կ'ապրի:

Հաւատքի Չափը

Ի՞նչ տեսակի բնակավայր մը, թագինեպսակ եւ վարձատրութիւններ պատրաստուած են քեզի համար երկինքի մէջ: Այս գիրքը իմաստութիւն եւ առաջնորդութիւն կու տայ քեզի, որպէսզի կարենաս քու հաւատքդ չափել եւ մշակել լաւագոյն ու ամենէն հասուն հաւատքը:

Դժոխք

Ջերմեռանդ պատգամ մը բոլոր մարդկութեան՝ ուղղուած Աստուծոյ կողմէ, որ կը փափաքի որ նոյնիսկ մէկ հոգի չիյնայ Դժոխքի խորերը... Դուն երեւան պիտի հանես նախապէս բնաւ չյայտնաբերուած հաշուեցոյցը Աւելի Ցած Գերեզմանին եւ Դժոխքին անգութ իրականութեան մասին: